L'Immobilier

POUR LES NULS

L'Immobilier pour les Nuls

Tony Ioannou et Sarah Daniels

FIRST
Editions

L'Immobilier pour les Nuls

Titre de l'édition américaine : *Buying and Selling a Home For Canadians For Dummies, 4th edition*
Publié par
Wiley Publishing, Inc.
111 River St.
Hoboken, NJ07030-5774
USA

60, rue Mazarine
75006 Paris – France
Tél. 01 45 49 60 00
Fax 01 45 49 60 01
Courriel : firstinfo@efirst.com
Internet : www.editionsfirst.fr

ISBN : 978-2-7540-3861-4
Dépôt légal : octobre 2012
Imprimé en France par l'imprimerie Hérissey à Évreux (Eure) - N° 119360

Ouvrage dirigé par Benjamin Arranger
Secrétariat d'édition : Capucine Panissal
Traduction et suivi éditorial : Hermine Ortega
Correction : Myriam Gendron
Couverture et mise en page : ReskatoЯ
Fabrication : Antoine Paolucci
Production : Emmanuelle Clément

À propos des auteurs

Tony Ioannou est actuellement associé principal et gérant de Dexter Associates Realty à Vancouver. Il a donné de nombreuses entrevues dans les médias de Vancouver et partout au Canada sur l'état du marché immobilier et de l'industrie en général.

Tony a obtenu sa licence en 1984, et se place depuis parmi les meilleurs vendeurs de NRS Block Bros. Il travaille avec Dexter Associates Realty depuis 1990, date à laquelle il est devenu gérant commercial de la société. Il continue malgré tout avec plaisir son activité principale d'agent résidentiel dans l'ouest de Vancouver. Il a aussi travaillé comme directeur de département au Real Estate Board of Greater Vancouver, fait partie de plusieurs comités liés à l'immobilier, donne des cours aux nouveaux agents immobiliers et s'adresse au public lors de séminaires et de salons immobiliers.

Sarah Daniels est agente immobilière ; elle est associée avec son frère, Philip DuMoulin, de Bay Realty Ltd., dans la région de Vancouver.

Sarah a obtenu sa licence d'agent immobilier en 2003, après une longue carrière en radio et télévision à Vancouver. Elle a commencé dans le milieu de l'immobilier chez Hugh and McKinnon Realty Ltd. avant d'entrer chez Bay Realty Ltd. en 2006. Elle est l'auteure de *Welcome Home : Insider Secrets for Buying or Selling Your Property* et fait des apparitions régulières au journal télévisé de Global BC pour commenter les tendances du marché immobilier. Sarah écrit aussi dans des publications locales et anime régulièrement des événements dans la région.

Sommaire

Introduction

L'achat et la vente d'une propriété ont beau être des entreprises énormes, il n'y a pas nécessairement lieu de se rendre malade. Cela dit, les décisions financières impliquées dans ce type de transaction seront parmi les plus importantes de votre vie. Il est en effet probable que votre maison ou votre condo soit le plus gros bien que vous ne posséderez jamais. Mais ce n'est pas si affreux que ça en a l'air – surtout avec ce livre en main. Armé d'informations détaillées sur tous les sujets, des hypothèques aux systèmes de chauffage, vous pourrez calmement affronter le monde de l'immobilier et comprendre comment il fonctionne. Dans cet ouvrage, vous apprendrez les différences entre les hypothèques à taux fixe et à taux variable. Vous verrez l'importance de l'inspection préalable à l'achat. Et surtout, vous découvrirez quelles sont vos priorités, et comment, mises bout à bout, elles forment une maison – votre maison.

Si vous avez l'intention d'acheter un logement, vous êtes au bon endroit ! Blague à part, nous vous disons ce à quoi vous devez penser avant de prendre cette décision importante, comment faire vos choix de façon réaliste et en toute connaissance de cause, et comment éviter les problèmes inattendus, les fondations en mauvais état et le stationnement sur la rue.

Si vous voulez vendre, nous vous fournissons toutes sortes d'informations sur ce que vos acheteurs attendent de vous, sur la façon d'obtenir la meilleure somme pour votre propriété et la manière de gérer les détails afin de ne rien oublier. Si vous envisagez de vendre votre maison vous-même, vous trouverez plein de trucs pour vous aider. La vente d'un logement est un processus long et intense, auquel bien des gens se consacrent comme un travail à plein temps. Nous vous aidons à déterminer si vous êtes vraiment taillé pour ce genre de défi.

Qu'on achète une nouvelle maison ou qu'on quitte sa vieille demeure bien-aimée, cela implique bon nombre de décisions et de considérations. Tout au long de cet ouvrage, nous en faisons le tour, et nous vous accompagnons sur le chemin qui vous mènera à votre nouveau lieu de vie, quel qu'il soit.

À propos de ce livre

Vous êtes peut-être vendeur, ou acheteur, ou les deux à la fois. Nous avons divisé ce livre en plusieurs parties simples à utiliser. Lisez la première moitié si vous voulez acheter une maison, et la deuxième si vous voulez vendre. En fait, lisez les deux parties : ceci vous aidera à vous mettre dans la tête de la personne avec qui vous signerez la vente (ou l'achat), et vous donnera une idée de sa façon de penser. Nous couvrons divers sujets, tels que les hypothèques, le magasinage d'une nouvelle maison, la façon de réunir l'équipe qui réalisera la vente (votre agent immobilier et votre notaire). Quel que soit l'endroit où vous entamerez votre lecture, nous vous garantissons que vous trouverez des informations utiles et faciles à mémoriser. Nous avons fait de notre mieux pour rester simples, mais il arrive que les gros mots soient inévitables (amortissement).

Si vous n'êtes pas certain d'être prêt à acheter, lisez ce livre. Nous pesons le pour et le contre de l'achat et de la location, et nous vous expliquons les bénéfices financiers que vous pouvez retirer de l'achat de votre lieu de vie. Si vous possédez déjà une maison, ce livre peut vous rafraîchir la mémoire sur tous les détails inhérents à l'achat d'une propriété. Si vous débutez sur le marché de l'immobilier, nous vous guidons à travers toutes les étapes et les décisions clés indispensables pour trouver la bonne maison au bon prix.

Vendre la maison dans laquelle vous vivez peut être une décision très difficile à prendre, et vous avez tout à fait le droit de ne pas être prêt à planter une pancarte « À vendre » sur votre pelouse. Ce livre vous aide à déterminer si vous êtes mûr pour dire adieu à votre lieu de vie. Si vous êtes déjà résolu à déménager dans un endroit plus grand et plus confortable (ou plus petit et moins cher), nous vous guidons à travers tous les détails de la vente. Nous parlons des façons de travailler avec un agent immobilier, ou de la marche à suivre si vous souhaitez effectuer vous-même la vente. Comment formuler votre annonce, rendre votre maison irrésistible aux acheteurs ou négocier les meilleures conditions de vente – tout est là.

Comment ce livre est organisé

Chaque partie de ce livre s'attache à une étape précise du processus d'achat ou de vente. Acheteurs et vendeurs ont les mêmes préoccupations – le prix de la propriété, par exemple. Nous étudions les options d'achat et de vente de chaque point de vue séparément. Par exemple, vous approcherez la table de négociation très différemment selon que vous achetez une maison ou que vous la vendez. Vous trouverez peut-être utile de vous renseigner sur les tactiques possibles de votre « adversaire », ou vous préférerez peut-être vous concentrer sur vos propres questions et inquiétudes. Quoi qu'il en soit, nous avons plein d'informations à vous fournir.

Première partie : Décider d'acheter

Cette partie explore la prise de décision concernant l'achat d'une maison. Nous commençons par la question de base : « Est-ce le bon moment ? » et vous offrons des conseils pour vous aider à y répondre en connaissance de cause. Ensuite, vous devrez examiner froidement vos finances pour voir ce que vous pouvez réellement vous permettre. Nous vous donnons tous les outils nécessaires pour peindre un tableau réaliste de votre situation. Puis il faudra penser aux hypothèques et comprendre les différentes options de financement. Enfin, il sera temps de passer à l'introspection : quel genre de maison vous faut-il ?

Deuxième partie : Trouver la maison idéale

Quand vous partirez enfin à la chasse d'une maison, il faudra faire la liste des priorités pour vous assurer que, lorsque vous ferez une offre sur une propriété, ce sera vraiment celle qu'il vous faut. Dans cette partie, nous vous aiderons à choisir les personnes qualifiées qui vous accompagneront dans l'achat d'une maison – et vous informeront correctement, tout en ayant vos meilleurs intérêts à cœur. Ensuite, vous devrez faire la liste des caractéristiques essentielles de la maison de vos rêves. Armé de celle-ci, vous pourrez commencer à magasiner. Nous vous dirons comment rechercher des maisons potentielles et évaluer celles que vous voyez. Et avant que vous ne partiez acheter votre nouveau mobilier de salon, nous vous offrirons un petit plongeon dans la réalité en portant à votre attention une kyrielle de problèmes potentiels que vous ne remarquerez peut-être pas immédiatement en visitant les maisons qui vous intéressent, et nous vous apprendrons à ouvrir l'œil (et le bon) lors de vos recherches.

Troisième partie : Obtenir la maison de son choix

Cette partie porte sur tous les papiers administratifs qui viennent avec l'achat d'une maison. C'est ici que vous trouverez toutes les informations dont vous avez besoin pour faire une offre (« Que signifient toutes ces conditions sur le contrat de vente ? »), les termes et les trucs de négociation… tout ce dont vous avez besoin pour conclure le marché. Nous parlerons aussi des inspections professionnelles, des expertises et des garanties sur les maisons neuves. En parlant de paperasse, nous avons créé une frise chronologique qui commence deux mois (eh oui !) avant votre déménagement, et se termine le lendemain du jour J. Lisez ! Il est temps de vous organiser.

Quatrième partie : Décider de vendre

Là encore, on en est aux grandes décisions – mais cette fois, du point de vue du vendeur. Dans cette partie, vous verrez si c'est le bon moment pour vendre votre maison. Selon l'état du marché et votre budget, il peut être plus raisonnable de rester où vous êtes et de faire des rénovations. Et l'argent? Combien pouvez-vous obtenir pour votre maison? Et (on y pense rarement) combien le déménagement va-t-il vous coûter? Nous vous suggérons aussi des façons de compenser la vente d'une propriété par l'achat d'une autre, en nous attachant aux différentes possibilités qui vous sont offertes avec votre hypothèque et aux façons de bien minuter le moment de la signature de la vente.

Cinquième partie : Se préparer à la vente de sa maison

Cette partie vous conseille sur les façons de préparer votre maison pour des acheteurs potentiels. Nous vous donnons toutes les informations pour trouver un agent immobilier qui vous convienne – ou pour décider de faire le travail à sa place et vendre votre maison vous-même. Il y a plus de documents administratifs du côté du vendeur que de celui de l'acheteur. Cette partie fait le tour des contrats de vente, des commissions et des déclarations du propriétaire. Nous regardons aussi les inspections et les évaluations du point de vue du vendeur. Enfin, nous vous donnons des trucs pour faire connaître votre propriété aux acheteurs potentiels, que vous vendiez vous-même ou avec l'aide d'un agent.

Sixième partie : Conclure la transaction

C'est le grand retour de la paperasse (mais grâce à ce livre, c'est bien plus supportable). Cette partie couvre les offres et les contre-offres, ainsi que les transferts des actes et des titres de propriété. Rendez-vous au dernier chapitre de cette partie pour des conseils sur la négociation du point de vue du vendeur.

Septième partie : La partie des Dix

Ici, vous trouverez les informations supplémentaires que nous n'avons pas réussi à placer dans le reste du livre. Nous couvrons particulièrement les questions liées à l'emplacement de votre propriété; le Québec est une grande (et belle) province, et a des particularités qui pourraient vous intéresser. Nous offrons aussi des trucs pour les propriétaires de condos, et des conseils d'entretien pour vous aider à protéger la valeur de votre investissement immobilier.

Les icônes utilisées dans ce livre

En lisant cet ouvrage, vous verrez quelques icônes placées dans la marge de gauche. Voici ce que chacune d'elles signifie.

Des infos super utiles pour vous aider à survivre dans la jungle de l'immobilier.

Là, on vous indique les problèmes potentiels et les embûches qui parsèment votre chemin.

Ce sont des rappels d'informations qu'il ne faut pas perdre de vue pendant vos recherches, qu'il s'agisse d'acheter ou de vendre une maison.

Ce sont les endroits où il peut être pertinent de creuser un peu plus et de trouver davantage d'informations. Nous n'avons pas la place pour tout expliquer, vous savez…

Ce sont des définitions de termes, des informations techniques, toutes sortes de choses que vous n'avez pas forcément besoin de savoir, mais qui vous intéresseront peut-être.

Première partie

Décider d'acheter

« Je sais qu'il y a beaucoup de choses à fournir pour obtenir une hypothèque. Le sarcasme, par contre, c'est optionnel. »

Dans cette partie...

Quand serez-vous prêt à acheter une maison ? Sur quel type de propriété vous fixer ? Qu'attendez-vous de vos voisins ? Qui peut vous aider ? Comment allez-vous trouver l'argent ?

Vous commencez à paniquer ? Pourquoi ? Détendez-vous, faites-vous une bonne tasse de thé et lisez cette première partie. Vous n'y trouverez pas de solution toute faite à ces questions, mais des pistes pour y répondre vous-même.

Chapitre 1

Acheter une maison

Dans ce chapitre :

- Devenir propriétaire – ce qui vous attend
- Décider si vous êtes prêt à acheter

Dorothée, l'héroïne du Magicien d'Oz, avait tout compris : on n'est nulle part si bien que chez soi. Que vous soyez un entrepreneur qui passe sa vie dans les avions ou père au foyer, nous parions que votre endroit préféré, c'est chez vous. Il est important d'avoir un lieu pour décompresser, se détendre et recharger ses batteries. Que vous soyez propriétaire ou locataire (ou encore hébergé par vos parents), l'endroit que vous habitez est le fondement de votre vie.

Nous voulons tous avoir la maison parfaite – même si l'idée qu'on s'en fait peut changer avec le temps. Quand vous étiez ado, votre chambre idéale était peut-être peinte en noir avec des haut-parleurs dans tous les coins. Vingt ans, trois enfants, deux chiens et un beau-père plus tard, votre idée de la perfection s'est transformée en salle de bain attenante à votre chambre, avec une douche en pluie et un bain jacuzzi – ainsi qu'un verrou sur la porte. Il nous faut un lieu de vie qui puisse s'adapter aux variations de nos désirs et de nos besoins ; et bien sûr, quelle est la meilleure façon d'obtenir cet espace, si ce n'est en en devenant propriétaire ?

L'idée d'être propriétaire peut faire peur. Après tout, en cas de problème ou s'il faut faire une réparation, c'est vous qui êtes responsable. Vos tuyaux peuvent geler et se percer, votre sous-sol peut être inondé, ou vous devrez peut-être entièrement rénover votre système électrique. Les gens mettent parfois des milliers de dollars dans leur maison en rénovations, et des milliers d'autres en réparations d'urgence. Et il y a l'entretien quotidien et saisonnier, les taxes… mais demandez à ceux qui sont déjà propriétaires, et ils vous répondront invariablement que ça vaut le coup de faire le grand saut.

Même si le fait d'être propriétaire peut mordre sur le reste de vos dépenses et vous faire angoisser sur vos finances, vous devriez, avec un peu de recherches et de planification, pouvoir gérer la chose. Vous devez décider quel type d'habitation vous pouvez vous permettre, et c'est pourquoi cette partie du livre est destinée à vous aider à obtenir la maison que vous voulez – sans vous mettre sur la paille pour les vingt prochaines années. Après tout, vous voulez que votre maison vous aide à respirer, non pas qu'elle vous étouffe. Il faut qu'il vous reste assez d'argent pour pouvoir créer la fameuse salle de bain attenante dont vous rêviez.

Les joies de la propriété

Nous n'avons sans doute même pas besoin d'écrire ce paragraphe. Si vous lisez ce livre, c'est que l'idée de devenir propriétaire vous plaît déjà. Mais voici quelques points qu'il peut être utile de rappeler.

- **Davantage de stabilité ; moins de stress :** La stabilité est une chose merveilleuse – c'est la clé de votre tranquillité d'esprit. Pour certains, le déménagement est le troisième événement le plus stressant dans une vie (après le décès et le divorce). Lorsque vous êtes propriétaire de votre habitation, vous n'avez plus à vous inquiéter de devoir passer d'une location à l'autre, ni des augmentations de loyer, ni de l'éventualité que votre propriétaire décide de vendre votre maison, ou simplement de garder des rapports suffisamment cordiaux avec ce dernier pour qu'il accepte de renouveler votre bail l'année suivante. L'accès à la propriété est aussi un investissement majeur qui vous permet d'envisager l'avenir plus sereinement.
- **Votre lieu de vie vous appartient :** Vous pouvez y faire ce qui vous plaît ! Vous pouvez même changer les petits détails qui vous gâchent la vie : les robinets qui fuient, la moquette hideuse et le tuyau de douche qui ne dépasse pas votre nombril. Et tout votre temps, vos efforts et votre argent vont dans votre investissement à vous, et pas celui d'un autre. Vous n'avez plus besoin d'avoir affaire à des propriétaires qui ne font pas les réparations, ou qui les font en coupant les coins ronds. Évidemment, bien des propriétaires et des gérants d'appartements respectent leurs locataires, répondent rapidement à leurs demandes et entretiennent correctement leurs propriétés. Mais les très bons propriétaires sont chose rare, et il y a bien des chances que leur priorité numéro 1 ne soit pas votre logement, mais le leur.

- **Votre lien social se raffermit :** Même si vous êtes un vrai ermite, lorsque vous êtes propriétaire de votre logement, vous avez tendance à apprécier davantage la communauté qui vous entoure. Après tout, en protégeant votre quartier, vous donnez de la valeur à votre propriété. Vous commencerez peut-être par organiser à contrecœur une manifestation contre la transformation de votre parc en site d'enfouissement d'ordures (ce qui serait affreux pour votre investissement), mais avec un peu de chance, vous finirez par apprécier vos voisins. L'appartenance à une communauté peut être un sentiment merveilleux. Nous vous conseillons d'acheter une maison dans une zone où la plupart des gens sont propriétaires de leur logement – ceux-ci s'investissent généralement davantage dans leur quartier que les locataires.
- **Vous êtes quelqu'un de bien :** Ou en tout cas, c'est ce que se disent les gens. En effet, le simple fait que vous soyez propriétaire les amène à vous attribuer toutes sortes de qualités : vous êtes mature et stable, on peut vous faire confiance. Et si vous payez chaque échéance de votre hypothèque à temps, cela fera des merveilles sur votre historique de crédit. (Et les banques encourageant les prélèvements directs, il est très facile de ne pas être en retard dans ses paiements.)

Un investissement important

Bien que les hypothèques soient la première chose qui vous vienne à l'esprit, l'achat d'une propriété n'est pas seulement un investissement financier. Vous investissez aussi dans votre qualité de vie. Au bout du compte, votre mode de vie est régi par votre résidence et l'endroit où elle se trouve. Vous avez acheté une ruine avec l'idée de faire les rénovations vous-même ? Cinq ans plus tard, vous serez peut-être encore en train d'y consacrer tout votre temps et votre argent. Vous avez acheté une maison dans une lointaine banlieue, mais travaillez au centre-ville ? Vous passerez peut-être plus de temps dans les embouteillages que chez vous. D'un autre côté, vous êtes peut-être devenu un fin cuisinier parce que votre merveilleuse cuisine vous a incité à y être constamment; ou encore, peut-être votre ancienne salle de jeu transformée en cinéma maison vous permet-elle de faire une fête tous les ans pour la coupe Stanley. Il est possible que vous deviez faire des sacrifices lorsque vous achèterez une maison, mais vous pouvez faire en sorte que ce soit en connaissance de cause. Vous devrez bien réfléchir aux pour et aux contre de chacune des caractéristiques de la maison que vous avez l'intention d'acheter. Par exemple, si vous optez pour une maison en bout de rue, sachez que vous aurez beaucoup de neige à pelleter et beaucoup de feuilles à ratisser. Mais cela ne vous dérangera peut-être pas trop si vous vous êtes dit que les fenêtres au sud sans vis-à-vis et le grand jardin valaient bien ce petit sacrifice.

- **Ça peut être financièrement intéressant :** Même avec une hypothèque qui vous semble écrasante, il y a des avantages très clairs à être propriétaire d'une maison. Pensez à votre hypothèque comme à un plan d'épargne forcé, dans lequel vous ne pouvez (généralement) ni manquer un dépôt, ni retirer de l'argent, et où chaque paiement vous rapproche un peu plus de l'accession à la propriété. Le fait de posséder sa maison est généralement considéré comme un bon investissement – de ceux qui s'accroissent avec le temps. L'autre avantage, c'est que s'il s'agit de votre résidence principale, vous ne payez pas d'impôts sur la somme que vous gagnez. L'augmentation de la valeur de votre résidence, comme pour les autres investissements, s'appelle la *plus-value*. Sauf qu'avec d'autres investissements, vous devriez normalement payer de l'impôt sur cette plus-value, tandis que vous en êtes exempté s'il s'agit de votre résidence principale. (Vous trouverez plus d'informations sur la plus-value au chapitre 15.)

Est-ce le moment d'acheter ?

Même si vous pensez que la seule façon de faire une bonne affaire, c'est de bien connaître le marché immobilier et d'attendre le bon moment pour acheter, c'est votre situation personnelle qui doit déterminer s'il est sage d'acheter ou non. Avez-vous les moyens de payer votre hypothèque, vos factures, vos taxes, vos assurances et les réparations qui vous tomberont dessus, et ce, non seulement pour l'année à venir, mais pour les 5 ou 25 prochaines années ? (Nous vous montrons comment avoir une vision d'ensemble de votre situation financière au chapitre 2.)

Êtes-vous prêt à rester au même endroit pendant les prochaines années à venir ? Compte tenu des frais, que vous soyez vendeur ou acheteur (plus d'informations à ce sujet au chapitre 2), soyez prêt à garder votre maison pendant au moins quelques années. Il vaut mieux éviter d'avoir à la vendre rapidement, car vous risqueriez alors de devoir réviser votre prix à la baisse. Donc, même si le marché n'a jamais été aussi bas et que les taux d'intérêt sont très raisonnables, l'achat d'une maison peut être une énorme erreur si votre vie professionnelle est en pleine mutation ou si vous avez l'intention de déménager au Luxembourg l'année prochaine.

ATTENTION !

L'entretien d'une maison demande beaucoup de temps et d'argent. À chaque saison revient une liste de tâches pour que votre logement conserve son intégrité et fonctionne de façon optimale. Oubliez les gouttières qui débordent ou le toit qui fuit et vous allez droit vers l'inondation ; négligez l'entretien de votre chaudière et vous risquez des centaines de dollars en réparations et une maison glaciale. Nombreuses sont les situations où une petite négligence peut occasionner des réparations dispendieuses, et parfois des dommages irréparables, entraînant des pertes énormes une fois le moment venu de vendre votre maison. Et n'oubliez pas toutes les petites choses auxquelles vous ne vous attendiez pas, comme le bris d'un électroménager. Si vous mettez un peu d'argent de côté chaque mois pour ce genre d'éventualité, les grosses dépenses inattendues (ou les petites dépenses constantes) seront un peu moins dures à avaler.

Bien connaître ses finances

L'achat d'une maison est un investissement. Même s'il est moins cher sur le long terme d'acheter que de louer, l'énormité de la somme qu'il faut sortir au départ peut suffire à donner des palpitations à n'importe qui. Vous allez devoir examiner soigneusement vos dépenses actuelles pour évaluer si vous êtes prêt à assumer les coûts liés aux paiements hypothécaires et à l'entretien d'une maison. Le chapitre 2 vous aide à déterminer si, du point de vue de vos finances, vous êtes prêt à acheter.

La première étape, et la plus cruciale, c'est de savoir où va votre argent. Imaginez qu'après avoir pris en compte ce que vous dépensez en nourriture, en vêtements, en transport et en vacances, il vous reste un surplus de 15 000 $. Vous ne savez pas vraiment où cette somme est passée l'an dernier, mais vous vous dites que ce coussin devrait pouvoir amortir les frais liés à l'achat et à l'entretien d'une maison. Si vos tuyaux gèlent et que vous avez besoin d'appeler un plombier, mieux vaut ne pas découvrir alors que vous avez déjà dépensé la majeure partie de ces 15 000 dollars en cadeaux pour votre famille et vos amis, et en tournées générales au bar du coin.

Faites aussi des plans pour l'avenir. Décidez combien vous voulez contribuer à vos REER. Vous avez peut-être des enfants et voudrez aider à financer leur éducation. Les frais de scolarité sont en hausse. En sachant clairement où vous voulez en être, sur le plan financier, dans 5 ans et dans 10 ans, vous pourrez prendre des décisions bien pesées sur le montant que vous voulez mettre dans une mise de fonds, et combien vous pouvez payer tous les mois pour rembourser votre hypothèque.

N'OUBLIEZ PAS !

N'achetez pas la maison de vos rêves sans mettre de l'argent de côté pour remplacer le vieux sofa que vous avez acheté il y a 25 ans, quand vous êtes parti de chez vos parents.

Louer ou acheter ?

À long terme, il est presque toujours plus intéressant d'acheter que de louer, surtout si vous vous fixez à un endroit. L'avantage majeur de l'achat sur la location, c'est que vos paiements mensuels sont un investissement (et qu'un jour, vous n'aurez plus à les faire !). Le plus souvent, lors de l'achat d'une maison, les gens se plaignent de l'hypothèque, et particulièrement des intérêts afférents. Vous pouvez habiter chez vos parents jusqu'au jour où vous aurez réuni assez d'argent pour acheter votre maison comptant, mais vos parents n'auront peut-être pas envie de vivre avec vous si longtemps !

Il peut y avoir des avantages à louer votre habitation plutôt que de l'acheter, et il y a des moments dans la vie où il n'est pas dans votre meilleur intérêt de devenir propriétaire. L'une des meilleures raisons d'acheter est la stabilité, mais si vous préférez la flexibilité, posséder une maison risque d'être un fardeau sur vos épaules. Être propriétaire exige une implication énorme ; aussi, si votre priorité n'est pas de faire des paiements hypothécaires réguliers, ou d'avoir une adresse permanente, vous avez peut-être plutôt intérêt à louer.

Si vous êtes dans l'une des situations suivantes, il peut être préférable d'attendre un peu avant d'acheter :

- **Vous avez des soucis financiers :** Même si vous pouvez devenir propriétaire avec une simple mise de fonds de 5 %, vous devez quand même réunir cette somme. Et vous devrez être prêt à faire des paiements hypothécaires pendant ce qui vous semblera être une éternité, sans parler des coûts liés au fait de posséder une maison. Il peut aussi être compliqué d'obtenir une hypothèque si vous avez négligé d'autres prêts, ou si vous avez beaucoup de dettes.
- **Vous êtes en pleine transition :** Vous n'avez pas décidé de vous installer quelque part et d'y rester. Ce n'est peut-être pas une très bonne idée de vous encombrer d'une propriété et d'une hypothèque si vous avez l'intention de passer l'année prochaine à faire le tour des îles grecques.
- **Vous n'avez pas un emploi stable :** Si vous devez déménager pour des raisons professionnelles, vous serez peut-être obligé de vous débarrasser de votre maison à la hâte. Si vous n'avez pas de revenus réguliers ou stables, les prêteurs ne seront sans doute pas très enclins à vous donner une hypothèque, car vous ne pouvez pas garantir que vous aurez des revenus à la pige conséquents au cours des prochaines années.
- **Vous ne savez pas de combien d'espace vous avez besoin :** Il est normal que vous ne puissiez pas prévoir si vous allez avoir des triplés, mais il ne serait pas logique d'acheter un bungalow de deux chambres si vous êtes certain que votre beau-frère, ses cinq enfants et leurs trois chiens vont emménager avec vous pour une période indéterminée. À moins que ce ne soit un moyen d'éviter de vivre avec eux, vous risquez de devoir changer de maison plus vite que prévu. Si vous avez l'intention d'avoir un bureau à la maison ou de démarrer une entreprise chez vous dans un avenir proche, assurez-vous d'avoir une chambre supplémentaire, ou une pièce dans votre sous-sol.

- **Le marché immobilier n'est pas favorable :** En général, il vaut mieux se concentrer sur sa propre situation plutôt que sur le marché. Mais il peut arriver que les taux d'intérêt soient extrêmement élevés et que les propriétés se vendent malgré tout au double du prix demandé. Dans ces circonstances, il est préférable d'attendre que le marché se refroidisse avant d'acheter. Si une analyse des coûts mensuels montre qu'il coûterait 20 % à 30 % plus cher d'acheter que de louer, réfléchissez à deux fois avant de demander une hypothèque. (Nous vous montrons comment analyser les coûts mensuels au chapitre 3.)
- **Vous allez décrocher le jackpot :** Avec un ami, vous êtes en train d'ouvrir un spa écolo dans un quartier branché, et il vous faut un capital de départ. Vous décidez d'investir toutes vos économies dans votre entreprise plutôt que dans l'immobilier. Si votre spa est un tel succès que vous finissez par ouvrir une franchise, vous pourrez bientôt acheter un château dans le sud de la France plutôt qu'un bungalow en banlieue.

Les tracas du propriétaire

Les complications liées à l'achat d'une maison vous font peut-être hésiter. Cela dit, il y a une telle variété de biens immobiliers sur le marché que, même si l'idée de ratisser des feuilles et tondre le gazon vous fait horreur, vous ne devriez pas vous empêcher de devenir propriétaire. Voici les réticences les plus fréquentes de ceux qui hésitent à acheter une maison :

- **Les frais inattendus :** Un des principaux arguments en faveur de la location, c'est que vous connaissez exactement vos frais mensuels, et qu'ils ne changent pas. Quand vous êtes propriétaire et que la chaudière est brisée, il faut la réparer. Mais dites-vous que si vous louez, votre propriétaire ne se précipitera peut-être pas pour faire les réparations ; et s'il est parti passer l'hiver en Floride, vous risquez de devoir attendre longtemps dans le froid. Même si le fait de vivre dans la même bâtisse que votre propriétaire peut vous garantir que certaines réparations seront faites sur-le-champ, la moustiquaire manquante à votre fenêtre ne sera sans doute pas sa priorité. Et il aime peut-être qu'il fasse 18° l'hiver et 30° en été. Parfois, ça vaut la peine de dépenser de l'argent pour faire des réparations, mais si vous le faites dans une location, vous risquez de ne jamais revoir votre argent.

  Aussi, même si c'est vous qui avez la responsabilité des réparations dans votre maison, l'intérêt principal, c'est que vous avez le contrôle. Et avec une hypothèque, vous savez dès le départ combien vous devrez payer tous les mois pendant la durée de votre prêt ; avec un loyer, la garantie n'est pas la même.

- **Des tâches supplémentaires :** Vous n'aimez pas tondre le gazon, pelleter la neige ou réparer des fuites ? Votre conjoint(e) ou votre enfant refuse de faire les travaux pénibles à votre place ? Au lieu de louer pour éviter d'avoir à accomplir ces tâches, vous préférerez peut-être acheter un condo, où l'entretien est assuré par une tierce personne. Et si vous achetez un condo dans un bloc-appartements, vous n'avez même pas à vous soucier du trottoir !

TRUC

N'oubliez pas que lorsque vous déménagez dans une nouvelle maison, le montant de certaines de vos factures (chauffage, électricité) risque de changer. Vous aurez sans doute de nouveaux frais à absorber, comme les taxes foncières et l'entretien de votre maison et de votre jardin. Les nouveaux propriétaires doivent aussi se prémunir contre le pire en conservant un fonds de secours pour les réparations d'urgence. Assurez-vous qu'il vous reste suffisamment d'argent tous les mois après le paiement de votre hypothèque pour couvrir aussi ces frais.

Être propriétaire, combien ça coûte ?

Bon, vous voulez savoir quels sont les coûts exacts auxquels un propriétaire doit s'attendre ? Les voici :

- **L'entretien :** Votre relation avec votre maison peut être aussi bien simple que compliquée. Assurez-vous que vos finances vous permettent d'effectuer les réparations régulières. Conservez aussi un fonds d'urgence pour les réparations inattendues, et alimentez-le régulièrement. Bien sûr, vous êtes libre de piger dedans pour payer votre billet d'avion pour Tahiti, mais soyez averti que si votre sous-sol est inondé à votre retour, vous n'aurez peut-être pas les moyens d'appeler un plombier.
- **Les assurances :** Vous allez devoir apporter la preuve que vous avez une assurance incendie et garanties annexes avant de pouvoir finaliser l'achat de votre nouvelle maison, parce que c'est votre propriété elle-même qui sert de garantie pour votre prêt. Si votre nouvelle maison brûle… vous voyez le topo. Les coûts d'assurance varient selon votre franchise, la valeur de votre maison et de son contenu, le type de couverture que vous prenez, ainsi que les prix de chaque assureur. Magasinez une police abordable qui vous couvre pour la perte de votre propriété et de vos effets personnels, et qui vous offre une rente si jamais votre maison est détruite. C'est aussi une bonne idée de prendre une assurance responsabilité civile, parce qu'elle vous protège si quelqu'un est blessé sur votre propriété. (Vous trouverez plus de renseignements sur les assurances au chapitre 11.)

- **Les comptes :** Lorsque vous achetez une maison, c'est vous qui payez les comptes de gaz et d'électricité. Si vous vivez dans les régions les plus venteuses et les plus froides du Québec, vous savez déjà que le chauffage sera votre plus grosse dépense. Et si vous avez déjà été locataire et que vous avez payé vos factures d'électricité, ce type de montant vous est familier. Si la maison que vous achetez est neuve, vos factures seront sans doute réduites, grâce à la qualité de l'isolation et de la construction. Sinon, demandez aux propriétaires une copie de leurs factures de comptes pour pouvoir vous faire une idée de ce qu'ils dépensent en chauffage. Au chapitre 8, nous passons en revue les coûts et les avantages de divers systèmes de chauffage que l'on trouve communément dans les maisons québécoises.
- **Les taxes :** L'impôt foncier est calculé en fonction de l'évaluation de votre maison et du taux local. Malheureusement, le taux d'impôt foncier peut fluctuer tous les ans, et varie d'une région à l'autre. Certaines annonces immobilières déclarent le montant des taxes de l'année précédente pour la propriété concernée. Quand vous visitez des maisons, demandez-le à l'agent ou aux propriétaires. S'il vous faut un prêt hypothécaire à quotité majorée pour acheter une nouvelle maison, votre prêteur tiendra peut-être à ce que les paiements étalés de votre impôt foncier soient ajoutés aux paiements hypothécaires. (Voir le chapitre 3 pour plus de détails sur ce type de prêts hypothécaires.)
- **Les frais de condo :** L'avantage de vivre dans un condo, c'est qu'une autre personne est responsable des problèmes d'entretien et d'aménagement paysager. L'inconvénient, c'est que vous devez payer ces services en frais de condo. Dans un bel appartement, ceux-ci peuvent facilement coûter le prix d'un loyer, en plus de vos paiements hypothécaires.

Comprendre le marché

Le marché immobilier est fluctuant, avec des périodes de hausse et de déclin. L'histoire prouve cependant qu'à long terme, c'est un marché qui monte. Ne vous inquiétez donc pas trop du « bon moment » pour acheter. Il est quasiment impossible de prédire où le marché va aller, et si vous attendez pendant des années le moment idéal, vous gâcherez des sommes astronomiques en loyer, alors que vous auriez pu les investir ! En général, après avoir acheté votre première maison, vous la garderez des années durant, et sa valeur augmentera. C'est votre situation personnelle qui importe réellement, car c'est elle qui déterminera si vous devez vendre votre maison à la hâte – ou si vous pouvez vraiment vous permettre d'acheter au départ.

Ceci dit, vous voulez sans doute comprendre comment le marché fonctionne, car il y a des périodes pendant lesquelles il vaut mieux être acheteur et d'autres où il vaut mieux être vendeur. Vous pouvez vous faire une idée du marché en regardant les prix dans votre journal local et en demandant à votre agent immobilier comment le marché se compare aux 12 derniers mois. Il vous dira comment les maisons se sont vendues et vous indiquera le *prix de vente médian* au cours de cette période – le prix situé exactement entre le plus haut et le plus bas prix de vente (ce n'est pas le prix moyen). Il vous dira aussi combien de temps les maisons sont restées sur le marché, quels ont été les ajustements de prix, quels types de propriétés ont été vendues et quels sont les quartiers les plus recherchés.

Une économie en bonne santé produit naturellement un marché fort, où beaucoup de gens cherchent à acheter. Il est évidemment possible qu'il y ait aussi davantage de vendeurs, car avec plus d'argent, les propriétaires peuvent décider d'« échanger » et d'acheter des logements plus grands. Une économie forte génère aussi davantage de projets de construction, mettant de nouveaux logements sur le marché.

Pour comprendre le marché immobilier, voici quelques termes utiles :

- **Un marché d'acheteur :** C'est idéalement le meilleur moment pour acheter – quand de nombreux vendeurs veulent vendre, mais que peu d'acheteurs veulent acheter. Les maisons mettent du temps à se vendre, et les acheteurs ont donc plus de temps pour se décider. Pour vendre dans ce type de marché, les vendeurs doivent offrir des prix très compétitifs et parfois même des extras. (Vous trouverez au chapitre 3 une discussion sur les diverses options de financement.) Si vous devez vendre votre logement en marché d'acheteur, la bonne nouvelle est que vous profiterez des mêmes conditions lorsque vous irez vous racheter une maison !

- **Un marché de vendeur :** L'inverse d'un marché d'acheteur, c'est un *marché de vendeur.* Il y a peu de logements sur le marché, mais de nombreux acheteurs, avec des ventes proches du prix demandé, ou même supérieures. Certaines maisons se vendent même avant d'avoir été mises sur le marché. Comme les ventes sont en hausse, certains propriétaires décident même de vendre sans l'aide d'un agent. Dans un marché de vendeur, les acheteurs ont moins de pouvoir de négociation et peu de temps pour se décider, et peuvent même se retrouver au cœur d'une guerre d'enchères. Aussi, si vous vous retrouvez à devoir acheter dans un marché de vendeur, soyez prêt à prendre des décisions rapides. Faites vos devoirs et préparez votre financement. (Voir le chapitre 2 pour des détails sur les hypothèques préapprouvées.)

- **Les influences saisonnières :** L'hiver au Québec est long et glacial. Les gens n'aiment pas trop s'aventurer dehors, sauf pour le nécessaire, comme l'épicerie, les matches de hockey, ou pour aller skier. En plus, qui va vouloir chercher une maison pendant le magasinage de Noël ? Sans parler des engelures, on observe souvent un ralentissement du marché immobilier pendant les mois d'hiver, car les gens qui ont des enfants n'aiment pas trop déménager pendant l'année scolaire. De nombreuses propriétés ne sont pas sur le marché car les propriétaires savent que leur maison a meilleure allure en été, avec les fleurs, la verdure et le soleil. Il s'ensuit que la plupart des logements qui sont sur le marché à cette époque-là de l'année ont besoin d'être vendus rapidement ; autrement dit, vous pouvez trouver une bonne affaire. Il faudra juste accepter de déménager en pleine tempête de neige, par -40 °C. Ceci dit, il en va autrement dans les grandes villes, où la saison n'a pas forcément la même influence. Si vous voyez un appartement qui vous plaît en plein cœur de Montréal au mois de janvier, n'allez pas vous imaginer que l'affaire est dans la poche.
- **Les taux d'intérêt :** S'il vous faut une hypothèque pour acheter votre maison (tant mieux pour vous si ce n'est pas le cas !), vous trouverez que les taux d'intérêt influent beaucoup sur ce que vous pouvez vous permettre. Quand ils sont élevés, peu de gens cherchent à acheter. Vous voyez la logique : un taux d'intérêt de 4,5 % sur une hypothèque de 200 000 $ vous coûtera environ 9 000 $ en intérêt la première année, tandis qu'à 7 %, vous devrez débourser 14 000 $ d'intérêt ! Votre taux d'intérêt peut varier légèrement autour de ce que les banques appellent le taux standard, selon votre type d'hypothèque. Rendez-vous au chapitre 3 pour davantage d'informations à ce sujet.

Chapitre 2

Comprendre vos finances

Dans ce chapitre :

- Enquêter sur vos finances
- Augmenter votre mise de fonds avec le Régime d'accession à la propriété (RAP)
- Calculer le montant de l'hypothèque que vous pouvez obtenir
- Obtenir une hypothèque préapprouvée
- Calculer les frais de clôture
- Se préparer aux frais inattendus

Le jour où vous décidez d'entrer dans le monde des propriétaires de maison, vous devez examiner froidement vos finances. Vous avez peut-être l'habitude de faire un budget – ou peut-être préférez-vous fermer les yeux dans ce domaine. Quoi qu'il en soit, nous avons toutes les informations nécessaires pour vous permettre d'acheter votre prochain logement en toute confiance!

Armé d'une image claire (et honnête) de votre situation financière, vous pourrez examiner les coûts spécifiquement liés à l'achat d'une propriété – comme l'obtention d'une hypothèque, par exemple. Nous vous aidons à estimer approximativement le prêt qu'une banque devrait pouvoir vous accorder – et nous vous encourageons à obtenir une hypothèque préapprouvée avant de commencer à magasiner une maison. Ce chapitre se termine avec un coup d'œil sur les frais de clôture, tels que les assurances, les frais juridiques et la taxe d'habitation. Pour que vous sachiez exactement à quoi vous attendre avant que le vendeur ne vous tende les clés. Faites-nous confiance, nous sommes passés par là! Juste au moment où vous pensiez pouvoir emménager, vous vous retrouvez face à de nouvelles dépenses qui peuvent vite s'accumuler.

Faire connaissance avec vos finances

Même s'il peut être déprimant de comparer la médiocrité de vos revenus à l'énormité de vos dépenses, la situation risque d'empirer si vous ne parvenez pas à faire les paiements hypothécaires de votre nouvelle maison. En déterminant le montant de l'hypothèque qu'il peut vous accorder, votre prêteur prend uniquement en compte les dettes que vous devez payer. Aussi, si vous n'imaginez pas la vie sans une visite mensuelle au spa et chez le coiffeur, ou si votre voiture de collection (un trou de réparations) est aussi importante pour vous que l'air que vous respirez, tenez-en compte au moment de calculer ce que vous pouvez effectivement vous permettre. La banque, elle, ne le fera pas. Jetez un coup d'œil au tableau 2-1 : une fois vos dépenses déduites de votre revenu mensuel, le montant que vous obtenez est ce que vous pouvez rembourser sur une hypothèque tous les mois. N'oubliez pas de conserver une somme de secours pour les réparations urgentes, les taxes, etc.

Tableau 2-1 : Budget mensuel

Montant mensuel	
Revenu net après impôts	___________
Revenu net de votre conjoint(e) après impôts	___________
Autres revenus : investissements, cadeaux, fonds de dépôt, rentes, etc.	___________
Revenu total	___________
Dépenses mensuelles	
Investissements	
REER	___________
Fonds d'éducation	___________
Autres	___________
Dettes	
Cartes de crédit	___________
Marges de crédit	___________
Prêts étudiants	___________
Autres prêts et dettes	___________

Tableau 2-1 : Budget mensuel (*suite*)

Transports	
Prêt-auto ou location	___________
Assurance	___________
Enregistrement	___________
Réparations et entretien	___________
Essence	___________
Stationnement	___________
Transports en commun	___________
Frais ménagers	
Épicerie	___________
Lavage et/ou blanchisserie	___________
Factures	___________
Électricité	___________
Gaz	___________
Assurance habitation	___________
Électronique	___________
Téléphone	___________
Cellulaires/appareils sans fil	___________
Télévision câblée	___________
Internet	___________
Santé	
Médicaments	___________
Lunettes/verres de contact	___________
Dentiste/orthodontiste	___________
Psychologue	___________
Frais liés à un handicap	___________
Divers	
Assurance vie	___________

Tableau 2-1 : Budget mensuel (*suite*)

Éducation	___________
Frais de scolarité	___________
Livres/fournitures	___________
Frais de garde	___________
Sorties	___________
Restaurants	___________
Vacances	___________
Vêtements/accessoires	___________
Activités/sports	___________
Abonnements	___________
Équipement	___________
Animaux familiers	___________
Cadeaux	___________
Autres	___________
Dépenses totales	___________
Calculez vos paiements hypothécaires maximaux	
Votre revenu total	___________
Moins le total de vos dépenses	___________
Égale votre paiement hypothécaire mensuel maximal	___________

Avant même de penser à vos paiements hypothécaires, vous devez déterminer le montant de la mise de fonds que vous pouvez faire pour acheter une propriété. Cette somme est le paiement initial que vous mettez vers l'achat – le solde duquel sera financé par votre hypothèque. À l'heure actuelle, au Québec, on requiert une mise de fonds minimale de 5 % pour l'achat d'une résidence principale. Même si vous avez un gros paquet d'argent – ou de l'argent de votre REER (nous abordons ce point au paragraphe suivant) –, vous aurez besoin, pour faire votre mise de fonds, de prévoir de l'argent pour vos frais de clôture.

Gonfler votre mise de fonds : un plan d'achat

S'il s'agit de votre premier achat (ou si vous n'avez pas été propriétaire de votre résidence principale au cours des cinq dernières années), vous pouvez profiter du Régime d'accession à la propriété (RAP) du gouvernement fédéral. En gros, ce programme vous permet d'utiliser l'argent de votre REER pour une mise de fonds si vous achetez une propriété, et le meilleur dans tout ça, c'est que le retrait n'est pas pénalisé. Vous ne payez même pas d'impôt sur le revenu, sauf si vous ne remboursez pas l'emprunt au REER dans les délais impartis. Ce programme vous permet d'emprunter jusqu'à 25 000 $ dans votre REER, et un maximum de deux acheteurs peuvent participer et acheter une maison ensemble. (Si votre conjoint(e) ou parent(e) a son propre REER, il ou elle peut aussi retirer jusqu'à 25 000 $, pour un total de 50 000 $.) Bien sûr, il faut répondre à certaines conditions :

- Vous devrez signer un accord écrit comme quoi vous construisez ou achetez une propriété au Canada.
- L'argent devra avoir été déposé dans votre REER au moins 90 jours avant le retrait.
- Vous devrez rembourser le montant du retrait au cours des 15 prochaines années.
- Vous devrez rembourser au moins un quinzième du montant que vous devez à chaque année.
- La nouvelle propriété devra être votre lieu de résidence principale.
- Vous devrez être résident du Canada.

Parlez à votre prêteur ou à votre avocat pour voir si ce programme est une bonne option pour vous. Vous pouvez aussi vous rendre sur le site Internet de l'Agence du revenu du Canada (`www.cra-arc.gc.ca`, cliquez sur « Individus », puis sur « Propriétaires »).

Déterminer votre capacité d'emprunt

Après avoir déterminé le paiement mensuel maximal que vous pouvez mettre dans une hypothèque, vous verrez peut-être que vous pouvez obtenir une hypothèque plus importante que vous ne l'auriez cru. Dans ce cas, deux choses sont à prendre en considération : ce que vous pouvez vous permettre sans vous saigner aux quatre veines, et l'étendue des sacrifices que vous êtes prêt à faire pour vous payer la maison de vos rêves. Les prêteurs seront tout à fait disposés à vous offrir une hypothèque plus importante si vous pouvez vous acquitter des paiements convenus, mais c'est à vous de décider le montant qui rentre confortablement dans votre budget. Ce serait quand même dommage d'être écrasé par une hypothèque énorme et de ne pas pouvoir profiter des plaisirs de la vie.

Les institutions financières ont deux méthodes pour déterminer le montant de l'hypothèque qu'elles sont prêtes à vous accorder. La première, c'est de calculer votre taux d'endettement brut. Il s'agit du pourcentage du revenu brut, annuel ou mensuel, nécessaire pour couvrir tous les frais liés au logement (incluant le paiement principal de votre hypothèque, ainsi que les intérêts, les taxes de propriété, les factures de gaz et d'électricité, et, le cas échéant, la moitié des frais de condo mensuels). Ce montant ne devrait pas dépasser environ 32 % de votre revenu brut annuel ou mensuel. La deuxième méthode revient à calculer votre taux d'endettement total. Il s'agit du pourcentage du revenu brut, annuel ou mensuel, nécessaire pour couvrir tous les frais liés au logement, *plus toutes les autres dettes* que vous pourriez avoir (dette étudiante, prêt-auto et paiements de cartes de crédit, par exemple). Ce montant ne devrait pas dépasser 40 % de votre revenu brut annuel ou mensuel.

Vous pouvez faire le type de calcul suivant pour déterminer votre taux d'endettement brut :

Revenu brut mensuel (avant impôts)	6000 $
Multiplié par 30 % disponible pour votre logement	0,3 x 6000 $ = 1800 $
Moins le montant mensuel estimé pour les taxes de propriété (200 $)	1800 $ - 200 $ = 1600 $
Moins les frais estimés de gaz et d'électricité et la moitié des frais de condo, le cas échéant (200 $)	1600 $ - 200 $
Montant mensuel disponible pour vos paiements hypothécaires	1400 $

(Les chiffres sont approximatifs et ont été arrondis.)

Notez que votre taux d'endettement brut peut être un indice trompeur lorsqu'il s'agit de décider du montant d'hypothèque que vous pouvez vous permettre. C'est particulièrement vrai si vous avez beaucoup d'autres dettes. À ce moment-là, il peut être utile de connaître votre taux d'endettement total. Voici la méthode que vous pouvez suivre pour le calculer :

Revenu brut mensuel (avant impôts)	6000 $
Multiplié par 40 % disponible pour votre logement et autres dettes	0,4 x 6000 $ = 2400 $
Moins les paiements mensuels de dettes (400 $ de prêt-auto, 200 $ de cartes de crédit, 150 $ de prêt étudiant)	2400 $ - 400 $ - 200 $ - 150 $ = 1650 $
Moins les paiements mensuels estimés des taxes de propriété (200 $)	1650 $ - 200 $ = 1450 $
Moins les frais estimés de gaz et d'électricité et la moitié des frais de condo mensuels, le cas échéant (200 $)	1450 $ - 200 $
Revenu mensuel disponible pour les paiements hypothécaires	1250 $

Comme vous voyez, le taux d'endettement total présente un tableau bien plus juste de ce que vous pouvez vous permettre en paiements hypothécaires.

Prendre les devants avec une hypothèque préapprouvée

Avant même de penser à chercher une nouvelle maison, discutez avec votre prêteur ou votre courtier en hypothèque de la possibilité d'obtenir une préapprobation pour votre hypothèque. C'est un processus rapide et simple, l'intérêt étant que ça ne vous coûte rien et que ça peut vous faire gagner un temps précieux – tout en vous évitant des déceptions. Vous saurez exactement ce que vous pouvez vous permettre, car le processus est semblable à celui d'une demande d'hypothèque. Mais aujourd'hui, avec la fluctuation constante des taux d'intérêt et des qualifications requises pour obtenir un prêt, il vaut mieux que vous restiez en contact permanent avec votre institution même après avoir été préapprouvé : ce qui était vrai il y a trois mois ne s'applique peut-être plus aujourd'hui !

Il est très facile d'obtenir sur Internet une estimation de l'hypothèque que vous pourriez obtenir, mais n'oubliez pas, ce n'est qu'une approximation. Vous devrez fournir tous les documents nécessaires à votre institution financière et passer par toutes les étapes décrites dans ce chapitre avant d'être réellement préapprouvé.

Pour obtenir une préapprobation, il vous faudra – tout comme pour une hypothèque – répondre à des questions et fournir des documents établissant votre situation financière, vos dettes et votre historique de crédit. (Vous trouverez des détails sur le processus de l'hypothèque au chapitre 3.) Il s'agit généralement d'une période de temps spécifiée (entre 30 et 120 jours), pendant laquelle les prêteurs s'engagent par écrit à prêter un certain montant à un certain taux. Voici les avantages d'une préapprobation :

- **Vous savez ce que vous pouvez vous permettre :** Avant de tomber en amour avec le cottage au bout du chemin, autant connaître les limites de son budget.
- **Les vendeurs prennent vos offres plus au sérieux :** Ceux-ci préfèrent accepter une offre de quelqu'un qui a déjà entrepris des démarches pour obtenir un prêt. Après tout, il est fort possible que l'acheteur qui n'est pas encore préapprouvé ne parvienne pas à obtenir à prêt. Ces temps-ci, les agents qui ont un peu de jugeote ne se fatigueront même pas à faire visiter des propriétés à un acheteur qui ne s'est pas occupé de son prêt. La préapprobation permet d'éviter bien à l'avance les inquiétudes liées à l'obtention d'un prêt.
- **Vous êtes protégé de toute augmentation (et pouvez prendre avantage de toutes les chutes) des taux d'intérêt :** Tant que vous concluez la vente pendant la période de préapprobation (généralement entre 30 et 120 jours), vous êtes assuré que votre hypothèque se fera au taux mentionné, même si les taux d'intérêt de la banque ont augmenté entre-temps.

Même avec la préapprobation, vous devrez conclure une entente d'hypothèque après avoir négocié l'achat de votre maison. Vous pourrez l'obtenir après l'examen complet de vos finances et l'évaluation de la valeur de marché de la propriété que vous voulez acheter. Mais avec une préapprobation, la majeure partie de la paperasse est déjà faite, ce qui accélère le processus de manière significative.

Si votre mise de fonds est inférieure à 20 % du prix d'achat de votre propriété, vous devez aussi obtenir l'approbation de la *Société canadienne d'hypothèques et de logement* (SCHL), une administration fédérale qui gère les programmes d'habitation nationaux. Votre demande d'approbation à la SCHL ne peut pas être examinée tant que vous n'avez pas accepté le contrat d'offre d'achat de votre vendeur. (Voir le chapitre 10 pour des détails sur les contrats d'achat et de vente.)

L'obtention d'une préapprobation ne vous permet pas de faire une offre d'achat sans conditions. Ajoutez une clause spécifiant la mention « sous réserve de l'obtention d'un prêt » dans votre contrat d'achat – c'est une procédure très courante. Ceci vous donne quelques jours pour obtenir votre hypothèque. Une hypothèque est un contrat ; c'est un document qui vous lie légalement et vous devez l'honorer. Assurez-vous de bien savoir à quoi vous vous engagez. Lisez tous les détails, et demandez à votre prêteur de vous expliquer tout ce que vous ne comprenez pas. Ce que vous voulez, c'est acheter une maison, pas faire un pacte avec le diable.

Anticiper les frais de clôture

La dernière grosse étape de l'achat d'une maison, c'est la clôture – lorsque que vous terminez de remplir tous les papiers et que vous signez tous les documents nécessaires pour devenir propriétaire. C'est le moment où vous finalisez aussi tous les détails pas très palpitants qui viennent avec l'achat d'une maison. Par exemple, il faut bien évidemment que la propriété soit transférée à votre nom, mais votre notaire doit au préalable s'assurer que personne d'autre ne prétend avoir des droits dessus. Vous aurez sans doute aussi des taxes municipales à payer, des comptes à régler avec les précédents propriétaires, des détails de l'hypothèque à finaliser, etc. (Au chapitre 13, nous passons en revue une journée de clôture.)

TRUC

Chaque étape de clôture mentionnée au paragraphe précédent coûte de l'argent. Mieux vaut ne pas se retrouver à court en cette journée importante. Parlez à votre courtier en hypothèque, à votre prêteur ou à votre agent pour obtenir une bonne estimation de vos frais de clôture. Évitez les surprises ce jour-là.

Le dépôt de garantie et la mise de fonds

En général, vous devez payer au moins 5 % du prix de l'achat de la propriété, par étapes ou d'un seul coup. Votre première offre sur une maison peut inclure un dépôt initial, qui peut être aussi bas que 500 $ ou 1 000 $, suivant les pratiques en cours dans votre région. Vous payez ce dépôt avec un chèque régulier ou certifié, payable à votre agent immobilier. Généralement, ce montant n'est déposé que lorsque votre offre a été acceptée. Le dépôt, qui a été négocié au préalable, est retenu sur le compte de votre agent. Si vous n'avez pas d'agent, c'est généralement votre notaire qui conserve votre dépôt dans un compte spécial.

Si vous faites une petite mise de fonds (5 % sur une maison abordable), le montant du dépôt retenu par votre agent immobilier peut représenter la totalité de celle-ci. Dans ce cas, c'est votre agent qui fera parvenir cet argent à votre notaire. N'oubliez pas, les frais de clôture s'ajouteront souvent aux 5 % de la mise de fonds, alors assurez-vous de bien savoir à combien ils s'élèveront.

Trois frais de clôture importants

Pour mettre sur pied votre hypothèque, il vous faudra du financement, une assurance et un bon notaire. Évidemment, tout ça coûte de l'argent, alors préparez-vous à absorber ces frais additionnels au moment de la clôture.

Les frais de financement

Si vous utilisez les services d'un courtier en hypothèque, c'est sans doute le prêteur qui paiera les frais de courtage. Cela dit, si vous avez déjà eu des difficultés financières, vous devrez peut-être payer ces frais vous-même. Ils peuvent aller jusqu'à 2 % du total de l'hypothèque. Renseignez-vous rapidement sur leur montant exact.

N'oubliez pas que si vous renégociez votre hypothèque, vous risquez de devoir payer des pénalités. Assurez-vous de bien connaître leur montant.

Les frais d'assurance

Si votre mise de fonds est inférieure à 20 % du prix d'achat de votre propriété, vous devrez obtenir une assurance. Elle pourra vous coûter entre 1 % et 4,75 % de la totalité du montant de votre hypothèque. Pour des raisons pratiques, vous pouvez incorporer vos frais d'assurance à vos paiements hypothécaires mensuels. Vous devrez aussi payer des taxes sur votre assurance.

Vous devrez peut-être aussi payer des frais d'inscription pour l'assurance de votre hypothèque. Ils peuvent aller de 75 $ à 235 $. Vous trouverez davantage d'informations sur les assurances hypothécaires au chapitre 3.

Les frais de notaire

Vous aurez besoin d'un notaire pour étudier l'offre d'achat, faire une recherche de titre, rédiger les documents de votre hypothèque et régler les détails de clôture. C'est aussi lui qui s'occupera des divers remboursements aux précédents propriétaires (tels que l'électricité et le gaz prépayés et les taxes de propriété). Toutes les autres factures – téléphone, câble, etc. – viennent à terme au moment de la clôture et sont facturées aux parties appropriées. Vous trouverez davantage d'informations sur le rôle du notaire et comment en trouver un au chapitre 6.

Vous ne payez que la partie applicable des dépenses à partir de la date à laquelle vous prenez possession de la maison que vous achetez. (S'il s'agit d'un condo et que les frais de condo ont été prépayés, ils seront divisés au prorata de votre occupation.) Le montant de ces frais dépend du degré de complexité de votre transaction, mais vous pouvez prévoir entre 500 et 2 000 $ pour les couvrir. La portion des taxes de propriété, de frais de condo et autres qui vous revient sera déterminée dans un document préparé par votre notaire. Vous trouverez davantage d'informations à ce sujet au chapitre 11.

Estimations, évaluations et inspections

Voici trois autres impératifs que vous devez vous attendre à payer avant la clôture :

- **L'évaluation :** Vous devrez sans doute obtenir une évaluation d'un inspecteur agréé. Il s'agit d'une confirmation indépendante que votre maison est bien au prix du marché. Si vous demandez gentiment, votre prêteur acceptera sans doute d'en payer les frais. Ils se situent généralement entre 150 $ et 250 $, mais peuvent augmenter si vous achetez une très grosse propriété ou une maison se trouvant dans un quartier où les ventes sont rares. Les évaluations sont faites par comparaison ; s'il n'y a pas d'élément de comparaison, il faut donc faire plus de travail et les frais risquent d'être plus élevés. (Voir le chapitre 6 pour plus d'informations à ce sujet.)
- **Le certificat de localisation :** Il est parfois exigé par votre prêteur pour approuver votre hypothèque. Ce document détermine les limites de votre propriété et prouve qu'il n'y a pas de servitudes de votre part sur la propriété voisine ou vice-versa. Son prix varie énormément selon l'emplacement et le type de propriété. Votre agent immobilier pourra vous donner une idée de ce à quoi vous devez vous attendre. (Nous abordons ce sujet plus en profondeur au chapitre 12.)
- **L'inspection :** Croyez-nous, faites inspecter votre propriété par un professionnel avant de l'acheter. L'inspection est un rapport sur la présence et la condition apparente des systèmes structurels et opérationnels d'une maison. (Voir le chapitre 12 pour plus de détails.) Les frais d'une inspection se situent entre 250 $ et 750 $. Si votre propriété est très grande ou si c'est une construction atypique, attendez-vous à un montant plus élevé. Si vous déménagez dans une zone rurale avec puits et fosses septiques, faites faire des inspections séparées pour la fosse septique et le terrain. Faites aussi vérifier votre eau pour savoir si elle est potable et pour en connaître la quantité et la pression. Ces inspections séparées peuvent être dispendieuses, mais vous risquez de nombreux désagréments si vous négligez de les faire – sauf si ça ne vous dérange pas d'utiliser des bécosses en hiver, ou d'attendre une livraison d'eau toutes les deux semaines…

Les taxes

Évidemment, votre nouvelle aventure d'accession à la propriété ne serait pas complète sans les taxes. Soyez prêt à ajouter ces montants à vos frais de clôture :

- **Les taxes de propriété :** Comme nous l'avons signalé plus haut, si les précédents propriétaires de votre nouvelle maison ont payé des taxes de propriété en avance, vous devrez rembourser votre part au prorata de votre occupation. Ces remboursements sont appelés « ajustements ». (Vous trouverez davantage d'informations à ce sujet au chapitre 11.) Lorsque vous prendrez possession de votre nouvelle maison, c'est vous qui aurez la responsabilité de payer toutes les factures.
- **Les droits de mutation :** Communément appelée « taxe de Bienvenue » (ce n'est pas un mauvais jeu de mots, mais le nom du juge qui l'a inventée), cette taxe est malheureusement inévitable et est calculée en fonction du prix d'achat de la propriété.
- **Les taxes de vente :** Si vous achetez une nouvelle construction (c'est-à-dire, si vous en êtes le premier occupant et propriétaire), vous devrez payer des taxes de vente. Elles s'appliquent aussi si vous achetez une propriété qui a subi des rénovations majeures.

N'OUBLIEZ PAS !

Vous devrez payer les taxes sur les services de toutes les parties concernées : votre notaire, votre agent, votre inspecteur, etc.

Les petits extras auxquels vous n'aviez peut-être pas pensé

Inutile de vous le dire, le Québec est une grande province. Aussi, n'oubliez pas les points suivants :

- **Les particularités locales :** De l'évident à l'inattendu, il y a sans doute autant de frais de clôture qu'il y a d'accents régionaux. Votre agent immobilier et/ou votre notaire pourra vous dire ceux qui s'appliquent à votre cas : les frais de ramassage d'ordures, les frais de raccordement électrique, de plantation d'arbres, pour le développement de l'éducation, etc. Si vous achetez une maison qui a déjà été occupée, ces frais sont dus au prorata de votre date de clôture.

- **Les frais de déménagement :** Renseignez-vous afin de parvenir à un budget raisonnable pour votre déménagement. Évidemment, le montant exact dépendra de la quantité de choses que vous déménagez, de la distance à parcourir et de ce que vous voulez bien prendre en charge vous-même. Sachez que les coûts sont plus élevés à la fin du mois ou pendant l'été, car ce sont des périodes agitées pour les compagnies de déménagement. Essayez de vous y prendre à l'avance. Faites des appels pour obtenir des estimations. Une estimation plus haute, mais avec une garantie, est parfois plus intéressante. Souvent, les déménageurs finissent par charger bien plus que l'estimation qu'ils vous avaient donnée pour que vous choisissiez leurs services. Demandez des références. Si vous décidez de louer un camion, réservez-le en avance.
- **Les factures :** Soyez prêt à payer des frais de connexion pour le téléphone, le câble, l'électricité et le gaz, et n'oubliez pas de demander à la poste de faire suivre votre courrier (environ 30 $).

Chapitre 3

Les différentes hypothèques

Dans ce chapitre :

- Minimiser les intérêts
- Décider quel type d'hypothèque il vous faut
- Comprendre les hypothèques
- Voir quelles sont vos options
- Assurer votre hypothèque
- Vous assurer personnellement
- Choisir un courtier hypothécaire ou un prêteur
- Obtenir des informations de votre prêteur
- Savoir quels renseignements vous devez fournir

Depuis quelques années, les options en matière d'hypothèques se sont multipliées. Dans ce chapitre, nous vous les faisons découvrir en détail, pour que vous puissiez personnaliser votre emprunt selon vos besoins. Nous vous expliquons les différents prêts disponibles et explorons avec vous les options possibles. Une bonne compréhension des divers avantages (et parfois des inconvénients) de chaque possibilité vous aidera à choisir le type de financement le plus adapté à votre nouvelle maison – et à votre situation personnelle.

Évidemment, ce n'est pas tout de savoir quel type d'hypothèque vous voulez. Il faut aussi l'obtenir. Nous vous conseillons sur la meilleure façon d'aborder le processus de financement : à qui parler, quelles questions poser, et le type de renseignements que vous allez devoir fournir. Ce chapitre vous aidera à obtenir l'hypothèque qu'il vous faut aux conditions que vous aurez choisies.

Votre mission

Votre mission, si vous l'acceptez, sera d'obtenir la meilleure hypothèque possible compte tenu de votre situation personnelle, tout en payant aussi peu d'intérêt que possible. Mettez en œuvre les stratégies suivantes pour minimiser ces frais :

- **Faites une mise de fonds aussi importante que possible :** Plus elle sera conséquente, moins le montant de votre prêt sera élevé, et moins vous aurez à payer d'intérêt. (Ceux qui achètent leur première maison peuvent utiliser les fonds de leur REER pour contribuer à leur mise de fonds. Reportez-vous au chapitre 2 pour plus d'informations.)
- **Débrouillez-vous pour rembourser votre prêt aussi vite que possible :** Plus la période d'amortissement est longue, plus vous aurez à payer d'intérêt.
- **Engagez-vous à faire des paiements hebdomadaires ou bihebdomadaires :** Cet échelonnement vous permet de rembourser votre prêt plus rapidement, et donc de payer moins d'intérêt.
- **Faites des paiements supplémentaires à chaque fois que vous le pouvez :** Par exemple, si vous obtenez un bonus au travail, gagnez à la loterie, héritez de plusieurs milliards, ou inventez le logiciel qui éradiquera tous les virus du monde, utilisez immédiatement ces sommes pour rembourser votre hypothèque.
- **Assurez-vous que votre contrat autorise un remboursement prématuré.**

Même si vous ne pouvez pas suivre ces conseils, vous n'êtes pas obligé de dire adieu à la maison de vos rêves. Si vous avez fait les recherches (et les calculs) nécessaires, vous trouverez certainement une hypothèque qui vous convient.

Les types d'hypothèques

Selon le montant de votre mise de fonds, et donc le taux de risque que prend le prêteur en vous avançant l'argent, les hypothèques se séparent en deux catégories principales.

Les hypothèques conventionnelles

Une hypothèque conventionnelle couvre au plus 80 % du prix d'achat d'une propriété ou de sa valeur marchande (le moindre des deux). (Au chapitre 6, vous trouverez davantage d'informations sur la valeur marchande.) Si vous voulez acheter une maison de 200 000 $ et que vous voulez une hypothèque conventionnelle, il vous faudra donc une mise de fonds de 40 000 $ (20 % du prix d'achat).

Les hypothèques assurées (ou hypothèques à ratio élevé)

Les *hypothèques assurées* (ou *hypothèques à ratio élevé*) concernent les emprunts couvrant entre 80 % et 95 % du prix d'achat d'une propriété ou de sa valeur marchande (le moindre des deux). Si vous achetez une maison avec une mise de fonds inférieure à 20 %, votre hypothèque devra être assurée auprès de la SCHL (Société canadienne d'hypothèques et de logement), de Genworth ou de AIG. L'assurance protège le prêteur en cas de défaut de paiement. Une prime pouvant aller de 1 % à 4,75 % du montant de l'hypothèque, déterminée selon le ratio de financement et la période d'amortissement, sera ajoutée à votre hypothèque et incorporée à votre échéancier de paiements. Vous risquez de devoir payer une prime additionnelle si vous choisissez une hypothèque à taux variable. Nous revenons sur ces assurances plus loin dans ce chapitre, et, bien sûr, votre prêteur ou votre courtier hypothécaire pourront répondre à toutes vos questions.

Vous trouverez une liste complète des limites des hypothèques à taux variable, ainsi que toutes sortes d'informations intéressantes sur l'immobilier sur le site Web de la SCHL au `www.schl.ca`.

Les hypothèques : la base et le jargon

Ce qui est bien, avec les hypothèques, c'est que tout a une raison d'être. Asseyez-vous avec un stylo, une feuille de papier et une calculatrice, ou ouvrez simplement un tableur sur votre ordinateur et commencez à entrer des chiffres, et tout s'éclaire vraiment très rapidement. Chaque hypothèque est composée de cinq éléments, que nous passons en revue dans cette section.

Le capital

La totalité de la somme que vous empruntez s'appelle le *capital*. Si vous devez emprunter 150 000 $ pour acheter une maison, vous aurez un capital de 150 000 $. Celui-ci va diminuer au fur et à mesure que vous rembourserez votre prêt.

L'intérêt

L'*intérêt* est l'argent que vous payez à un prêteur en plus des remboursements de votre emprunt – c'est en quelque sorte une compensation pour que le prêteur puisse profiter de l'argent qu'il met à votre disposition. Le taux d'intérêt, calculé comme pourcentage du capital, détermine la somme que vous donnez au prêteur à chaque paiement – c'est ce que ça vous coûte d'emprunter de l'argent.

Les gens préfèrent acheter de l'immobilier quand les taux d'intérêt sont bas, car ils peuvent soit s'offrir une maison plus chère que ce qu'ils auraient pu se permettre si les taux étaient plus hauts, soit rembourser leur emprunt plus rapidement. Par exemple, à un taux d'intérêt de 5 %, un capital de 100000 $ vous coûtera environ 5000 $ d'intérêt par an. Avec un taux de 7 %, vous paierez environ 7000 $ par an – ce qui fait une différence de 2000 $ par an qui pourraient servir à payer votre capital, plutôt que de disparaître en intérêt.

Chaque prêteur a sa façon à lui de calculer le montant du capital que vous pouvez rembourser (options de paiement anticipé) et vous proposera plusieurs calendriers de paiements. Et surtout, il vous offrira un rabais sur les taux affichés au moment où, le cas échéant, vous convertirez votre hypothèque à un taux fixe pour une période plus longue. Étudiez toutes vos options avant de choisir une hypothèque – elles sont nombreuses.

La façon dont votre prêteur additionne l'intérêt que vous devez a un gros impact sur le montant que vous paierez sur toute la durée de votre hypothèque. Si l'intérêt est *composé* (ou additionné à votre solde) quotidiennement, vous paierez davantage pendant la durée de votre hypothèque que si l'intérêt est composé tous les semestres. C'est le cas de la plupart des hypothèques, mais votre prêteur vous proposera peut-être d'autres options.

L'hypothèque à taux fixe

À cause de la fluctuation des taux d'intérêt, il y a des moments plus propices que d'autres pour prendre une hypothèque. Pour plus de stabilité, vous pouvez choisir une *hypothèque à taux fixe* qui vous permet de bénéficier d'un taux d'intérêt identique pendant une certaine durée (celle du *terme hypothécaire*). Si les taux d'intérêt augmentent, il vaut mieux avoir un taux fixe pour être certain du montant de vos paiements pendant la durée de votre terme hypothécaire. À l'expiration de celui-ci, vous pourrez renégocier votre taux d'intérêt et la durée pendant laquelle vous ferez les paiements au nouveau taux.

En magasinant votre hypothèque, vous verrez que chaque prêteur spécifie un taux d'intérêt sur une certaine durée : la plupart du temps, les conditions du marché font que plus un taux d'intérêt fixe est bas, plus la période pendant laquelle vous pouvez en bénéficier est courte. Cependant, une hypothèque à taux fixe sur une plus longue période vous permet de bien attaquer le remboursement de votre capital avant d'avoir la possibilité d'augmenter vos paiements mensuels. Jetez un coup d'œil aux pages financières du journal ou aux taux hypothécaires sur Internet, et vous trouverez des graphiques qui ressemblent à peu près au tableau 3-1. Les taux fixes présentés courent entre six mois et six ans.

N'OUBLIEZ PAS !

Les hypothèques à taux fixe sont offertes avec un certain nombre d'options en prime, comme par exemple différentes possibilités de remboursement anticipé, ainsi que des paiements hebdomadaires, bihebdomadaires ou mensuels. Assurez-vous donc de parler à plusieurs prêteurs (ou à un courtier hypothécaire) pour voir qui offre les taux d'intérêt les plus compétitifs et les échéances les plus intéressantes.

Tableau 3-1 : Taux d'intérêt

Banques	***Taux variable***	***6 mois***	***1 an***	***2 ans***	***3 ans***	***4 ans***	***5 ans***	***6 ans***
Caisse populaire Desmarais	3,50	4,65	3,90	4,05	4,20	4,35	4,50	4,67
Banque Flavia	3,45	4,70	4,40	4,60	4,90	5,10	5,25	5,75
TB Canada Must	3,50	4,65	3,95	4,25	4,30	4,50	4,75	5,25

L'hypothèque à taux variable

Une hypothèque à *taux variable* a le plus souvent une échéance fixe de un à six ans, et un taux d'intérêt qui fluctue selon le marché. Si vous, l'emprunteur, voyez que les taux d'intérêt commencent à grimper, vous pouvez généralement passer à un taux fixe pour le restant de la durée de votre prêt hypothécaire. La première colonne du tableau 3-1 donne un exemple d'hypothèque à taux variable.

Cependant, toutes les hypothèques à taux variable ne se valent pas. Si vous voulez effectivement passer à un taux fixe pour le restant de la durée de votre prêt hypothécaire, certaines banques risquent de vous facturer des pénalités lors de cette opération. Assurez-vous de bien savoir à quoi vous vous engagez si vous décidez de changer les termes de votre contrat en cours de route.

Les taux d'intérêt des hypothèques à taux variable changent d'un prêteur à l'autre, mais sont la plupart du temps indexés sur le taux préférentiel, c'est-à-dire le taux d'intérêt que les banques facturent à leurs meilleurs clients (en général, de grosses entreprises), et varient entre -0,5 % et +0,5 % de celui-ci. Les emprunteurs doivent aussi s'assurer de bien savoir quel est le taux de base sur lequel les prêteurs s'alignent. Telle institution financière peut en effet demander 0,5 % de plus que le taux de base de la très sérieuse Banque du Canada, tandis que telle autre offrira 0,25 % de moins que le taux de base de la « Banque de Rentière » – qui peut être très élevé, ce qui signifie donc que l'emprunteur est loin de faire la bonne affaire qu'il croit.

Les taux variables ne sont pas pour tout le monde. Vous serez obligé de suivre les taux d'intérêt pour vous assurer de pouvoir passer rapidement à un taux fixe s'ils devaient monter. Il y a une certaine dose de prise de risque, mais si vous êtes prêt à y faire face, la récompense peut venir sous la forme d'un taux d'intérêt inférieur à celui d'une hypothèque à taux fixe.

Le choix entre taux fixe et taux variable est aussi une question de mode de vie. Avec un taux variable, on achète sa maison en faisant de plus petits paiements et en économisant sur l'intérêt ; mais si vous êtes du genre à vous précipiter sur le journal toutes les semaines en vous faisant un sang d'encre sur les taux d'intérêt, réfléchissez-y à deux fois. Vous ne voulez pas dépenser l'argent que vous aurez ainsi économisé en séances de psychothérapie pour soigner votre stress !

Si vous faites appel à un courtier hypothécaire, ou si vous vous entendez bien avec votre banquière, elle vous appellera peut-être pour vous prévenir que les taux d'intérêt sont à la veille de grimper. Dans ce cas, vous devrez décider si vous voulez verrouiller le solde de votre hypothèque à taux variable, ou voguer avec les fluctuations des taux d'intérêt. De fait, toute hausse peut n'être que temporaire. Vous jaugerez rapidement de vos réactions face au stress, à l'incertitude et au risque. Renseignez-vous aussi sur les sorties de secours. Si vous remboursez votre hypothèque plus tôt que prévu (avant son troisième anniversaire), quelles pénalités vous facturera-t-on ?

Le paiement du capital et des intérêts

Le principe d'une hypothèque, c'est qu'on vous prête une grosse somme d'argent pour payer votre maison, somme que vous remboursez en paiements réguliers étalés sur une certaine période. En réalité, chaque paiement que vous effectuez est séparé en deux : une partie rembourse votre capital, et l'autre partie rembourse l'intérêt.

À chaque fois que votre prêteur compose l'intérêt que vous lui devez, votre paiement mensuel varie. Au fur et à mesure que vous remboursez votre capital, la somme que vous déboursez ne change pas, mais la partie du paiement qui va vers l'intérêt diminue lentement, tandis que celle destinée à votre capital augmente.

Si vous avez une hypothèque de 100 000 $ sur 25 ans (avec un taux d'intérêt de 5 % composé deux fois par an), vous aurez des paiements mensuels d'environ 585 $. Le tableau 3-2 illustre cette hypothèse.

Tableau 3-2 : Ventilation des paiements

Chronologie		***Votre paiement mensuel de 585 $***	
	Capital	***Intérêt***	***Solde du capital***
1 mois	168 $	417 $	99 895 $
6 mois	171 $	413 $	98 982 $
1 an	176 $	409 $	97 938 $
5 ans	2 517 $	4 498 $	88 580 $
10 ans	3 231 $	3 784 $	73 924 $
20 ans	5 321 $	1 694 $	30 977 $

Vous voyez qu'au fur et à mesure que vous remboursez le capital, la ventilation de vos paiements change. Petit à petit, vous commencez à rembourser davantage de capital et à verser moins d'intérêt à votre prêteur.

TRUC

Plus vos paiements seront fréquents, plus vous paierez rapidement votre capital – ce qui signifie que plus vite vous vous débarrasserez de votre hypothèque, moins vous aurez d'intérêt à payer en bout de ligne. Les paiements peuvent se faire tous les mois, tous les 15 jours ou toutes les semaines. Arrangez-vous avec votre prêteur pour faire des versements aussi souvent que vous le pouvez. En faisant des paiements hebdomadaires, vous économiserez des milliers de dollars au cours de la durée de vie de votre prêt. Le tableau 3-3 vous montre comment cette méthode simple vous permet de réduire de façon significative le temps nécessaire pour rembourser votre hypothèque.

Tableau 3-3 : Comparaison des fréquences de paiements hypothécaires

Calculs pour une hypothèque de 200 000 $ sur 25 ans, à 5 % d'intérêts composés semestriels

Options de paiements	*Montants des paiements*	*Années avant le remboursement de l'hypothèque*
Mensuels	1 169 $	25
Tous les 15 jours	609 $	20
Hebdomadaires	339 $	19

La période d'amortissement

La période d'amortissement de votre hypothèque est la durée sur laquelle vos paiements mensuels sont calculés. L'avantage d'une période d'amortissement plus longue, c'est que les paiements mensuels sont moins importants, et donc plus faciles à faire. L'inconvénient, c'est que plus vous mettez de temps à rembourser votre capital, plus vous avez d'intérêt à payer. Et cet intérêt peut rapidement monter. La preuve en est que, dans un effort pour réduire l'endettement des ménages, la période d'amortissement la plus longue est récemment passée de 30 à 25 ans. Vous verrez dans le tableau 3-4 que l'intérêt sur une période d'amortissement de 25 ans est quasiment le double de ce que vous paieriez sur 15 ans.

Tableau 3-4 : Comparaison des périodes d'amortissement

Calculs pour une hypothèque de 150 000 $ à 5 % d'intérêt composé semestriel

Amortissement	*Paiement mensuel*	*Total payé*	*Total de l'intérêt*
15 ans	1 186 $	214 000 $	64 000 $
20 ans	990 $	238 000 $	88 000 $
25 ans	877 $	263 000 $	113 000 $

La durée du prêt hypothécaire

La durée du prêt hypothécaire est la période pendant laquelle votre prêt est soumis à certaines conditions négociées au préalable avec votre prêteur (à un certain taux d'intérêt, par exemple). Les termes vont généralement de 6 mois à 10 ans, mais certains prêteurs peuvent parfois aller jusqu'à offrir un taux d'intérêt sur 15 ou 25 ans.

À la fin du terme hypothécaire, vous avez généralement l'option de payer la totalité du solde de votre hypothèque, ou d'en renégocier les conditions. Si les taux d'intérêt sont affreusement hauts, vous essaierez d'obtenir un terme plus court, pour ensuite passer à un terme plus long lorsque les taux seront plus favorables. Si les taux sont en train de baisser, ou s'ils sont déjà très bas, il peut être intéressant de négocier un taux variable. À la fin de votre terme (ou avant, dans le cas d'un refinancement), vous pourrez transférer votre hypothèque à un autre prêteur.

Si vous refinancez ou renégociez les termes de votre hypothèque avant la fin de la durée du prêt, vous devrez très probablement payer des pénalités. Mais si le taux que vous obtenez après coup est bien plus compétitif, vous sortirez gagnant de l'opération, même avec ces frais supplémentaires.

La farandole des hypothèques : les bonnes options

Selon le montant de votre mise de fonds, vous obtiendrez soit une hypothèque conventionnelle, soit une hypothèque à ratio élevé. Dans le premier cas de figure, vous avez mis sur la table au moins 20 % du prix de la propriété que vous achetez. Si, malgré l'héritage de votre tante Huguette, vous n'arrivez pas à réunir ces 20 %, vous devrez obtenir une hypothèque à ratio élevé.

Quelle que soit la catégorie dans laquelle vous vous situez, vous avez plusieurs options en matière de financement. Vous pouvez même décider de ne pas prendre d'hypothèque, et de payer votre maison avec une marge de crédit. Dans cette section, nous étudions diverses possibilités.

Les options de paiement : ouvert, fermé ou entre les deux ?

Avant de signer au bas de la page, vous devez savoir quelles sont vos options en matière de paiement : les hypothèques ouvertes, les hypothèques fermées ou celles qui vous offrent un peu des deux mondes. Votre choix affectera le montant que vous paierez sur la durée de vie du prêt, ainsi que la flexibilité des conditions. Certaines hypothèques vous autorisent à rembourser votre capital à votre guise sans pénalités. D'autres ne vous autorisent à le faire qu'une seule fois par an, à leur date anniversaire. D'autres, enfin, ne vous permettent tout simplement pas de déroger aux conditions de votre entente.

En ce qui concerne les options de remboursement anticipé, le degré de souplesse varie selon les institutions financières. Même avec une hypothèque fermée, vous pouvez généralement effectuer un nombre spécifique de remboursements anticipés, généralement entre 10 % et 20 % du capital, une fois par an, à n'importe quelle date de paiement ou au jour anniversaire de votre hypothèque, et, dans certains cas, vous pouvez augmenter le montant de vos paiements. Des pénalités vous sont facturées si vous payez davantage.

Les hypothèques ouvertes

Avec une *hypothèque ouverte*, vous pouvez rembourser la totalité ou une partie de votre capital au moment de votre choix, sans aucune pénalité. Ce faisant, vous pouvez économiser énormément d'argent en intérêt. Évidemment, comme c'est une perte sèche pour votre prêteur, cela explique que les hypothèques ouvertes ont généralement un taux d'intérêt de 0,4 % à 0,6 % supérieur aux hypothèques fermées de la même durée.

La majorité des hypothèques ouvertes avec un taux d'intérêt fixe ne sont valides que pour un court laps de temps. La plupart des hypothèques à taux variable ont un terme hypothécaire fixe de cinq ans, mais peuvent s'ouvrir au bout de trois ans, et – comme vous le voyez au tableau 3-1 – elles sont généralement offertes à un taux plus bas.

TRUC

L'hypothèque ouverte est un bon choix si vous avez l'intention de déménager dans un avenir proche, si les taux d'intérêt sont sur le point de dégringoler ou si vous espérez recevoir rapidement l'héritage de votre tante Alice (la sœur d'Huguette). Ce type de prêt est intéressant à court terme, lorsque les taux sont hauts, et peut généralement être converti à tout moment en hypothèque fermée.

Les hypothèques fermées

L'intérêt de choisir une hypothèque fermée sur une période fixe, c'est que vous obtenez un taux d'intérêt moins élevé et que vous pouvez effectuer des paiements fixes et réguliers. Le désavantage, c'est que si vous devez déménager avant la fin de votre terme hypothécaire, ou si vous avez une rentrée d'argent imprévue (un retour d'impôt, par exemple) que vous souhaiteriez utiliser pour rembourser une grosse partie de votre capital, vous risquez d'avoir à payer des pénalités pour être en mesure de le faire.

La plupart des hypothèques fermées offrent à l'emprunteur la possibilité de rembourser entre 10 % et 20 % de leur solde sans pénalité – généralement à la date anniversaire de leur hypothèque.

Parfois, certaines conditions restrictives vous empêchent de sortir de votre hypothèque sans payer des frais élevés. Vous risquez de devoir payer des pénalités de remboursement anticipé (vous trouverez au chapitre 16 davantage d'informations sur la possibilité de rembourser votre hypothèque avant terme, et sur les frais qui s'appliquent) si vous voulez vous acquitter de votre dette avant la fin de votre hypothèque fermée. Lisez toutes les notes en bas de page de votre contrat et posez plein de questions.

Les hypothèques transférables et le remboursement à capital constant

Si votre hypothèque est *transférable*, vous pouvez l'emmener avec vous dans votre nouvelle maison. Lorsque vous serez prêt à déménager, vous serez heureux d'avoir pris cette option, surtout si vous avez négocié des conditions très intéressantes ou si les taux d'intérêt ont monté depuis que vous avez verrouillé votre hypothèque. Et même si vous achetez une maison plus chère, ce type d'hypothèque est intéressant pour vous.

Par exemple, si vous avez une hypothèque de 200 000 $ à un taux d'intérêt de 6 % et que vous êtes au début de la troisième année d'un terme hypothécaire de cinq ans, vous pouvez la transférer à la maison de 375 000 $ que vous avez l'intention d'acheter. Il vous faudra ajouter un prêt de 50 000 $ à votre capital. Si, pour les nouveaux prêts, le taux d'intérêt est de 5 % pour une hypothèque de trois ans (qui correspondent aux trois ans qui vous restent sur les cinq ans de l'hypothèque de votre ancienne maison), vous devrez négocier un taux mixte sur la nouvelle somme. Le remboursement à capital constant sera composé de deux parties : votre paiement initial (pour votre hypothèque de 200 000 $), plus le second paiement (pour le prêt de 50 000 $). N'oubliez pas que votre paiement sera le résultat du « mélange » de deux taux d'intérêt, et, évidemment, votre paiement mensuel servira à la fois à rembourser le capital et à payer les intérêts.

Les hypothèques prises en charge par l'acheteur

Lorsque vous achetez une maison, en plus de contacter des institutions financières, vous pouvez demander au vendeur s'il accepterait que vous repreniez son hypothèque. C'est une option rapide qui peut vous éviter de payer certains frais associés à la mise en place d'une hypothèque.

Vous économiserez peut-être aussi sur l'intérêt, si le taux du vendeur est inférieur à ceux du marché. Renseignez-vous sur les clauses du contrat et discutez de cette option avec votre agent immobilier.

L'avantage de ce type d'hypothèque, c'est que le jour où vous voulez vendre votre maison, vous pouvez la transférer à l'acheteur, s'il est éligible. C'est un bonus intéressant si les conditions de votre prêt sont avantageuses, car cela évite à l'acheteur de faire les démarches et de payer les frais liés à l'obtention d'un financement. La plupart des hypothèques offrent cette option tant que l'acheteur remplit les conditions d'éligibilité.

Attendez-vous à ce que votre situation financière soit passée au crible, même si vous reprenez l'hypothèque du vendeur. Le prêteur voudra bien évidemment s'assurer que vous êtes solvable. (Lisez le paragraphe intitulé « Tout, votre prêteur veut tout savoir sur vous », un peu plus loin dans ce chapitre, pour avoir une idée de ce à quoi vous devez vous attendre.)

Le prêt hypothécaire accordé par le vendeur

Ce type de prêt est moins courant que les autres, surtout lorsque le marché est fort. Il est généralement proposé par le vendeur lorsque le marché traîne vraiment de la patte, ou s'il est pressé de déménager, ou encore s'il est à la recherche d'un bon investissement après avoir récupéré la valeur nette de sa maison. Dans chacun de ces cas, le vendeur pourra vous proposer de vous prêter l'argent de votre hypothèque. Son taux d'intérêt sera peut-être plus bas que celui des grosses institutions financières, et vous n'aurez pas besoin de faire les évaluations ni les inspections requises par les prêteurs traditionnels, sans compter que cet arrangement vous évitera d'avoir à payer tous les frais de financement.

Ce type de prêt peut être très compliqué ; vous avez donc intérêt à mettre votre avocat sur le coup pour vous assurer que tout est en ordre. Certains vendeurs offrent une hypothèque à leur acheteur, puis mandatent un courtier hypothécaire pour la gérer au lieu de s'en occuper eux-mêmes.

L'achat d'une réduction d'intérêt par l'entrepreneur ou le promoteur

Si vous cherchez à acheter une nouvelle maison, vous trouverez peut-être des constructeurs ou des promoteurs prêts à vous proposer un *achat de réduction d'intérêt* sur votre hypothèque. Cet arrangement peut prendre deux formes : soit – comme au paragraphe précédent – le constructeur vous prête l'argent dont vous avez besoin, soit (et c'est la méthode la plus courante) il donne un certain montant à votre banque en échange d'une réduction de 2 % à 3 % de votre taux d'intérêt sur une période donnée (généralement, de un à deux ans).

Le but de cette opération est de vendre des projets immobiliers. Elle permet d'aider certains acheteurs qui, en temps normal, auraient du mal à obtenir une hypothèque au taux habituel, ou d'autres qui peuvent ainsi emprunter une somme plus importante et donc acheter une propriété plus dispendieuse. N'oubliez pas malgré tout que ces hypothèques ne sont généralement pas renouvelables, et qu'à leur échéance, votre taux d'intérêt – et donc vos paiements mensuels – risquent d'augmenter de façon significative.

Dans ce type de figure, à la fin de votre premier terme hypothécaire, vous devrez renégocier de nouvelles conditions, et si vous avez emprunté de l'argent au constructeur ou au promoteur, vous devrez trouver un nouveau prêteur – en général, une banque. Évidemment, celle-ci vous demandera de faire évaluer votre propriété. Jusque-là, rien de surprenant. Ce qui vous étonnera peut-être, par contre, c'est que l'évaluateur risque d'estimer votre maison, construite il y a à peine un an ou deux, à plusieurs milliers de dollars de moins que le prix auquel vous l'avez achetée. Voici pourquoi : les entrepreneurs veulent offrir des taux d'intérêt très bas pour attirer les acheteurs. Mais ils protègent quand même leurs arrières. Et pour compenser cette réduction d'intérêt, ils en ajoutent le coût au prix de la maison elle-même. Et vous payez un capital plus important sur un prix gonflé artificiellement.

La solution ? Déjà, n'empruntez pas d'argent directement au promoteur ou à l'entrepreneur. Négociez une hypothèque avec une institution financière et demandez au promoteur de vous acheter une réduction d'intérêt. Ainsi, vous profiterez de la bonne affaire tout en ayant la possibilité de renouveler votre hypothèque avec votre prêteur à la fin du terme hypothécaire. L'autre possibilité, c'est de prendre votre hypothèque au taux en cours et de demander au constructeur de baisser son prix de vente en conséquence.

« Et avec ça, vous prendrez bien une hypothèque ? » Comme chez un concessionnaire automobile, les vendeurs font souvent des offres alléchantes pour vous aider à financer votre achat, et vous faire soi-disant économiser beaucoup d'argent. Mais soyez prudent. Lisez les notes en bas de page et discutez avec votre agent ou votre avocat avant d'accepter les propositions d'un vendeur. Parfois, il faut croire l'adage… C'est trop beau pour être vrai.

La marge de crédit

Il est de plus en plus courant d'acheter une propriété avec une marge de crédit plutôt qu'avec une hypothèque. Cela fonctionne un peu comme avec une carte de crédit. Vous devrez faire le paiement mensuel minimum, mais celui-ci ne couvre que l'intérêt – pas le capital. C'est vous qui décidez du montant que vous payez au-delà de ce minimum. Mais pour réduire le solde de votre marge de crédit, vous serez obligé de payer davantage – car sinon, votre capital ne se remboursera pas.

Voici les principaux avantages à acheter sa maison avec une marge de crédit :

- Des paiements mensuels plus bas (si vous ne payez que le minimum).
- Une souplesse totale pour le règlement du solde du prêt. Avec une hypothèque régulière, vous ne pouvez pas modifier vos paiements mensuels à votre guise.

Voici les principaux inconvénients :

- En ne faisant que les paiements minimums, votre solde ne baisse pas.
- Les taux d'intérêt sont indexés au taux préférentiel, ce qui veut dire qu'ils ne sont pas fixes.

Si votre revenu est variable, avec certains mois plus fastes que d'autres, c'est peut-être une bonne option pour vous. Pour être éligible, il vous faut une mise de fonds plus importante (au moins 25 %) et une très bonne cote de crédit. Discutez des pour et des contre avec votre banque ou votre courtier hypothécaire.

L'assurance des hypothèques à ratio élevé

Si votre mise de fonds est inférieure à 20 % (mais supérieure à 5 %) du prix d'achat de votre maison, vous pourrez obtenir une hypothèque à ratio élevé. Cependant, les prêteurs vous demanderont de la faire assurer pour protéger leur prise de risque.

Obtenir une assurance pour hypothèque à ratio élevé

C'est la Société canadienne d'hypothèques et de logement (SCHL) qui assure la majeure partie des hypothèques à ratio élevé. Cependant, deux autres organismes procurent aussi ce type d'assurance : Genworth Financial et AIG United Guaranty (cette compagnie est peu active au Canada, à cause des difficultés financières de sa branche aux États-Unis). Toutes ces institutions ont les mêmes critères d'éligibilité :

- La propriété que vous achetez doit être votre résidence principale.
- Cette propriété doit être située au Canada.
- Votre rapport d'*amortissement brut de la dette (ADB)* ne doit pas dépasser les 32 %. En d'autres termes, le montant total que vous dépensez pour votre logement (y compris le capital et l'intérêt, les taxes foncières, le chauffage et 50 % des frais de condo) ne doit pas dépasser environ 32 % de votre revenu familial brut (avant impôts). (Voir au chapitre 2 comment calculer votre rapport ADB.)
- Votre rapport d'*amortissement total de la dette (ATD)* – en incluant les prêts-auto, les prêts étudiants et les dettes de carte de crédit – ne doit pas dépasser les 40 % de votre revenu familial brut. (Voir au chapitre 2 comment calculer votre rapport ATD.)

Déterminer le coût de l'assurance d'une hypothèque à ratio élevé

La prime d'une assurance d'hypothèque à ratio élevé va de 1 % à 4,75 % du montant de l'hypothèque; mais comme il y a eu de nombreux changements récemment, assurez-vous de demander toutes les informations nécessaires à votre courtier hypothécaire ou à votre prêteur. (Et les primes sont différentes pour les refinancements.)

TRUC

N'oubliez pas de demander quelles sont les mesures incitatives si vous achetez une maison écoénergétique ou si vous empruntez de l'argent pour faire des rénovations destinées à faire des économies d'énergie. Vous pourriez vous faire rembourser jusqu'à 10 % de votre prime d'assurance.

Les autres assurances

L'*assurance vie hypothécaire* vous garantit que votre hypothèque sera entièrement payée si vous mourez. Certains prêteurs proposent cette assurance et ajoutent la prime à vos paiements hypothécaires. Mais ce n'est pas une mauvaise idée de magasiner un peu les meilleurs taux avec l'aide d'un courtier en assurances. Pensez aussi à assurer toutes les personnes responsables de votre hypothèque. Par exemple, si la maison est à votre nom et à celui de votre conjoint(e), vous devriez être tous les deux assurés.

En plus de l'assurance vie hypothécaire, certains prêteurs proposent une *assurance contre les maladies graves*. Elle ne couvre généralement que certaines maladies – essentiellement, le cancer, les problèmes cardiaques et les accidents vasculaires cérébraux –, mais beaucoup de personnes tiennent à avoir la certitude que leur hypothèque sera entièrement payée (ou presque), non seulement en cas de décès, mais aussi si elles tombent gravement malades. Ce type de couverture est toujours offert avec une assurance vie et ne peut s'obtenir indépendamment. Vous seul pouvez savoir si vous avez besoin de cette protection supplémentaire, mais assurez-vous de poser les bonnes questions avant de prendre votre décision. Sachez exactement quelles maladies sont couvertes, si vous avez besoin de passer un examen médical, et quelle est l'étendue de votre couverture.

Partir en quête d'une hypothèque

Pendant très longtemps, au Québec, quand on voulait une hypothèque, il suffisait d'aller à la banque du coin, de parler au gérant, de remplir les formulaires et d'attendre patiemment. Un jour ou l'autre, on vous annonçait que votre demande était refusée ou acceptée, et, dans ce dernier cas, quel taux d'intérêt vous auriez à payer. La plupart du temps, vous obteniez le taux inscrit dans la vitrine. Mais depuis le boom de transactions immobilières de ces dernières années et l'avènement de l'Internet comme source virtuelle d'information, les choses ont changé.

Maintenant, quand on part en quête d'une hypothèque, on se rend rapidement compte que le processus est plus transparent. Les principaux prêteurs et les plus grosses banques publient généralement tous leurs taux, et les courtiers hypothécaires affichent ceux des institutions financières avec lesquelles ils travaillent. Comme toute l'information est disponible en ligne, dans les journaux et aux nouvelles, chacun sait comment obtenir le meilleur taux, sans craindre les mauvaises surprises.

Vous trouverez peut-être la quantité d'informations un peu déconcertante, et vous voudrez peut-être vous tourner vers un professionnel qui vous aidera à y voir plus clair. Dans ce cas, il vous faut un courtier hypothécaire. Nous allons vous expliquer quel est son rôle et comment en trouver un. Et si vous voulez vous débrouiller seul, nous sommes aussi là pour vous accompagner.

Enrôler un courtier hypothécaire

Ces jours-ci, de plus en plus de gens demandent à un courtier hypothécaire de les aider à mettre en place le financement de leur achat immobilier. Un courtier hypothécaire est un professionnel agréé qui représente plusieurs prêteurs et offre généralement davantage d'options de prêt qu'une banque traditionnelle.

Les courtiers hypothécaires peuvent travailler de façon indépendante ou pour une grosse banque. Dans ce dernier cas, ils ne représentent que les produits de leur institution ; mais ne vous y trompez pas : ils peuvent tout à fait vous obtenir des conditions et des taux plus intéressants. Les courtiers hypothécaires indépendants travaillent souvent avec de nombreux prêteurs, y compris des banques qui ont déjà leurs propres courtiers hypothécaires. Ils ont aussi accès à certaines institutions qui ne font affaire qu'avec des courtiers et peuvent proposer des conditions et des taux encore plus avantageux.

Comprendre le rôle d'un courtier hypothécaire

Un courtier hypothécaire est en quelque sorte votre représentant auprès des prêteurs, et il fait le travail pénible à votre place. En gros, vous lui fournissez toutes les informations nécessaires pour pouvoir obtenir une hypothèque (voir, un peu plus loin dans ce chapitre, le paragraphe intitulé « Tout, votre prêteur veut tout savoir sur vous »), et il s'occupe du reste.

Un courtier hypothécaire vous aide à éviter les écueils qui peuvent se présenter à vous au cours du processus de demande d'hypothèque. Un petit souci dans votre historique de crédit ? Votre courtier y remédie. Pour vous, les 25 $ que vous avez oublié de payer sur la carte de crédit d'un magasin il y a trois ans sont de l'histoire ancienne, mais pour votre rapport de solvabilité, c'est peut-être un problème majeur. Votre courtier peut vous aider à contrôler les dégâts.

TRUC

Avec un courtier hypothécaire, une seule enquête de crédit est faite sur vous. Pourquoi est-ce important ? Pensez-y : imaginez que vous avez décidé de faire le travail vous-même et que vous approchez cinq grosses banques avec une demande d'hypothèque. Chacune de ces cinq institutions financières fait une enquête de crédit à votre sujet. Et chaque demande affecte de façon négative votre cote de crédit. Évidemment, vous n'êtes pas en train de faire cinq demandes différentes d'hypothèque, de prêt-auto ou de carte de crédit, mais l'agence de crédit, elle, ne le sait pas.

Une fois que votre courtier hypothécaire vous a aidé à régler ces problèmes de crédit, il peut préautoriser votre hypothèque en vous aidant à établir votre budget pour la propriété que vous voulez acheter. Il peut aussi vous conseiller sur les périodes d'amortissement et la fréquence des paiements.

Enfin, armé de toutes vos informations et vos desiderata, il peut vous trouver les taux et les conditions qui vous conviendront le mieux. En général, les courtiers hypothécaires ne sont pas liés à un seul prêteur (sauf si vous utilisez les services d'un courtier affilié à une banque) et peuvent donc vous proposer plusieurs options venant d'un certain nombre d'institutions financières. Un autre avantage ? Ce sont eux qui s'occupent de la négociation pour vous ; et donc, si (comme la majorité des Québécois) vous n'êtes pas du genre à tordre un bras à quelqu'un pour obtenir ce que vous voulez, c'est votre courtier qui le fait à votre place !

Trouver un courtier hypothécaire

La meilleure façon de trouver un bon courtier hypothécaire, c'est de demander une référence à des amis qui viennent d'acheter une maison ou, tout simplement, à votre agent immobilier. Après tout, son but est de vous vendre une maison, et c'est à ça que sert un bon courtier hypothécaire ! Votre agent pourra donc certainement vous recommander plusieurs personnes prêtes à se dévouer pour vous.

Chercher un courtier hypothécaire sur Internet

Comment savoir si un courtier hypothécaire trouvé sur Internet est quelqu'un de réellement qualifié ou un escroc reconverti ? Son site Web peut vous donner quelques indices :

- Son entreprise doit être accréditée auprès de l'Association canadienne des conseillers hypothécaires accrédités (ACCHA). Vous trouverez davantage d'informations sur le site Internet de l'association au `www.caamp.org`.
- Le site doit fournir le profil détaillé du courtier hypothécaire, avec un texte compréhensible expliquant ses méthodes de travail. Il doit aussi donner une liste des principaux prêteurs avec lesquels le courtier fait affaire. Plus cette liste est longue et plus vous reconnaissez de noms (en général, des grosses banques), mieux ce sera : cela prouve que le courtier entretient de bonnes relations avec de nombreux clients et qu'il a de multiples options pour vous trouver une bonne affaire.

De nombreux courtiers hypothécaires opèrent aussi dans des branches locales d'entreprises nationales. Vous devrez peut-être passer par le site de la maison mère pour obtenir la référence d'un courtier dans votre région. On vous demandera peut-être de remplir un formulaire en ligne avec votre courriel, votre adresse et votre numéro de téléphone. À cette étape-là, ne donnez que l'information nécessaire pour que le courtier hypothécaire puisse vous contacter. Vous n'avez pas besoin de fournir des renseignements privés sur Internet.

Si le site que vous visitez commence à vous demander des informations personnelles (des numéros de comptes ou des renseignements sur votre crédit, par exemple), quittez immédiatement la page Web sur laquelle vous vous trouvez. Vous êtes peut-être tombé sur un escroc se faisant passer pour un honnête courtier hypothécaire.

Faire vos recherches seul

Évidemment, vous pouvez toujours faire une demande d'hypothèque de la façon traditionnelle : seul. Plusieurs institutions, dont les Caisses populaires, ne font pas affaire directement avec les courtiers hypothécaires, et il faut donc les approcher directement. Et surtout, n'ayez pas peur de négocier !

Si vous avez décidé de vous débrouiller seul, vous pouvez bien souvent contacter le prêteur directement. N'ayez pas peur de faire jouer vos relations. Demandez à vos amis qui ont récemment acheté une maison comment ils s'y sont pris pour obtenir leur financement, et s'ils ont été satisfaits.

Comme pour presque tout, aujourd'hui, c'est sur Internet que vous trouverez le plus facilement les taux et l'information dont vous avez besoin. Inscrivez simplement dans votre moteur de recherche : « Taux hypothécaires au Québec », et vous vous retrouverez avec une mine de résultats à comparer. Soyez rapide, surtout : les taux changent constamment, et ne sont pas garantis.

Dans le paragraphe suivant, nous passons en revue les informations que vous trouverez sur les sites Internet de la plupart des prêteurs, et nous discutons des demandes d'hypothèque en ligne.

Des outils intéressants

Que pouvez-vous faire exactement sur le site Internet de votre banque ? Nous avons exploré ceux des principales institutions financières du pays et avons trouvé plusieurs outils intéressants. En voici quelques-uns :

- **Les prix de l'immobilier au Canada :** Une liste des prix moyens des propriétés dans les plus grandes villes canadiennes.
- **Un glossaire de termes financiers :** Si certains termes sont encore obscurs après la lecture de ce chapitre, vous trouverez facilement une explication en ligne.
- **Une calculatrice de capacité d'emprunt :** Une estimation du montant que vous pouvez payer chaque mois sur votre hypothèque.

- **Une calculatrice d'hypothèque :** Une simulation du montant de vos paiements hypothécaires selon leur fréquence, avec différentes options.
- **Un test pour choisir son hypothèque selon sa personnalité :** Ce questionnaire ne vous demande pas encore quelle est votre couleur préférée, mais il vous indique le type d'hypothèque qui vous correspond le mieux selon la façon dont vous gérez vos finances – si vous êtes du genre à vous tenir au courant de l'évolution des taux d'intérêt, ou selon le nombre d'années que vous avez l'intention de passer dans votre maison, etc.
- **Une calculatrice de valeur nette :** Si vous connaissez vos actifs et votre passif, vous pouvez calculer votre valeur nette en ligne en quelques minutes.
- **Une calculatrice de budget personnel :** Vous entrez les chiffres, elle fait les calculs.

Les calculatrices en ligne ne sont pas très différentes de celle que vous utilisiez à l'école : leur résultat n'a de valeur que si les chiffres que vous entrez sont justes. Ne commencez pas à chercher une maison en vous fiant à ces résultats si vous avez entré une estimation très vague (à quelques milliers de dollars près) de votre revenu après impôts ou de ce qu'il vous reste à payer sur votre prêt étudiant. Ces calculatrices ne doivent servir qu'à titre indicatif, même si vos informations sont aussi précises que possible.

Vous verrez peut-être que certaines calculatrices en ligne ne vous donnent pas une image très réaliste de votre situation. Ce n'est pas parce qu'elles vous disent que vous avez les moyens de payer une hypothèque de 200 000 $ que c'est vrai. N'oubliez pas : ce n'est qu'un programme informatique, qui ne sait pas ce que représente la nécessité d'avoir une vie sociale, d'acheter des souliers pour ses enfants ou de faire réparer son auto.

La préautorisation hypothécaire en ligne

Prêt à faire une demande de préautorisation ? La plupart des banques offrent un formulaire de préautorisation sur leur site Internet. Vous préférerez peut-être faire les choses à l'ancienne – enfiler votre manteau, prendre vos dossiers sous le bras et vous rendre à votre succursale. Mais si l'idée de vous servir un bon cocktail et de passer au travers du processus dans le confort de votre foyer vous attire, appelez votre banque sur sa ligne sans frais, accessible 24 heures sur 24 – et vous pourrez généralement obtenir une préautorisation par téléphone.

Vous pouvez aussi faire une demande en ligne, mais c'est la dernière option que nous vous proposons, et voici pourquoi :

- Il n'y a personne en face de vous ou à l'autre bout du fil pour vous aider. Cela signifie que vous êtes votre propre conseiller financier, et que vous devez avoir une idée très précise de vos finances et du type d'hypothèque que vous voulez et pouvez vous permettre.
- Une fois rendu à peu près au tiers de votre demande en ligne, après avoir entré tous les chiffres pertinents, la banque vous proposera un montant préautorisé. Vous serez peut-être tenté de faire un bond en l'air en criant « Youpi ! » et de vous resservir un cocktail pour célébrer la bonne nouvelle ; mais ce n'est pas la réponse finale ! Cette somme est une préautorisation conditionnelle, soumise à l'exactitude des chiffres que vous avez entrés, au résultat de l'enquête de crédit, etc. Soyez certain que le formulaire de demande vous fera traverser toutes ces étapes par la suite.

Alors, avant que des visions de manoir se mettent à danser devant vos yeux, essayez de garder les pieds sur terre en vous disant ceci : lorsque la banque vous propose ce montant, vous n'avez même pas encore donné votre nom ! Qui vous proposerait un prêt à ce stade ? Personne ! Inspirez profondément et continuez à taper et à cliquer jusqu'à la toute fin du processus. Et, comme nous l'avons mentionné au chapitre 2, même si vous obtenez une préautorisation, vous avez intérêt à faire une offre conditionnelle à l'obtention d'un financement. En effet, votre prêteur vous demandera au moins une évaluation avant de vous accorder votre hypothèque.

Pour obtenir une préautorisation définitive, vous devrez fournir des détails précis sur vos revenus et vos dettes. Sans cela, le montant fourni par la banque ne sera qu'une indication de ce que vous pourriez *peut-être* vous permettre – sans garantie que vous pourrez réellement obtenir cette somme.

N'OUBLIEZ PAS !

À un certain moment du processus de préautorisation en ligne, votre banque affichera une mise en garde sur votre écran. Lisez-la. Imprimez-la. Conservez-la. Lisez-la à nouveau. C'est bien, vous avez compris…

Les vérifications de crédit en ligne

Si vous n'êtes pas trop sûr de votre cote de crédit, vous pouvez facilement y avoir accès sur Internet. Mais faites très attention à la façon dont vous vous y prenez. Au Canada, Equifax (www.equifax.ca) est la meilleure source d'information à ce sujet. Sur le site Web de l'entreprise, vous pouvez obtenir votre cote de crédit pour environ 15 $ et y avoir accès en ligne pendant 30 jours. Si vous tapez les mots « historique de crédit en ligne » dans votre moteur de recherche, vous trouverez toutes sortes de sites, dont quelques-uns dignes de confiance, mais c'est loin d'être une règle absolue. Méfiez-vous des escrocs !

Interviewer votre prêteur

Ce n'est pas parce que c'est vous qui demandez de l'argent que vous ne pouvez pas poser de questions. Les prêteurs profitent de votre clientèle ; aussi, n'ayez pas peur de leur faire part de vos questions. On doit vous répondre de façon directe et courtoise, tout comme vous répondrez aux questions de votre prêteur. Faites une liste et ayez une feuille de papier à portée de main (ou à côté du téléphone) pendant vos rencontres, pour être certain de passer tous les domaines en revue.

Gardez votre sang-froid en discutant avec des prêteurs éventuels. N'oubliez pas : vous êtes en train de magasiner une hypothèque, pas de demander la charité. Ayez cette liste près de vous, pour être certain de poser les bonnes questions :

- **Quel est votre nom, votre titre et votre numéro de téléphone ?** Commencez par l'évidence.
- **Souscrivez-vous bien à la loi canadienne sur la vie privée ?** Si vous vous demandez si votre information va rester confidentielle, ne vous inquiétez pas. Au Canada, la *Loi sur la protection des renseignements personnels et les documents électroniques* (LPRPDE) interdit aux institutions financières (et aux autres compagnies) de divulguer vos renseignements privés.
- **Quels types d'hypothèques et de conditions proposez-vous ? Avez-vous quelque chose qui s'applique spécifiquement à ma situation ?** La plupart des banques ont des offres spéciales pour les primo-accédants à la propriété, par exemple.

- **Quels sont vos taux hypothécaires actuels?** Comparez le taux des hypothèques fermées à celui des hypothèques ouvertes. Celles-ci sont plus souples et peuvent vous faire économiser de l'argent, mais leur taux d'intérêt est généralement plus élevé que celui des hypothèques fermées, comme nous l'expliquons plus haut dans ce chapitre.
- **En quoi vos hypothèques sont-elles plus compétitives que celles des autres institutions financières? Avez-vous des rabais disponibles?** Certains prêteurs baissent légèrement leur taux d'intérêt si vous le leur demandez gentiment, ou si vous leur montrez les taux plus bas de la concurrence.
- **Quels coûts facturez-vous? Y a-t-il des frais pour la demande d'hypothèque?** Assurez-vous de bien savoir ce que le prêteur a l'intention de vous faire payer.
- **Préautorisez-vous les hypothèques? Si oui, y a-t-il des frais à payer?** Dans la plupart des institutions, la préautorisation est un service gratuit.
- **En combien de temps saurai-je si ma demande de prêt a été approuvée? Et une fois mon hypothèque autorisée, combien de temps faudra-t-il pour conclure la transaction?** Lorsque vous déterminez vos dates de clôture pour l'achat d'une nouvelle maison, il est essentiel de savoir à quel moment vos fonds seront transférés. Sachez à quoi vous attendre.
- **Comment l'intérêt est-il composé?** La plupart des prêteurs composent les intérêts à chaque semestre. Demandez au vôtre s'il offre d'autres options qui pourraient vous faire économiser de l'argent.
- **Puis-je convertir mon hypothèque à taux variable en hypothèque à taux fixe?** Comme nous l'expliquons plus haut dans ce chapitre, si vous choisissez une hypothèque à taux variable, vous êtes sujet aux variations des taux d'intérêt. Lorsqu'ils montent, cela vous oblige à faire des paiements hypothécaires plus élevés. Et lorsqu'ils baissent, évidemment, vous payez moins. Il est important de pouvoir convertir votre hypothèque si les taux d'intérêt commencent à grimper sérieusement.
- **Quelles sont mes options de paiement?** Comme nous l'expliquons plus haut dans ce chapitre, pour économiser de l'argent à long terme, il vaut mieux faire des paiements aussi fréquemment que possible – toutes les semaines, si vous pouvez.
- **Puis-je rembourser mon prêt avant l'échéance? Y a-t-il des pénalités dans ce cas? Puis-je payer une partie du capital sans pénalités? Quel montant par année?** Vous voudrez sans doute avoir la possibilité de payer une somme plus importante au moins une ou deux fois par an pour économiser sur l'intérêt.

- **Offrez-vous une assurance vie et maladies graves avec vos hypothèques ? Couvrira-t-elle mon conjoint aussi bien que moi-même ?** Vous devez protéger votre famille au cas où quelque chose devait vous arriver. Mais attention aux coûts. Un assureur indépendant vous proposera peut-être des primes moins chères pour la même couverture.
- **Si ma cote de crédit n'est pas suffisante, que puis-je faire pour l'améliorer ? Ou bien ai-je d'autres options ?** Soyez prévenu : tout prêteur qui offre des hypothèques fera une enquête de crédit à votre sujet.

Tout, votre prêteur veut tout savoir sur vous

Quel que soit le prêteur qui vous fournit votre hypothèque, vous devrez toujours lui donner le même type d'informations. Ne le prenez pas personnellement ; même Paul Desmarais devra remplir ce type de documents et répondre à ces questions lorsqu'il voudra financer son deuxième Sagard. Dites-vous que vous êtes en bonne compagnie ! (Ou pas…)

Parlez-nous un peu de vous

Lorsque vous ferez une demande d'hypothèque, les courtiers hypothécaires et les prêteurs vous demanderont de remplir un formulaire. Ils voudront connaître votre situation financière et vos antécédents. Attendez-vous à ce type de questions :

- **Quel âge avez-vous ? Êtes-vous marié ? Combien de personnes avez-vous à votre charge ? Depuis combien de temps travaillez-vous pour cette entreprise ? Pour qui avez-vous travaillé avant ça ?** À moins d'être travailleur autonome, vous aurez sans doute besoin d'une lettre de votre employeur définissant vos responsabilités au sein de l'entreprise pour laquelle vous travaillez. Si vous êtes à votre compte, apportez vos avis de cotisation (pas vos déclarations de revenus) des deux années précédentes pour confirmer vos revenus.
- **Quel est votre revenu familial brut (avant taxes) ?** Il vous faudra sans doute fournir des preuves de revenus (comme un relevé T4), ou, si vous êtes travailleur autonome, vos déclarations de revenus. On vous demandera aussi de donner les documents établissant vos autres sources de revenus (rentes ou revenus locatifs, par exemple).
- **Combien dépensez-vous à l'heure actuelle pour votre logement ? Si vous êtes propriétaire, quelle est la valeur du marché de votre maison ?** Vous devrez sans doute fournir une copie de votre bail de location ou de votre hypothèque actuelle.

- **Avez-vous de quoi faire une mise de fonds?** Le prêteur veut s'assurer que votre mise de fonds sera disponible lorsque vous en aurez besoin, au moment de la clôture. Il voudra savoir d'où vient votre argent : est-il bien à l'abri dans un compte en banque, ou comptez-vous le recevoir dans un futur proche de votre chère tante Emma?
- **Quels sont vos actifs, et quelle est leur valeur?** Vous pouvez inclure les véhicules, les propriétés immobilières et les investissements.
- **Quels sont vos passifs?** Vous pouvez inclure les soldes de cartes de crédit, les prêts-auto, les prêts étudiants et les marges de crédit.

TRUC

Votre courtier hypothécaire ou votre prêteur vous demanderont aussi l'autorisation de faire une enquête de crédit à votre sujet. Le résultat dépendra de vos antécédents financiers. Nous vous conseillons de contacter une agence comme Equifax Canada ou votre bureau de crédit local pour obtenir un exemplaire de votre rapport de solvabilité. (Voir l'encadré intitulé «Les vérifications de crédit en ligne», plus haut dans ce chapitre.) Examinez-le attentivement. Si vous y trouvez des informations fausses ou obsolètes, vous pouvez les faire corriger ou les faire effacer de votre rapport de solvabilité pour qu'il soit aussi immaculé que possible.

Tout mettre par écrit : la paperasse

TRUC

La plupart du temps, les banques et les courtiers hypothécaires peuvent préautoriser votre hypothèque au téléphone. Vous devrez probablement leur faxer les documents nécessaires, en échange de quoi ils vous enverront une confirmation écrite détaillant les conditions de votre préautorisation. Souvent, vous ne rencontrerez votre banquier que lorsque le vendeur aura accepté votre offre d'achat et que vous serez prêt à conclure la transaction en finalisant les détails du financement.

Et réunir tous les papiers nécessaires pour votre hypothèque n'est que le début de la paperasse que vous devrez affronter : vous aurez une longue série de documents à lire et à signer avant d'obtenir les clés de votre nouvelle maison. Soyez prêt à fournir les documents suivants lorsque votre offre d'achat aura été acceptée :

- Une copie de l'évaluation récente de la maison que vous achetez – si nécessaire (la banque l'aura peut-être déjà faite pour vous).
- Une copie de l'inscription de la propriété.
- Une copie du contrat de vente (pour une maison existante).
- Les plans et les estimations de coûts si vous achetez une maison neuve (pour les prêts à la construction seulement).
- Un certificat pour l'eau de puits et le système septique (le cas échéant).

- Les états financiers de la résidence condominiale (le cas échéant).
- Le certificat d'arpentage.
- L'avis de divulgation de la propriété (signé par les deux parties).
- Une copie des titres.

Chapitre 4

Trouver le logement qui vous convient

Dans ce chapitre :

- Trouver le bon match : quel type de logement vous convient ?
- Les relations de bon voisinage
- Gagner un peu d'argent : appartements en sous-sol, duplex et triplex

Le logement que vous choisissez est le reflet de votre mode de vie et de votre personnalité. Même si vous pensez que votre choix est limité, de nombreuses propriétés sur le marché sont un mélange de plusieurs types de logements. L'éventail disponible est impressionnant ; aussi vaut-il mieux savoir à l'avance ce qu'on recherche.

Dans ce chapitre, nous vous aidons, pour chaque type de logement, à faire la liste des avantages et des inconvénients les plus courants. À vous de bien réfléchir à votre situation personnelle et de voir ce qui vous convient le mieux. Si vous êtes du genre à sauter dans la douche à six heures du matin en mettant de la musique à fond pour chanter à pleins poumons, mieux vaut rayer les blocs-appartements de votre liste. D'un autre côté, si vous préférez vous couper un bras plutôt que de ratisser des feuilles ou pelleter de la neige, vous avez sans doute intérêt à envisager d'acheter un condo avec une équipe d'entretien payée à l'année. Évidemment, votre budget et le quartier dans lequel vous cherchez à vous établir sont des facteurs qui détermineront si vous allez habiter dans une maison unifamiliale, un condo ou un multiplex. Vous risquez donc de devoir adapter votre style de vie.

Un logement, une multitude de possibilités...

La plupart des gens ont une préférence très tranchée en faveur des appartements ou des maisons, et il est fort possible que vous sachiez déjà ce que vous voulez (sinon, commencez tout de suite à y réfléchir). Et même si vous vous êtes déjà décidé pour une maison, il y a d'autres éléments à prendre en considération. Voulez-vous une maison neuve ? Un duplex ? Une maison détachée ou semi-détachée ?

Demandez-vous ce qui est le plus important pour vous. Décidez quel type de logement est acceptable avant de commencer à chercher sérieusement, et dites à votre agent quelles sont vos priorités et quel type de logement convient le mieux à vos besoins et à vos goûts.

Le lieu risque de déterminer ce que vous pourrez vous permettre – un demi-duplex dans le meilleur quartier de la ville, par exemple, ou une maison détachée dans un quartier agréable, mais plus éloigné. Décidez de vos priorités et déterminez ce que vous voulez vraiment. Le chapitre 6 vous aidera à prendre ces décisions.

Acheter une nouvelle maison, le pour et le contre

S'il faut que tout soit neuf dans votre nouvelle maison pour que vous y soyez heureux, vous pouvez aborder le problème de deux façons différentes : acheter un terrain vacant et construire votre maison vous-même, ou acheter une maison déjà contruite par un promoteur ou un constructeur. Chaque situation a des avantages et des inconvénients non négligeables.

Les bonnes raisons d'acheter du neuf

Si vous êtes en train de chercher un logement neuf, plutôt qu'un lieu qui a déjà été habité, vous avez sans doute déjà des raisons claires. Voici les avantages principaux :

- **Les standards de sécurité :** Votre nouvelle maison aura tous les standards de sécurité et de consommation énergétique les plus récents ; au bout du compte, vous économiserez de l'argent. Votre maison sera aussi sans doute dotée des équipements technologiques dernier cri, ce qui signifie que vous n'aurez pas besoin de refaire votre électricité pour installer l'Internet haute vitesse, ni faire passer des rallonges de téléphone de la chambre au sous-sol.

- **Le choix des matériaux :** Vous voyez la fiche technique du constructeur, et vous savez donc exactement à quoi vous attendre pour ce qui est des matériaux de construction, des systèmes d'opération, etc.
- **Le Plan de garantie des bâtiments résidentiels neufs :** Il s'agit d'une garantie de base pour une construction neuve. Obligatoire, il prévoit un mécanisme de traitement des réclamations et de règlement des litiges (médiation, arbitrage). Il permet aussi à l'acheteur de vérifier facilement si la construction qu'il désire acquérir est garantie. Vous trouverez davantage d'informations à ce sujet au chapitre 12.
- **La nouveauté :** Les composantes structurelles, les systèmes d'opération, ou les appareils électroménagers ne seront pas usagés. À moins évidemment que vous ne les achetiez d'occasion.
- **D'éventuelles économies d'impôts :** Vous pourriez avoir droit, sous certaines conditions, à un remboursement partiel de la TPS et de la TVQ si vous achetez une habitation neuve ou ayant fait l'objet de rénovations majeures, ou encore si vous construisez une habitation ou la faites construire. Mais ne vous réjouissez pas trop vite : les impôts apparaissent aussi dans notre liste d'inconvénients...
- **Une construction moderne :** Les améliorations de la technologie et des techniques de construction au fil des années signifient que vous obtiendrez une construction de meilleure qualité. Votre maison sera aussi conçue en fonction des besoins de la vie moderne. (En d'autres mots, vous aurez de grands placards !)

N'OUBLIEZ PAS !

Lorsque votre nouvelle maison sera terminée, le constructeur vous fera faire une dernière visite avant que vous n'en preniez possession ; vous pourrez ainsi voir si tout a été fait correctement. Mais n'oubliez pas que cette visite ne remplace en aucun cas une inspection professionnelle. Vous trouverez davantage d'informations sur les inspections au chapitre 12.

Acheter du neuf, les inconvénients

Si vous achetez dans un quartier en développement, il est probable que votre maison, une fois terminée, ne sera pas exactement semblable aux photos qui vous avaient été présentées. Même une nouvelle maison dans un quartier déjà existant risque de différer des modélisations qui vous avaient attiré au premier abord. En achetant une maison neuve, vous risquez de vous retrouver face à certains inconvénients :

- **Le manque de services :** Dans un nouveau quartier, il risque de ne pas y avoir de transports publics, d'écoles, d'épiceries, de magasins ou d'autres équipements courants dans les quartiers moins récents.

- **La distance :** Les nouveaux lotissements se trouvent généralement loin des centres densément peuplés ; aussi ne pourrez-vous peut-être pas construire ou acheter une nouvelle maison dans la zone urbaine de votre choix.
- **Des voisins inconnus :** Vous ne connaîtrez pas vos voisins à l'avance. Organiseront-ils des fêtes de rue à chaque pleine lune ? Ceci est particulièrement vrai dans un bloc-appartements, où la plupart des logements sont vendus à des investisseurs qui les mettent en location.
- **Les impôts :** Les taxes de propriété risquent d'être plus élevées dans une zone nouvellement construite, où il faut des routes, des écoles, des égouts, etc. Vous devrez aussi payer la TPS et la TVQ sur l'achat d'une propriété neuve. (Le bon côté, c'est que vous aurez sans doute droit à une exemption ; retournez au chapitre 2 pour davantage d'informations à ce sujet.)
- **Des prix fixes :** Si vous achetez dans un nouveau complexe d'habitation, le prix des propriétés n'est généralement pas négociable et vous risquez de devoir faire affaire avec l'agent des promoteurs.
- **Le calendrier :** Vous risquez de passer votre temps à l'affût des rumeurs de grève dans l'industrie de la construction, à cause de l'influence que cela peut avoir sur la date à laquelle votre maison sera prête.
- **Les nuisances liées à la construction :** Vous risquez de devoir affronter le bruit et la poussière créés par les travaux dans votre quartier.
- **Une zone non paysagée :** Vous risquez d'emménager dans votre nouvelle maison pour vous apercevoir que vous êtes entouré par des champs de boue et d'énormes montagnes de terre sans trottoirs ni pelouses en vue. Avec le temps, vous pourrez évidemment créer votre propre aménagement paysager, mais une végétation luxuriante ne pousse pas en un jour.

Vous pouvez minimiser les dépenses imprévues en les anticipant et en vous renseignant à l'avance. Assurez-vous de bien comprendre les frais liés à la construction : obtenez un décompte détaillé des coûts auprès de votre constructeur afin de savoir exactement ce qui est inclus et ce qui est en option moyennant des frais supplémentaires. Le contrat de construction d'une maison vient avec une liste de spécifications qui peut faire de 10 à 15 pages. Tout doit être détaillé, jusqu'aux porte-serviettes dans la salle de bain. Si vous vous occupez des travaux vous-même, faites votre propre liste.

Quant aux délais de construction, si vos tuiles en porcelaine ou vos robinets allemands dernier cri ne sont pas livrés à temps, vous ne pourrez pas faire grand-chose. Et si Mère Nature a décidé que vous n'emménageriez pas d'ici septembre prochain, eh bien vous devrez attendre. Trouvez un plan de rechange au cas où votre maison ne serait pas prête dans les délais prévus.

Construire vous-même, le pour et le contre

Depuis des années, vous vous passionnez pour les émissions de construction, de rénovations et de décoration d'intérieur, et vous vous prenez pour le nouveau monsieur Bricolo du Québec. Nous avons un secret pour vous : la télé, ce n'est pas la réalité. Voici quelques points auxquels il faut penser avant de creuser les fondations :

- **Vous faites exactement ce que vous voulez :** C'est vous qui choisissez et/ou dessinez les plans de votre maison et qui décidez de toutes les composantes – les matériaux de construction, la position sur le terrain, etc. En gros, vous obtenez le résultat que vous voulez. Si vous achetez un terrain dans un nouveau lotissement, sachez cependant que les maisons construites dans certaines zones doivent répondre à des critères de construction et de taille précis. Renseignez-vous avant de rêver à une réplique en miniature du Taj Mahal. Même la couleur de la peinture extérieure est parfois imposée. Ces règles s'appliquent aussi parfois en zone urbaine. Consultez le règlement de zonage sur les questions de taille, de lignes séparatives, etc. Et soyez prêt à affronter le mécontentement de vos voisins si vous faites quelque chose de très différent des maisons aux alentours.
- **Les retards et les délais :** Il est quasiment garanti que vous ferez face à des délais et à des frais supplémentaires. Comme avec la rénovation, la construction coûte toujours plus cher que ce que vous aviez imaginé, et prend plus de temps que prévu.

Lorsque vous construisez votre maison, gardez-vous un fonds de réserve ou assurez-vous de pouvoir avoir accès à des fonds supplémentaires si le besoin s'en fait sentir. Vous éviterez ainsi d'avoir à prendre du retard parce que vous manquez d'argent pour terminer les travaux. Prévoyez d'avoir toujours 10 % à 15 % de plus que votre budget.

La vie au fond du bois dans une nouvelle maison

Si vous prévoyez de construire un ranch merveilleux si loin de la civilisation que vous oublierez que le reste de monde existe, considérez les points suivants :

- **L'électricité et le téléphone :** Vous risquez de devoir payer plus cher les lignes de téléphone et d'électricité. (De nos jours, il existe des sources d'énergie alternatives parfois mieux adaptées à la vie à la campagne, comme les éoliennes, par exemple. La popularité de ces méthodes renouvelables et non polluantes va en augmentant depuis quelques années, et elles peuvent suffire à fournir en électricité une maison équipée d'appareils électroménagers écoénergétiques.)

- **L'eau :** La qualité de l'eau risque d'être un problème, et vous aurez peut-être besoin d'un bon système de filtrage. Si vous devez creuser un nouveau puits particulièrement profond, cela risque de vous coûter cher.
- **Des taxes supplémentaires :** Si vous êtes dans une zone très isolée, les services tels que l'entretien des routes et les écoles sont pris en charge par une population réduite, avec des frais conséquemment plus élevés pour chaque foyer.
- **Les services d'enlèvement des ordures et le recyclage :** Comme pour toute maison au milieu de nulle part, qu'elle soit neuve ou non, ces services risquent de ne pas être disponibles.
- **Le déneigement :** Vous risquez de devoir organiser le déneigement et le payer de votre poche, ou le partager avec les gens qui vivent sur la même route.
- **Les égouts et la plomberie :** La construction d'une fosse septique ou le raccordement au système d'égouts peuvent être extrêmement dispendieux, sans parler des travaux préliminaires nécessaires (comme la recherche des cours d'eau souterrains existants). Au chapitre 8, nous passons en revue tous les détails qui s'y rattachent.

Les maisons existantes

Disons que vous n'ayez pas envie de construire une nouvelle maison et que les maisons neuves ou les lotissements ne vous plaisent pas. Heureusement, il existe plein d'autres possibilités. Voici les avantages des maisons existantes :

- **Le côté pratique :** Les transports en commun, les écoles, les parcs, les épiceries, etc. – tout est déjà sur place.
- **Les petits plus :** Tout ce qui mettrait votre portefeuille à plat si vous l'achetiez neuf (une piscine, une antenne satellite, un spa, des placards sur mesure) peut venir avec la maison.
- **Le caractère :** Les vieilles maisons ont des particularités qui leur donnent du caractère et augmentent leur valeur de revente.
- **Les économies de taxes :** Vous ne payez ni TPS ni TVQ sur l'achat d'une maison existante (sauf en cas de rénovations majeures, auquel cas on considère qu'il s'agit d'une maison neuve).

- **L'aménagement paysager :** La pelouse et le jardin seront sans doute déjà faits.
- **Une maison clé en main :** Dans la plupart des cas, on peut emménager directement dans une maison existante. Les éclairages et les sols sont faits, et on voit généralement ce qu'on achète. Si vous faites faire une bonne inspection, vous aurez peu de surprises après votre déménagement. Avec une maison neuve, une fois les travaux finis, l'image que vous aviez en tête ne correspondra peut-être pas à la réalité.

Chaque rose a son épine, cependant – et parfois plus d'une. Malgré les avantages détaillés ci-dessus, vous risquez de faire face aux difficultés suivantes :

- **Une maison énergivore :** Les maisons anciennes sont souvent (mais pas toujours) moins écoénergétiques que les neuves, et vous risquez de devoir faire des améliorations dans un avenir proche.
- **Des réparations nécessaires :** L'entretien de la maison risque de coûter plus cher à cause de l'usure.
- **Des problèmes de décoration :** Vous risquez de ne pas vous sentir tout à fait chez vous dans une maison qui a déjà été habitée, tant que vous ne l'aurez pas redécorée.
- **Des contraintes d'espace :** Les maisons anciennes sont généralement plus petites que les récentes : les couloirs, les pièces et les placards semblent souvent avoir été faits pour des Schtroumpfs plutôt que pour le Québécois de taille moyenne. De nombreux sous-sols n'ont même pas un plafond de six pieds.
- **Des rénovations nécessaires :** Vous risquez de devoir faire des rénovations mineures ou des réparations pour accommoder votre mode de vie, ou pour être en règle avec les nouveaux codes de sécurité ou de construction.
- **Des problèmes de structure :** Vous n'avez pas votre mot à dire sur la disposition ou les matériaux de construction, et risquez donc de ne pas être satisfait de la structure de la maison.

- **Les taxes :** Vous devrez payer des droits de mutation immobilière. Renseignez-vous auprès de votre notaire.

Absolument préfabuleux

Nous parlons ici des maisons usinées, qui ont bien changé depuis l'époque de la caravane de votre cousin Maurice. Le terme « usiné » signifie que la maison est fabriquée dans une usine, livrée et montée sur votre terrain. Si, en lisant cette description, vous vous voyez en train de manger des croquettes de poulet avec votre voisin Robert dans la banlieue de Laval, vous n'y êtes pas du tout. Il y a tout un courant de jolies constructions modernes usinées pour les gens qui ne veulent pas attendre toute une année et un long hiver québécois (qui ralentit la construction) avant que leur maison ne soit finie. En plus, elles ont vraiment fière allure.

Si la maison de vos rêves possède une piscine intérieure, ou si vous habitez avec votre belle-mère, le préfabriqué n'est sans doute pas pour vous. Ces maisons sont généralement petites, à peu près de la taille d'un appartement avec une chambre, mais les plus grandes peuvent avoir plusieurs pièces et deux étages. Et petit ne veut pas forcément dire moins cher. Quand on additionne les coûts de construction, d'assemblage, d'installation et de livraison, une maison usinée coûte à peu près autant qu'une habitation traditionnelle.

Quelle que soit l'utilisation d'une maison usinée – habitation principale, maison de vacances, ou addition à une construction existante – l'avantage, c'est qu'elle est écologique. Comme la fabrication se fait en usine, les constructeurs n'utilisent que les matériaux dont ils ont besoin, et il n'y a que très peu de pertes. Certaines maisons usinées sont faites de matériaux renouvelables, comme des sols en bambou, et non toxiques, comme de la peinture écologique, et avec des appareils économiseurs d'eau inclus. De nombreux modèles sont conçus pour prendre avantage de la lumière naturelle, afin de réduire les frais d'électricité au maximum.

Lorsque vous achetez une maison usinée, il vous faut un terrain où la poser. À cause du montant élevé des frais de transport, vous ne pourrez peut-être pas la faire installer au sommet d'une montagne, mais la livraison pourra se faire par camion, par train ou même par hélicoptère. Lorsque la maison arrive, le terrain a déjà été préparé avec tous les raccordements nécessaires pour l'électricité, l'eau, les égouts, le téléphone et le câble. Et la maison est déjà équipée de tous les systèmes d'électricité, de chauffage et de plomberie qui seront raccordés sur le site. C'est vous qui choisissez les équipements supplémentaires, comme les ventilateurs de plafond, les luminaires, les placards, et parfois l'ameublement.

Si vous ne possédez pas de terrain, vous pouvez en louer un dans un lotissement ou un parc réservé aux maisons usinées. Faites très attention aux termes et conditions du contrat que vous signez – assurez-vous que les paiements mensuels soient clairement indiqués, et vérifiez quels services ils incluent ainsi que les détails de renouvellement du bail. Vous pouvez aussi faire installer votre maison dans une résidence protégée spécifiquement conçue pour les maisons usinées. Là, vous achetez un petit terrain et payez des frais d'entretien mensuels pour couvrir votre part des dépenses partagées, comme si vous étiez propriétaire d'un condo. Ces résidences sont très bien gardées, et vous y bénéficiez de l'avantage supplémentaire d'être propriétaire de votre terrain au lieu de le louer. Renseignez-vous bien sur les habitudes de l'endroit pour vous assurer qu'il vous conviendra. Ces résidences ont souvent des restrictions d'âge et conviennent davantage aux adultes qu'aux petits enfants.

Sur le site `www.maisonenergeco.com`, vous trouverez des exemples de maisons préfabriquées modernes. Elles sont chic, simples, respectueuses de l'environnement – et pas d'inquiétude, elles résistent aux tornades.

Prête-à-occuper ou allô les rénos : quelle maison choisir ?

Acheter une maison à rénover, est-ce une bonne idée ? Comme pour toutes les questions importantes, il existe une réponse : « Ça dépend ». La plupart des maisons existantes peuvent être placées dans une de ces trois catégories : prête-à-occuper, allô les rénos, ou en bonne condition (c'est-à-dire entre les deux).

Prête-à-occuper

Le titre le dit bien. Dans les maisons prêtes-à-occuper, vous n'avez qu'à apporter vos meubles et emménager. Ces maisons ont généralement été réparées ou rénovées et sont en excellente condition. Les acheteurs déboursent un peu plus, mais beaucoup de gens préfèrent payer moins cher et faire des améliorations à leur goût plutôt que de payer le prix fort pour des placards dernier cri qui de toute façon ne leur plairont pas. Rien n'est pire qu'une maison avec une cuisine à 20 000 $ recouverte du plancher au plafond de tuiles d'une couleur que vous n'aimez pas. Avec ce type de logement, vous aurez du mal à ajouter de nouveaux agencements (et donc à augmenter la valeur de revente).

Allô les rénos

Les maisons à rénover sont moins chères car elles ont besoin de travaux. Dans cette catégorie, nous incluons aussi bien les maisons ayant besoin d'une simple révision de la plomberie que celles nécessitant une réfection de fond en comble.

ATTENTION !

Une maison à rénover n'est une bonne affaire que si les défauts sont réparables – et ce, avec un budget raisonnable. Par exemple, s'il y a des problèmes structurels liés à l'utilisation du logement pour faire pousser des plants de marijuana, de champignons ou d'autres drogues, ne l'achetez pas. L'humidité et les produits chimiques utilisés dans ce type d'opération endommagent le bois et créent des moisissures, sans parler de l'odeur qu'il est quasiment impossible d'éliminer. De nombreuses municipalités qui ont eu des problèmes avec ce type de logement exigent une inspection avant d'autoriser qu'ils soient à nouveau habités. D'ailleurs, sans cette inspection, les compagnies d'assurance ne voudront même pas vous parler, et vous ne pourrez donc pas obtenir d'hypothèque. Renseignez-vous auprès de votre municipalité, de votre compagnie d'assurance et de votre prêteur avant de vous approcher d'une maison frappée du sceau de l'infamie !

Si les problèmes sont réparables et que la valeur de la propriété peut être augmentée, ou si vous êtes électricien, plombier ou menuisier, par exemple, il peut être intéressant de vous lancer dans cette aventure – si vous en avez le temps, évidemment. Pour tout ce que vous n'aurez pas le temps ou la capacité de faire vous-même, vous devrez engager quelqu'un d'autre. C'est vous qui assumerez la responsabilité financière des matériaux, du temps de travail, des taxes et des dépenses supplémentaires – et les chiffres peuvent s'additionner très très rapidement.

Pour ceux qui achètent leur première propriété – et qui ont souvent déjà du mal à trouver l'argent pour leur mise de fonds –, il peut être intimidant d'acheter une maison nécessitant de gros travaux. Mais que cela ne vous décourage pas d'acheter une des maisons les moins chères du quartier, car c'est toujours une bonne idée : sa valeur sera positivement affectée par les propriétés plus chères du voisinage. N'oubliez pas, vous n'êtes pas obligé de tout rénover d'un coup. Un peu de peinture et de graisse de coude peuvent améliorer grandement l'apparence d'une maison.

Beaucoup de gens achètent des maisons ayant vraiment besoin de rénovations et les revendent en empochant une grosse plus-value. Si vous avez l'intention de revendre votre propriété dans le futur, soyez prudent, car il est possible que vous ne réussissiez pas à récupérer l'argent que vous aurez mis dans les rénovations.

Renseignez-vous auprès de votre agent ou par vous-même sur le prix moyen des propriétés dans votre quartier. Si votre maison, à 200 000 $, est la moins chère de la rue et que la plus chère vaut 560 000 $, vous avez largement les moyens de la rénover et de la vendre en en tirant un profit substantiel. Mais si les autres maisons de la rue valent en moyenne 275 000 $, il n'est pas dans votre intérêt de faire des rénovations majeures et d'essayer de vendre votre maison à 200 000 $ le double du prix que vous l'avez payée. Si vous n'utilisez pas les services d'un agent, un évaluateur foncier peut vous aider à déterminer les prix du marché dans votre quartier.

Ne faites pas plus de rénovations que la valeur des propriétés de votre quartier ne peut le supporter. Une maison victorienne à étages détonne dans un parc de maisons mobiles. Demandez des estimations détaillées du prix de vos travaux, puis comparez la somme que vous avez l'intention de mettre dans votre maison (le prix de l'achat plus les frais de rénovation) à la valeur des habitations avoisinantes. Par exemple, une maison destinée à un premier achat dans un quartier en pleine expansion n'a pas besoin de comptoirs en granit à 10 000 $ dans la cuisine. Ces comptoirs ne refléteront pas les prix du quartier et cet argent serait mieux dépensé sur des postes coûteux : une fournaise, un toit ou des fenêtres. Vous pouvez aussi déterminer combien vous êtes en mesure de dépenser pour les rénovations sans dépasser la valeur moyenne des habitations de votre quartier, et voir ce que vous pouvez obtenir avec cette somme. Votre budget sera-t-il suffisant pour faire de cette maison le palais de vos rêves ? Si la réponse est négative, n'achetez pas. Si vous avez l'intention de revendre, votre budget sera-t-il suffisant pour que les rénovations vous permettent de faire un profit confortable ? Là encore, si la réponse est négative, n'achetez pas.

Une maison existante en condition moyenne

La plupart des maisons existantes font partie de la catégorie « condition moyenne ». Ce sont des habitations dont la structure est bonne, tout à fait vivables, mais dont il faudra refaire la tapisserie, les peintures ou la décoration pour que cela devienne « votre » maison. N'ayez pas peur de vous attaquer à l'aspect esthétique ; au contraire, préparez-vous-y mentalement. Si les réparations structurelles, la plomberie et l'électricité peuvent être des sources d'inquiétude, les modifications des finitions sont monnaie courante. En général, ça vaut la peine de passer une couche de peinture ici ou là, ou de revernir le plancher. Si vous ne savez pas trop combien tout ça va vous coûter, faites une offre soumise à l'approbation d'un architecte ou d'un entrepreneur avant de vous engager à acheter.

Vos voisins : si loin si proches

Que vous achetiez du neuf ou non, vous devez penser à vos voisins et à la distance que vous souhaitez mettre entre eux et vous. Il existe différents degrés d'attachement, dont voici les cinq plus courants :

- **La maison unifamiliale détachée :** Ce type de maison se trouve seule sur son propre terrain. Vous êtes propriétaire de l'intégralité de la structure et du terrain, et c'est à vous que revient la responsabilité de toutes les réparations et de l'entretien, des taxes foncières et des coûts associés.
- **L'habitation semi-détachée :** Les habitations semi-détachées possèdent un mur mitoyen, mais la structure (qui abrite deux logements) est indépendante des autres maisons de la rue. Vous êtes propriétaire de la moitié de la structure et du terrain, et vous êtes responsable de tout le travail et de tous les coûts associés à cette moitié.
- **La maison reliée :** Les maisons reliées ont des fondations et un garage en commun – généralement séparé en deux garages avec un mur mitoyen –, ainsi qu'un accès joint à une cour. Souvent, ces maisons ont un mur mitoyen au sous-sol et semblent détachées à l'œil du passant. Comme pour les maisons semi-détachées, vous êtes propriétaire et responsable de votre moitié.
- **Les maisons de ville et les maisons en rangée :** Ces maisons ont un mur en commun d'un côté ou des deux. Vous êtes propriétaire de l'intégralité de votre maison, même si elle peut être dans certains cas considérée comme un condo. Souvent, un groupe de maisons de ville peut être géré par une association qui s'occupe de la collecte des fonds et de l'entretien de toute la rangée.

- **Les appartements et les condos :** Ce sont des unités d'habitation dans des bâtiments qui offrent généralement une entrée sécurisée, des ascenseurs et des espaces communs partagés – et beaucoup de voisins. Nous discutons des condos plus en détail au chapitre 5.
- **Les duplex, triplex et multiplex :** Ce sont des bâtiments comprenant deux ou trois logements superposés (ou plus). Le propriétaire occupe généralement l'un d'entre eux et loue les autres.

Évidemment, plus votre maison est proche de vos voisins, plus vous êtes exposé au bruit et aux perturbations éventuelles. N'oubliez pas, le son voyage dans toutes les directions. Les fêtes et la musique perpétuelle des ados de vos voisins vous rendent peut-être fou, mais quels bruits venant de chez vous les dérangent ? Si vos deux chiens passent leurs journées à hurler à la mort en attendant votre retour du travail, empêchant la scénariste qui habite à côté de chez vous de terminer son film, vous risquez des ennuis. Si vous faites preuve de considération envers vos voisins, ils témoigneront sans doute du même respect à votre égard.

Aussi, si vous achetez une maison proche de vos voisins, la cour sera généralement petite – ce qui est un avantage ou un inconvénient, selon que vous aimez jardiner ou non. Vous aurez moins de possibilités d'agrandir votre habitation. Les maisons détachées sont plus faciles à rénover.

Acheter de l'immobilier pour investir

Investir dans l'immobilier est très à la mode, de nos jours. Mais contrairement à d'autres tendances, ce type d'investissement peut être une excellente idée aussi bien à court terme qu'à long terme. Même si les retours sur les investissements dans l'immobilier ne sont pas aussi excitants que le marché boursier peut l'être dans ses moments les plus exubérants, c'est toujours mieux et plus fiable qu'un marché qui traîne des pieds.

TRUC

Avant d'investir dans une propriété, consultez votre planificateur financier, votre gourou ou votre voyante (la personne en qui vous avez le plus confiance), pour vous assurer que cette option entre dans vos plans à long terme et n'interfère pas avec vos questions d'impôts.

Toutes les propriétés ne peuvent pas être achetées en tant que résidences principales. Dans de nombreux cas, les hypothèques ne peuvent pas être financées par la SCHL, ce qui signifie que vous devrez faire une mise de fonds d'au moins 20 %. Les prêteurs doivent aussi prendre en compte les taxes de propriété, l'entretien et l'assurance ; comptez-les dans vos calculs si vous avez l'intention d'investir dans une propriété.

De nombreux propriétaires ont besoin du revenu que leur rapporte l'appartement de leur demi-sous-sol pour pouvoir se permettre la maison de leurs rêves. Les règlements municipaux sur ce type de logement diffèrent d'un endroit à l'autre. Avant d'acheter, renseignez-vous auprès de votre municipalité, mais aussi auprès de votre banque si vous comptez sur le revenu de la location. Certaines institutions sont prêtes à prendre en compte le revenu d'un tel logement, même s'il est illégal. Vous pourriez obtenir une hypothèque plus importante si vous achetez une résidence principale avec un appartement dans le sous-sol. Généralement, les prêteurs ajoutent environ 50 % du revenu annuel de la propriété, ce qui peut vous permettre de chercher quelque chose d'un peu plus cher.

Une propriété avec deux appartements s'appelle un *duplex*; s'il y en a trois, c'est un *triplex*. Dans un duplex, le propriétaire peut occuper un des logements et louer l'autre. Selon les dispositions prises avec votre prêteur, le propriétaire peut aussi louer les deux appartements et payer son hypothèque avec les loyers. Les duplex sont parfois des maisons détachées, parfois semi-détachées. Le propriétaire est responsable de toutes les dépenses et de tout l'entretien de la bâtisse et du terrain (mis à part les frais pris en charge par les locataires). Si le propriétaire a l'intention de vivre dans un des logements, le financement de l'achat est à peu près similaire à celui d'une maison simple, bien que certaines banques puissent demander une mise de fonds plus importante (et parfois, il n'est pas possible de bénéficier de l'assurance de la SCHL) pour un duplex ou un triplex. Comme on l'a dit plus haut, les prêteurs prennent en compte le revenu des appartements légaux (et parfois même de ceux qui ne le sont pas), ce qui aide les acheteurs à obtenir une hypothèque qu'ils n'auraient pas pu avoir autrement.

De toute évidence, l'intérêt d'être propriétaire d'un duplex, c'est que le loyer de l'appartement loué vous fournit un revenu supplémentaire. L'achat d'un duplex peut aussi être un bon investissement à long terme, puisque le revenu de l'appartement loué augmente la valeur de revente de la propriété. Le profit potentiel de la location dépend de l'emplacement de la propriété. Avant d'acheter un duplex, renseignez-vous sur les loyers moyens dans le secteur que vous visez.

Il est aussi possible d'acheter un « demi-duplex » dans lequel chaque appartement est occupé par un propriétaire. Les demi-duplex peuvent être côte à côte, l'un au-dessus de l'autre, ou dos à dos, et forment ainsi un bloc de deux appartements. La majeure partie des frais est divisée entre les deux propriétaires.

Renseignez-vous auprès d'un notaire sur tous les aspects légaux liés à l'achat d'une propriété destinée à la location. Si, au moment de l'achat, l'appartement est occupé par des locataires, vous devez savoir quels sont vos droits – et quels sont les leurs. Renseignez-vous sur les loyers moyens des appartements dans votre quartier, et assurez-vous que la bâtisse est bien enregistrée comme duplex, afin d'être certain qu'il est légal de louer une partie de la maison. Ce n'est pas parce que le propriétaire précédent louait son sous-sol qu'il était autorisé à le faire. Vous pouvez contacter la Régie du logement du Québec pour plus d'informations à ce sujet.

L'achat d'un duplex – ou de tout autre type de propriété avec des locataires, ne se passe souvent pas comme sur des roulettes. Souvent, les gens ne se rendent pas compte à quel point être propriétaire, ça demande du travail et de l'argent. Ne prenez pas cette responsabilité à la légère. Si la toilette de votre locataire fuit, ou s'il paie le loyer en retard, c'est vous qui épongerez les frais (et le reste).

Votre planificateur financier peut vous dire de quelle façon la location d'une propriété affectera vos impôts sur le revenu – dans l'immédiat, et lorsque vous vendrez. Si vous déclarez une partie du revenu du loyer comme revenu personnel et que vous déduisez certaines dépenses liées à votre maison, ceci peut affecter votre demande d'exemption de taxe de propriété dans le cas où vous feriez un profit à la revente de votre maison.

Deuxième partie

Trouver la maison idéale

Dans cette partie...

Fermez les yeux (bon d'accord, finissez d'abord de lire ces instructions), adossez-vous à votre fauteuil, relevez les pieds et visualisez votre lieu de vie idéal. Un manoir victorien avec des tourelles et une remise ? Un cube moderniste avec des kilomètres de puits de lumière et un jardin zen ? Un condo avec vue sur le parc, un balcon immense, des terrains de tennis et une allée de quilles ? Vous le voyez bien ? Parfait, prenez une photo mentale – c'est sans doute la seule que vous aurez jamais.

Eh oui, il y a toujours des compromis à faire quand vient le moment de choisir où on va habiter. Mais si vous avez l'âge d'acheter une maison, cet aspect-là de la vie n'a sans doute plus de secrets pour vous. Cette partie vous aidera à mettre de l'ordre dans vos désirs et vos contingences, et vous permettra d'ajuster vos rêves à la réalité. Nous vous donnerons ensuite des méthodes pour trouver la perle rare, ainsi que des conseils pour savoir ce qui est un avantage réel ou non, et distinguer les vrais problèmes des faux.

Chapitre 5

Les condominiums

Dans ce chapitre :

- Un condo, pourquoi pas ?
- Les différentes options : le neuf, l'occupé et les conversions
- Se renseigner sur le syndicat de copropriétaires et sur le règlement de l'immeuble

Vous êtes une bête sociale et vous adorez être entouré ; l'idée de n'avoir qu'un ascenseur à prendre pour aller au gym vous fait rêver ; la présence d'un concierge 24 heures sur 24 vous rassure ; vous adorez la vue spectaculaire du 27e étage et vous êtes soulagé de ne pas avoir à entretenir un jardin. Si tout ceci vous décrit bien, vous êtes fait pour la vie de condo.

Pour beaucoup, le mot *condominium* évoque la vie dans une ruche. Une abeille ouvrière parmi tant d'autres coincée dans un rayon. Cette conception est loin d'être réaliste, et ce chapitre va vous dire pourquoi. Le « condominium » est un type de propriété, pas un style d'architecture. Les propriétaires de condo ont l'entière jouissance de leur logement (qui peut être une maison en rangée), et partagent le droit d'utiliser les espaces communs avec les autres propriétaires.

Les avantages et les inconvénients de la vie de condo

Que vous achetiez un logement qui a un syndicat de copropriétaires (l'organisation responsable de l'entretien des condos) nouvellement établi ou non, il y a plusieurs avantages à la vie de condo :

- **Une sécurité accrue :** Certaines résidences ont un concierge sur place 24 heures sur 24 pour accueillir les visiteurs. Dans les ensembles les plus modernes, on trouve souvent des caméras de sécurité et des codes d'accès pour les portes d'entrée, les ascenseurs, les garages et les équipements collectifs.
- **Un entretien minime :** Vous avez moins d'entretien extérieur à faire ; pas de peinture en pleine canicule ! Plus de gouttière à déboucher (sans parler des disputes avec votre conjoint pour savoir qui doit le faire). Et dans la plupart des cas, le jardinage est aussi chose du passé pour les propriétaires de condo.
- **Les équipements collectifs :** Tout comme les résidences universitaires, un complexe de condos peut offrir certains équipements comme un dépanneur, un gym, une buanderie, une piscine, et parfois même un terrain de golf intérieur ! (N'oubliez pas cependant que plus les équipements sont importants, plus les frais de condo risquent de l'être aussi !)
- **Un voisinage agréable :** Même si vous ne vous entendez pas avec tout le monde aux réunions du syndic, vous découvrirez sans doute un groupe de résidents avec lesquels il fera bon vivre.

Avant de commencer à vous frotter les mains en pensant aux joies de la vie de propriétaire de condo, laissez-nous vous présenter certains inconvénients :

- **Moins d'autonomie :** Vous ne pouvez pas toujours faire ce que vous voulez : vous n'aurez peut-être pas le droit d'accrocher des rideaux multicolores aux fenêtres, de mettre la radio à fond sur votre balcon, ni d'accepter le petit chat que vos amis vous offriront pour votre fête.
- **Des restrictions désagréables :** Vous devrez peut-être accepter des règles strictes ou des choix pénibles imposés par votre syndicat de copropriétaires. Il est également possible que vous ayez à faire des compromis avec les autres propriétaires sur les règles de conduite, ou sur des questions concernant la structure de la bâtisse ou les équipements. (Par exemple, si tout le monde vote pour l'installation d'une statue en or de 20 pieds dans le hall d'entrée, vous devrez payer votre part, quelle que soit votre opinion à ce sujet.)

- **La proximité des voisins :** Votre logement sera très proche de celui de vos voisins, et vous ne vous entendrez peut-être pas avec eux – mais vous serez malgré tout obligé de prendre des décisions communes au sein du syndicat de copropriétaires.
- **Les problèmes d'entretien :** Vous devrez vous adresser au syndicat de copropriétaires (et à l'agence d'entretien embauchée par ses soins) pour faire les réparations nécessaires. Par exemple, si vous pensez que votre résidence a besoin d'un nouveau toit, et qu'il serait coûteux de repousser les travaux, vous devrez obtenir l'accord des autres propriétaires pour aller de l'avant.
- **Les risques financiers :** Vous êtes conjointement responsable des grosses factures inattendues (en cas de fuite inquiétante dans votre condo, par exemple).

TRUC

Lorsque vous achetez un condo, il y a le quartier qui vient avec, tout comme si vous aviez une maison dans une petite rue de banlieue. Souvent, ce sont les propriétaires qui habitent sur place, mais il peut arriver qu'il y ait des locataires dans les logements. Avant d'acheter, demandez au gérant de la résidence ou à votre agent immobilier le taux d'occupation de locataires. Les propriétaires font généralement des voisins bien plus présents et s'intéressent davantage à l'entretien de leur propriété, y compris des espaces communs. Rappelez-vous le premier appartement que vous avez loué : la vaisselle sale dans l'évier, les trous dans les murs faits par la poignée de porte claquée inconsidérément – et tout ce dont vous auriez bien mieux pris soin si vous aviez été propriétaire.

Le joli monde des condos

Tout comme dans n'importe quelle expédition de magasinage, le choix est vaste en matière de condos. Pour choisir, il faut déterminer vos goûts et votre style de vie. Dans cette partie, nous détaillons quelques options et en discutons les pour et les contre.

Flambant neuf

Vous êtes peut-être sous le coup du programme de protection des témoins et, à l'image de votre nouvelle vie, il vous faut un appartement flambant neuf… ou, tout simplement, l'idée d'avoir un logement dans lequel personne d'autre n'a jamais habité vous attire. Nous n'avons pas notre mot à dire sur votre vie personnelle, mais sachez que vous n'êtes pas le seul à avoir envie d'un nouveau condo. Ces jours-ci, de nouveaux blocs-appartements semblent jaillir de terre à tous les coins de rue. Vous pouvez acheter un condo à un promoteur des mois, voire des années avant que le bâtiment ne soit construit.

L'Association provinciale des constructeurs d'habitations du Québec (APCHQ) offre un programme de garantie des maisons neuves (GMN) pour vous protéger au cas où le promoteur ne vous livre pas votre logement, ou s'il ne répare pas les problèmes qui surviennent pendant la période de garantie une fois l'habitation construite.

Examinez les garanties offertes par le promoteur, et vérifiez s'il les a honorées par le passé.

Les avantages

On parle toujours avec délice de l'odeur d'une voiture neuve, mais il n'y a rien de tel que celle d'un nouveau condo. Et ce n'est pas le seul avantage :

- **Vous partez de zéro :** Les nouveaux condos n'ont jamais été habités, et l'idée de ne pas avoir de passé est très attirante. Les planchers ne sont pas marqués, la baignoire n'a jamais été utilisée, et vous pouvez faire ce que vous voulez de vos murs blancs. De plus, vous n'avez pas besoin de vous débarrasser des déchets laissés par le propriétaire précédent.
- **Vous décidez des détails :** La plupart des promoteurs vous proposent le choix des couleurs et différentes sortes de revêtements pour le sol, ainsi que des améliorations pour personnaliser votre condo. C'est vous qui prenez toutes les décisions, et votre maison est exactement comme vous le voulez le jour où vous emménagez.
- **Vous êtes à la fine pointe :** Si la résidence est entièrement neuve et que les électroménagers sont inclus, vous aurez un réfrigérateur et un poêle neufs, une laveuse et une sécheuse dernier cri, et vous n'aurez pas besoin de vous encombrer de machines antiques et bruyantes qui n'ont pas été bien entretenues. Le promoteur a sans doute des lots standard, mais vous pouvez payer un peu plus cher pour obtenir le top du top. Vous savez, certains réfrigérateurs ont une télé intégrée…
- **C'est vous qui créez l'ambiance du condo :** Souvenez-vous quand vous avez changé d'école en milieu d'année au secondaire 4. Les groupes étaient déjà formés et vous avez eu du mal à vous intégrer. Avec un condo neuf, tout le monde est nouveau, et tous ensemble, vous allez pouvoir créer la « culture » de l'endroit. Vous participerez aux réunions dès le départ et vous vous sentirez pleinement investi dans la communauté, au lieu d'être le petit nouveau au fond de la cour.

Les inconvénients

Nous ne voulons pas vous décourager d'acheter un condo neuf, mais nous tenons à ce que vous soyez le mieux informé possible avant de faire cet achat important. Voici quelques inconvénients possibles liés à l'achat d'un nouveau condo.

Les problèmes liés aux syndicats de copropriétaires

Lorsque que vous achetez du neuf, rien ne vous assure de la stabilité du nouveau syndicat. Vous ne serez pas certain d'avoir les meilleurs gérants, ni un conseil d'administration compétent. Si la société est mal gérée, ou pire, si les fonds viennent à manquer et que votre résidence a besoin de réparations, de rénovations ou d'améliorations, vous risquez d'être dans de beaux draps.

Si les réparations ne sont pas couvertes par la garantie du promoteur (ou par le programme de garantie des maisons neuves de l'APCHQ), les frais de condo des propriétaires d'une résidence neuve risquent d'être augmentés pour couvrir le manque de fonds. Dans ce type de situation, les propriétaires risquent même d'être forcés d'éponger la totalité de la facture, et la valeur de revente du condo s'en trouvera énormément réduite.

Un emménagement tardif

Vous avez acheté votre condo, vous avez choisi tous les aménagements, et évidemment, vous n'avez qu'une envie : emménager. Vous avez déterminé la date du grand jour au moment de la signature de la vente, et vous avez donc donné votre préavis, impatient de vous débarrasser une bonne fois pour toutes des entraves de la location. Mais juste au moment où tout est prêt, vous recevez une lettre du promoteur repoussant votre date d'emménagement de trois mois. «Est-ce légal ?», vous demandez-vous.

Eh bien oui, c'est légal. Dans son contrat de vente (voir le chapitre 10 pour davantage d'informations et un exemple de contrat de vente), le promoteur a sans doute inclus une clause l'autorisant à repousser la date de livraison de votre condo, ce qui est un vrai problème si vous avez déjà fait des pieds et des mains pour être prêt à emménager le jour dit. Avant de signer quoi que ce soit, assurez-vous de savoir s'il existe une telle clause dans votre contrat. Lisez toujours ce qui est écrit en petits caractères, car c'est dans ce type de détails que vous saurez s'il est possible que votre date d'emménagement soit repoussée.

Voici ce que vous trouverez généralement dans les contrats de vente de condos neufs, concernant la date de livraison : «Si le condo n'est pas prêt à la date spécifiée, le promoteur peut à tout moment avertir l'acheteur par écrit et lui signifier une date ultérieure de prise de possession à sa convenance.»

Avec ce type de clause, les promoteurs ont légalement le droit de repousser la date à laquelle vous pourrez emménager, à condition de vous prévenir suffisamment à l'avance.

Nous espérons que ce genre de mésaventure ne vous arrivera jamais, mais vous comprenez maintenant pourquoi votre mère vous disait toujours de mettre des sous-vêtements propres. En d'autres mots, mieux vaut être prêt à affronter toutes les éventualités. Si vous quittez un appartement dont vous êtes locataire, vous pourrez peut-être prolonger votre bail ou le renouveler d'un mois sur l'autre. Sondez vos amis et votre famille, au cas où vous auriez besoin d'un endroit où rester quelque temps, et prévoyez un fonds d'urgence pour des solutions de logement temporaire (location de chambre, motel). Établissez une liste de lieux d'entreposage où laisser vos affaires en attendant que votre appartement soit prêt. Même s'il n'est pas idéal de ne pas pouvoir emménager le jour dit, c'est toujours plus facile d'avoir un plan B (ou même C).

Le promoteur est obligé par la loi de vous donner un préavis suffisant s'il décide de repousser la date de livraison de votre condo. S'il n'y a pas de clause dans le contrat au sujet de la date à laquelle vous devez emménager, ou si vous n'êtes pas averti suffisamment longtemps à l'avance, la loi vous protège. Il est toujours important de connaître ses droits.

La première fois que vous visitez une résidence ou que vous discutez avec le promoteur ou ses représentants, renseignez-vous sur la date de livraison prévue et demandez-vous si l'estimation qu'on vous fait est réaliste ou non. Parfois, suivant le type de résidence qui vous intéresse, le projet peut mettre des années à se réaliser. Un autre point à considérer : si votre appartement ne sera pas prêt avant deux ans, serez-vous encore fait pour la vie de condo à ce moment-là ? Quand on a 20 ans (ou n'importe quel âge, d'ailleurs), il peut se passer beaucoup de choses en deux ans. Vous pouvez être célibataire au moment de la signature de vente, et marié et avec un bébé quand le condo sera livré !

Votre agent immobilier peut vous offrir des conseils précieux à ce sujet. Si le promoteur jure ses grands dieux que tout sera prêt dans quatre mois, mais qu'on n'a même pas commencé à creuser les fondations, soyez méfiant. Si le promoteur parle de trois à quatre semaines, prévoyez de rester là où vous êtes ou organisez-vous autrement – puisque l'appartement et la résidence ne seront sans doute pas prêts aussi rapidement. (Et réfléchissez bien avant d'acheter. Vous avez affaire à quelqu'un qui, de toute évidence, ne sait pas gérer son temps !) Si les cloisons sont en train d'être installées et que le promoteur vous dit que vous pourrez emménager dans six à huit semaines, c'est un délai bien plus réaliste.

Tout le bâtiment doit être prêt avant que vous puissiez emménager – et le promoteur doit obtenir un *permis d'occupation* de la municipalité. Même si votre appartement à vous est terminé, vous n'êtes pas autorisé à y entrer sans ce document qui indique que la bâtisse est sécuritaire, et que les ascenseurs, les gicleurs et les systèmes de sécurité fonctionnent bien. La seule exception à cette règle se fait lorsqu'un projet est réalisé en plusieurs phases, auquel cas la municipalité émet un permis d'occupation partiel.

Les cessions de créance

Que se passe-t-il si la merveilleuse résidence que vous convoitiez a été entièrement vendue avant même que quiconque n'emménage ? Ne craignez rien, tout n'est pas perdu. Vous pourrez peut-être acheter un appartement grâce à une *vente avec cession de créance hypothécaire*, c'est-à-dire la revente d'un appartement avant que la bâtisse ne soit terminée. Dans ce type de vente, trois acteurs sont généralement impliqués :

- le promoteur ;
- l'acheteur d'origine (le *cédant*) ;
- un second acheteur (le *cessionnaire*), qui reprend l'appartement à l'acheteur d'origine.

Une vente avec cession de créance hypothécaire a lieu lorsque le cédant transfère le contrat et toutes les conditions qui y sont attachées à la personne (vous) qui veut acheter l'appartement et en devenir le nouveau propriétaire. Lorsque la résidence est construite, le titre de propriété vous revient, et l'appartement est à vous.

La permission du promoteur est toujours nécessaire pour une vente avec cession de créance hypothécaire. Le cessionnaire achète le contrat de vente du condo. C'est une transaction légale, avec toute la paperasse, l'échange d'argent et le vocabulaire spécialisé que cela implique ; vous aurez donc besoin de l'aide d'un notaire et d'un agent immobilier d'expérience pour être certain de ne pas vous fourvoyer.

Le cédant n'est pas dégagé de la vente tant que le cessionnaire n'a pas complété l'achat du condo, tel que spécifié sur le contrat d'origine. Si celui-ci ne remplit pas ses obligations, le cédant est dans la plupart des cas encore responsable des dommages occasionnés au promoteur.

Tous les condos ne peuvent pas être cédés de cette façon. Le contrat inclut parfois une clause entre l'acheteur d'origine et le promoteur, interdisant à l'acheteur de céder le contrat à un autre acheteur pendant la période de construction.

On ne trouve généralement pas d'inscriptions de ce type sur MLS (*Multiple Listing Service*), car le cédant n'est pas propriétaire de son condo, qui appartient encore au promoteur. Il faut alors le consentement de celui-ci, qui risque de ne pas être facile à obtenir, car l'inscription entrerait alors en compétition avec les autres condos de la même résidence qui ne sont pas encore vendus. (Pour davantage d'informations au sujet des inscriptions sur MLS, voir le chapitre 8.)

Les questions à poser lorsqu'on achète du neuf

Certains nouveaux condos sont mis en vente longtemps avant d'être construits. Nous discutons plus haut dans ce chapitre des risques financiers qu'il peut y avoir à faire affaire avec une nouvelle association ; mais quels sont les risques liés à l'achat de quelque chose qui n'est pas construit ? Les photos modélisées peuvent être attrayantes, mais assurez-vous de connaître tous les détails de votre futur appartement avant de débourser quoi que ce soit. Voici quelques questions à poser :

- **Qui vont être mes voisins dans le quartier?** Si la brochure vous montre des groupes de personnes âgées qui jouent à la canasta et mentionne les excellentes ressources médicales de la résidence, et que vous avez 28 ans, un chien et un barbecue tout neuf, vous avez peut-être choisi le mauvais endroit.
- **Où les sorties d'aération, de chauffage et le transformateur électrique seront-ils placés?** S'ils sont au mauvais endroit – en plein milieu du mur de votre salon, par exemple –, l'aspect de votre espace de vie en sera sérieusement affecté.
- **Mes murs seront-ils insonorisés ou minces comme du papier à cigarette?** Comme vous allez être très proche de vos voisins, mieux vaut vous renseigner sur la qualité des matériaux, et savoir si des mesures vont être prises pour assurer votre intimité.
- **Quelles sont mes options?** Pouvez-vous choisir les luminaires, les comptoirs et les poignées de placards pour votre appartement ? Quels sont les électroménagers inclus, et pouvez-vous décider de la marque ?
- **Quelles vont être les dimensions de mon condo?** Les mesures incluent-elles les murs et les cloisons, ou représentent-elles la superficie exacte au sol ? Un pied ou deux peuvent faire la différence lorsque vous essayez de faire entrer un sofa sectionnel dans votre salon.
- **Quelle vue vais-je avoir?** Même si vous ne pouvez pas savoir quelle sera exactement votre vue avant la fin de la construction, renseignez-vous sur l'orientation de votre appartement, sur l'étage auquel vous allez être, et sur ce qui sera devant vos fenêtres. Il peut être rapidement lassant de regarder le même panneau publicitaire éclairé au néon tous les jours. De nombreux promoteurs proposent des vues du vis-à-vis des appartements selon l'étage ; ces photos peuvent vous renseigner de manière efficace, sachant que si un immeuble se construit juste à côté, toutes les projections sont anéanties. Si vous visez un rez-de-chaussée, demandez où vont être placées les poubelles ; pas question d'admirer le local à poubelles de votre salon.

- **Quelles sont les inclusions?** Le prix inclut-il un espace de stationnement? Y aura-t-il une piscine ou un jardin sur le toit? Devrez-vous dépenser une somme supplémentaire pour un espace de rangement au sous-sol? Sachez exactement ce qui vient avec le prix de votre achat, et confirmez le tout par écrit pour ne pas avoir de surprise tardive.

L'esprit loft

Les lofts sont très à la mode chez les jeunes urbains, et, croyez-le ou non, ils ne sont pas réservés aux artistes torturés. Un loft est simplement un type de condo (nous parlons ici des lofts qu'on achète, pas des locations), et les avantages et les inconvénients sont les mêmes. La différence se trouve simplement au niveau de l'architecture et, possiblement, du degré de finition de l'espace intérieur au moment de l'achat.

Les lofts sont des espaces ouverts avec de hauts plafonds, souvent des poutres et des tuyaux apparents, et de grandes fenêtres laissant entrer la lumière naturelle à flots. Ils sont généralement situés dans des bâtiments commerciaux et des entrepôts reconvertis en unités résidentielles. Si c'est une bâtisse de ce type qui vous intéresse, assurez-vous que la structure est en bon état, sécuritaire et pas trop énergivore. (Nous apportons plus de précisions sur les reconversions plus loin dans ce chapitre.) Certains lofts « purs et durs » n'ont pas du tout de cloisons intérieures, alors que d'autres peuvent en avoir trois ou quatre.

Les lofts sont équipés au même titre que les résidences de condominiums. Vous pouvez aussi acheter un loft non équipé. Vous avez ainsi la possibilité d'installer l'espace selon vos goûts, mais il faudra compter avec le temps, l'argent et les tracas supplémentaires avant de pouvoir y habiter.

Il importe de savoir si la vie de loft est vraiment faite pour vous. En fait, cela dépend essentiellement de votre mode de vie et de vos goûts. Évidemment, si vous ne supportez pas que le son voyage d'un bout à l'autre de votre espace, mieux vaut vous tourner vers un appartement conventionnel. Méfiez-vous aussi si vous aimez la vie de quartier. Les lofts sont souvent situés dans des zones qui ne sont résidentielles que depuis peu, et qui ne sont donc pas encore munies de tous les commerces et services que vous pourriez souhaiter avoir près de chez vous. Vous devrez peut-être sortir votre voiture pour aller acheter une pinte de lait à huit heures du soir.

Si vous songez à acheter un loft comme investissement, n'oubliez pas que, comme toutes les modes, celle-ci risque de ne pas passer le test du temps. Vous pourriez ainsi vous retrouver avec une propriété difficile à revendre.

Les condos existants

Admettons-le, nous avons un parti pris. D'après nous, il est plus sage d'acheter un condo ayant un syndicat de copropriétaires déjà établi. Ce n'est peut-être pas aussi glamour que d'acheter un condo flambant neuf, mais cette option a des avantages distincts, dont nous discutons ici. Cependant, par souci de justice, nous aborderons aussi les inconvénients.

Les avantages

Lorsque vous achetez un condo avec un syndicat de copropriétaires déjà bien établi, vous arrivez dans une résidence avec un historique connu. Vous pouvez consulter ses archives pour vous assurer que les gérants ont l'intérêt des propriétaires de condos à cœur. Vous avez la possibilité d'évaluer la façon dont l'immeuble est entretenu et géré avant de décider d'acheter un appartement. Vous avez accès aux comptes rendus des réunions de copropriétaires pour voir comment la société a réagi par le passé lorsqu'il a fallu faire des réparations ou quand des urgences sont survenues. Vous pourrez voir si le fonds de réserve est bien alimenté, si les gérants ont bien répondu aux demandes d'améliorations des propriétaires, et si les frais de condo ont augmenté (ou sont sur le point de le faire) à cause des rénovations prévues.

L'agent immobilier vous fournira la majeure partie de ces informations si vous envisagez sérieusement d'acheter un condo en particulier. Si vous faites une offre, faites-la sous réserve d'approbation des livres de la résidence et d'obtention de tous les documents dont vous avez besoin. (Vous trouverez davantage d'informations au sujet des offres sous réserve au chapitre 10.) La lecture de ces informations à l'avance vous tranquillisera, sachant que vous faites un bon investissement en toute connaissance de cause.

Au-delà de l'intérêt d'avoir toutes les informations au sujet du syndicat de copropriétaires, voici d'autres raisons d'acheter un condo existant :

- **Vous économiserez un peu d'argent :** Comme partout ailleurs, le neuf est plus cher que l'usagé. Le privilège d'être propriétaire d'un logement neuf, ça se paie. Et surtout, vous n'aurez pas à payer la TPS ni la TVQ pour un logement existant… Youpi !
- **Vous voyez ce que vous achetez :** Quand on était petits, on nous disait d'utiliser notre imagination, mais ce n'est pas la meilleure chose à faire quand on investit dans une maison. Un condo existant est déjà construit, et vous pouvez donc admirer la vue, regarder la taille de votre espace et observer l'entretien général. Pas de surprise de dernière minute au moment d'emménager.

- **Vous n'avez pas besoin d'attendre :** À moins de circonstances très particulières, la date de déménagement que vous choisissez en accord avec l'ancien propriétaire n'a pas de raison de changer. Avec un condo existant, pas de délais de construction.
- **Vous pouvez obtenir l'historique du condo :** Demandez aux propriétaires actuels ce qu'ils aiment et n'aiment pas dans la résidence. Essayez de savoir s'ils ont eu des problèmes par le passé, et comment les gérants les ont réglés. Si quelqu'un vous dit que tout est parfait, à part la fois où l'eau chaude a été coupée pendant trois semaines, vous pouvez reconsidérer votre choix.
- **Vous pouvez savoir à l'avance si vous allez vous intégrer :** Discutez avec vos voisins potentiels et renseignez-vous sur les gens qui vivent dans la résidence. Évidemment, vous n'allez pas aimer tout le monde, et, même si c'est difficile à concevoir, tout le monde ne vous aimera pas, mais essayez de savoir si vos modes de vie sont compatibles, et si vous voulez les mêmes choses pour le syndicat de copropriétaires.
- **Vous connaissez les règles à l'avance :** Par exemple, quand vous achetez un condo neuf, il est possible qu'il n'y ait pas de restrictions à la location. Vous risquez de découvrir que de nombreux acheteurs ont investi pour louer, et de vous retrouver avec des locataires pour voisins. Un appartement existant est plus régulièrement soumis à des restrictions sur la location ; si vous voulez vivre avec des gens qui ont un intérêt réel pour leur propriété, il est donc plus intéressant d'acheter ce type de logement.

Les inconvénients

Vous êtes presque convaincu, n'est-ce pas ? Mais pensez à ces quelques inconvénients avant de prendre votre décision :

- **Vous n'êtes pas Martha Stewart :** Si la décoration n'est pas votre truc, sachez que vous risquez d'y être confronté avec un condo existant. Vous trouverez peut-être que la salle de bain rose fluo du vendeur, avec sa pomme de douche en forme de canard, est fantastique, mais il est plus probable que vous décidiez de la refaire à votre goût, ce qui prend un peu plus de temps que si vous partiez de murs entièrement blancs.
- **Vous aurez peut-être besoin de faire des améliorations :** Même si l'appartement aura été inspecté, vous trouverez peut-être que le poêle n'a pas tous les équipements nécessaires pour votre fameuse cuisine fusion, ou que la douche n'a pas la pression d'eau voulue, et vous devrez donc faire quelques améliorations. Et même si vous êtes satisfait de ce que vous avez, les luminaires et les électroménagers, par exemple, seront peut-être en fin de vie. Et si la toilette ou le ventilateur au plafond cassent, c'est vous, en tant que propriétaire, qui devrez payer pour la réparation ou le remplacement.

- **Vous n'êtes pas couvert par le programme de garantie des maisons neuves :** Ce programme est réservé aux nouveaux logements, et ne s'applique pas aux propriétés existantes. Sachez malgré tout que vous héritez de la garantie de votre logement s'il est encore couvert.

Les conversions

Entre le vieux et le neuf, les condos convertis vous offrent un peu des deux mondes. Il s'agit d'édifices résidentiels qui, avant de devenir des condos, ont eu un autre usage. Il s'agit parfois d'appartements qui ont pris le statut de condos, ou d'anciens bureaux. D'autres ont eu une vie passée intéressante : école, église, entrepôt ou usine – parfait si vous cherchez un logement tendance qui sort de l'ordinaire.

Les conversions sont aussi intéressantes car l'édifice se trouve parfois dans un quartier (une zone industrielle, par exemple) où vous pourrez obtenir une superficie que vous n'auriez pas pu vous offrir dans un quartier de condos traditionnels. Ah, les joies de la gentrification… la transformation de quartiers industriels ou commerciaux en lieux résidentiels. Ces nouveaux quartiers ne sont pas pour tout le monde, mais si vous avez l'esprit aventureux, une conversion atypique dans un quartier non résidentiel peut être intéressante, financièrement parlant.

Même si vous aimez l'idée de vivre dans un édifice chargé d'histoire, réfléchissez aux impacts que l'extérieur aura sur votre appartement. Tout l'intérieur de la bâtisse sera neuf (le promoteur éventre généralement le vieil édifice et construit les nouveaux appartements à l'intérieur de la coquille vide), mais l'extérieur ne remplira peut-être pas toutes vos attentes, surtout s'il s'agit d'une construction ancienne. Si c'est une ancienne église reconvertie, par exemple, vous n'aurez peut-être pas autant de fenêtres et de balcons que dans un immeuble moderne.

Si vous désirez acheter un condo converti, faites inspecter l'édifice pour vous assurer qu'il n'y aura pas de rénovations majeures à faire peu après votre emménagement (voir le chapitre 19 pour des informations sur les inspections). Une inspection en bonne et due forme peut vous assurer que la construction et la conception sont de bonne qualité et qu'aucun problème majeur ne se profile à l'horizon.

L'achat d'un condo avant qu'il ne soit construit comporte un certain nombre de risques. Votre seule chance est de faire une inspection une fois la construction de l'édifice terminée. Mais à ce moment-là, vous aurez probablement déjà signé l'achat de votre appartement. Et comme le syndicat de copropriétaires n'aura pas eu le temps de se constituer un fonds de réserve suffisant, les frais de condo risquent d'augmenter drastiquement s'il faut faire des réparations.

Votre participation au syndicat de copropriétaires

Lorsque vous achetez un condo, vous achetez aussi une part des espaces communs de la résidence, et vous avez votre mot à dire sur le fonctionnement du syndicat de copropriétaires. Celui-ci est formé d'un conseil d'administration, avec un président et un trésorier, élu par les propriétaires de l'édifice. Généralement, le titre de propriété d'un appartement équivaut à une voix.

Bien que le conseil d'administration soit composé de propriétaires de condos, il engage souvent une société de gestion d'immeubles professionnelle qui agit sous sa supervision. Le syndicat de copropriétaires est tenu d'organiser régulièrement des réunions, auxquelles tous les propriétaires peuvent assister. Il est de votre droit d'avoir des informations sur le fonctionnement du syndicat, mais il est aussi important d'y prendre un rôle actif.

Le règlement de l'immeuble

Lorsque vous êtes propriétaire d'une maison, la responsabilité des améliorations et des réparations vous incombe. Les choses sont moins claires avec un condo, et c'est pourquoi il existe un document qui définit clairement quelles sont les responsabilités de chacun. Le règlement de l'immeuble détermine quelles dépenses reviennent au syndicat de copropriétaires, à chacun des propriétaires individuellement, et à l'ensemble des copropriétaires.

C'est dans ce document qu'est défini le montant des frais de condo, et le statut financier du syndicat – surtout en ce qui concerne le fonds de réserve. Un fonds de réserve est une somme d'argent mise de côté par le syndicat de copropriétaires pour les réparations ou les améliorations nécessaires. Généralement, une partie de vos frais de condo est reversée tous les mois dans ce fonds. Il est crucial qu'il soit régulièrement approvisionné.

Le règlement de l'immeuble détermine aussi le code de conduite des résidents. Il stipule entre autres le nombre d'appartements qui peuvent être loués, et si les animaux domestiques sont autorisés.

Dans les condos neufs

Dans une résidence neuve, les nouveaux propriétaires déterminent une liste de règlements au moment où ils prennent possession des lieux. L'un des intérêts d'acheter un condo neuf, justement, c'est de pouvoir avoir votre mot à dire sur ces règles.

Il vaut mieux partir en pensant que les règlements proposés vont être appliqués ; comme pour n'importe quelle règle, ceux-ci ne fonctionnent que s'ils sont appliqués. Quand vous décidez d'acheter un nouveau condo, vous n'avez aucun moyen de savoir qui seront les autres propriétaires et comment les règlements risquent d'être modifiés selon leurs goûts ou leurs réclamations. D'un autre côté, les règlements ne changeront peut-être pas, mais il est possible qu'ils ne soient tout simplement pas appliqués par le syndicat des copropriétaires, ou, pire, par les autres résidents.

Si ce qui vous a convaincu d'acheter votre condo, c'est le règlement interdisant de faire du bruit après 22 heures dans la résidence, rien ne vous garantit qu'il sera mis en application. Si certains résidents passent outre et que les autres n'ont pas l'air de s'en soucier (ou s'ils sont durs d'oreille), vous serez peut-être obligé de supporter le bruit. Et même si les résidents se liguent pour faire cesser le bruit, vos plaintes ne seront peut-être pas entendues par le syndicat de copropriétaires. Autant il est possible de se débarrasser d'un locataire à problèmes, autant avec un propriétaire, c'est beaucoup plus difficile.

Dans les condos existants

Dans une résidence bien établie, toutes les incertitudes au sujet des règlements disparaissent. Vous pouvez vous rendre sur place et discuter avec les propriétaires actuels. Vous pouvez appeler les gérants de la résidence pour obtenir des informations sur les problèmes auxquels ils sont confrontés. Essayez de savoir combien de plaintes ont été enregistrées, à quel sujet, et comment elles ont été reçues et traitées, quels sont les règlements qui sont appliqués, à quelle fréquence et dans quelle mesure ils sont modifiés, etc. Tout ceci permet de comprendre le mode de vie de la résidence et le type de compromis que vous devrez faire en y vivant. Souvent, on s'en fait une bonne idée en lisant les comptes rendus des réunions de copropriétaires : on voit les problèmes qui ont été soulevés, et comment ils ont été réglés. Vous aurez ainsi une vision d'ensemble de la réactivité du syndicat de copropriétaires.

TRUC

Rendez-vous plusieurs fois dans la résidence lorsque vous faites vos recherches. Allez-y à des heures différentes du jour et du soir pour vous faire une idée de l'atmosphère qui y règne. Un agent aura plutôt tendance à vous faire visiter le condo au meilleur moment possible, vous donnant ainsi une idée biaisée de la réalité.

Chapitre 6

Acheter avec une équipe gagnante

Dans ce chapitre :

- Trouver le bon agent ou le bon courtier
- Faire connaissance avec votre évaluateur
- Dénicher un notaire

Acheter une maison est un processus décisionnel énorme. Heureusement, il existe toutes sortes de personnes qualifiées pour vous aider. En vous entourant de la bonne équipe, vous vous faciliterez grandement la tâche. N'ayez pas peur de poser plein de questions et de contacter tous les gens qu'il faudra pour trouver les experts en qui vous aurez confiance et avec lesquels vous aurez envie de travailler. Dans ce chapitre, nous abordons les principaux acteurs auxquels vous aurez affaire lors de l'achat d'une maison :

- votre courtier ou agent immobilier ;
- votre évaluateur ;
- votre notaire.

À quoi servent un courtier ou un agent ?

Vous trouverez beaucoup d'agents immobiliers prêts à travailler pour vous. Mais assurez-vous d'en trouver un avec lequel *vous* avez envie de travailler. Votre agent est là pour vous donner des conseils et des informations spécifiquement appliqués à votre situation. C'est lui qui a affaire aux vendeurs, qui négocie pour vous et vous guide à travers tout le processus. C'est pourquoi il est important que vos personnalités soient compatibles.

Acheter une maison sans être entouré de la bonne équipe, c'est un peu comme jouer à la cachette… les yeux bandés. Aussi, lorsque vous partirez en chasse d'un agent ou d'un courtier avec lequel travailler, voici quelques qualités importantes à évaluer :

- **Ses connaissances :** Il doit bien connaître les quartiers qui vous plaisent et le type de maison (ainsi que la gamme de prix) que vous visez. Si vous voulez acheter un condo à Sherbrooke, ne travaillez pas avec un agent de Rimouski, même si c'est votre ami.
- **Son expérience :** Il doit avoir déjà travaillé avec des clients comme vous, savoir comment vous aider à acheter la maison que vous voulez au meilleur prix, et pouvoir anticiper les problèmes avant qu'ils ne surviennent.
- **Sa disponibilité :** Il doit être prêt à vous apporter le soutien et les indications que vous voulez… quand vous le voulez. Si vous lui téléphonez et qu'il ne vous rappelle pas dans les 24 heures (et même, tant qu'à faire, plus rapidement), vous n'êtes pas assez bien entouré.
- **Ses contacts :** Il doit avoir une liste de collègues et de conseillers à appeler quand vous avez besoin de conseils financiers ou légaux, pour une évaluation, etc.
- **Son éthique :** Il doit toujours faire passer vos intérêts en premier. Si ses paroles ou ses actions vous mettent mal à l'aise, envisagez de travailler avec quelqu'un d'autre.
- **Sa maîtrise des outils multimédias :** Il doit pouvoir chercher des annonces sur Internet et être joignable rapidement par courriel ou même par message texte.

Établir une relation avec votre agent

Eh oui ! Vous pensiez avoir assez de mal avec les relations que vous avez déjà ? Celle que vous allez établir avec votre agent ne sera pas moins compliquée. Mais ne désespérez pas, nous vous offrons quelques trucs ! Dans cette partie, nous vous expliquons quel est son rôle, et discutons des différents types d'agents qui existent.

N'OUBLIEZ PAS !

Un courtier immobilier peut aider à vendre des maisons ou à en acheter. Dans certains cas, des agents immobiliers travaillant pour la même agence peuvent représenter à la fois le vendeur et l'acheteur. Il est effectivement possible pour l'agent avec lequel vous travaillez de vous montrer une propriété inscrite dans son agence.

Le courtier vendeur

Le *courtier vendeur* est un agent immobilier qui a pour mission de vendre la propriété de ses clients. Il leur doit une entière loyauté, doit leur donner toutes les informations dont il dispose et faire tout son possible pour leur obtenir le meilleur prix et les meilleures conditions de vente. N'espérez pas que cet agent vous informe, vous l'acheteur, que le vendeur est impatient de déménager et acceptera sans doute 10 000 $ de moins que le prix demandé. Et si vous rencontrez un courtier vendeur lors d'une visite libre, soyez discret. Si vous dites que vous allez offrir 10 000 $ de moins que le prix demandé, mais que vous êtes prêt à monter pour pouvoir être dans le quartier, le courtier vendeur est dans l'obligation de fournir cette information au vendeur. Mais n'oubliez pas un point qui joue en votre faveur : le courtier vendeur est également obligé de vous révéler si la propriété qu'il vend a des problèmes sérieux. Vous aurez des réponses honnêtes et complètes à vos questions.

Le courtier acheteur

Surprise, surprise, un *courtier acheteur* représente les intérêts de l'acheteur. Même si sa commission est généralement payée par les profits que le vendeur retire de la vente, c'est légalement à vous que va sa loyauté. Le courtier acheteur ne doit jamais divulguer vos informations personnelles et financières. Si le vendeur laisse glisser qu'il est en train de vivre un divorce difficile et qu'il veut vendre le plus rapidement possible, votre courtier vous communiquera cette information. Il vous indiquera aussi si les vendeurs sont prêts à accepter un plus bas prix. Il pourra aussi comparer des propriétés similaires à celle qui vous intéresse et vous conseiller le montant des offres que vous pouvez faire. Un courtier acheteur négocie au mieux des intérêts de l'acheteur, c'est-à-dire, dans l'idéal, aux meilleurs prix et conditions pour l'acheteur.

Si vous voulez acheter une maison vendue directement par le propriétaire, n'ayez pas peur d'amener un courtier pour vous représenter au cours du processus d'achat. Ce n'est pas parce que le propriétaire veut négocier directement avec vous que vous êtes obligé de le faire. Vous devrez peut-être payer des honoraires ou une commission à votre agent (si vous n'arrivez pas à convaincre le vendeur d'absorber les frais), mais l'aide d'un professionnel pour la paperasse, ainsi que pour les informations qu'il saura vous fournir sur les propriétés similaires, peut être inestimable.

Imaginez que vous n'ayez pas choisi d'agent et que, lors d'une visite libre, vous tombiez amoureux de la maison. Que faire ? N'oubliez pas que l'agent qui fait les visites travaille pour le vendeur. Si vous êtes à l'aise avec lui, vous pouvez lui demander de vous représenter, mais ceci n'est en rien obligatoire. Vous pouvez aussi vous dépêcher de trouver votre propre courtier.

N'OUBLIEZ PAS !

Peu importe à qui vous parlez – votre courtier, votre oncle Maurice qui vous l'a référé ou ses clients les plus récents –, ne soyez pas timide, et ne perdez pas le contrôle de la situation par crainte de déplaire aux gens. Il n'y a pas de question idiote ! Vous le savez bien, vous vous sentirez nettement plus mal si vous vous taisez, et ceci risque à long terme de vous valoir des frais que vous auriez pu éviter. On n'achète pas une maison tous les jours, mais votre agent assiste probablement plusieurs acheteurs tous les mois. Il est là pour vous aider à faire le plus gros investissement de votre vie. Alors allez-y, posez toutes les questions que vous voulez !

Choisir un courtier ou un agent

Quand vous choisirez un courtier immobilier, prenez quelqu'un qui se démènera pour vous. Un agent qui pose des questions pour clarifier vos désirs et vos besoins a des kilomètres d'avance sur celui qui essaie de vous dicter les mêmes informations. Le meilleur agent est curieux de vous, de votre famille, de vos finances et de vos plans d'avenir. Quelqu'un qui pose des questions et écoute vos réponses vous servira bien mieux que quelqu'un qui prend les rênes et vous dit ce que vous voulez. Votre agent doit respecter votre temps et votre indépendance ; un bon agent vous fournira toutes les informations dont vous avez besoin et vous laissera la liberté de prendre vos propres décisions. Les meilleures relations sont celles où le client et le courtier ont le même enthousiasme, le même sens de l'humour et le même degré d'énergie.

Choisissez un agent qui travaille dans le secteur où vous voulez vous établir. Les courtiers immobiliers ont une connaissance approfondie des quartiers, des prix de vente, des taxes de propriété, des services et des règlements locaux.

Préférez un agent qui travaille à temps plein à quelqu'un qui travaille à temps partiel. Le marché immobilier fluctue constamment ; s'il ne travaille pas à temps plein, un courtier peut avoir du mal à rester à jour. De plus, un agent à temps plein a souvent plus l'habitude des démarches administratives.

Assurez-vous que votre agent a l'habitude de travailler avec tous les sites Internet, tels que le SIA (Service Inter-Agences), communément appelé MLS (Multiple Listing Service) au `www.realtor.ca`. Chaque mois, de nouveaux outils promotionnels multimédias pour les courtiers immobiliers semblent sortir de terre. Il est donc important de travailler avec quelqu'un que les nouvelles technologies n'intimident pas et qui puisse mettre en place des recherches automatisées, où les annonces de propriétés correspondant à vos critères vous sont systématiquement envoyées par courriel. Ceci vous épargnera un temps précieux, et rendra votre recherche de logement bien plus agréable.

Trouver un agent sur Internet

Internet peut être un outil appréciable pour dénicher un agent. Vous pouvez aller sur les sites d'agences immobilières afin de trouver un courtier qui vous convienne. Si vous voulez vendre votre maison, consultez les annonces de l'agence pour trouver la personne qui vend des propriétés similaires à la vôtre. Puis, choisissez quelqu'un qui soit à l'aise avec Internet et les outils électroniques. L'agent peut avoir accès aux annonces du SIA et vous les envoyer par courriel, vous épargnant ainsi de nombreux messages téléphoniques, déplacements à son bureau et visites inutiles.

Les courtiers immobiliers et le cyberespace travaillent ensemble. Pour trouver un agent, vous pouvez visiter toutes les grosses agences immobilières en ligne, grâce au site Web de la compagnie. Vous y trouverez la plupart du temps la biographie de l'agent (avec ses spécialités en matière d'immobilier), des photos des propriétés qu'il a à vendre et des informations sur celles qu'il a vendues récemment. Vous pouvez ainsi voir de prime abord si vous avez des chances de vous entendre. En plus des annonces, ces sites sont souvent une mine d'informations utiles sur le financement, le déménagement et le quartier qui vous intéresse.

Cela dit, même le site Web le plus impressionnant et le mieux conçu ne doit pas se substituer à un contact réel avec votre courtier potentiel. Rencontrez des agents pour vous assurer que vos personnalités sont compatibles et qu'ils comprennent précisément ce que vous attendez d'eux. Les échanges de courriels, c'est très bien, mais les malentendus y sont fréquents. Pouvez-vous déterminer, par exemple, si nous sommes ironiques en écrivant ceci ? (Pas du tout, mais vous voyez ce qu'on veut dire.)

De nombreux sites d'agents immobiliers proposent un service d'alertes par courriel : vous pouvez fournir les caractéristiques essentielles de la maison de vos rêves (y compris la fourchette de prix) et recevoir un courriel lorsqu'une maison possédant ces attributs apparaît sur le marché. Si vous êtes accro au courrier électronique, vous souhaiterez peut-être que votre agent vous informe par ce biais des nouvelles propriétés qu'il découvre. Cette relation virtuelle peut vous éviter des heures de visites infructueuses de logements qui peuvent sembler parfaits au téléphone, mais ne correspondent absolument pas à ce que vous attendiez de visu. Il peut être très pratique (et bien moins importun) de garder le contact avec son agent de cette façon que d'essayer de se joindre par téléphone, recevoir une quantité de fax chaque fois qu'une nouvelle annonce apparaît, ou s'infliger de nombreuses visites inutiles.

Si vous êtes branché et que vous souhaitez maintenir le contact avec votre agent par Internet, assurez-vous que ce mode de communication lui convienne. Et si vous voulez pouvoir le joindre rapidement par courriel, assurez-vous qu'il soit équipé d'un téléphone intelligent. Ce n'est pas parce qu'un agent a un site Internet qu'il a l'habitude du courrier électronique.

Tenir compte des références

Si possible, prenez les services d'un agent recommandé par un ami, un membre de la famille, un collègue de travail ou quelqu'un de confiance. S'il a bien travaillé avec cette personne, il est probable qu'il fera de même avec vous.

Il peut être extrêmement utile de parler avec un cadre d'une agence immobilière établie. Même si vous vous relocalisez à l'autre bout du pays, cette personne aura sans doute une liste de contacts d'agents qui travaillent dans la région qui vous intéresse, ainsi que des courtiers spécialisés dans certains types de propriétés. Faites aussi des recherches sur Internet ; l'excellent site du SIA (`www.realtor.ca`) rassemble toutes les agences immobilières du Canada et vous permet de vous faire une idée des prix dans toutes les régions. Vous pourrez aussi y trouver un agent qui travaille dans le secteur qui vous intéresse. Si vous vivez non loin de là, une petite virée en auto vous permettra de trouver des pancartes d'agents qui vendent le type de propriété que vous recherchez.

Lorsque vous aurez le nom de quelques agents, arrangez-vous pour les rencontrer. Demandez-leur de vous montrer les dossiers des transactions qu'ils ont effectuées au cours de l'année précédente. Vous pourrez ainsi vous faire une idée des types de biens, de quartiers et de prix auxquels ils sont habitués. Vous verrez aussi rapidement si vous vous entendez bien avec la personne. N'oubliez pas qu'un agent qui a de l'entregent saura bien vous représenter auprès des vendeurs et pourra négocier efficacement quand le moment sera venu – en plus d'être agréable à côtoyer.

Poser les bonnes questions, faire les bons choix

TRUC

Vous faites passer une entrevue à des agents qui auront pour mission de vous aider à trouver une maison. Même si l'idée n'est pas de prendre votre revanche sur tous vos entretiens d'embauche ratés en passant vos candidats potentiels sur le gril, vous pouvez leur poser les questions suivantes. Un agent fiable avec de l'expérience n'aura aucun problème à y répondre.

- **Depuis combien de temps êtes-vous agent ? Exercez-vous votre activité à plein temps ?** Plus votre agent a de l'ancienneté, plus vous bénéficierez de son expérience. Cela dit, vous n'avez sans doute pas intérêt à travailler avec quelqu'un qui se repose sur ses lauriers. Un agent motivé qui se donne à fond depuis trois ans est peut-être votre meilleur choix.

- **Qui représentez-vous ?** Certains agents préfèrent travailler pour des acheteurs, d'autres pour des vendeurs.
- **Combien de clients avez-vous en ce moment, et aurez-vous le temps de travailler avec moi ?** Un bon agent a une liste de clients bien établie et travaille avec plusieurs vendeurs et acheteurs en même temps. Si vous cherchez un type de propriété en particulier (par exemple, un condo avec vue sur l'eau), l'agent travaille-t-il avec d'autres clients qui veulent la même chose, et y aura-t-il conflit d'intérêts ?
- **Utilisez-vous des outils de recherche en ligne ?** Il est essentiel pour un courtier de savoir se servir du SIA, ainsi que d'autres sites d'immobilier, pour optimiser ses recherches.
- **Combien d'agents y a-t-il dans votre bureau ?** Travaillez-vous dans un bureau débordant d'activité et à la fine pointe du marché, où les courtiers sont avertis dès qu'une nouvelle annonce apparaît ?
- **Y a-t-il un gérant actif et attentif dans votre agence ?** Vous devez pouvoir vous tourner vers une tierce personne si vous et votre courtier avez besoin d'aide en cas de circonstances compliquées ou particulières.
- **Va-t-on déléguer certaines responsabilités liées à ma recherche de logement à une autre personne ?** Vous devez savoir que vous allez recevoir l'attention personnelle de votre courtier. De nombreux agents très occupés ont des assistants à qui ils réfèrent les acheteurs potentiels. Assurez-vous que vous travaillerez bien avec l'agent que vous aurez choisi.
- **Dans quels types de quartiers ou de propriétés êtes-vous spécialisé ?** Vous avez probablement déjà une idée de ce que vous recherchez et il est important que votre courtier connaisse le terrain.
- **Dans quelle fourchette de prix travaillez-vous habituellement ?** Vous avez un budget, et il vous faut un courtier qui a l'habitude de conclure des transactions à ce prix.
- **Combien de personnes avez-vous aidées à acheter une maison au cours de la dernière année ?** Il vous faut un courtier actif et au courant du marché actuel.
- **Combien de personnes avez-vous aidées à vendre une maison au cours de la dernière année ?** Il est toujours utile de connaître les chiffres d'activité d'un courtier, mais le meilleur agent pour vous n'est pas forcément celui qui effectue le plus de ventes.
- **Pouvez-vous me recommander un notaire, un courtier en assurances, un évaluateur ou un inspecteur si j'en ai besoin ?** Un courtier expérimenté aura quelques contacts sur lesquels vous pourrez compter.

- **Avez-vous une liste de commentaires de vos clients à me fournir?** Lisez ce que les anciens clients de l'agent disent à son sujet. Si le vôtre n'a pas commentaires écrits, contactez ses anciens clients et posez-leur des questions sur leur expérience.

Quelques questions à poser aux anciens clients de votre courtier

Certains agents auront une liste de clients avec lesquels vous pourrez discuter pour voir si vous serez compatibles. Si vous décidez de leur parler, voici quelques questions à leur poser :

- Avant tout, l'agent vous a-t-il montré ce que vous cherchiez ? Les logements proposés étaient-ils dans votre fourchette de prix, avec les caractéristiques souhaitées et dans le quartier recherché ?
- Était-il intègre et honnête lorsque vous lui demandiez certaines informations ? Vous avertissait-il de ce qui était confidentiel et de ce qu'il était obligé de révéler ?
- L'agent s'est-il plié à votre emploi du temps et a-t-il été disponible pour toutes vos questions ? A-t-il pris le temps de vous emmener faire des visites ? Retournait-il vos appels rapidement, avec des réponses pertinentes ?
- Parvenait-il à vous expliquer les choses en termes simples, ou utilisait-il un jargon incompréhensible ?
- Était-il poli avec les vendeurs, s'ils étaient présents pendant les visites ?
- Trouvez-vous que votre agent vous a bien aidé pour la rédaction des documents officiels ?
- Estimez-vous qu'il a bien négocié en votre nom ?
- Retravaillerez-vous avec lui le jour où vous voudrez vendre votre maison ?
- Y a-t-il des détails que je devrais connaître à son sujet ?

Faire travailler votre agent pour vous

Expliquez bien à votre agent les caractéristiques qui sont essentielles à vos yeux. Apportez avec vous une liste de priorités concernant le logement et le quartier que vous recherchez (voir chapitre 7). Une fois votre agent mis au courant de vos besoins, vos goûts et votre budget, la fête peut commencer : vous partez en exploration. Votre agent vous fera visiter plusieurs maisons et plusieurs quartiers jusqu'à ce que vous trouviez l'endroit idéal. En même temps, il vous aidera à élargir vos horizons en vous montrant des lieux et des styles de logements dont vous ne soupçonniez même pas l'existence. Lorsque vous serez prêt, votre agent vous aidera à négocier les termes et les conditions de l'achat, puis conclura le marché en votre nom.

Pour faciliter le processus, votre agent devrait vous référer, si vous en avez besoin, à certains professionnels, avocats, conseillers financiers, inspecteurs, évaluateurs, prêteurs, etc. – en vous proposant au moins deux noms à chaque fois, pour vous assurer qu'il n'y a pas de favoritisme en jeu.

Un bon agent doit être à la fois flexible et créatif face à vos besoins. Si vous ne pouvez pas visiter une maison en personne, vous devriez pouvoir faire une visite virtuelle en ligne ; ou, si vous avez l'intention de vous relocaliser à l'autre bout du pays, votre agent devrait pouvoir vous fournir des vidéos de plusieurs logements.

TRUC

À moins que vos recherches ne portent sur deux zones très différentes, nous vous conseillons de travailler avec un seul courtier. La plupart des courtiers ont accès à la base de données du SIA ainsi qu'à d'autres outils pour agents immobiliers ; aussi, si vous utilisez les services de plusieurs personnes, leurs recherches risquent-elles de se recouper. Choisissez un agent en qui vous sentez que vous pouvez avoir confiance et qui a le temps de travailler avec vous, plutôt qu'un éventail de professionnels. Les services que vous recevrez n'en seront que meilleurs.

Savoir lire les signes

ATTENTION !

La plupart des courtiers immobiliers sont des gens responsables et qui feront tout en leur pouvoir pour bien vous servir. Vous remarquerez sans doute rapidement par vous-même si le vôtre n'entre pas dans cette catégorie, mais au cas où, nous avons établi une liste de signes pas très encourageants et qui devraient vous mettre la puce à l'oreille. Méfiez-vous si :

- Votre agent ne parle jamais des problèmes des maisons qu'il vous fait visiter, passe le temps de la visite à pianoter sur son téléphone intelligent ou à donner des coups de fil.
- Il jure ses grands dieux que les fondations ne sont pas en train de s'effondrer, même si votre fille de deux ans a fait un trou dans le mur en donnant un coup de pied dedans.
- Il ne vous montre que des logements mis en vente par son agence, et traîne des pieds quand vous demandez à en voir d'autres.
- Il ne vous montre que des châteaux alors que vous voulez un petit duplex.
- Il vous met la pression ou vous intimide, ou pire, vous donne l'impression d'être un parfait idiot.
- Il n'arrive pas à répondre à des questions de base sur la construction.

Si votre agent immobilier est (a) trop occupé, (b) trop insistant ou (c) trop incompétent, mettez un terme à votre collaboration !

C'est vous qui êtes aux commandes ; votre agent doit vous offrir une affaire en or, pas vous pousser dans le vide. Même si vous avez signé une entente (qui n'est pas un contrat), vous n'êtes pas lié à lui jusqu'à la fin des temps. Appelez l'Association des courtiers et agents immobiliers du Québec (ACAIQ) pour obtenir des conseils sur votre situation particulière. Si vous avez signé un contrat avec l'agent qui stipule que vous lui paierez une commission s'il vous trouve un logement (au lieu de la clause habituelle qui lui fait partager la commission payée par le vendeur), assurez-vous que ce contrat ait un terme dans le temps ou une clause vous permettant de vous dégager si vous souhaitez y mettre un terme. Mais la plupart du temps, les agents ne vous demandent pas de signer un accord. Il est important de travailler avec quelqu'un en qui vous avez confiance, et qui vous fait confiance.

Ne prenez pas d'engagements avec lesquels vous ne vous sentez pas à l'aise. Vous êtes en train d'acheter une maison, et le processus doit être aussi simple et agréable que possible.

Un évaluateur, pour qui, pourquoi ?

Si vous avez enrôlé un agent pour vous aider à acheter un logement, vous n'avez sans doute pas besoin d'un évaluateur (mais continuez votre lecture, c'est intéressant), car une partie de son travail consiste à effectuer une évaluation de la propriété avant que vous ne fassiez une offre dessus. Votre agent vous brossera un tableau du marché, puis déterminera où se situe la propriété qui vous intéresse en termes de prix. Muni de ces informations, vous pourrez faire une offre raisonnable au vendeur compte tenu de la valeur du logement.

Mais si vous achetez une maison sans passer par un agent, ou si la maison que vous achetez est une vente directe (de particulier à particulier), l'aide d'un évaluateur peut vous être précieuse. Ceux qui achètent des voitures ont bien des guides pour les aider à trouver des bonnes affaires ; il est normal que les acheteurs d'immobilier aient le même type de ressources à leur disposition (même si on ne peut pas les transporter sous le bras comme un livre). Si vous n'avez pas d'agent, il est important de faire faire une évaluation pour avoir une idée de votre fourchette de négociation et pour confirmer que l'offre que vous faites est à la hauteur du marché. Si vous connaissez bien le domaine et que vous êtes certain que le prix demandé est honnête, vous n'aurez pas besoin d'évaluateur. Mais pour la majorité des gens, il est utile d'en avoir un.

Dans la plupart des cas, votre prêteur utilisera l'évaluation pour déterminer le montant de l'hypothèque qu'il peut vous proposer. C'est votre nouvelle maison qui sert de garantie au prêt, et c'est pourquoi la banque tient à ce que l'offre que vous faites reflète la valeur du marché.

Votre prêteur insistera peut-être pour faire sa propre évaluation de la maison que vous achetez, même si vous l'avez déjà fait évaluer de votre côté avant de faire votre offre. Si c'est le cas, le choix de l'évaluateur ne vous revient pas. Mais il est probable que celui de la banque soit à la fois qualifié et expérimenté. Après tout, c'est de son expertise que l'institution financière dépend pour prêter des centaines de milliers de dollars. Sachez-le, si votre prêteur demande une évaluation, vous n'en recevrez probablement pas d'exemplaire. Demandez à la voir si c'est possible, car il y a de grandes chances pour que ce soit vous qui en payiez les frais. (Davantage d'informations à ce sujet un peu plus loin dans ce chapitre.)

Qu'est-ce qu'une évaluation ?

Il s'agit de l'estimation de la valeur d'une maison, pour savoir si le vendeur demande un prix raisonnable. Lorsque vous payez un professionnel afin d'effectuer une évaluation, vous obtenez une information objective et éclairée. L'évaluateur observe la propriété et fait une estimation basée sur sa taille, ses équipements et sa condition, ainsi que sur les ventes récentes de logements comparables dans le même quartier. N'oubliez pas, tout ce qui entoure une maison participe à sa valeur. La proximité d'une décharge ou d'une voie de chemin de fer peuvent faire baisser sérieusement la valeur d'une propriété.

Le rapport doit mentionner le but de l'évaluation, fournir la description légale de la propriété évaluée, la liste des servitudes, ainsi qu'une analyse du meilleur usage du logement.

La méthode d'évaluation la plus courante est celle dite des « propriétés comparables ». Pour déterminer la valeur d'une maison, l'évaluateur la compare à celles qui lui ressemblent le plus dans le même quartier.

À quoi s'intéresse l'évaluateur ?

L'évaluateur passe en revue tous les détails du logement et du quartier. Voici ce à quoi il s'attache particulièrement :

- **La taille, l'âge et la condition de la maison :** Faudra-t-il effectuer des réparations dans un avenir proche ? Y a-t-il eu des améliorations ou des rénovations récemment ? (À cette étape-là, l'évaluateur observe en particulier la cuisine et la salle de bain.)
- **Les systèmes électriques, le gaz et la plomberie :** Le chauffage, l'air climatisé, la plomberie et l'électricité fonctionnent-ils correctement ?

- **Les équipements :** Y a-t-il des équipements spéciaux dans la maison, tels qu'une piscine, un cellier, un spa, un solarium ou un garage pour quatre voitures ?
- **Les caractéristiques du quartier et du voisinage immédiat :** Sur quoi donne la cour arrière ? Quelle est l'exposition des fenêtres ? Y a-t-il des écoles, des commerces et des transports en commun à proximité ? Le quartier est-il sécuritaire ?
- **Les caractéristiques particulières de la maison :** Est-ce une maison historique, ou est-elle en haut d'une côte avec une vue à couper le souffle ?

Les évaluateurs ne sont tenus de faire qu'une inspection visuelle, mais ils peuvent décider de fouiller plus loin. Ceci signifie que l'évaluation peut varier dans le temps, et aller d'une simple visite à une inspection de plusieurs heures. Si vous demandez une hypothèque minime ou si vous avez de nombreuses garanties pour votre prêt, l'évaluateur peut se contenter de faire une visite sommaire pour confirmer rapidement que la maison tient debout et que le prix demandé semble raisonnable.

Si vous voulez acheter un condo, sachez que l'évaluateur ne connaîtra pas forcément le statut du syndic de copropriétaires et risque donc de ne pas en tenir compte. (Vous trouverez davantage d'informations à ce sujet au chapitre 5.) Si vous rencontrez l'évaluateur, assurez-vous qu'il prenne cet élément en ligne de compte. Si c'est votre institution financière qui réclame l'évaluation, assurez-vous qu'elle soit avertie de tous les éléments qui ne sont pas forcément évidents, et que la banque prévienne l'évaluateur de tous les détails pertinents qui peuvent affecter la valeur de la propriété. Il n'est pas impossible que les propriétaires actuels demandent 50 000 $ de moins que la valeur du marché parce qu'ils veulent se débarrasser de leur condo qui fuit avant de devoir y faire des réparations importantes. Assurez-vous que l'évaluateur ait le maximum d'informations en sa possession (il doit savoir tout ce que vous savez !) pour pouvoir déterminer la valeur de la propriété en toute connaissance de cause.

Note : Selon la personne qui fait la demande d'évaluation (une personne privée ou une banque), les résultats peuvent varier. Les évaluations bancaires à fin d'hypothèque ne reflètent pas toujours avec exactitude la valeur réelle d'une propriété et conduisent souvent à des chiffres inférieurs à celle-ci.

Quelles qualités rechercher chez un évaluateur ?

Il est assez probable que vous n'aurez pas à choisir votre évaluateur vous-même ; votre prêteur s'en chargera sans doute à votre place. Mais si cette tâche vous échoit, ne vous arrêtez pas au design attrayant d'un site Internet pour faire votre choix. Demandez à votre prêteur s'il a quelqu'un à vous proposer. Tout évaluateur recommandé par une institution financière doit être membre de l'Ordre des évaluateurs agréés du Québec (OEAQ).

La réputation est aussi un élément essentiel ; travaillez avec quelqu'un en qui vous pouvez avoir confiance. Demandez des suggestions à vos amis qui ont acheté une maison récemment, ou contactez l'OEAQ pour obtenir une liste d'évaluateurs agréés dans votre région.

Combien vais-je payer ?

Le prix d'une évaluation dépend de la difficulté qu'elle présente pour l'évaluateur. S'il y a eu de nombreuses ventes dans le quartier récemment et que la propriété ne présente pas de caractéristiques particulières, l'évaluation sera simple et peu dispendieuse. Pour une maison unifamiliale, elle vous en coûtera entre 350 $ et 400 $.

TRUC

Vous pourrez peut-être obtenir de votre prêteur qu'il prenne en charge les frais de l'évaluation. Demandez à votre agent d'inscrire dans votre offre d'achat qu'elle est soumise (1) à l'approbation du financement, mais aussi (2) à la réception d'une évaluation satisfaisante. (Voir ci-dessous l'encadré « Évaluation basse, offre haute », ainsi que le chapitre 10 pour plus de détails sur l'ajout de conditions à votre offre.) Cette clause vous évitera de payer une hypothèque de 500 000 $ pour une maison évaluée à 375 000 $.

Évaluation basse, offre haute

Si votre offre d'achat à 350000 $ a été acceptée et que, par la suite, l'évaluateur de votre banque détermine que la propriété n'en vaut que 325000, la banque risque de ne pas vous donner l'hypothèque dont vous avez besoin, surtout si vous avez moins de 20 % de mise de fonds. Si vous rencontrez ce type de difficulté, vous pouvez essayer de négocier sérieusement avec le vendeur pour faire baisser le prix de la maison. Ou, si vous avez reçu une préautorisation pour une hypothèque de 350000 $, vous risquez de devoir mettre sur la table une mise de fonds plus importante pour compenser le risque que prend votre prêteur en vous offrant une telle hypothèque.

Si la valeur de la maison que vous souhaitez acheter vous inquiète, vous pouvez ajouter une clause signifiant que votre offre est conditionnelle à la réception et à l'approbation de l'évaluation à une date déterminée. Cette clause est au seul bénéfice de l'acheteur.

Ceci permet de vous éviter d'acheter une maison à un prix supérieur à sa valeur. Si l'évaluation ne vous convient pas, vous pouvez reconsidérer votre offre. Si vous avez l'impression que l'évaluation du prêteur sous-estime de beaucoup la valeur de la maison, parlez-en à votre agent immobilier pour qu'il s'assure que l'évaluateur ait en main toutes les informations pertinentes sur la propriété. Celui-ci ne connaît peut-être pas très bien le quartier où la maison est située. Faites part de vos réserves à votre prêteur. Vous devriez pouvoir obtenir des informations sur le profil et l'expérience de l'évaluateur. Si vous êtes certain qu'il connaît mal votre marché, vous pourrez peut-être obtenir une seconde évaluation sans frais additionnels.

Vous trouverez davantage d'informations sur les offres conditionnelles au chapitre 10.

Le rôle du notaire

Un bon notaire, c'est comme une police d'assurance : le jour où vous en avez besoin, vous êtes content d'en avoir un. C'est un acteur clé qui vous aide à finaliser la transaction, c'est-à-dire l'hypothèque et les transferts de titres. Dans certains cas, par exemple si la vente ou l'achat de la propriété se fait à la suite d'un divorce ou d'une séparation, ou s'il y a des problèmes d'impôts, vous pouvez demander au notaire de jeter un coup d'œil à vos documents. Dans ces cas-là, il vaut mieux faire une offre conditionnelle, soumise à l'examen du dossier par votre notaire.

Ce qu'un notaire peut faire pour vous

En plus des petits détails liés à la clôture, vous verrez qu'un notaire peut être utile dès le début de la transaction. Il est là pour protéger vos droits et pour s'assurer que le contrat de vente est rédigé en bonne et due forme. Nous expliquons ci-dessous quel est son rôle à deux moments cruciaux du processus d'achat.

Avant la clôture

La *promesse d'achat* est le document légal que vous et votre agent utilisez pour faire une offre d'achat, et vous devez vous assurer qu'elle est rédigée correctement. Si votre agent immobilier a beaucoup d'expérience dans ce domaine, vous vous fierez sans doute à son jugement et estimerez que vous n'avez pas besoin de l'expertise d'un notaire. Mais ne prenez pas de chances. Si vous avez le moindre doute, demandez à votre agent d'ajouter une clause conditionnelle soumise à l'examen de la promesse d'achat par un notaire après son acceptation par le vendeur, mais avant le retrait des autres clauses conditionnelles. Vous aurez probablement à stipuler une période courte (24 ou 48 heures) au cours de laquelle cela devra se faire, sans quoi le vendeur risque de s'opposer à une telle condition. (Voir le chapitre 10 pour davantage d'informations sur les offres d'achat et les offres soumises à conditions.)

N'OUBLIEZ PAS !

La promesse d'achat est un document légal qui ne peut être annulé que si le vendeur et l'acheteur sont d'accord, et chaque partie est tenue de la respecter. Aussi peut-il être intéressant de la faire vérifier avant de la signer. Tout le monde fait des erreurs. Mais si c'est votre notaire qui en fait une, au moins, il est assuré… ce qui vous protège du même coup.

Après la clôture

Une fois l'offre signée, votre notaire s'occupe de rédiger le contrat de vente ainsi que l'acte hypothécaire. Il fournit aussi les services suivants :

- **Recherche de titres :** Votre notaire s'assure que les vendeurs de la propriété en sont bien les propriétaires, et que toutes les dettes et les servitudes sont à jour avant que les titres ne vous soient transférés.
- **Cession des droits :** Votre notaire prépare et vérifie tous les documents nécessaires au transfert de propriété du logement, et s'assure que vous obteniez des titres de propriété valides.
- **Souscription à une assurance :** Si nécessaire, votre notaire prend une assurance qui vous protège, vous et le prêteur, contre tous les problèmes éventuels concernant les titres ou le zonage de la propriété.
- **Vérification de l'inspection :** Votre notaire confirme que l'inspection est valide et se renseigne sur toutes les servitudes liées à la propriété.
- **Vérification des promesses du constructeur :** Si vous achetez un logement neuf, votre notaire peut s'assurer que le constructeur vous fournit bien tout ce à quoi vous avez droit, et que votre nouvelle maison a un permis d'occupation municipal valide.

- **Enquête sur les taxes :** Votre notaire peut vérifier si toutes les taxes foncières ont bien été payées (si vous achetez une maison existante), ou déterminer si c'est à vous ou au constructeur de payer les taxes de vente sur un logement neuf.
- **Droits de mutation (taxe de Bienvenue) :** Votre notaire calcule le montant des droits de mutation que vous devez régler.
- **Frais afférents :** Votre notaire calcule les ajustements (la somme que vous devez au vendeur pour compenser toutes les factures prépayées – gaz, électricité, taxe foncière, etc.).
- **Acte hypothécaire :** Si votre banque le permet (c'est généralement le cas, mais pas toujours), votre notaire rédige les documents liés au prêt hypothécaire.

Comment trouver un notaire

Cherchez quelqu'un qui soit spécialisé en immobilier. Vous pouvez vous renseigner auprès d'amis, de voisins ou de proches qui ont récemment acheté une maison. Votre agent immobilier, votre courtier ou votre prêteur sont également de bonnes sources de recommandations. Vous pouvez aussi trouver des associations légales sur Internet.

Comme vous l'avez sans doute deviné, il ne suffit pas de taper dans un moteur de recherche les mots « notaire » et « Québec ». Vous obtiendrez des milliers de sites pas toujours très fiables, et beaucoup d'entre eux, selon la région dans laquelle vous vivez, ne vous seront d'aucune utilité. Avez-vous vraiment la patience de faire le tri ?

Même si nous ne vous conseillons pas de choisir un notaire en jouant à « Ma p'tite vache a mal aux pattes » dans Google, Internet est un bon outil pour vérifier les pistes qu'on vous donne. Il est probablement utile de vous assurer que le type dont votre garagiste vous a donné le nom est bien notaire agréé.

Le meilleur endroit pour trouver un notaire fiable, c'est à l'Ordre des notaires du Québec. Sur le site `www.trouverunnotaire.com`, vous pouvez trouver un notaire proche de chez vous en entrant simplement votre code postal ou en choisissant la région qui vous intéresse.

Une fois que vous avez le nom de quelqu'un, vous pouvez toujours essayer de trouver davantage de renseignements à son sujet à l'aide d'un moteur de recherche comme Google. Le notaire peut par exemple avoir son propre site Internet où vous trouverez toutes sortes d'informations pertinentes à son sujet ; vous découvrirez peut-être qu'il a été nominé pour le prix du « Notaire de l'année ». À l'inverse, vous apprendrez peut-être des histoires sordides sur son passé. On trouve toujours des choses fascinantes sur Google.

N'OUBLIEZ PAS !

Tous les notaires ne sont pas spécialisés en immobilier. Celui qui vient de s'occuper de la succession de votre grande-tante Odette est peut-être merveilleux, mais il serait comme un poisson hors de l'eau lors d'une transaction immobilière.

Quoi demander à un notaire

TRUC

Trouvez avant tout quelqu'un qui parle votre langue. Lors de la première rencontre, examinez attentivement s'il est attentif à vos questions et si ses réponses sont claires. Si son barème d'honoraires semble trop complexe, il ne saura peut-être pas vous expliquer les détails d'une promesse d'achat ou de tout autre document nécessaire au processus de vente. Dans le même ordre d'idées, choisissez quelqu'un qui ne soit pas trop loin de chez vous. Si un imprévu requiert votre présence à son bureau, autant ne pas avoir deux heures de route à faire.

Ne laissez pas les seuls honoraires d'un notaire dicter votre choix final. Une personne avec beaucoup d'expérience aura peut-être un tarif horaire plus élevé, mais travaillera plus rapidement, vous faisant gagner de l'argent au final. Et surtout, n'oubliez pas que l'idée de travailler avec un notaire, c'est de s'offrir la tranquillité d'esprit. Une personne compétente doit pouvoir vous expliquer toutes les étapes de la transaction en bon français, que son bureau soit au 25e étage d'une tour du centre-ville ou dans un modeste centre d'achat de banlieue.

Avant d'engager un notaire, renseignez-vous bien sur ce qui vous attend. Voici quelques questions que vous pouvez poser.

Sur son expérience avec le marché immobilier de la région

Le droit de bail, les procédures d'enregistrement des titres de propriété, les règlements de propriété locaux, tout cela change périodiquement. Un notaire qui connaît bien votre région ou votre quartier a généralement de bons contacts avec les autorités locales. Aussi les deux questions suivantes sont-elles particulièrement importantes :

- Depuis combien de temps travaillez-vous dans l'immobilier ?
- Depuis combien de temps travaillez-vous dans cette région ou dans cette ville ?

Sur ses honoraires et ses frais

Nous sommes sûrs que vous savez déjà que les honoraires d'un notaire peuvent être littéralement affolants. Mais comme il est impossible de s'en passer, mieux vaut avoir une idée de combien mettre de côté pour couvrir ces frais. Commencez par poser les questions suivantes – sans oublier de noter les réponses :

- Comment établissez-vous votre barème d'honoraires ?
- Offrez-vous une estimation gratuite de vos frais ?
- Si je choisis des honoraires forfaitaires, quels services sont inclus ?
- Dans quelle éventualité est-ce que je risque d'avoir besoin de services supplémentaires ?
- À quel moment et comment me préviendrez-vous qu'il risque d'y avoir un dépassement d'honoraires ?
- Quel budget dois-je prévoir pour les frais afférents ?

N'OUBLIEZ PAS !

Lorsque vous passerez des notaires en revue, demandez-leur des références. Notez les noms et les numéros de téléphone de leurs clients les plus récents (si c'est possible). Si vous avez trouvé votre notaire sur Internet ou dans le bottin téléphonique, cette étape est particulièrement importante. Appelez ces clients pour obtenir des renseignements.

Bonjour, j'aimerais bien savoir...

Si l'idée de demander des renseignements à de parfaits étrangers vous met mal à l'aise, gardez cette liste à portée de main. Essayez de poser les questions suivantes :

- Êtes-vous satisfait des services de votre notaire ?
- La facture finale de votre notaire correspondait-elle plus ou moins à ce que vous attendiez ?
- Trouvez-vous que votre notaire vous a expliqué clairement les implications de toutes les décisions que vous avez été amené à prendre et de tous les documents que vous avez signés ?
- Y a-t-il autre chose que je devrais savoir au sujet de ce notaire et des services qu'il offre ?

Chapitre 7

Identifier ses priorités

Dans ce chapitre :

- Savoir ce qu'on veut dans une maison
- Classer les différentes caractéristiques par ordre de priorité
- Choisir un quartier
- Rester flexible

Avant de commencer à faire des visites libres ou d'appeler un agent pour qu'il vous fasse faire la tournée des maisons, décidez de ce que vous cherchez. Il y a trois critères à considérer : ce que vous *voulez*, ce dont vous avez *besoin*, et ce que vous pouvez vous *permettre*.

Si vous avez lu nos conseils financiers au chapitre 2, vous savez déjà quel prix vous allez pouvoir mettre dans votre propriété. (Dans le cas contraire, nous vous suggérons fortement d'y jeter un coup d'œil.) Le truc, c'est de trouver une maison qui vous plaît, qui correspond à vos besoins, et que vous pouvez vous permettre. N'oubliez pas, vous n'y passerez pas forcément le restant de vos jours. Vous trouverez peut-être quelque chose qui correspond en partie à ce que vous cherchez maintenant, pour déménager dans la maison de vos rêves dans cinq ans. Il faut établir une liste de priorités et être prêt à laisser certains rêves (et peut-être la plupart) de côté pour vous concentrer sur certaines caractéristiques incontournables. Ce chapitre vous aide à organiser vos pensées pour vous permettre de faire le meilleur achat possible.

Ce qu'il vous faut au jour d'aujourd'hui

On souhaite tous avoir la maison idéale : une barrière en bois blanc, une pelouse parfaite et un terrain de tennis. Ou la maison de vos rêves a peut-être un patio de 1000 pieds carrés avec un spa, une cuisine extérieure et un système son intégré. Si vous êtes travailleur autonome, c'est peut-être un bureau à la maison qui se trouve en haut de la liste de vos priorités. Ou si l'idée de tondre le gazon en juillet et de pelleter en janvier vous insupporte, votre choix se portera peut-être sur un appartement au centre-ville de Montréal.

Quels que soient vos rêves du moment, il est fort probable que dans 20 ans, vous mènerez une vie bien différente d'aujourd'hui. Vous n'aurez peut-être pas tant besoin d'un bureau à la maison que d'une place de stationnement supplémentaire, pour le jour où votre épouse apprendra *enfin* à conduire. Mais il est à peu près impossible de prédire où on en sera exactement dans 20 ans, alors ne vous cassez pas trop la tête et concentrez-vous simplement sur ce que vous pouvez prévoir.

Envisager l'envisageable

L'une des premières choses à décider, c'est le nombre d'années que vous comptez passer dans votre logement. Vos besoins seront très différents selon que vous planifiiez de finir vos jours dans un endroit ou que vous souhaitiez vendre rapidement en vue de faire (espérons-le) un profit rapide. Mais comme ce type d'opération est risqué – et rarement bénéfique (vous voulez vraiment qu'on vous dise pourquoi ?) –, nous supposerons que vous vous installez au moins pour cinq ans.

En plus de vos besoins immédiats, essayez de penser aux changements potentiels à venir. Même s'il est impossible de prévoir où vous serez dans 10 ans, vous pouvez vous faire une idée du tableau pour les quelques années à venir. Si vous venez de vous marier et que vous démarrez dans la vie, réfléchissez à la possibilité d'avoir des enfants. Cette perspective vous semble peut-être encore lointaine, mais êtes-vous certain d'être prêt à déménager avant ça ? Si ce n'est pas le cas, l'achat d'un loft sur deux étages n'est peut-être pas votre meilleure option.

Si vous approchez de la retraite, réfléchissez aux difficultés qui se présenteront à vous en vieillissant. Dans 10 ans, pourrez-vous encore monter les deux étages qui séparent le salon de la chambre des maîtres ? La cour en arrière de la maison est peut-être fabuleuse pour vos petits-enfants, mais qui va tondre la pelouse et arracher les mauvaises herbes ? Mieux vaut peut-être porter votre choix sur un condo avec un parc au bout de la rue.

Il y a beaucoup de facteurs à prendre en ligne de compte lorsqu'on commence à faire la liste des priorités. Faites une liste de ce qui est important pour vous à l'heure actuelle, et une autre pour vos besoins futurs. Gardez les deux en tête pendant vos recherches de logement.

Restez ouvert au changement

Il est bien possible que vous choisissiez de déménager parce que votre famille s'agrandit. Que les nouveaux arrivants soient un bébé (ou deux), une belle-mère ou les deux bergers allemands que vous venez d'adopter, vous risquez d'avoir besoin d'un lieu plus grand pour faire face au changement.

Ainsi, si vous pensez que vous allez probablement devoir partager votre espace, cherchez un endroit avec une chambre supplémentaire, un sous-sol aménagé ou un grenier qui puisse être converti une fois le moment venu. Entre-temps, vous pourrez toujours vous en faire une salle télé ou un espace de rangement (oui, c'est à vous que nous parlons, la collectionneuse de chaussures).

Si votre lieu de vie n'offre pas de possibilités de réaménagement (que ce soit sous la forme d'une pièce supplémentaire ou d'un sous-sol plein de potentiel), vous risquez de devoir déménager plus rapidement que vous ne l'auriez souhaité.

Savoir ce que vous voulez

Il y a tant de caractéristiques propres à chaque lieu de vie qu'il est souvent difficile de déterminer celles qui nous importent le plus. Certaines choses peuvent sembler couler de source lorsqu'on les a (des placards énormes pour vos souliers !), mais n'oubliez pas de faire la liste de tous les petits détails (et les grands !) qui font toute la différence là où vous vivez actuellement. Par exemple, si vous allez travailler à pied, la côte en haut de laquelle se trouve votre maison et qui vous permet de garder la forme en été risque de se transformer en glissoire de la mort en hiver.

Savoir ce qu'on veut, c'est aussi savoir ce qu'on ne veut pas. « Je ne veux pas tondre le gazon », par exemple, est un bon début. Ou bien « Pas question de me cogner la tête dans mon sous-sol ». Vous trouverez toujours des points négatifs dans votre lieu de vie actuel ou chez d'autres gens, que ce soit une pression d'eau faiblarde dans la salle de bain, des fenêtres qui ne s'ouvrent pas assez grand, ou un stationnement inexistant dans votre rue. Si vous sentez qu'une caractéristique risque de vous pourrir la vie, faites en sorte de l'éviter, afin de pouvoir pleinement apprécier votre nouveau domicile. En identifiant (et en éliminant) certains de vos irritants, vous vous rapprocherez de la maison de vos rêves.

On ne peut pas toujours avoir ce qu'on veut

En ayant déjà fait le tri entre les caractéristiques sur lesquelles vous ne voulez absolument pas faire l'impasse et celles qui ne sont pas totalement indispensables, vous serez bien armé lorsque votre agent commencera à vous faire visiter des maisons. Une fois le moment venu, vous serez prêt à faire des compromis. Et vous obtiendrez peut-être exactement ce dont vous avez besoin.

Élisabeth était en train de vivre un divorce difficile et devait se trouver un logement avec trois chambres pour ses deux enfants, un garage et un bon espace de rangement. Elle voulait aussi vivre relativement proche de son ex-mari – qui gardait la maison familiale – et rester dans le quartier de l'école de ses enfants.

Son agent et elle ont trouvé une maison fantastique avec plein de potentiel, et tout à fait dans son budget, mais Élisabeth a finalement décidé qu'elle ne voulait pas faire de rénovations. Son agent lui a ensuite trouvé une propriété plus chère, mais entièrement rénovée, dans le même quartier, mais la jeune femme estimait que les chambres étaient trop petites et elle n'aimait pas la rue sur laquelle la maison était située. La fois suivante, son agent lui a fait visiter une maison rénovée dans ses prix, avec des chambres de bonne taille et sur une jolie rue. Mais Élisabeth a décidé qu'elle était trop éloignée de là où elle voulait être, et qu'il lui fallait un logement avec une cour arrière ensoleillée.

Son agent lui a demandé de déterminer ses priorités. Chaque maison avait des caractéristiques qui lui plaisaient, mais il fallait qu'Élisabeth fasse un choix. Après avoir bien réfléchi, elle s'est rendu compte qu'elle aimait bien la troisième propriété. Il faudrait juste qu'elle se fasse à l'idée d'être un peu plus éloignée et d'avoir moins de soleil.

Se concentrer sur ses besoins

On a tous une vision de notre maison idéale. Les caractéristiques rêvées sont un bon point de départ pour vos recherches. La plupart des gens jugent en effet les propriétés potentielles avec des standards de perfection en tête.

Essayez de vous concentrer sur vos besoins et ne laissez pas vos émotions prendre le dessus sur les détails pratiques. (Voir le chapitre 9 sur les dangers du coup de foudre.) Même si vous rêvez de cette maison avec la magnifique cour paysagée, ne perdez pas de vue vos besoins essentiels, et vous parviendrez à passer au-dessus des détails esthétiques. Revenez sur terre : nous sommes au Québec, et cette cour sera inutilisable six mois par an – voire davantage, selon l'endroit où vous vivez !

Si vous achetez pour la première fois, n'oubliez pas que ce n'est justement qu'un premier achat. Il y a bien des chances pour que vous vendiez votre logement dans cinq ou dix ans pour en acheter un plus spacieux. Alors ne vous désespérez pas si vous n'arrivez pas à acheter le condo de vos rêves dans le meilleur quartier de la ville. Au lieu d'essayer de trouver une maison de sept chambres pour les douze enfants que vous comptez élever, convenez que pour l'instant, vous pouvez vivre à l'aise dans une maison de quatre chambres avec une cour fermée à un prix raisonnable. L'idée d'acheter une petite maison ne vous plaît peut-être pas forcément, mais vous serez en meilleure position pour acheter quelque chose de plus grand dans quelques années, sans avoir à sacrifier vos vacances, vos sorties et les cours de hockey de vos enfants pour pouvoir rembourser votre hypothèque. Ce que vous pouvez vous permettre ne correspond peut-être pas à votre idéal, mais en étant un peu souple d'esprit, vous trouverez une maison qui pourra vous accommoder jusqu'à l'arrivée de bébé numéro huit.

Établir la liste

Comme vous allez sans doute faire des compromis, il est important de ne pas perdre de vue vos besoins essentiels et de ne pas les abandonner trop vite, tout en sachant quels points vous êtes prêts à abandonner, le cas échéant. En voici quelques-uns à considérer :

- **L'emplacement :** C'est sans doute le facteur le plus évident : où voulez-vous habiter ? Une fois votre hypothèque préapprouvée, vous aurez une idée claire de la somme que vous pouvez dépenser, ce qui risque de déterminer l'endroit où vous pourrez vivre. Par exemple, pour le même prix, vous aurez sans doute le choix entre un joli condo de deux chambres en ville ou une maison de quatre chambres en banlieue. Et là encore, vous aurez de nombreuses options.
- **Le type de logement :** Quel type de logement est le mieux adapté à vos besoins ? Si vous avez l'habitude de tomber dans les escaliers et de vous casser le gros orteil, mieux vaut sans doute acheter un bungalow ou un condo dans un bloc-appartements. Ou votre famille de violonistes talentueux choisira peut-être une maison détachée entourée d'une grande cour. (Relisez les chapitres 4 et 5 pour davantage d'informations sur les différents types de logements.)
- **L'extérieur :** Que vous faut-il à l'extérieur ? Y a-t-il assez de place pour laisser courir votre dogue allemand ? Avez-vous besoin d'un espace clôturé pour vos enfants ? Vous faut-il une cour ensoleillée pour votre potager ou êtes-vous plutôt un maniaque de l'herbicide ? Vous aimez recevoir autour d'un barbecue ? Il vous faudra alors un patio ou une cour pavée. Ou encore un stationnement bétonné pour vos trois autos, vos deux motos et votre roulotte.

- **La cuisine :** Que vous faut-il dans une cuisine ? Si vous avez une grande famille, vous souhaiterez sans doute pouvoir y mettre une table et avoir un lave-vaisselle. Si vous êtes cuisinier de profession, un grand comptoir et de bons électroménagers font probablement partie de vos priorités. Leur présence ou non ne sera peut-être pas un facteur déterminant, mais l'espace pour pouvoir les installer, si.
- **Les salles de bain :** Combien vous en faut-il ? Si vous regardez des maisons à étages, il est aussi important de se préoccuper de leur emplacement. Y en a-t-il une au premier étage ou devrez-vous envoyer vos invités vers celle qui se trouve entre les chambres de vos enfants ? Si vous aimez paresser dans un bain à bulles le dimanche matin, les logements équipés d'une simple douche n'auront aucun intérêt pour vous.
- **Les chambres :** Combien de chambres voulez-vous ? Une pièce supplémentaire vous suffira-t-elle pour un bureau à la maison ou pour des invités réguliers ? Si vous démarrez dans la vie, vous aurez peut-être des enfants dans un avenir proche ; prenez-les en compte dans vos calculs. Si vos enfants partent enfin pour l'université et sont prêts à quitter le nid familial, vous aurez besoin de moins de chambres.
- **Les rénovations :** Êtes-vous prêt à en faire ? Si la maison a toutes les caractéristiques souhaitées – un bon quartier, des chambres de belle taille, une super cour et un garage à deux places – mais qu'elle n'a pas été rénovée depuis 1982 (comment ça, le rose poudré dans toutes les pièces ne vous plaît pas ?), êtes-vous d'accord pour vous lancer dans des travaux ? Vous verrez, avec un peu d'huile de coude, on peut faire des miracles.
- **Les autres considérations :** Pour ce qui est de votre chambre, à quel stade considérez-vous qu'elle est trop petite ? Et votre cuisine ? La présence d'un escalier va-t-elle poser problème à quelqu'un, maintenant ou dans un avenir proche ? Vous faut-il un sous-sol aménagé pour votre bureau, votre salle de cinéma maison ou la salle de jeux de vos enfants ?

À l'aide du tableau 7-1, établissez quels sont vos besoins et ce que vous souhaitez dans votre nouvelle demeure. Remplissez le tableau en distinguant les caractéristiques absolument essentielles de celles que vous souhaiteriez vraiment retrouver (tout en sachant que vous ne mourrez pas si vous ne les avez pas).

Pour certaines caractéristiques, le lave-vaisselle ou le foyer par exemple, vous n'avez qu'à répondre par oui ou par non. Il peut être *agréable* d'avoir un foyer, mais est-ce absolument *essentiel* ? À vous de décider.

N'OUBLIEZ PAS !

Le choix des caractéristiques d'une maison n'est pas forcément évident à faire. Vous souhaitez peut-être une maison située sur un coin de rue avec un grand terrain, mais tenez-vous tant que ça à pelleter la neige, ratisser les feuilles et tondre le gazon ? Et la maison victorienne de vos rêves ? Avez-vous pensé aux fondations qui s'effondrent et aux moisissures dans les murs ? Nous ne vous disons pas de changer totalement vos priorités, mais lorsque vous les déterminez, réfléchissez aux inconvénients de l'entretien et des réparations qui viennent avec les avantages d'être propriétaire d'un bien immobilier.

Tableau 7-1 : Liste de priorités pour une recherche de logement

	Besoins essentiels	***Petits plus***
Type de logement		
Détaché, semi-détaché, etc.		
Victorien, moderne, etc.		
Nombre d'étages		
Intérieur		
Superficie (m^2 ou pi^2)		
Nombre de chambres		
Salon		
Superficie (m^2 ou pi^2)		
Aire ouverte/salle à manger séparée		
Foyer		
Type de sol		
Hauteur sous plafond		
Cuisine		
Superficie (m^2 ou pi^2)		
Condition		
Place pour une table		
Réfrigérateur		
Poêle (gaz ?)		
Lave-vaisselle		
Grands placards		

Tableau 7-1 : Liste de priorités pour une recherche de logement (*suite*)

	Besoins essentiels	***Petits plus***
Placards accessibles	___________	___________
Type de comptoirs	___________	___________
Revêtement au sol	___________	___________
Chambres		
Nombre	___________	___________
Balcon extérieur	___________	___________
Garde-robe dans chaque chambre	___________	___________
Type de sol	___________	___________
Chambre des maîtres		
Superficie (m^2 ou pi^2)	___________	___________
Salle de bain attenante	___________	___________
Penderie, fenêtre exposée au sud, foyer, autres caractéristiques particulières	___________	___________
Type de sol	___________	___________
Salle de bain		
Nombre	___________	___________
Superficie (m^2 ou pi^2)	___________	___________
Emplacement(s)	___________	___________
Douche/baignoire/jacuzzi	___________	___________
Type de sol	___________	___________
Solarium/Bureau		
Superficie (m^2 ou pi^2)	___________	___________
Emplacement	___________	___________
Type de sol	___________	___________
Salle familiale		
Superficie (m^2 ou pi^2)	___________	___________
Emplacement	___________	___________
Type de sol	___________	___________

Tableau 7-1 : Liste de priorités pour une recherche de logement (*suite*)

	Besoins essentiels	*Petits plus*
Couloirs		
Largeur (m^2 ou pi^2)	___________	___________
Placard à linge	___________	___________
Garde-robe près de l'entrée principale	___________	___________
Type de sol	___________	___________
Sous-sol		
Superficie (m^2 ou pi^2)	___________	___________
Finition	___________	___________
Appartement au sous-sol	___________	___________
Laveuse/sécheuse	___________	___________
Congélateur	___________	___________
Chauffage (huile/gaz/etc.)	___________	___________
Type de sol	___________	___________
Autres		
Air climatisé centralisé	___________	___________
Aspirateur central	___________	___________
Grenier fini	___________	___________
Possibilité d'agrandissement	___________	___________
Vue sur l'eau	___________	___________
Système de sécurité	___________	___________
Fenêtres neuves	___________	___________
Portes vitrées coulissantes	___________	___________
Lumière naturelle	___________	___________
Extérieur		
Expositions (nord, sud, est, ouest)	___________	___________
Briques, prélart, bois	___________	___________
Toiture (ardoise, bardeaux d'asphalte, tuiles d'argile)	___________	___________

Tableau 7-1 : Liste de priorités pour une recherche de logement (*suite*)

	Besoins essentiels	***Petits plus***
Stationnement		
Garage	___________	___________
Auvent	___________	___________
Espace	___________	___________
Allée privée/partagée	___________	___________
Stationnement dans la rue	___________	___________
Cour		
Taille du terrain (m^2 ou pi^2)	___________	___________
Cabanon	___________	___________
Patio/véranda/porche	___________	___________
Clôture	___________	___________
Piscine	___________	___________
Aménagement paysager	___________	___________
Potager	___________	___________
Ensoleillement	___________	___________

Pouvez-vous vous permettre d'être difficile ? Oui, si vous n'aimez pas l'emplacement des toilettes, ou si l'escalier est en plein milieu du salon. Il y a des choses qui, veut veut pas, sont quasi impossibles à changer car les coûts sont prohibitifs. Mais ne chipotez pas sur les poignées de porte. Même l'installation de l'air climatisé vous coûtera moins cher que la destruction d'un mur ou deux pour transformer votre salon en aire ouverte. Faites des concessions pour les petites choses que vous pouvez réparer ou changer vous-même. Faites marcher votre imagination : on peut faire des merveilles avec une couche de peinture et un nouveau lino.

L'environnement

Lorsque vous identifiez vos besoins en matière de logement, vous réfléchissez à la fois aux éléments intérieurs et extérieurs. Mais le quartier dans lequel votre maison est située est aussi très important. Vous pouvez peut-être rénover la salle de bain, mais il est impossible de faire venir un arrêt de bus devant chez vous ou de faire déménager la caserne de pompiers à deux coins de rue. Votre environnement peut affecter la valeur de votre maison à la hausse comme à la baisse.

Réfléchissez à l'emplacement de la maison que vous convoitez, ainsi qu'à son environnement. L'idée de vivre à trois coins de rue d'une voie ferrée ne vous dérange peut-être pas, mais êtes-vous prêt à ce que vos fenêtres donnent directement dessus ? Ou bien peut-être serez-vous tenté par un quartier en particulier, mais absolument opposé à l'idée d'habiter sur la rue la plus achalandée.

Et les commerces environnants ? Vous savez, tous ces petits détails idiots : l'épicerie, la banque, la pharmacie… Si vous vous déplacez tout le temps en auto, vous n'en avez peut-être pas besoin. Mais si vous n'avez pas de voiture, il peut être utile d'avoir des commerces pas trop loin de chez vous, et un accès facile au réseau de transports en commun.

Un quartier, ce n'est pas seulement un emplacement ; c'est tout un environnement. Examinez les caractéristiques qui vous plaisent le plus. Appréciez-vous les lieux animés et densément peuplés ? Aimez-vous voir les décorations de Noël apparaître dès le mois de novembre ou préférez-vous qu'il n'y en ait aucune ? Recherchez-vous le calme des parcs et l'ombre des arbres ? Ou préférez-vous les façades vitrées des tours du quartier des spectacles ?

Pensez aux besoins de votre famille. Si vous êtes des sportifs, vous serez heureux près d'un centre communautaire ou d'un terrain de soccer. Si vous avez des enfants, renseignez-vous sur les écoles et les limites de la commission scolaire qui vous intéresse.

Vous et vos lieux préférés

Bon, d'accord, ce ne sont peut-être pas vos lieux préférés, mais c'est là que vous passez la majeure partie de vos journées : le bureau, pour vous, et l'école pour votre progéniture. Jusqu'à quelle distance de votre travail êtes-vous prêt à vivre ? N'oubliez pas les dépenses (essence, usure de votre voiture), ainsi que le stress (embouteillages, temps passé dans les transports) liés à l'éloignement. Cela dit, votre budget ne vous laissera peut-être pas beaucoup de choix. La maison unifamiliale de quatre chambres à 10 minutes à pied de votre travail est peut-être deux ou trois fois plus chère que la même, située à 45 minutes de train.

TRUC

Testez le trajet entre votre logement potentiel et votre lieu de travail à l'heure de pointe. Combien de temps vous faut-il ? Y a-t-il beaucoup d'embouteillages ? Les transports en commun sont-ils pratiques ? Votre réaction initiale vous donnera une bonne idée de la façon dont vous vivrez le trajet au jour le jour.

Si vous avez des enfants, pensez aussi à la façon dont ils seront affectés par les transports. Pourront-ils aller à l'école à pied ? Devront-ils prendre un bus, ou devrez-vous les conduire en voiture ? Y a-t-il une garderie sur le chemin de votre travail ? Mais ne choisissez pas votre quartier uniquement en fonction de votre emploi. On change plus facilement de travail qu'on ne change de logement. Réfléchissez d'abord à l'endroit où vous voulez vivre lorsque vous ne travaillez pas, puis déterminez combien de temps vous êtes prêt à passer dans les transports.

La question du quartier

Si vous achetez une propriété à un prix défiant toute concurrence parce que la voie ferrée traverse votre cour, vous devrez sans doute la vendre à perte le jour venu, et vous risquez d'avoir du mal à trouver un acquéreur aussi fou (ou aussi sourd) que vous.

Vous allez peut-être vous rendre compte que votre petite rue tranquille se transforme en l'équivalent d'un club techno en plein air dès le soir tombé, avec une horde d'adolescents qui se rassemble dans le parc devant chez vous. Assurez-vous que votre quartier vous convienne en journée, en soirée et pendant les fins de semaines. Découvrez ce qui se cache sous les apparences. Le bouche à oreille peut être un facteur important pour vous aider à prendre votre décision.

- **La sécurité :** Renseignez-vous auprès du poste de police le plus proche et auprès de la presse locale pour obtenir les statistiques criminelles de votre zone de résidence.
- **Les services d'urgence :** Renseignez-vous sur la proximité des casernes de pompiers, des postes de police et des hôpitaux. Non seulement serez-vous rassuré de savoir qu'il y en a pas loin, mais cette information peut aussi vous aider à réduire vos frais d'assurance si votre logement a moins de chances de se faire cambrioler ou d'être totalement détruit lors d'un incendie.
- **Les informations locales :** Lisez la presse locale pour avoir des informations sur la vie de quartier et obtenir des renseignements importants sur les projets de construction et de développement, ainsi que sur les changements de zonage potentiels.
- **Le taux d'occupation par des propriétaires :** Renseignez-vous autour de vous pour essayer de déterminer si les gens sont plutôt locataires ou propriétaires de leur habitation dans le quartier. Les propriétaires sont souvent plus impliqués dans la vie de leur communauté.

- **Les écoles :** Visitez les écoles du quartier. Essayez de savoir si les enfants de vos voisins les fréquentent et, dans le cas contraire, pourquoi. Inversement, si beaucoup d'élèves viennent de loin pour aller dans ces écoles, c'est généralement bon signe.
- **Les commerces :** Visitez les magasins et les restaurants du quartier. S'il y a beaucoup de nouveaux commerces, et qu'ils débordent d'activité, c'est bon signe – et la valeur de votre propriété a des chances d'augmenter de façon appréciable au cours des prochaines années. La présence de nombreux panneaux « À vendre » ou « À louer » peut être un signe de changement. Le type de commerces donne aussi une indication sur la démographie du quartier. Les commerçants se renseignent toujours avant de s'établir quelque part.
- **Les travaux importants :** Essayez de savoir si la Ville prévoit des travaux routiers ou un développement des transports urbains, ou encore s'il y a des projets de construction immobilière – tout ceci pouvant être un signe que le quartier est en expansion.
- **Les transports en commun :** Renseignez-vous sur les transports en commun dans votre quartier. L'accessibilité est toujours un bon point quand il s'agit de vendre votre maison, même si vous, vous n'en avez pas l'utilité.
- **Les affaires locales :** Assistez à une réunion du comité de quartier pour vous faire une idée du niveau d'implication des résidents dans les affaires locales, et voir le type de questions soulevées.
- **La satisfaction générale :** Parlez aux gens du quartier pour vous faire une idée de leur niveau de satisfaction – ou d'insatisfaction. Il est fort probable que vous ressentirez la même chose lorsque vous aurez déménagé.

Les signes d'améliorations

Et si vous trouvez le quartier parfait, mais que, renseignements pris, vous découvrez qu'il est trop cher pour votre budget ? Vous allez devoir repartir en chasse ; cela dit, maintenant que vous savez ce que vous voulez, ça devrait être plus facile. Sillonnez les bordures de votre quartier préféré pour trouver le bijou qui vous rapprochera de votre rêve, même s'il n'est pas au milieu de tout. Vous trouverez peut-être une propriété dans une zone qui a des chances de se retrouver bientôt englobée par le quartier qui vous intéresse.

Ou bien choisissez un quartier en pleine expansion. Voici quelques indices pour vous mettre sur la piste d'un diamant brut :

- **Les rénovations :** Soyez à l'affût des signes de rénovations dans les quartiers qui vous semblent moins intéressants. Lorsque les propriétaires dépensent de l'argent pour améliorer leur propriété, cela prouve que le quartier leur plaît suffisamment pour qu'ils aient envie d'y investir. Une zone sans intérêt peut se transformer en quartier branché en moins de temps qu'il ne faut pour le dire. Des hordes de bobos sillonnent les rues ? C'est généralement bon signe.
- **L'activité immobilière :** Observez les pancartes « Vendu » sur les maisons. Elles prouvent que de nombreux acheteurs ont envie de vivre dans ce quartier, ou bien que de nombreux vendeurs sont prêts à partir. Vous trouverez peut-être un groupe de retraités impatients de vendre leur propriété pour déménager dans leur condo en Floride.
- **Les annonces commerciales :** Observez les signes de développement des commerces. Un quartier en plein boom attire souvent de nouveaux propriétaires de commerces. Un nouveau Starbucks, c'est bon signe. Un Insta-Chèques, un peu moins.
- **Les développements publics importants :** Les nouveaux sites de transports en commun peuvent avoir une incidence majeure sur le commerce et la construction de nouveaux logements. De la même façon, un changement de zonage démontre que les pouvoirs publics sont prêts à investir dans un certain quartier. Enfin, les nouveaux parcs et nouvelles écoles indiquent que les familles sont plus nombreuses à s'installer dans le coin.
- **L'image extérieure :** Recherchez les rues où les maisons et les pelouses sont bien entretenues. C'est la preuve que les propriétaires tiennent à leur bien, et par conséquent à leur quartier.

En parlant de quartiers en plein développement, on trouve souvent des propriétés *entièrement rénovées*. Il s'agit d'habitations que leurs propriétaires ont achetées en mauvais état, à un bon prix, espérant les revendre rapidement une fois rénovées, en faisant un profit important. Votre agent vous aidera à repérer ce type de propriété, récemment achetée et rénovée par son propriétaire, souvent en l'espace de quelques mois. Dans la plupart des cas, votre agent a la possibilité de retracer l'historique de la maison, et vous pourrez très probablement déterminer à quel prix son propriétaire l'a achetée et dans quel état elle était avant les rénovations. Vous pouvez vous attendre à de nombreuses améliorations esthétiques, comme une nouvelle cuisine et de nouvelles salles de bain, un nouveau plancher et quelques bonnes couches de peinture. Parfois, des changements extérieurs (un nouveau toit ou un joli aménagement paysager) servent à attirer les acheteurs à l'intérieur.

Les quartiers en plein développement sont souvent convoités par les rénovateurs car ils peuvent potentiellement attirer de nombreux acheteurs, et que les propriétés y sont moins chères (avant rénovations) que leurs semblables dans des quartiers déjà recherchés. Ce type de propriétaire recherche un acheteur qui ne veut pas se fatiguer à faire des travaux. Et pour celui-ci, il est souvent avantageux de trouver un logement « clés en main » dans un quartier en train de monter.

TRUC

Il n'y a rien de mal à acheter une maison rénovée. Cela dit, assurez-vous que le propriétaire s'est bien muni de tous les permis nécessaires et que toutes les améliorations sont conformes aux normes. Ce n'est pas parce qu'une propriété a l'air flambant neuve que vous devez vous dispenser d'une inspection. Soyez vigilant : n'achetez pas une maison où les rénovations ont été faites avec des bouts de ficelle dans l'espoir d'une plus grosse marge de profit. (Nous revenons sur ce sujet au chapitre 9.)

ATTENTION !

Si vous avez l'intention d'acheter une propriété pour la rénover et la revendre rapidement, soyez particulièrement vigilant. Ce type d'opération n'est pas un sport pour les néophytes. Il y a beaucoup de paramètres à prendre en considération : le budget, les impôts, les frais de clôture, la main-d'œuvre, etc. Et inévitablement, LA question : que se passe-t-il si vous n'arrivez pas à vendre ? Vous risquez de rénover trop ou pas assez, selon le quartier que vous aurez choisi, ce qui peut vous causer des problèmes au moment de la vente. (Nous y reviendrons au chapitre 9.)

Le choix d'un quartier : vos priorités

Ce qui se passe autour de votre maison est aussi important que ce qui s'y passe à l'intérieur. Utilisez le tableau 7-2 de la même façon que le tableau 7-1 pour vous faire une idée de ce qui est le plus important pour vous lorsqu'il s'agit de choisir un quartier.

Tableau 7-2 : Le quartier et l'emplacement – Liste de priorités

	Essentiel	*Agréable*	*Ne s'applique pas*
Proche de :			
Travail	___________	___________	___________
Travail de votre conjoint(e)	___________	___________	___________
Écoles	___________	___________	___________
Famille	___________	___________	___________
Parcs, aires de jeu	___________	___________	___________

Tableau 7-2 : Le quartier et l'emplacement – Liste de priorités (*suite*)

	Essentiel	*Agréable*	*Ne s'applique pas*
Garderie	___________	___________	___________
Commerces	___________	___________	___________
Transports en commun	___________	___________	___________
Routes principales, autoroutes	___________	___________	___________
Caserne de pompiers	___________	___________	___________
Poste de police	___________	___________	___________
Hôpital	___________	___________	___________
Médecin/dentiste	___________	___________	___________
Bibliothèque	___________	___________	___________
Centres culturels (théâtre, par exemple)	___________	___________	___________
Restaurants	___________	___________	___________
Installations sportives	___________	___________	___________
Piscine publique	___________	___________	___________
Aréna/patinoire	___________	___________	___________
Aéroport	___________	___________	___________
Autres	___________	___________	___________
Loin de :			
Bruit	___________	___________	___________
Trafic/routes importantes	___________	___________	___________
Voie ferrée	___________	___________	___________
Lignes de haute tension	___________	___________	___________
Aéroport/couloirs aériens	___________	___________	___________
Famille	___________	___________	___________
Autres	___________	___________	___________

Tableau 7-2 : Le quartier et l'emplacement – Liste de priorités (*suite*)

	Essentiel	*Agréable*	*Ne s'applique pas*
Caractéristiques générales			
Quartier bien établi	___________	___________	___________
Voisins impliqués et attentifs	___________	___________	___________
Déneigement régulier	___________	___________	___________
Rue tranquille	___________	___________	___________
Vue pittoresque	___________	___________	___________
Autres	___________	___________	___________

La perfection n'est pas de ce monde

Lors de vos recherches, vous découvrirez de nombreuses propriétés qui correspondent en partie à vos critères, mais pas à tous. Vous trouverez peut-être la maison idéale, mais sans stationnement, ou encore, dans un quartier qui ne vous plaît pas. Ne soyez pas trop rigide et faites bien la différence entre ce qui vous est absolument essentiel et ce qui vous plairait bien, mais dont vous pouvez vous passer. L'art d'acheter une maison, c'est de faire aussi peu de compromis que possible tout en restant réaliste.

Toutes les propriétés sont différentes, et chacune a ses pour et ses contre. La maison idéale est peut-être trop chère pour votre budget… pour l'instant. Il est possible que vous ne puissiez tout simplement pas vous permettre d'habiter à Outremont, même si vous donneriez tout pour ça ; ou peut-être aurez-vous à sacrifier quelques pieds carrés pour habiter dans le quartier de vos rêves. En théorie, il est toujours possible d'apporter des modifications à une maison si elle n'est pas parfaite ; par contre, il est difficile de changer un quartier. Restez ouvert lors de vos recherches, et faites des comparaisons pour vous aider à réduire la liste de vos priorités.

Soyez souple. Faites confiance au professionnalisme de votre agent. Il a sûrement déjà eu des acheteurs avec des souhaits et des contingences semblables aux vôtres. Suivez ses conseils et allez visiter les propriétés qu'il vous suggère même si vous avez des réserves. Votre agent peut bien trouver la maison qu'il vous faut ; vous ne le saurez pas si vous ne la voyez pas. Et n'oubliez pas : il peut tout à fait comprendre ce que vous voulez, même si vous ne parvenez pas à l'exprimer.

Chapitre 8

Magasiner une maison

Dans ce chapitre :

- Trouver des propriétés à vendre
- S'intéresser aux saisies immobilières
- Penser au style et à la valeur de revente
- Considérer vos priorités
- Comprendre exactement les composantes des maisons que vous visitez
- Comparer plusieurs propriétés et choisir la gagnante

Lorsque vos recherches commencent, il devient primordial de remplacer la maison de vos rêves par celle que vous avez réellement les moyens d'acheter (sauf si vous venez de gagner à la loterie ou d'hériter d'une forte somme, évidemment, auquel cas vous pouvez bien vous offrir ce que vous voulez). Mais comment trouver une propriété qui va satisfaire vos besoins sans faire éclater votre budget ? Vous pouvez décider de vous reposer entièrement sur votre agent, mais la plupart des gens préfèrent être un peu plus impliqués dans les recherches. Dans ce chapitre, nous vous donnons quelques trucs pour optimiser ce processus et vous suggérons divers moyens pour évaluer les différentes inscriptions et visites libres, afin que vous puissiez prendre votre décision en toute connaissance de cause.

Trouver la maison idéale

Si vous avez déjà une liste de priorités qui définit clairement les caractéristiques de ce que vous recherchez, et si vous avez une idée du quartier ou du secteur qui vous intéresse (voir le chapitre 7), vous avez sans doute une bonne vision de ce que vous voulez acheter. Vous pouvez à présent commencer à explorer le marché immobilier.

TRUC

De nos jours, il est tout à fait possible de s'essayer à trouver une propriété sur Internet et de se renseigner sur les prix et l'état du marché dans votre zone de choix. Vous trouverez dans l'appendice une liste de sites Internet auxquels vous référer.

Mettez votre agent au travail

Soyez ouvert aux conseils d'expert que votre agent immobilier peut vous offrir. Si vous en avez engagé un, laissez-le vous trouver une nouvelle maison. Ces personnes passent plusieurs heures par jour à visiter des maisons et travaillent souvent dans l'immobilier depuis des années. Un bon agent qui connaît bien son métier peut même être au courant des propriétés à vendre avant qu'elles ne soient mises sur le marché. (Voir le chapitre 6 pour des conseils sur comment trouver un agent.)

Donnez-lui autant d'informations que possible sur ce que vous recherchez, mais soyez ouvert à ses conseils. Si vous avez l'impression qu'il ne vous écoute pas ou qu'il ne s'occupe pas bien de vous, discutez de la situation avec lui. Si vous ne parvenez pas à résoudre le problème, vous devrez peut-être vous résigner à chercher un autre agent.

Si vous êtes fixé sur un bloc ou un édifice en particulier, vous pouvez demander à votre agent d'envoyer des lettres à des gens qui vivent à cet endroit pour voir s'ils seraient prêts à vous vendre leur logement. Vous pourrez peut-être ainsi trouver une propriété avant qu'elle ne soit mise en vente sur le marché.

Votre agent a peut-être aussi des outils très sophistiqués à sa disposition. Selon l'endroit où vous vivez et les moyens de communication qu'il utilise, vous pourriez recevoir des alertes automatiques par courriel. Votre agent peut configurer des programmes en ligne qui vous enverront toutes les inscriptions correspondant à vos critères dans le secteur que vous recherchez. Dans bien des cas, il pourra aussi cibler des rues et même des blocs en particulier. Quel gain de temps ! Vous pourrez prédéterminer le type de propriété qui vous intéresse, définir le nombre minimum de chambres et de salles de bain dont vous avez besoin, ainsi que les dimensions intérieures, et bien plus encore.

Ne limitez pas trop vos recherches ; de cette façon, vous trouverez peut-être une propriété dont vous n'auriez jamais entendu parler autrement.

Ratissez les rues

De nos jours, l'agent immobilier dispose de toute une panoplie d'outils pour vous aider à trouver une maison dans un quartier en particulier. Mais rien ne vous empêche de continuer à utiliser la bonne vieille méthode : ratisser les rues du quartier à la recherche de pancartes « À vendre ». Les agents vous diront souvent qu'une propriété qui ne ressemble à rien sur Internet peut être un vrai bijou en réalité. Ne vous fiez donc pas trop aux photos que vous voyez, et faites l'effort d'aller visiter les maisons – surtout si toutes les autres informations semblent prometteuses.

Le Service Inter-Agences

Le *SIA (Service Inter-Agences)*, qu'on appelle aussi communément *MLS (Multiple Listing Service)*, est un outil pratique pour trouver une maison. Sa base de données contient toutes les inscriptions de propriétés représentées par un agent. Dans une annonce type du SIA, on trouve généralement de nombreux détails sur la propriété, dont le nombre de pièces et leur superficie, la taille du terrain, les dimensions intérieures (en mètres carrés ou en pieds carrés), le montant approximatif des taxes de propriété, ainsi que des informations additionnelles – des détails tels que « cuisine rénovée », « cour paysagée », etc. Le SIA est un bon point de départ pour vous familiariser avec les différents quartiers et les fourchettes de prix. Vous pouvez visiter son site Internet au `www.realtor.ca`.

La figure 8-1 vous donne un exemple d'inscription. Notez que ces annonces vous fournissent de nombreuses informations importantes qui vous éviteront bien des fois de vous déplacer pour rien. On y trouve des détails sur la proximité des écoles et des transports en commun, ainsi que des renseignements sur le revêtement au sol, le chauffage et le système d'égouts.

À VENDRE

6988 rue Notre-Dame, Sainte-Julienne

Unifamiliale : Maison à paliers multiples

Évaluation du terrain :	100 000,00 $	Taxes municipales :	2 938,00 $
Évaluation de l'immeuble :	197 900,00 $	Taxe scolaire :	1 660,00 $
Évaluation totale :	297 900,00 $	Taxes annuelles totales :	4 598,00 $ (2011)

Largeur du terrain en façade :	15.24 Mètre
Profondeur du terrain :	30.48 Mètre
Dimensions du terrain :	464.5 Mètres carrés
Nbre d'espaces de stationnement : 3	
Bâti en :	1991
Chambres :	3 + 1
Salle(s) de bains :	2
Salle(s) d'eau :	1
Zonage :	RESI

Remarques :

Unique en son genre ! Du jamais vu !!! Venez voir par vous-même toutes les opportunités de bien-être et de mode de vie supérieur que cette maison vous offre, avec sa piscine au jardin entouré d'un trottoir cimenté se dirigeant vers la terrasse… Une cour sublime pour vous charmer en privé ! Une opportunité à saisir rapidement !!!

Inclusions : Rideaux • Stores • Installations luminaires • Aspirateur central • Système air centrale • Lave-vaisselle • Chaises de bar • Piscine creusée avec accessoires • Cabanon • Réservoir d'eau chaude.

Exclusions : Effets personnels.

Caratéristiques du bâtiment :

Style de bâtiment : Isolé • **Allée** : Asphalte, Double largeur ou plus • **Armoires de cuisine** : Mélamine • **Mode de chauffage** : Plinthes électriques • **Approvisionnement en eau** : Municipalité • **Énergie pour le chauffage** : Électricité • **Foyer-Poêle** : Foyer au bois • **Garage** : Attaché, Utilisation bureau, Chauffé • **Particularités du site** : Aucun voisin de face • **Piscine** : Creusée • **Proximité** : Autoroute, Parc, École primaire, Transport en commun • **Sous-sol** : Totalement aménagé • **Stationnement** : Allée, Garage • **Système d'égouts** : Municipalité • **Terrain** : Clôturé, Bordé par des haies, Paysagers.

Figure 8-1 : Cet exemple d'annonce ressemble au type d'inscription qu'on peut trouver sur MLS.

Plus vous ferez connaître votre intention d'acheter à votre entourage, plus les gens vous suggéreront des propriétés. Vos amis ont peut-être des amis dans le quartier qui ont l'intention de vendre leur maison. Si vous parlez à des gens dans le secteur qui vous intéresse, de parfaits inconnus peuvent même vous refiler des tuyaux. Des voisins peuvent savoir quelle famille s'agrandit et va devoir se relocaliser, ou qui prévoit de prendre sa retraite en Floride l'hiver prochain. Ne sous-estimez pas la valeur du bouche à oreille.

Dans votre quête de l'occasion en or, ne perdez pas de vue ce que vous voulez acheter. Si le frère de la belle-fille du voisin de votre cousin essaie de vous vendre une maison, assurez-vous qu'elle vous plaise vraiment avant de même considérer lui serrer la main. N'oubliez pas que vous essayez d'acheter une maison, pas de conclure un marché. Ne vous engagez jamais oralement, même si le prix vous semble raisonnable (voir le chapitre 10). Avant de négocier le prix et les termes de la vente, vous devez avoir eu l'opportunité d'investiguer le bien en détail, et obtenir un accord écrit. Il vous faut aussi une évaluation objective de la valeur du bien et une inspection professionnelle afin que vous puissiez être certain que vous prenez la bonne décision en faisant cet achat.

Lisez le journal

La plupart des villes ont des magazines hebdomadaires gratuits consacrés à l'immobilier, que vous pouvez trouver dans les agences immobilières et sur des présentoirs dans la rue ou dans les dépanneurs. Vous y verrez une sélection des inscriptions résidentielles du secteur. Cependant, ces publications font autant la promotion de différents courtiers que celle de biens immobiliers. Dans la plupart des cas, toutes les propriétés ne sont pas présentées et le magazine n'imprime que les annonces des agences qui leur achètent de la publicité. Certains magazines font aussi une rotation des annonces et ne les font paraître qu'une semaine sur deux. Il existe parfois deux ou trois publications de ce type pour une même région, et il faut alors toutes les lires pour se faire une idée de ce qui est sur le marché. Et surtout, sachez que les annonces ont généralement été publiées depuis quelques jours lorsque vous les voyez, ce qui diminue d'autant vos chances d'acheter une maison grâce à ce type de support.

Dans les petites annonces des journaux locaux, il y a généralement une section consacrée à l'immobilier qui vaut la peine d'être consultée. Notez particulièrement les visites libres. Souvent, ces annonces utilisent des mots-clés pour vous donner une idée de la propriété listée. Les mots « prix réduit » ou « vendeur motivé » vous feront flairer la bonne affaire. Des termes tels que « idéal pour bricoleur » ou « toiture à refaire » doivent sonner comme autant de signaux d'alarme.

Les visites libres

Les vendeurs organisent souvent des visites libres au moment où ils mettent leur maison sur le marché. C'est une bonne occasion pour aller y jeter un coup d'œil. Vous pouvez parler à l'agent du vendeur en personne. Essayez, si c'est possible, de savoir quelle est la raison de la vente, et si les vendeurs sont pressés de conclure la transaction. Si vous n'aimez pas l'idée de visiter une propriété en même temps que d'autres personnes, sachez que vous pouvez toujours prendre rendez-vous pour organiser une deuxième visite, privée cette fois. Écoutez ce que disent les autres acheteurs potentiels. Ils remarqueront parfois un détail qui aura pu vous échapper, ou bien n'hésiteront pas à fouiner partout, vous sauvant de l'embarras de le faire. Écoutez ce qu'ils comptent faire de la propriété ; il y a peut-être de bonnes idées à prendre.

Soyez honnête avec l'agent du vendeur. Si vous avez déjà un agent, mentionnez-le sans tarder lors de la visite libre. Ne soyez pas surpris qu'un courtier qui vous a consacré son temps et son attention ne soit pas ravi d'apprendre que vous travaillez déjà avec quelqu'un d'autre. Ne gâchez pas vos chances en mentant sur votre situation. Si l'agent du vendeur vous a pris en grippe, la négociation ne sera pas facile.

Lorsque le marché immobilier est en pleine ébullition, vous verrez que de nombreuses propriétés se vendent sans qu'il ait été nécessaire d'organiser de visite libre au préalable. Une maison peut faire son apparition sur le site du SIA, et l'agent peut organiser quelques jours plus tard une visite réservée aux autres agents, sans qu'aucune visite libre ne soit requise. Si vous travaillez avec votre propre agent, vous aurez peut-être l'occasion d'assister à ce type de visite, et d'obtenir ainsi une longueur d'avance sur les autres acheteurs.

S'intéresser aux reprises de finance

La *reprise de finance* est un terme qui qualifie une propriété faisant l'objet d'une saisie, car son propriétaire n'est plus en mesure de faire ses paiements hypothécaires, et qui est revendue sur le marché à un prix inférieur à sa valeur de départ. Nous n'entrerons pas dans les détails de la saisie immobilière du point de vue du propriétaire, mais contentons-nous de dire que l'achat d'une propriété visée par une saisie n'est pas pour tout le monde, et qu'il demande une certaine ténacité.

L'achat d'une reprise de finance ne se fait pas aussi simplement qu'avec un propriétaire en chair et en os. Vous faites affaire avec une institution financière, et il peut se passer des semaines avant que vous sachiez si votre offre a été acceptée ou non. De plus, rien n'empêche un autre acheteur de faire une meilleure offre dans l'intervalle, et que celle-ci soit acceptée au lieu de la vôtre.

Si vous achetez une maison faisant l'objet d'une saisie immobilière, il est possible que les propriétaires précédents n'aient pas été ravis de perdre le toit qui les abritait. Il n'est donc pas impossible que les murs et les sols aient été endommagés ou qu'il manque des électroménagers, voire même le bol de toilette ! Tout est possible. Il est fort probable qu'à cause de leurs difficultés financières, ils ne se seront pas non plus occupés de l'entretien régulier de la propriété.

Sachez que la maison que vous achetez vient sans aucune garantie – « telle quelle », comme on dit. Vous ne pouvez pas dire au prêteur que vous êtes prêt à acheter s'il répare les fondations ; il ne le fera pas. Les prêteurs ne répondent qu'aux offres sans conditions. L'acheteur potentiel doit être proactif et faire une inspection préalable, au risque que son offre ne soit pas acceptée.

Les acheteurs avertis peuvent trouver de bonnes affaires, mais à condition de faire leurs devoirs et d'être très patients.

Cette propriété vous plaît-elle ?

La première chose qu'il faut considérer dans une maison, c'est si elle vous plaît de l'extérieur. De quoi a-t-elle l'air, vue du trottoir ? La trouvez-vous accueillante ? Parvenez-vous à vous visualiser sur la pelouse ? Savez-vous exactement où vous allez placer vos rosiers grimpants ? Et même si, à première vue, la bâtisse n'est pas très avenante, peut-on y remédier avec une couche de peinture et une vigne vierge ?

Le style architectural est aussi un facteur important. Vous trouverez peut-être qu'il est difficile de choisir, mais à l'inverse, vous avez peut-être déjà une idée très précise de ce qui ne vous plaît pas. Ou encore, vous « saurez » instinctivement, le moment venu, quel style vous convient en voyant la maison que vous aimez. L'instinct a en effet un rôle important à jouer dans le choix d'une maison. Vous tomberez peut-être à un moment donné sur une propriété qui a toutes les caractéristiques que vous recherchez : un bon quartier, proche des écoles et d'un parc, une grande cour (mais pas trop grande), une disposition des pièces idéale, une jolie façade, un stationnement aisé – bref, l'idéal.

Considérez l'achat d'une propriété comme un investissement, car c'est sans doute la transaction la plus importante que vous ferez jamais. Pensez à la valeur de revente de la maison que vous achetez, et au profit que vous pourrez en tirer. Un jour, vous voudrez peut-être revendre votre bien et, espérons-le, en tirer un meilleur prix que celui auquel vous l'avez acheté. Ne perdez pas de vue qu'une tierce personne s'intéressera peut-être un jour à votre maison, et réfléchissez aux caractéristiques qui passeront le test du temps. Le système électrique de la maison géorgienne que vous visitez est peut-être en bon état pour l'instant, mais qu'en sera-t-il dans 5 ou 20 ans ? Dites-vous que vous devrez peut-être investir dans des réparations avant de pouvoir revendre votre propriété. Vos finances pourront-elles alors vous le permettre ? Serez-vous prêt à remplacer la cheminée lorsqu'elle commencera à montrer des signes de fatigue ? Et la toiture ? Ne perdez pas de vue la perspective à long terme.

Plus vous visiterez de propriétés, plus il vous sera facile de les comparer et de vous concentrer sur ce que vous recherchez. Si possible, tenez-vous-en à la règle des 10 maisons. Visitez 10 maisons, que ce soit lors de visites libres ou sur rendez-vous avec votre agent, avant de faire une offre. Vous trouverez peut-être que c'est un peu extrême, mais au début, vous serez facilement séduit par ce que vous voyez. Au dixième coup de cœur, vous aurez l'œil un peu plus critique et pourrez aller au-delà de « Wow, j'adore la couleur de la salle de bain ! ». N'oubliez pas que, si vous tenez à vivre dans un quartier en particulier, il peut se passer 10 ans avant que 10 maisons se retrouvent sur le marché. Dans ce cas, vous devrez peut-être reconsidérer votre règle, et ne visiter que trois propriétés. Mais parfois, le doute n'est pas possible. En voyant une maison, vous savez que c'est la bonne. Vous tomberez peut-être complètement amoureux du premier condo visité, sachant pertinemment qu'il a toutes les caractéristiques désirées, et même plus. Si c'est le cas, foncez. Votre agent peut vous aider à prendre cette décision.

D'un autre côté, essayez de ne pas visiter trop de maisons ! Vous aurez peut-être un coup de cœur pour une propriété, tout en vous disant que vous pouvez sans doute trouver mieux. Mais dites-nous : si vous trouviez le partenaire idéal, continueriez-vous à multiplier les rencontres ? (Nous espérons que la réponse est non.) Ne tergiversez pas trop devant la bonne maison, sinon vous et votre agent allez devenir fous.

Lorsque vous visitez des maisons, c'est une bonne idée que votre agent ou vous-même planifiiez plusieurs rendez-vous d'affilée. Non seulement vous perdrez moins de temps, mais il est plus facile de faire des comparaisons quand on a des images fraîches en tête. Cependant, n'allez pas voir plus de cinq ou six propriétés de suite, et prenez bien en note toutes leurs caractéristiques principales. Visiter 15 maisons ne vous apportera qu'une migraine épouvantable, et vous en ressortirez sans doute encore plus perdu qu'auparavant : la super cuisine, c'était dans la maison n° 7 ou n° 10 ? (Un peu plus loin dans ce chapitre, nous discutons de la façon de répertorier toutes les propriétés que vous visitez.) Beaucoup de propriétés offrent une fiche de renseignements sur laquelle sont notées leurs principales caractéristiques, souvent accompagnées d'une photo. N'oubliez pas de prendre ces fiches lorsque vous les voyez : elles vous aideront à vous souvenir de ce que vous avez vu quand le moment sera venu de prendre une décision. Votre agent peut lui aussi vous fournir des fiches avec des informations détaillées (il les trouve en général sur les sites réservés aux agents).

Visitez les propriétés plusieurs fois. Ne vous sentez pas obligé de prendre une décision dès le moment où vous franchissez le pas de la porte. À moins d'être sur un marché extrêmement vendeur, allez revoir plusieurs fois la propriété qui vous intéresse, de préférence à des moments différents de la journée et de la semaine.

Évitez d'acheter la maison la plus chère du quartier. Comme l'évaluation de la valeur d'une propriété se fait en la comparant avec celles du voisinage, elle risque de prendre moins de valeur que les autres. Après tout, si la plupart des maisons de la rue coûtent autour de 225 000 $, les gens réfléchiront probablement à deux fois avant de faire une offre sur une propriété à 450 000 $, aussi jolie soit-elle. Acheter la maison la moins chère d'un secteur très recherché peut être une stratégie à considérer.

Je n'ai toujours pas trouvé ce que je cherche

Si vous avez l'impression d'avoir visité des milliers de maisons et de n'avoir toujours pas trouvé celle qui vous convient, faites part de vos inquiétudes à votre agent. Il y a peut-être un manque de communication quelque part, ou une incompréhension. Repassez ensemble dans votre liste de priorités (voir le chapitre 7) et discutez des raisons pour lesquelles vous n'avez pas aimé les maisons que vous avez vues jusqu'ici.

Le problème est peut-être que vous avez une idée trop rigide de ce qui est essentiel, et que vous devez vous montrer plus souple. Nous vous le répétons encore une fois : la maison de vos rêves n'existe peut-être pas. Ce que vous cherchez, c'est une demeure qui corresponde le plus possible à l'image que vous vous faites de la maison idéale, mais vous allez devoir accepter de faire des compromis. La maison que vous finirez par choisir ne vous fera peut-être pas vibrer, mais peu importe, si elle remplit de nombreux critères importants. Votre agent vous préviendra sans doute s'il trouve que vous êtes trop difficile, et vous fera peut-être revisiter certaines propriétés que vous avez déjà vues. Une fois vos priorités réévaluées, il est possible que ces maisons vous paraissent tout à fait correctes. Votre agent doit aussi vous avertir si le prix d'une des propriétés qui vous intéressaient se trouve réduit. Une maison qui vous plaisait moyennement peut tout à coup, à 25 000 $ de moins, vous sembler très intéressante.

Si vous avez l'impression que votre agent ne comprend pas tout à fait ce que vous voulez vraiment, vous avez peut-être intérêt à cesser votre collaboration avec lui. Essayez de lui expliquer pourquoi vous avez besoin de changement. Parfois, la relation acheteur/agent ne fonctionne tout simplement pas, et il est inutile de s'acharner à la poursuivre. Ceci dit, si vos critères sont vraiment très particuliers, ne soyez pas trop pressé de trouver une propriété. Les agents n'ont pas de baguette magique qui fait apparaître les maisons (même s'ils seraient sûrement ravis d'en avoir une). Vous devrez peut-être assouplir vos paramètres et trouver un agent patient qui comprenne votre situation.

Les services d'utilité publique

Vous aurez bien sûr besoin d'un inspecteur professionnel pour vous dire si, dans la propriété que vous avez l'intention d'acheter, toutes les installations – telles que le chauffage ou l'électricité – sont en bon état de fonctionnement (voir le chapitre 9). Mais en attendant, vous avez peut-être envie d'en savoir un peu plus. Il est utile d'être au courant de ce que vous achetez, pour pouvoir vous faire une idée du montant des factures que vous aurez à payer, ainsi que pour vous prémunir contre les problèmes potentiels liés à certains systèmes. Et puis, un disjoncteur différentiel de fuite à la terre (DDFT), qu'est-ce que c'est ? Et pourquoi est-ce recommandé ? Il est important de comprendre la différence entre un circuit de 60 ampères et un circuit de 100 ampères avant de faire appel à un inspecteur. Mais réjouissez-vous ! Après avoir lu les pages suivantes, ces termes n'auront plus de secret pour vous.

De nombreuses personnes louent leur chauffe-eau au lieu de l'acheter. Demandez au vendeur (ou à son agent) si tel est le cas dans sa maison. S'il s'agit effectivement d'une location, vous devrez compter entre 10 $ et 20 $ par mois pour poursuivre de la même façon. Essayez aussi de savoir comment l'eau est chauffée. Tout comme pour le chauffage de la maison, vous verrez qu'il peut être plus cher de chauffer l'eau à l'électricité (ce qui sera sans doute le cas si votre système de chauffage est électrique) qu'au mazout ou au gaz naturel. (Ces deux dernières énergies chauffent bien plus rapidement que l'électricité.) Dernière chose : vérifiez la contenance du chauffe-eau. Pas question de manquer d'eau chaude à chaque fois que vous prenez une douche. L'avantage d'un chauffe-eau en location, c'est qu'on peut facilement l'échanger contre un modèle plus grand, si c'est nécessaire. Et en cas de bris, on vous le remplace sans frais supplémentaires.

Le chauffage

Même si vous pouvez vous faire une idée de ce que vous paierez pour vous chauffer en examinant les anciennes factures du vendeur, il est important de savoir de quelle façon votre propriété est chauffée. Une chaudière en mauvais état avec des filtres usés vous coûtera beaucoup plus cher que si elle était bien entretenue, quel que soit le type d'énergie que vous utilisez pour vous chauffer.

L'air pulsé

Avec ce système, l'air est chauffé par un générateur central fonctionnant à l'électricité, au gaz naturel, au mazout ou au bois, qui le répartit ensuite dans toutes les pièces de la maison. Ce type de système, s'il est bien entretenu, peut être très efficace et économique, mais il y a différents niveaux d'efficacité. Les vieux générateurs ne combattent pas le fait que l'air chaud monte naturellement, avec pour résultat un sous-sol où on gèle et un troisième étage où on étouffe ; il faut donc ajouter des ventilateurs pour faire circuler l'air chaud.

Il existe de nouveaux générateurs haute efficacité qui, comme leur nom l'indique, sont plus performants que les anciens modèles, tout en étant plus économiques. Leur installation est souvent dispendieuse, mais vous la rentabiliserez à long terme en économisant sur les factures de chauffage. Ces générateurs sont aussi très compacts et prennent beaucoup moins de place que les anciens modèles. De nombreuses maisons peuvent être chauffées avec un appareil plus petit qu'un chauffe-eau ordinaire. Si la propriété que vous envisagez d'acheter est équipée de ce type de générateur, dites-vous que c'est bon signe. Un système à air pulsé peut durer entre 10 et 25 ans et coûter entre 2500 $ et 10000 $ à l'achat, suivant le niveau d'efficacité que vous recherchez et la taille de la maison que vous voulez chauffer.

L'eau chaude

Le chauffage à l'eau chaude se fait par des radiateurs ou des convecteurs à eau chaude, ou encore par rayonnement par le sol. L'eau est généralement chauffée dans une chaudière électrique, au gaz ou au mazout. C'est une très bonne source de chaleur qui est maintenant contrôlée par des thermostats dans toute la maison (contrairement aux systèmes plus anciens où il n'y a qu'un seul thermostat). Notez tout de même que les valves des radiateurs ont tendance à rouiller.

Une chaudière à gaz standard pour un système de chauffage à l'eau chaude peut coûter dans les 3000 $ et avoir une durée de vie de 15 à 50 ans, suivant le type d'appareil. L'intérêt de ce type de chauffage, c'est que la poussière n'est pas déplacée comme elle peut l'être avec les systèmes à air pulsé, ce qui en fait un bon choix pour les personnes sujettes aux allergies. Le chauffage à l'eau chaude fait aussi moins de bruit que l'air pulsé et offre une chaleur plus constante.

Si vous voulez installer la climatisation centrale dans une maison chauffée à l'eau chaude, vous constaterez que cela peut vite devenir très cher, car vous devrez installer soit tout un nouveau système de gaine, soit un appareil haute efficacité. Ceci dit, on trouve depuis quelques années sur le marché de nouveaux climatiseurs qui s'installent sur un mur extérieur. Ces appareils, même s'ils peuvent être dispendieux, sont très peu énergivores. Pour davantage d'informations, adressez-vous à un détaillant indépendant.

Les plinthes électriques

Les plinthes électriques représentent environ 85 % des nouvelles installations de chauffage au Québec. Pas de conduits à poser, et chaque appareil a son propre thermostat, vous permettant de chauffer un peu moins les pièces que vous utilisez rarement. Les plinthes électriques peuvent devenir très chaudes, alors faites attention à ne pas placer de meubles en avant d'elles. Et attention aux enfants qui ont tendance à mettre leurs petits doigts curieux partout !

L'électricité

L'électricité n'est plus l'énergie bon marché qu'elle était. Cependant, devant la montée des prix du mazout, c'est encore une option intéressante. On peut chauffer sa maison à l'électricité de plusieurs façons : avec des plinthes électriques ou avec un générateur d'air pulsé ou une chaudière électrique (voir ci-dessus). Comme ce type de système ne requiert pas de cheminée, il a tendance à être plus efficace, même si certaines personnes n'apprécient pas la chaleur qu'il procure.

Si votre propriété (un nouveau condo, par exemple) a été conçue spécialement avec un système de chauffage électrique, et qu'elle est bien isolée, vous verrez que ce type de chauffage est efficace et économique. Mais essayez de convertir une vieille bâtisse pleine de courants d'air au chauffage électrique et vous verrez vos factures exploser. Réfléchissez bien avant d'acheter une maison chauffée à l'électricité si elle n'a pas été conçue pour ce type d'installation.

Le mazout

Au moins, votre maison n'explosera pas. C'est ce que répondait une propriétaire de chaudière à mazout alors qu'on lui demandait quels étaient les avantages de ce type de chauffage. Ces chaudières étaient très courantes dans les années 1970, mais sont moins utilisées aujourd'hui à cause de la hausse spectaculaire des prix du mazout au cours des dernières années. De plus, il faut avoir un réservoir à mazout, qui prend une place potentiellement précieuse dans le jardin ou le sous-sol. Certaines personnes se plaignent de l'odeur tenace qui peut s'infiltrer dans la maison ou de la saleté qui s'incruste dans les murs à proximité du réservoir. Si vous visitez une propriété qui a un réservoir à mazout sur son terrain, faites-le inspecter soigneusement avant d'acheter la maison.

Les partisans du chauffage au mazout affirment que les chaudières modernes sont une des façons les plus économiques de chauffer une maison. Bien entretenues (au moins une fois par an), ces chaudières sont en effet très efficaces, même si le mazout doit être livré chez vous par camion. Le mazout permet de chauffer aussi bien de l'eau pour des radiateurs ou un chauffage radiant au sol que de l'air pour un système à air pulsé. Si vous le souhaitez, vous pourrez toujours faire remplacer votre chaudière à mazout par une chaudière à gaz, mais vous devrez faire isoler votre cheminée et installer un meilleur système de ventilation.

Tout baigne dans le mazout

Lorsque les réservoirs à mazout restent longtemps sans être entretenus, qu'ils soient hors sol ou enterrés dans votre terrain, ils peuvent poser un danger majeur pour l'environnement. Mais ce n'est pas uniquement pour cette raison que vous devez les faire inspecter avant d'acheter une maison. Si vous vous rendez compte après avoir acheté votre bien qu'il y a un réservoir à mazout sur la propriété, c'est probablement à vous que reviendra la responsabilité de le faire enlever – ce qui peut entraîner des frais substantiels. Le vendeur de la maison ne saura pas forcément lui-même s'il y a un réservoir ou non, surtout si elle a changé de mains à de nombreuses reprises depuis la conversion au gaz naturel et à l'électricité (dans les années 1960-1970).

La plupart des municipalités et des services publics conservent dans leurs archives une trace du moment auquel les propriétés ont fait le passage du mazout au gaz ou à l'électricité, avec une note indiquant si le réservoir a été enlevé ou non. S'il semble encore se trouver sur la propriété, essayez de trouver un tuyau d'aération qui semble inutilisé sur le côté de la maison. Ceci indique la présence d'un réservoir. (Ce type de tuyau était obligatoire et permettait de s'assurer que le mazout passait sans problème du réservoir à la chaudière.) Si vous ne voyez pas de tuyau de ventilation, vous pouvez faire appel à une compagnie spécialisée qui s'occupera de chercher le réservoir. Il devrait vous en coûter entre 100 $ et 200 $.

S'il s'avère qu'il y a une fuite de mazout, le réservoir abandonné doit être enlevé et le sol, décontaminé. S'il n'y a pas de fuite et que le réservoir est facilement accessible (en plein milieu de la cour avant, par exemple), vous devrez débourser entre 1 500 $ et 3000 $ pour le faire enlever.

Le pire scénario est un vrai cauchemar : il restait du mazout dans le réservoir lorsque la maison a été convertie au gaz ou à l'électricité, et depuis, le contenant a rouillé et le mazout s'est lentement échappé dans le sol, contaminant le terrain du voisin sans que personne ne s'en aperçoive. Dans ce cas, vous pourriez avoir à payer jusqu'à 100 000 $ pour réparer les dommages.

Le gaz naturel

Le gaz est une énergie généralement moins dispendieuse que les autres. Le problème ? Vous ne pouvez y avoir accès que là où les installations existent. Ce qui est merveilleux, avec le gaz, c'est que vous pouvez aussi vous en servir pour d'autres électroménagers, généralement plus économiques que ceux qui fonctionnent à l'électricité. Nombreux sont ceux qui ne jurent que par les poêles à gaz ; certains ne peuvent pas se passer d'un sèche-linge alimenté au gaz ; enfin, les barbecues et les chauffages d'extérieur au gaz sont très populaires. Dans de très rares cas, les maisons chauffées au gaz peuvent faire face à un problème de monoxyde de carbone. Mais avec un bon entretien (la chaudière doit être inspectée à chaque année) et des détecteurs de monoxyde de carbone dans toutes les pièces, vous ne devriez pas avoir de problème. Le gaz naturel permet de chauffer un générateur à air pulsé ou un système à l'eau chaude.

Le propane

Le saviez-vous ? Le propane n'est plus réservé aux barbecues. Beaucoup de gens estiment qu'il s'agit de la source d'énergie la plus efficace et la plus polyvalente pour chauffer les maisons. Les avantages sont nombreux.

Tout d'abord, le propane peut aller partout. Le gaz, changé en liquide, est très facile à transporter et très bon marché. Il est donc possible de l'utiliser là où aucune installation de gaz naturel n'existe, et il peut être livré dans les zones les plus reculées, ce qui en fait une énergie de choix pour les propriétés très isolées.

Ensuite, c'est une énergie bien à nous ! Près de 90 % du propane que nous utilisons est produit au Canada, se classant au top de nos produits nationaux, tout comme le sirop d'érable et la moitié des stars de Hollywood.

Tanné des coupures de courant continuelles ? Une maison équipée d'un réservoir individuel, à condition que vous n'oubliiez pas de le remplir régulièrement, vous mettra à l'abri des douches froides et des petits matins glacials.

Et pour ceux d'entre vous qui s'intéressent à l'environnement, le propane est moins nocif que les autres combustibles. Pour répondre aux standards, la quasi-totalité des polluants est enlevée avant que le propane n'entre dans le gazoduc. Comparativement à l'électricité et au mazout, le propane est généralement plus efficace, plus fiable, plus propre et moins dispendieux.

Les pompes à chaleur

Les pompes à chaleur fonctionnent comme les climatiseurs, mais tel que leur nom l'indique, elles peuvent aussi bien chauffer l'air que le rafraîchir. Tout comme un réfrigérateur, une pompe à chaleur électrique compresse et décompresse du gaz pour créer de la chaleur. Puisque ce type de pompe peut utiliser plus d'énergie qu'elle n'en crée si la température extérieure est inférieure à 10°, il faut l'utiliser en conjonction avec une chaudière centrale. Ces pompes ne sont pas toutes aussi efficaces, coûtent cher à installer (parfois trois fois le prix d'une chaudière à gaz ou à mazout), et requièrent un système de tuyauterie plus élaboré. Leur entretien aussi est dispendieux, et doit être fait une fois par an. L'avantage ? Vous n'aurez pas besoin d'installer un système de climatisation séparé.

Les systèmes électriques

Qu'il s'agisse d'éclairer ou de cuisiner, sans électricité, la plupart des équipements que nous utilisons au quotidien ne fonctionneraient pas. C'est pourquoi il est important que le réseau électrique d'une maison soit fiable et sécuritaire. Nous allons faire le point sur les circuits électriques et les disjoncteurs différentiels de fuite à la terre – deux éléments importants du système électrique domestique.

Les circuits électriques

L'électricité vient en trois tailles standard : 60 ampères, 100 ampères et 200 ampères. Le standard le plus ancien est le circuit de 60 ampères, qu'on trouve dans les propriétés qui ont déjà vécu. Même s'il n'y a rien de mal à avoir une maison – à condition qu'elle ne soit pas trop grande – équipée en 60 ampères, l'acheteur doit prendre quelques éléments en considération. En effet, ce type de circuit pose deux problèmes majeurs : *primo*, vous risquez d'avoir du mal à trouver un assureur qui accepte de couvrir votre propriété; *secundo*, si vous aviez des rêves d'air climatisé central, de lave-vaisselle ou de chauffe-eau électrique, faites une croix dessus.

Les circuits de 60 ampères ne supportent généralement rien de plus que les petits électroménagers et, en poussant ces limites, on augmente les risques d'incendie (ce qui explique la réticence des assureurs). N'oubliez pas non plus que les circuits de 60 ampères ont été inventés avant l'avènement des appareils énergivores comme les sécheuses ou les micro-ondes. Réfléchissez bien avant d'acheter une propriété équipée en 60 ampères, car tôt ou tard, vous risquez d'être obligé de passer à 100 ampères (au minimum). Si vous décidez malgré tout de vous lancer dans l'aventure, sachez que ça vous coûtera entre 750 $ et 1 500 $ pour passer au système supérieur. Ajustez donc votre offre en prenant cette composante en considération.

Les maisons anciennes sont parfois équipées avec une filerie bouton et tube que vous devrez faire refaire si vous choisissez d'installer un circuit de 100 ampères. L'ensemble du système électrique devra alors être remplacé, ce qui peut là encore coûter cher, selon la taille de la maison.

Le DDFT

L'acronyme DDFT signifie *disjoncteur différentiel de fuite à la terre*. Vous en avez sans doute vu dans les salles de bain des hôtels : vous savez, la prise avec le petit bouton rouge et le petit bouton noir. Les DDFT sont conçus pour les endroits où l'eau (qui est un très bon conducteur) risque de causer un choc électrique et de blesser sérieusement quelqu'un. Ce type de disjoncteur devrait être installé dans tous les environnements humides – cuisines, salles de bain, salles de lavage –, ainsi qu'à l'extérieur. Il faudra procéder à cette installation peu dispendieuse si la maison que vous achetez n'est pas déjà équipée.

La MIUF

Non, nous ne parlons pas de votre belle-mère. C'est d'isolation qu'il s'agit. La MIUF, aussi appelée *mousse isolante d'urée-formaldéhyde*, était un type d'isolation très en vogue au milieu des années 1970. Malheureusement, lorsque les ingrédients n'étaient pas mélangés correctement, la mousse ainsi produite émettait des relents de formaldéhyde, un gaz nocif à long terme pour la santé. La MIUF a été interdite au Canada en 1980. Et pourtant, on en trouve encore dans les maisons de nos jours : le gouvernement a offert trois fois plus de subventions pour fabriquer de la MIUF que de remboursements en contrepartie de son remplacement.

Si, dans une maison, la MIUF a été installée correctement, elle ne devrait pas se défaire, et elle ne présente donc aucun risque pour vous. La Société canadienne d'hypothèque et de logement (SCHL) accepte à présent d'assurer les maisons équipées de MIUF. Par mesure de précaution, vous pouvez toujours inclure une clause dans votre offre d'achat déclarant que la propriété n'est pas isolée à la MIUF.

Les installations septiques

De nombreuses zones rurales ne sont pas équipées d'un réseau d'égouts municipal, et certains sites urbains éliminent même leurs eaux usées à l'aide d'une installation septique privée. Au lieu d'évacuer les eaux usées dans les canalisations municipales, puis vers une station d'épuration, une fosse septique avec un champ d'épuration vous permet de traiter l'eau avant qu'elle ne retourne dans le sol. Une fosse septique requiert une surface d'environ 1 mètre carré (10 pieds carrés) et doit se trouver à au moins 1,5 mètre (5 pieds) de votre maison et 16,5 mètres (55 pieds) des sources d'eau. Le champ d'épuration doit lui être placé à 30,5 mètres (100 pieds) des sources d'eau. La fosse doit être vidée de ses résidus au moins une fois tous les quatre ans. Au Québec, la contenance des fosses septiques varie entre 625 et 1 500 gallons.

Le problème des installations septiques, c'est qu'elles ne sont pas très bien régulées par le gouvernement provincial et fédéral. Les vendeurs n'ont donc pas de standard à respecter. Vous pouvez obtenir un certificat de la municipalité où se trouve la propriété, mais vous n'y trouverez que l'emplacement de la fosse septique et du champ d'épuration, pas leur condition.

Ne prenez pas pour acquis que toutes les maisons en zone rurale sont équipées d'une installation septique ; demandez au vendeur de vous décrire précisément le système d'élimination des déchets. Il est possible que la propriété soit munie d'un réservoir d'eaux usées. Contrairement à la fosse septique, qui gère les eaux usées sur place et doit être pompée tous les quatre ans, le réservoir doit être vidé tous les quelques mois. Si la propriété est ainsi équipée, prenez en compte les frais d'entretien en négociant votre prix.

Si vous achetez une maison avec une installation septique, essayez d'obtenir un plan (du propriétaire ou de la municipalité) qui montre où la fosse septique et le champ d'épuration sont placés par rapport à la maison et aux sources d'eau. Demandez la contenance de la fosse et quand elle a été vidangée la dernière fois. Pour vous assurer que le propriétaire ne vous induit pas en erreur, réclamez-lui le reçu d'entretien, sur lequel vous trouverez la date exacte à laquelle il a été effectué.

Le *champ d'épuration* est la zone qui se trouve directement au-dessus de l'installation septique. Il doit y avoir au moins 1,25 mètre (4 pieds) de terre entre le système et la surface du terrain. Lorsque vous l'examinerez, soyez attentif aux signes suivants, qui peuvent être révélateurs de problèmes :

- **Des arbres ou des buissons dans le champ d'épandage, au lieu de gazon :** Les racines des arbres peuvent interférer avec le système septique.
- **Du béton, une voiture stationnée, un patio, un bâtiment, quel qu'il soit (un cabanon, par exemple) :** Tout ceci exerce une pression trop forte sur l'installation septique, et peut écraser les tuyaux et empêcher le système de fonctionner correctement.
- **Des zones de végétation luxuriante, ou un terrain particulièrement humide au niveau du champ d'épandage :** C'est peut-être un signe que le traitement des eaux usées ne s'effectue pas correctement.
- **De mauvaises odeurs dans le jardin :** C'est signe que les déchets montent à la surface, ce qui peut entraîner de sérieux problèmes sanitaires.

N'espérez pas qu'une propriété équipée d'une installation septique soit raccordée au réseau d'égouts dans un futur proche, à moins que la municipalité n'ait déjà la ferme intention de s'en occuper. Les égouts sont des installations coûteuses, et le gouvernement hésite généralement à les développer. Une installation septique, par contre, devrait vous durer environ 30 ans, si elle est bien entretenue.

L'eau du puits

À l'instar des installations septiques, on utilise des sources d'eau privées lorsqu'on n'a pas accès au réseau d'aqueducs municipaux pour alimenter une propriété en eau. Votre réservoir d'eau devrait avoir une contenance d'au moins 40 litres. Les problèmes principaux avec l'eau de puits, c'est qu'elle peut être contaminée et donc imbuvable, et que si le puits s'assèche, vous devrez creuser profondément pour retrouver de l'eau.

Si vous achetez une propriété alimentée par un puits, assurez-vous d'obtenir du vendeur un certificat confirmant que l'eau est potable. Vous pouvez aussi déterminer la quantité d'eau disponible et la durée de fonctionnement éventuelle du puits. Il est aussi important de faire tester l'eau du puits. On y cherche généralement le type de bactéries qu'elle contient, sa dureté, ainsi que la présence (ou non) de produits chimiques indésirables. Par exemple, vous pourriez découvrir que votre eau contient de l'arsenic. En petites quantités, ce n'est pas un problème, mais au-dessus de la limite acceptable, vous risquez de devoir faire installer un système de filtration très dispendieux. L'eau du puits doit être testée une fois par an.

Si une eau est contaminée, la municipalité n'a parfois pas le choix de faire venir l'eau de la ville par aqueduc ; il est donc possible de se raccorder au réseau municipal. Sachez toutefois que dans un tel cas de figure, vos taxes de propriété risquent d'être majorées.

L'isolation à la vermiculite, qu'est-ce que c'est ?

La vermiculite (parfois appelée Zonolite) est un type d'isolation qui, pendant des années, a été injecté dans les greniers et les murs des maisons. Elle était faite d'un matériau contaminé à l'amiante, dont l'extraction a duré du début des années 1920 jusqu'aux années 1990. Malgré la fermeture de la principale mine de vermiculite, ce type d'isolation est encore présent dans des milliers de propriétés au Québec. D'après Santé Canada, la meilleure façon de ne pas s'exposer à l'amiante est de ne pas toucher à l'isolation ; mais si vous êtes inquiet, vous pouvez la faire enlever, sachant tout de même qu'il vous en coûtera plusieurs milliers de dollars.

Comment choisir ? Comparer différentes propriétés

Pour vous aider à organiser votre réflexion, utilisez le tableau de comparaison suivant afin de compiler les informations sur chacune des propriétés que vous visitez. Faites-en une copie et prenez-la avec vous lorsque vous allez voir une maison. En notant tous les détails, il vous sera plus facile de distinguer les avantages et les inconvénients de chaque propriété.

Tableau 8-1 : Comparaison des propriétés

	Propriété 1	***Propriété 2***	***Propriété 3***	***Propriété 4***
Information générale				
Adresse	___________	___________	___________	___________
Type/style de propriété	___________	___________	___________	___________
Dimensions (m^2 ou pi^2)	___________	___________	___________	___________
Âge de la propriété	___________	___________	___________	___________
Taille du terrain (m^2 ou pi^2)	___________	___________	___________	___________
Installations (pour les condos)	___________	___________	___________	___________
Prix demandé	___________	___________	___________	___________
Taxes municipales	___________	___________	___________	___________
Frais (pour les condos)	___________	___________	___________	___________
Fonds de réserve (pour les condos)	___________	___________	___________	___________
Condition générale	___________	___________	___________	___________
Extérieur				
Façade	___________	___________	___________	___________
Revêtement extérieur	___________	___________	___________	___________
Condition	___________	___________	___________	___________
Avant-toit	___________	___________	___________	___________

Tableau 8-1 : Comparaison des propriétés (*suite*)

	Propriété 1	*Propriété 2*	*Propriété 3*	*Propriété 4*
Toiture	__________	__________	__________	__________
Revêtement	__________	__________	__________	__________
Âge	__________	__________	__________	__________
Stationnement	__________	__________	__________	__________
Allée	__________	__________	__________	__________
Garage	__________	__________	__________	__________
Nombre de places de stationnement (pour les condos)	__________	__________	__________	__________
Terrain	__________	__________	__________	__________
Condition	__________	__________	__________	__________
Superficie	__________	__________	__________	__________
Aménagement paysager	__________	__________	__________	__________
Porche	__________	__________	__________	__________
Véranda/patio	__________	__________	__________	__________
Cabanon	__________	__________	__________	__________
Clôture	__________	__________	__________	__________
Piscine	__________	__________	__________	__________
Caractéristiques spéciales	__________	__________	__________	__________
Services publics				
Chauffage				
Type	__________	__________	__________	__________
Coûts annuels moyens	__________	__________	__________	__________
Électricité	__________	__________	__________	__________
Ampérage	__________	__________	__________	__________
Type/âge du système	__________	__________	__________	__________
Eau	__________	__________	__________	__________
Municipale/puits	__________	__________	__________	__________

Tableau 8-1 : Comparaison des propriétés (*suite*)

	Propriété 1	*Propriété 2*	*Propriété 3*	*Propriété 4*
Chauffe-eau				
Égouts/installation septique				
Air climatisé central				
Salon				
Superficie				
Condition				
Sol				
Fenêtres				
Salle à manger				
Superficie				
Condition				
Sol				
Fenêtres				
Cuisine				
Superficie				
Condition				
Espace pour une table				
Sol				
Fenêtres				
Électroménagers				
Poêle/four				
Électrique/gaz				
Condition				
Réfrigérateur				
Congélateur				
Âge/condition				
Laveuse				

Tableau 8-1 : Comparaison des propriétés (*suite*)

	Propriété 1	*Propriété 2*	*Propriété 3*	*Propriété 4*
Sécheuse	___________	___________	___________	___________
Lave-vaisselle	___________	___________	___________	___________
Congélateur	___________	___________	___________	___________
Micro-ondes	___________	___________	___________	___________
Grenier				
Condition	___________	___________	___________	___________
Isolation	___________	___________	___________	___________
Salles de bain				
Nombre de salles de bain	___________	___________	___________	___________
Superficie	___________	___________	___________	___________
Salle de bain au premier étage	___________	___________	___________	___________
Sous-sol				
Finition	___________	___________	___________	___________
Superficie	___________	___________	___________	___________
Sol	___________	___________	___________	___________
Fenêtres	___________	___________	___________	___________
Entrée séparée	___________	___________	___________	___________
Chambres				
Nombre de chambres	___________	___________	___________	___________
Chambre des maîtres	___________	___________	___________	___________
Superficie	___________	___________	___________	___________
Condition	___________	___________	___________	___________
Sol	___________	___________	___________	___________
Garde-robe	___________	___________	___________	___________
Salle de bain attenante	___________	___________	___________	___________
Autres caractéristiques	___________	___________	___________	___________

Tableau 8-1 : Comparaison des propriétés (*suite*)

	Propriété 1	*Propriété 2*	*Propriété 3*	*Propriété 4*
Chambre 2	____________	____________	____________	____________
Superficie	____________	____________	____________	____________
Condition	____________	____________	____________	____________
Garde-robe	____________	____________	____________	____________
Chambre 3	____________	____________	____________	____________
Superficie	____________	____________	____________	____________
Condition	____________	____________	____________	____________
Garde-robe	____________	____________	____________	____________
Pièce familiale				
Superficie	____________	____________	____________	____________
Condition	____________	____________	____________	____________
Solarium/bureau/ mezzanine				
Superficie	____________	____________	____________	____________
Condition	____________	____________	____________	____________
Autres caractéristiques				
Aspirateur central	____________	____________	____________	____________
Luminaires	____________	____________	____________	____________
Foyer	____________	____________	____________	____________
Placard à manteaux	____________	____________	____________	____________
Placard à linge	____________	____________	____________	____________
Système de sécurité	____________	____________	____________	____________
Isolation sonore (pour les condos et les maisons de ville)	____________	____________	____________	____________
Balcons	____________	____________	____________	____________
Hauteur sous plafond	____________	____________	____________	____________
Garde-manger	____________	____________	____________	____________
Jacuzzi/spa	____________	____________	____________	____________
Portes coulissantes	____________	____________	____________	____________

Tableau 8-1 : Comparaison des propriétés (*suite*)

	Propriété 1	*Propriété 2*	*Propriété 3*	*Propriété 4*
Quartier				
En général	___________	___________	___________	___________
Poste de police/caserne de pompiers à proximité	___________	___________	___________	___________
Transports en commun accessibles	___________	___________	___________	___________
Parcs	___________	___________	___________	___________
Écoles	___________	___________	___________	___________
Commerce	___________	___________	___________	___________
Distance du lieu de travail	___________	___________	___________	___________
Trafic	___________	___________	___________	___________
Nuisances	___________	___________	___________	___________
Autres commentaires	___________	___________	___________	___________

Chapitre 9

Cette maison est super ! (Mais...)

Dans ce chapitre :

- Rester objectif en magasinant
- Ne pas se voiler la face : va-t-on vers le gouffre financier ?
- Ne pas se rouler dans les rénos
- Jouer au détective – les indices qui mènent à la bonne maison

La maison de vos rêves risque de se transformer en cauchemar si vous ne faites pas vos devoirs pour vous assurer qu'elle est (au moins) en condition acceptable. Pendant vos recherches, faites comme James Bond : gardez la tête froide et l'esprit critique. Ne laissez pas votre cœur dicter vos choix ! Parfois, la maison qu'il vous faut, c'est celle qui a besoin d'un peu d'amour et d'huile de coude, pas celle qui a été décorée spécialement pour vous faire chavirer corps et âme. En effet, il est possible de remédier à certains inconvénients avec un minimum d'imagination et de travail (remplacer le poêle, par exemple). D'autres travaux, par contre, peuvent vous coûter des milliers de dollars (refaire les fondations, par exemple). En faisant bien la différence entre les problèmes majeurs et les problèmes mineurs, vous sauverez du temps et de l'argent et vous vous éviterez bien des tracas.

Dans ce chapitre, nous discutons des inconvénients auxquels il est facile de remédier, de ceux qui devraient vous faire tourner les talons sur-le-champ, et des propriétés à considérer, comme les maisons entièrement rénovées.

Ne tombez pas amoureux

Pour la plupart des gens, acheter une propriété est une expérience où il est difficile de ne pas mettre d'émotions. Après tout, ce n'est pas qu'une question d'argent. Vous choisissez aussi un nouveau mode de vie et un nouvel environnement, du moins pour quelques années. Et s'il est important d'aimer la propriété qu'on achète, il est aussi tout à fait possible de tomber amoureux d'une maison pour les mauvaises raisons. Ne sous-estimez pas les défauts d'une propriété juste parce qu'il y a une cuisine de rêve, ou parce que la vue de la chambre des maîtres est à tomber par terre. Et ne rejetez pas un condo parce que vous détestez la peinture rose fluo de la salle de bain ; c'est peut-être un logement merveilleux qui ne demande qu'un bon coup de peinture.

Petits détails, gros tracas

Michel et Monique cherchaient une maison de caractère dans un quartier en vogue. Ils auraient bien voulu avoir un garage double, mais la maison de leurs rêves n'avait qu'un garage simple et une allée si étroite que, pour sortir une des voitures du garage, il fallait déplacer celle qui était stationnée dans l'allée.

Le couple ne s'est pas découragé pour autant. Michel et Monique se disaient qu'ils pourraient toujours laisser une voiture stationnée dans la rue, et ils ont donc procédé à l'achat. Malheureusement, ils ne s'étaient pas rendu compte que le stationnement n'était autorisé que du côté sud de la rue, et que les places du côté nord étaient invariablement prises. Ce qui ne semblait être qu'un petit inconvénient est devenu un désagrément majeur, car l'un ou l'autre doit maintenant toujours bouger une voiture pour sortir l'autre du garage, ce qui est particulièrement désagréable pendant les longs hivers enneigés. Et pour couronner le tout, leurs amis viennent rarement leur rendre visite parce qu'ils redoutent de devoir se stationner loin de leur maison.

Lorsque vous cherchez une maison, il faut penser à la fois à son emplacement et aux détails pratiques. Si une propriété vous intéresse, visitez-la plusieurs fois. Chaque quartier a des périodes d'activité différentes. Visitez le voisinage à différents moments (le soir, pendant la journée, la fin de semaine) pour vous faire une idée du trafic et du bruit. Promenez-vous. Y a-t-il des voisins dehors ? Des enfants ? Des chiens qui aboient ? Si vous n'aimez pas le quartier, reconsidérez votre décision.

Les problèmes sont-ils remédiables ?

Quand on visite une maison, une des règles du jeu, c'est d'essayer de se convaincre qu'on pourra toujours faire des réparations plus tard. Dans bien des cas, c'est peut-être vrai. Si vous avez la chance d'être un entrepreneur professionnel avec du temps devant vous, tant mieux. Mais pour l'acheteur lambda, il est facile de se lancer dans une entreprise dont on n'avait pas prévu la pleine ampleur. Certains problèmes sont simples à contourner (peindre un mur affreux ou arracher une tapisserie défraîchie, par exemple).

D'autres types de réparations sont trop importantes pour qu'on les envisage sans y réfléchir à deux fois, surtout si elles doivent être effectuées juste au moment où vous venez d'engloutir toutes vos économies dans l'achat de votre maison. Et souvenez-vous de la triste réalité des rénovations : elles sont toujours plus longues et plus dispendieuses que prévu. Vous éviterez les mauvaises surprises en ajoutant 10 % à 20 % au prix estimé des travaux pour parer aux imprévus. Songez aussi aux délais et ne soyez pas trop pressé. Il suffit qu'un des corps de métier prenne du retard pour que vous ayez à ajouter des semaines au processus de rénovation. (Vous trouverez dans l'appendice des informations sur comment trouver des rénovateurs, des entrepreneurs et des décorateurs d'intérieur.)

Les rénovations de surface

Vous avez peut-être l'air d'un top-modèle sorti des pages de Marie-Claire France, mais madame Paquette, dont le bungalow des années 1940 est à vendre, n'a peut-être pas des goûts aussi luxueux que les vôtres. Il n'est pas très compliqué de faire des rénovations de surface à un intérieur pour le mettre à votre goût, et il est tout à fait possible de procéder par étapes. Vous pouvez bien vivre dans une maison aux murs crépis rose saumon pendant quelques mois, le temps d'avoir les moyens de la repeindre ; ça ne vous tuera pas.

De nombreux vendeurs peignent leurs murs de couleur neutre pour que les acheteurs potentiels puissent visualiser plus facilement l'intérieur dont ils rêvent. Évidemment, tout le monde n'adore pas le beige et le taupe, et il vous faudra parfois passer par-dessus la première impression faite par la cuisine laquée bleu turquoise. Par contre, si les électroménagers, les placards et les comptoirs vous font horreur, vous risquez (selon le budget que vous avez à consacrer à la déco) d'avoir un problème.

Il est facile de transformer une pelouse de golf et de faire en sorte que vous n'ayez plus jamais à la tondre. Vous pouvez réparer des planches qui grincent avec quelques clous (sauf si, comme beaucoup d'entre nous, vous avez la phobie du marteau). Si vous êtes bricoleur, la porte de la garde-robe qui ferme mal ne devrait pas vous poser de problème. Si vous êtes vraiment habile de vos mains, vous pourrez arracher l'horrible moquette à poils longs des années 1970 et refaire le plancher qui était caché dessous ; assurez-vous juste que c'est bien un plancher de bois franc et qu'il est en bon état. N'oubliez pas que s'il a déjà été traité, il ne sera pas toujours possible de le vernir une deuxième fois, et vous risquez de devoir remplacer le sol au complet.

Ce qu'on ne peut pas changer

Acceptez le fait qu'il y a des choses qu'on ne peut pas changer dans une maison, même si on en a très envie. S'il n'y a pas de place de stationnement, vous ne pouvez pas l'inventer. Une maison en rangée ne sera jamais aussi bien insonorisée qu'une maison détachée. Si vous devez traverser la chambre pour prendre l'escalier ou aller dans la salle de bain, il n'y a rien que vous puissiez faire pour y remédier. Avec des rénovations, on peut reconfigurer un plan d'aménagement, mais s'il faut faire tomber des murs ou déplacer un escalier (sachant que vous serez probablement obligé de vous reloger pendant les travaux et de puiser dans le fonds d'éducation de vos enfants), vous avez peut-être intérêt à choisir une autre maison.

Les questions liées à l'emplacement sont en grande partie hors de votre contrôle. Impossible d'oublier le mur de brique qui se trouve devant la grande véranda de la salle à manger, sauf peut-être avec une peinture murale ou en démolissant la maison voisine. Le cimetière adjacent à la propriété de rêve que vous venez de visiter ne va pas s'en aller de sitôt – et vous n'avez sûrement pas envie que ses résidents se réveillent pour déménager, n'est-ce pas ?

Assurez-vous que tout est bien légal

Si vous avez l'intention d'acheter une propriété dans laquelle il y a une unité de location, faites vos devoirs. La plupart des vendeurs ne garantissent pas la conformité de leur appartement, ce qui signifie que si vous emménagez et que vous trouvez immédiatement un locataire, vous courez certains risques. S'il y a des dangers ou des malfaçons, c'est vous – le nouveau propriétaire – qui êtes responsable. Prenez soin de bien calculer combien vous devrez dépenser (en temps et en argent) afin de mettre l'appartement aux normes pour pouvoir le louer. Très souvent, les appartements en demi-sous-sol ne sont pas louables, donc renseignez-vous avant de faire votre offre d'achat. Parfois, certains règlements municipaux n'autorisent pas ce type de locations, aussi bien construites soient-elles. Et n'oubliez pas d'inclure le prix de l'assurance de cet appartement !

Quand ça n'en vaut pas la peine

Certains problèmes sont tout simplement trop complexes pour qu'on s'y attaque. Nous ne parlons pas des rénovations que vous avez l'intention de faire à long terme (ajouter un deuxième étage à votre bungalow ou rénover la salle de bain, par exemple). Non, nous parlons des problèmes que vous devrez régler sur-le-champ – et qui prennent souvent bien plus de temps et coûtent bien plus cher que prévu.

Des amis à nous, Radek et Maya, avaient trouvé un magnifique duplex entièrement rénové, à un très bon prix. Un seul problème : l'inspecteur avait découvert que les fondations étaient complètement pourries. Notre couple d'amis aimait tellement cette propriété qu'ils ont décidé de faire faire les réparations et de soustraire ces frais du coût de la maison. Mais comme le duplex était mitoyen avec une autre propriété, le coût des réparations se serait élevé à plus de 50 000 $, sans compter qu'il aurait été impossible à quiconque d'habiter dans la maison pendant le temps des travaux. Tous les avantages du duplex ne faisaient pas le poids face au montant des travaux, additionné des frais de relocalisation, et Radek et Maya ont abandonné l'idée d'acheter cette propriété.

Si vous décidez d'acheter une maison à rénover, renseignez-vous sur vos options de financement. La plupart des banques offrent des marges de crédit aux bricoleurs ambitieux. Discutez-en avec votre courtier en hypothèque.

Il est souvent tentant de se lancer dans des réparations, mais il faut être réaliste : ce n'est pas totalement impossible de déplacer une cuisine ou une salle de bain, mais les coûts peuvent être énormes. Et au bout du compte, si vous décidez un jour de déménager, les frais engagés risquent de ne pas se traduire dans le prix de revente.

Si vous n'avez jamais fait de rénovations majeures dans une maison, le tableau 9-1 vous donne une estimation grossière du prix à payer. Comme vous le voyez, ce n'est jamais bon marché, alors réfléchissez bien à combien vous êtes prêt à dépenser pour parvenir au résultat voulu.

Tableau 9-1 : Estimations grossières des coûts de rénovations et de réparations

Catégorie	*Coût approximatif*
Rénovation de salle de bain	5 000 $ et plus (selon la qualité de la tuyauterie et des équipements, et le volume de travaux de plomberie et d'électricité)
Rénovation de cuisine	10 000 $ - 75 000 $ (ou plus, suivant la quantité de travaux et la qualité des matériaux et des électroménagers)
Chaudière – à gaz, à air forcé (efficacité moyenne)	3 000 $ - 7 000 $

Tableau 9-1 : Estimations grossières des coûts de rénovations et de réparations (*suite*)

Catégorie	*Coût approximatif*
Air climatisé central, avec conduits existants	2500 $ - 6000 $
Double porte en aluminium	400 $ - 500 $
Porte en métal isolée	700 $ - 800 $
Nouveau toit	3000 $ - 50000 $ (ou plus, suivant les matériaux et l'architecture de la maison)
Câblage électrique (complet)	2500 $ et plus
Plancher de bois franc	6 $ - 12 $ le pied carré
Remplacement de la plomberie (tuyaux galvanisés)	500 $ - 3500 $ (ou plus, suivant la taille de la propriété et le nombre d'étages)
Porte de sous-sol extérieure	6500 $ - 10500 $ (avec la découpe de la fondation en béton et un escalier extérieur neuf)

Les propriétés rénovées clés en main

Voici une catégorie à part dans le marché immobilier. En général, une propriété de ce type a été achetée au cours des derniers mois (généralement moins d'un an) par un entrepreneur ambitieux qui s'est dit qu'avec un peu d'huile de coude, cette maison en ruine pourrait facilement être remise sur le marché pour des acheteurs cherchant un logement où il ne manque que les meubles.

Même si de nombreuses maisons ainsi rénovées l'ont été en suivant toutes les normes, ce n'est pas toujours le cas. Et n'oubliez pas que les vendeurs ont bien l'intention de gagner une coquette somme d'argent dans l'opération (en plus de couvrir les frais des rénovations et ceux inhérents à la transaction).

L'achat d'une maison mal rénovée peut vous coûter beaucoup d'argent. Si les vendeurs ont fait les travaux eux-mêmes et n'ont pas obtenu les permis nécessaires, vous risquez de faire face à des problèmes cachés qui ne sont pas forcément faciles à déceler au moment de l'inspection – un mauvais câblage, par exemple, une plomberie faite par des amateurs, un toit mal installé, etc.

Ne vous laissez pas impressionner par une mise en scène trop soignée. Les maisons rénovées clés en main se révèlent dans les petits détails. Comment est la peinture ? Le vendeur a-t-il économisé sur les luminaires et les interrupteurs ? A-t-il tout misé sur la cuisine en oubliant les salles de bain, qui semblent sortir tout droit d'un téléroman de 1985 ? Vérifiez tout soigneusement. Heureusement, avec les changements récents du marché, et grâce à la multiplication des informations disponibles pour les acheteurs, on trouve de moins en moins de propriétés de ce type, et il est aujourd'hui plus rare de se faire avoir par un vendeur malveillant, ou tout simplement insouciant.

Si vous souhaitez malgré tout acheter une maison entièrement rénovée, sachez exactement quels types de travaux ont été effectués avant de faire votre offre. Votre agent devrait pouvoir vous donner une idée du montant des rénovations faites par le vendeur et vous aider à estimer la valeur réelle de la propriété. Vous devriez aussi pouvoir obtenir un historique : quand la maison a-t-elle été achetée par le vendeur, combien de temps a-t-il fallu pour les rénovations, etc. Intéressez-vous aussi à l'emplacement. Tenez-vous vraiment à acheter la maison la plus chère du quartier ? C'est souvent ce qui arrive, avec ce type de propriété.

Tout vérifier : inspecter votre nouvelle maison

Vous êtes retourné voir plusieurs fois une maison qui vous a plu et le quartier qui l'entoure, et vous pensez être prêt à faire une offre : c'est là que les choses commencent à devenir sérieuses. Il est maintenant temps d'organiser une deuxième visite. Même si nous vous recommandons de bien examiner l'intérieur et l'extérieur de toute maison que vous comptez acheter, n'oubliez pas que cette visite ne remplace pas une inspection en bonne et due forme effectuée par un professionnel. (Vous trouverez plus d'informations à ce sujet au chapitre 12.)

Si vous n'êtes pas pressé par le temps, pensez à acheter une maison en hiver. Non seulement les propriétés sont moins chères en cette saison, mais vous pouvez aussi vous faire une meilleure idée de la façon dont celle qui vous intéresse réagit à l'épreuve de conditions climatiques extrêmes. La chaudière arrive-t-elle à chauffer suffisamment la maison ? À quel prix ? Soyez à l'affût des courants d'air ; certaines parties de la maison sont-elles beaucoup plus froides que les autres ? Il n'est pas rare de sentir des courants d'air froid autour des prises électriques qui ont été mal isolées. Y a-t-il de la neige sur le toit ? Si les maisons avoisinantes sont enneigées et que celle qui vous intéresse ne l'est pas, c'est sans doute que son grenier est mal isolé et que la chaleur accumulée sous le toit fait fondre la neige. Quel est l'état des gouttières ? Si vous voyez des stalactites à certains endroits, c'est sans doute qu'elles ont besoin d'être réparées. Par contre, les fuites dans le sous-sol sont difficiles à détecter en hiver car le sol est gelé et le chauffage sèche les murs.

Lors de votre première inspection sérieuse, vérifiez bien tous les points suivants. Puis, si la propriété continue à vous intéresser, passez à l'étape de l'inspection professionnelle avec un inspecteur qualifié. Ne vous prenez pas pour un expert ; allez toujours chercher l'opinion d'un professionnel expérimenté.

- **Les fondations :** Faites attention aux arbres – particulièrement aux saules – qui se trouvent près des fondations. Les racines peuvent entrer dans les égouts et endommager votre tuyauterie. Inspectez les lézardes dans le ciment pour voir s'il y a des racines. Regardez aussi jusqu'à quelle hauteur vont les murs en ciment de la fondation. Plus ils sont hauts, mieux la maison est protégée contre les inondations. Le terrain doit descendre en pente à partir de la maison pour que l'eau puisse s'écouler correctement.

  Si vous voyez des pentes en ciment entre des maisons détachées, ça peut être une tentative des propriétaires pour éviter les infiltrations d'eau. Parfois c'est utile, parfois non. Inspectez bien les fondations à l'intérieur de la maison, ainsi que le sous-sol. Un bon inspecteur peut déterminer si les réparations précédentes ont bien fonctionné.

- **L'avant-toit :** Examinez bien la saillie du toit. Regardez si les gouttières sont bloquées ou si elles risquent de déborder. Au bas des tuyaux, assurez-vous que l'écoulement se fait bien loin de la maison.

  Personne n'aime se tenir dehors en pleine tempête, mais c'est peut-être le meilleur moment pour examiner l'avant-toit d'une maison et juger de sa capacité à absorber une pluie battante ou une chute de neige abondante. Regardez bien les endroits où les gouttières débordent. La pluie s'accumule-t-elle dans une zone en particulier ? Les inspecteurs sont peut-être les seules personnes à vraiment apprécier la pluie. Toutes les maisons brillent au soleil. Mais quand il pleut, certains problèmes se décèlent plus facilement.

- **Le sous-sol :** Regardez attentivement le plafond et le sol dans les coins. Y a-t-il des traces d'humidité ? Servez-vous de votre nez. La pièce sent-elle le renfermé ? Touchez le bois des fondations ; s'il est humide, il y a un problème. La présence d'un déshumidificateur au sous-sol peut être le signe d'un problème d'infiltration d'eau ; renseignez-vous. Inspectez les tuyaux d'eau exposés. Sont-ils tous isolés ? Y a-t-il des courants d'air autour de ceux qui ne sont pas exposés ? Demandez aux propriétaires s'ils ont déjà eu des problèmes de tuyaux gelés.

- **L'électricité et le câblage :** Assurez-vous d'avoir au moins un circuit 100 ampères. Les maisons plus anciennes sont parfois encore équipées d'un circuit 60 ampères, pas assez puissant pour les besoins des appareils nouvelle génération. (Vous trouverez plus d'informations à ce sujet au chapitre 8.) Personne n'a envie de brancher son grille-pain et de plonger toute la maison dans le noir. Et les compagnies d'assurance risquent même d'hésiter à vous assurer tant que vous n'aurez pas modifié l'ampérage, ce qui peut vous coûter entre 500 $ et 2000 $, voire davantage. Regardez aussi s'il y a beaucoup de rallonges électriques. Leur présence indique qu'il n'y a pas assez de prises dans la maison. Dans les propriétés anciennes, observez les câblages inhabituels installés par les précédents occupants. Y a-t-il assez de prises téléphoniques pour vos cinq adolescents ? Vérifiez bien les prises pour la sécheuse et le poêle, et actionnez tous les interrupteurs. Certains actionnent des prises électriques plutôt que des lampes. Si les prises et les interrupteurs semblent neufs, n'en déduisez pas automatiquement que le câblage a été modifié ou raccordé à la terre.
- **La pression de l'eau :** Faites couler l'eau de la douche, du bain et du lavabo et actionnez la chasse d'eau. Pas question d'avoir une baisse de pression d'eau froide ou d'eau chaude pendant que vous prenez votre douche ! Goûtez l'eau. Si elle n'est pas bonne, pensez aux dépenses supplémentaires en eau embouteillée. Remplissez la baignoire et le lavabo, puis enlevez le bouchon et observez la rapidité de l'écoulement.
- **Des traces de dégâts d'eau :** Dans une maison, observez toujours les coins et les plafonds (surtout aux endroits où se trouvent les tuyaux de plomberie) pour voir s'il y a des traces de dégâts d'eau. N'oubliez pas non plus de regarder les plafonds des placards. Il est tout à fait possible que la personne qui a réparé le toit et repeint la chambre ait oublié de repeindre le placard. Si vous voyez des signes de dégâts d'eau, demandez au vendeur quelles réparations ont été faites pour remédier au problème.
- **Des traces de nuisibles :** Regardez s'il y a des pièges à fourmis, à souris, à cafards, ou d'autres signes d'infestations de ce type. Des bandes brunes dans le coin des placards de cuisine indiquent le passage d'un exterminateur de cafards. Peut-être s'agit-il d'un problème temporaire et ponctuel, mais peut-être pas…
- **Les fenêtres :** Observez les moustiquaires, les systèmes de verrouillage et les vitres. Y a-t-il du double vitrage ? Les fenêtres du sous-sol ferment-elles bien ? Si elles sont anciennes, elles ne sont peut-être pas aussi isolantes ou sécuritaires que vous le voudriez.
- **Le grenier :** Essayez de savoir si le grenier est bien isolé. Si ce n'est pas le cas, vos frais de chauffage risquent de crever le plafond (sans jeu de mots). Et voulez-vous vraiment éponger le prix de l'isolation vous-même ?

Lorsque vous visitez des maisons, utilisez tous vos sens ; ils vous donnent des indications très utiles sur l'ambiance, et vous avertissent des problèmes potentiels. Que sentez-vous, qu'entendez-vous, que ressentez-vous en approchant de la maison ? Lorsque vous entrez dans chaque pièce ? À chaque étage ?

N'ayez pas peur de fouiller

N'oubliez pas de regarder dans tous les recoins lorsque vous inspectez une maison. Regardez à l'intérieur des placards et des garde-robes s'il y a des signes de dégâts d'eau. Nombreux sont les nouveaux propriétaires qui rencontrent des problèmes qu'ils n'avaient pas remarqués (mais qu'ils auraient dû voir) en visitant la propriété. Parmi les plaintes qu'on entend souvent : « Les placards sont bien plus petits que dans mon souvenir » ; « Il n'y a pas d'armoire à pharmacie dans la salle de bain » ; ou « Il n'y a pas d'armoire intégrée dans le corridor ».

Soit par timidité, soit par politesse, on passe souvent sur les détails quand on visite une nouvelle maison. Après tout, nous sommes québécois, et pas du genre à mettre notre nez dans ce qui ne nous regarde pas (c'est à tout le moins ce qu'on aime bien se dire). Mais ce n'est pas une excuse ; vous devez vraiment savoir dans quoi vous vous engagez, alors n'ayez pas peur de tout regarder ! Les vendeurs doivent s'attendre à une inspection détaillée, et vous avez donc peu de chances de tomber sur des piles de linge sale ou une avalanche d'équipement sportif en ouvrant les garde-robes. Ouvrez aussi les placards, et vérifiez au fond s'il y a des courants d'air ou des fissures. Ouvrez le réfrigérateur et vérifiez la température. Regardez sous la moquette si vous pensez l'enlever et remettre en état le plancher qui est dessous.

Mesurez l'embrasure des portes. Pourrez-vous faire descendre votre laveuse et votre sécheuse au sous-sol ? L'armoire de votre arrière-grand-mère passera-t-elle par la porte ? Vous devriez peut-être aussi mesurer les meubles qui sont déjà dans la maison. Mieux que la taille des pièces, celle des meubles vous donnera une bonne idée du type de mobilier que votre nouvelle demeure sera en mesure d'accueillir.

Posez des questions !

Si l'agent du vendeur est présent sur les lieux lorsque vous faites votre visite d'inspection, n'hésitez pas à lui poser toutes sortes de questions. Préparez une liste et notez les réponses pour ne pas avoir à vous creuser la cervelle plus tard en essayant de vous souvenir du montant moyen de la facture d'Hydro. Demandez aux propriétaires la raison de la vente, les améliorations qu'ils ont faites au fil des ans, quelles sont leurs relations avec les voisins, quels sont les problèmes de la propriété – la liste est infinie. Renseignez-vous auprès de la commission qui s'occupe du zonage municipal pour savoir s'il y a des aménagements prévus qui pourraient affecter négativement le voisinage.

Même si l'agent du vendeur ne peut pas répondre à toutes vos questions sur-le-champ, il devrait vous revenir avec des réponses assez rapidement. Plus vous aurez d'informations sur la propriété, mieux vous serez en mesure de négocier le moment venu – et moins vous aurez de surprises le jour où vous emménagerez.

La propriété a-t-elle été entretenue ?

Tout comme une auto, une maison doit faire l'objet d'un entretien régulier. Cet aspect des choses est important car un entretien négligent peut causer des problèmes énormes dans le futur. Ceci vaut aussi bien pour les blocs-appartements que pour les maisons détachées. Essayez d'obtenir des renseignements sur les vendeurs et de savoir s'ils ont bien entretenu leur propriété. L'absence des propriétaires doit sonner l'alarme. Si leur maison était destinée à la location et qu'ils ne l'habitaient pas, elle n'est sans doute pas aussi bien entretenue qu'elle devrait l'être. Voici quelques signes qui prouvent qu'une propriété est entretenue avec soin :

- **Les électroménagers :** Les plus gros électroménagers, comme le réfrigérateur et le poêle, sont bien entretenus et fonctionnent bien.
- **Les salles de bain :** Le tour de la baignoire ou de la douche ne présente pas de signes de dégâts d'eau ni de moisissures.
- **Le système électrique :** Il y a des prises DDFT (disjoncteur différentiel de prise à la terre) à tous les endroits nécessaires.
- **L'extérieur :** Le terrain est en bonne condition.
- **La sécurité incendie :** Il y a des détecteurs de fumée et de monoxyde de carbone installés à tous les endroits nécessaires, et ils fonctionnent.
- **Les fondations :** Il n'y a pas de fissures dans les fondations extérieures.
- **La chaudière :** Le vendeur peut fournir la preuve du nettoyage et de l'entretien réguliers de la chaudière.
- **L'apparence générale :** La maison n'a pas besoin d'être équipée de gadgets clinquants. Le soin apporté par des propriétaires à leur édifice transparaît dans les détails les plus anodins.
- **Les vérandas, les patios, les balcons, les escaliers extérieurs et les barrières :** L'ensemble est bien entretenu. Le bois n'est pas pourri et le ciment est lisse et sans fissures.

- **Le toit :** La toiture a moins de 10 ans. Ceci dit, certains toits en acier et en asphalte peuvent avoir une durée de vie de 50 ans et plus. Demandez de quel type de toiture il s'agit et si elle est encore sous garantie.
- **Les fenêtres :** Les fenêtres sont étanches et bien isolées.

Troisième partie

Obtenir la maison de son choix

« M. Bordeleau, je crois que nous avons trouvé la maison de vos rêves ! Au fait, les fantômes, les vieux cimetières et les malédictions, ça ne vous dérange pas ? »

Dans cette partie…

Nous le savons, vous vous en passeriez bien, mais la paperasse fait partie intégrante de l'achat d'une maison ; aussi avez-vous tout intérêt à lire cette partie attentivement. Les offres, les contrats, la clôture… tout est là. Puis, il y a le processus de négociation des conditions que vous voulez obtenir, et l'organisation de la clôture de la transaction, au moment et de la façon qui vous conviennent le mieux.

Chapitre 10

Conclure la transaction

Dans ce chapitre :

- Se préparer à faire une offre
- Faire une promesse d'achat

Après tout ce dur labeur, tous ces kilomètres parcourus – sans parler du temps passé à chercher la bonne maison et le bon quartier –, le grand jour est enfin arrivé. Vous avez trouvé la maison idéale, et il est temps de la faire vôtre. Vous trouverez dans ce chapitre des conseils pour faire une offre d'achat et rédiger les meilleures conditions possibles dans votre promesse d'achat. Nous vous expliquons les déclarations et obligations, les conditions, les « si » et leur importance. Ce chapitre vous dit tout ce qu'il faut savoir pour faire votre achat et obtenir la maison que vous voulez.

Se préparer à faire une offre

Avec le temps que vous avez passé à chercher, vous savez bien que l'achat d'une maison n'est pas impulsif, et qu'il y a beaucoup de choses à prendre en considération avant même de faire une offre. Nous vous recommandons de prendre quelques mesures avant de mettre cartes sur table. Certes, une fois que vous avez trouvé la maison parfaite, il peut être difficile de patienter encore, mais le temps que vous consacrez dès le départ à ces mesures vous en fera gagner beaucoup et vous évitera bien des tracas plus tard.

Faites préapprouver votre hypothèque

Si à ce stade vous n'avez toujours pas parlé à votre courtier en hypothèque ou à votre prêteur, et que vous n'avez pas de financement préapprouvé, posez ce livre et prenez le téléphone pour enclencher le processus. Que vous communiquiez avec un courtier par téléphone ou en ligne ou que vous alliez à pied chez le prêteur du coin, cette étape est cruciale, et doit être entreprise avant de faire une offre. Pas question de tomber en amour avec une maison pour ensuite découvrir que vous ne pouvez pas la financer.

La préapprobation est une excellente tactique pour débusquer la maison de vos rêves : c'est un gage de sérieux auprès des vendeurs et, plus important encore, c'est la preuve que vous pouvez les payer. (Voir le chapitre 2 pour en savoir plus sur la préapprobation de votre hypothèque.) Faites savoir aux vendeurs que vous avez une hypothèque préapprouvée. S'il y a cinq offres sur la maison qui vous plaît à la suite d'une visite libre, celles des personnes ayant une hypothèque préapprouvée se retrouveront en haut de la pile.

Apprenez à connaître le marché local

Faites une offre qui soit dans la bonne fourchette de prix. Renseignez-vous sur le prix des maisons du quartier, et faites une comparaison. Sachez à quoi vous attendre. Tout comme vous savez que vous n'êtes pas censé payer 5 $ pour une orange, vous devriez connaître la valeur approximative des maisons qui vous intéressent. Bien sûr, votre agent immobilier vous sera d'une aide précieuse dans ce domaine.

Pour vous préparer à faire une offre, votre agent immobilier devrait vous fournir des statistiques pertinentes – notamment une liste des prix de vente par rapport aux prix demandés des maisons dans le quartier qui vous intéresse. Comparez les prix demandés et les prix de vente. Le temps que les maisons passent sur le marché est un bon indicateur du niveau de la demande dans le quartier. Si les maisons restent longtemps sur le marché, vous pourrez peut-être offrir un prix légèrement en-deçà de la valeur sur le marché. (Un ralentissement des ventes dans le quartier peut aussi indiquer que les maisons comparables étaient surévaluées.) Par contre, si le marché regorge d'acheteurs motivés, vous devez être prêt à vous battre. Il y a aussi des facteurs cycliques : par exemple, le marché est généralement beaucoup plus calme pendant les mois d'hiver, parce que c'est une période où moins de gens déménagent. Les centres urbains qui ont un faible taux d'inoccupation peuvent toutefois faire exception à la règle.

Votre but, quand vous faites un offre, est de viser le prix raisonnable le plus bas sans agacer le vendeur – ce qui n'est pas une mince affaire. Vous devez maîtriser votre dossier. Votre offre a plus de poids si elle correspond au prix de vente moyen de maisons similaires, et qu'elle est confirmée par l'évaluation d'un évaluateur (si vous n'avez pas d'agent d'immobilier) ou de votre agent. Cette approche objective contribue à empêcher les vendeurs de devenir émotifs et de s'entêter. Élaborez une stratégie avec votre agent pour soumettre votre offre aux vendeurs. Préparez-vous à mentionner des ventes pertinentes et des maisons comparables qui sont actuellement sur le marché, de manière à montrer que votre offre est juste et attrayante.

N'OUBLIEZ PAS !

Lorsque vous vous préparez à faire une offre, gardez à l'esprit que les statistiques ne sont qu'un point de départ ; toutes les maisons ne sont pas « égales ». La maison d'à côté, ou des maisons qui ont l'air similaires de l'extérieur, n'auront pas forcément la même valeur que celle que vous voulez. Au bout du compte, vous seul savez ce que vous êtes prêt à payer, et vous seul savez jusqu'où vous voulez étirer votre budget.

Apprenez à connaître le vendeur

Croyez-le ou non, les offres gagnantes ont beaucoup à voir avec l'appréciation des gens. Prenez le temps d'évaluer les motivations possibles du vendeur. Depuis combien de temps cette maison est-elle sur le marché ? Avez-vous une idée des circonstances à l'origine de la vente ? Le propriétaire achète-t-il une autre maison ? Y a-t-il eu un divorce ? La propriétaire cherche-t-elle à vendre rapidement, ou a-t-elle le temps d'attendre le meilleur prix ?

ATTENTION !

Vous vous dites peut-être qu'une petite conversation « amicale » vous aidera à comprendre ce que le vendeur attend d'un acheteur, mais n'allez pas trop loin ! Si vous vous montrez trop curieux ou insensible (« Il doit y avoir beaucoup de souvenirs douloureux de vos défunts parents dans cette maison, alors je suis sûr que voulez partir dès que possible ! »), le vendeur ne voudra rien savoir de vous. Après tout, c'est une transaction commerciale, et il faut rester aussi professionnel que possible et laisser les sentiments de côté. Beaucoup de gens, même s'ils sont très pressés, ne vendront pas à un acheteur qu'ils trouvent insensible et qui se comporte comme un vautour, et ils ne lui feront certainement pas un bon prix.

TRUC

En plus d'utiliser les bonnes manières que vous a enseignées votre mère, vous pouvez bonifier votre offre en vous adaptant au calendrier du vendeur s'il est pressé de déménager, ou s'il a besoin de temps pour trouver une nouvelle maison. Vous pouvez aussi accepter qu'il emporte tous les appareils électroménagers et les rideaux.

Apprenez à connaître vos limites

Pour arriver à l'heureuse étape d'un contrat obligatoire, vous devez savoir ce que vous voulez vraiment, et connaître les méthodes de négociation qui vous aideront à obtenir votre nouvelle maison. Faites vos recherches et déterminez l'ordre de vos priorités. Pour vous aider à mettre les choses en perspective, jetez un coup d'œil au tableau 7-1 (chapitre 7), où vous classez les caractéristiques qui vous tiennent à cœur dans votre nouvelle maison. Rappelez-vous, vos besoins sont non négociables. Dressez-en la liste et classez-les par ordre d'importance. À côté de chaque besoin, notez la limite de prix que vous êtes prêt à payer. Faites une liste des éléments « indispensables » et une liste des éléments « facultatifs ».

Une fois que vous avez terminé ces listes, mettez-les de côté et prenez le temps de réfléchir. De cette façon, vous pourrez revenir sur vos premières impulsions avec un œil neuf. Certains éléments indispensables vous paraîtront peut-être futiles, une fois que vous serez tombé en amour avec une maison. Et vous vous rendrez peut-être compte que si vous aviez envie d'une cuisine énorme, c'était parce que vous étiez en train de regarder Zeste et que vous aviez vraiment faim.

Si vous ne comptez ni surenchérir ni négocier d'autres conditions, soyez prêt à vous retirer. Dites à votre agent que vous ne mendierez pas, et dites-lui de prévenir le vendeur que votre offre est une offre ferme.

Faire une promesse d'achat

Avant de pouvoir déclarer qu'une maison vous appartient, vous devez faire une offre au vendeur, et il doit l'accepter. Cette offre doit être faite par écrit. Le fait de dire « Je vous donne des millions de dollars pour votre maison » ne tiendra pas devant un tribunal – et heureusement, si vous avez l'habitude d'exagérer ! Aucun vendeur ne prendra votre offre au sérieux tant qu'elle ne sera pas couchée par écrit. Votre agent aura tous les papiers nécessaires pour faire une offre. Ce document contractuel, qu'on appelle *promesse d'achat*, inclut les conditions qui protègent l'acheteur et le vendeur.

Même si votre agent remplit tout le formulaire, la promesse d'achat ne deviendra un contrat qu'une fois que le vendeur et vous-même serez d'accord sur les conditions, et que vous les remplirez tous deux de façon acceptable. Il est possible qu'il faille faire plusieurs « allers-retours » avant que le vendeur et vous ne décidiez des conditions qui vous conviennent à tous les deux. Comme le jargon juridique peut être décourageant, nous décrivons dans cette section les grandes parties de la promesse d'achat en langage simple. Sachez aussi que votre agent se fera un plaisir de la regarder avec vous et de répondre à toutes vos questions.

Lisez bien la promesse d'achat avant de la signer. Déterminez vos besoins pour chaque point. Notez-les au besoin. Le conseil de base pour toute décision s'applique aussi ici : soyez réaliste. Si vous n'avez pas l'intention de surenchérir, soyez souple sur les autres conditions.

Déterminer qui est qui et qu'est-ce qui est quoi

Les promesses d'achat comportent un certain nombre de rubriques, dont celles-ci :

- **Le vendeur :** Le nom et l'adresse du vendeur, tels qu'ils apparaissent sur le titre de propriété de la maison.
- **L'acheteur :** Votre nom, tel qu'il apparaît sur vos papiers d'identité. Si vous achetez la maison avec une autre personne, son nom doit aussi figurer sur le formulaire, ainsi que son adresse, si elle diffère de la vôtre.
- **La description de l'immeuble :** La description détaillée de l'immeuble, incluant l'adresse, la désignation cadastrale, les mesures et la superficie du terrain. Si l'immeuble est une copropriété, le contrat doit spécifier s'il s'agit d'une copropriété divise ou indivise. Il faut aussi spécifier le nombre d'espaces de stationnement et de rangement et les numéros correspondants.
- **Le prix :** La promesse d'achat doit indiquer de façon explicite le prix offert par l'acheteur. L'inscription du prix prévoit généralement que le paiement couvrira la totalité du montant au moment de la signature de l'acte de vente. Le prix offert changera probablement pendant la négociation – à la hausse ou à la baisse. Lorsque vous fixez votre prix, pensez aux autres frais que vous devrez débourser – notaire, droit de mutation, taxes municipales et scolaires, etc. (Ces frais, qu'on appelle les *frais de clôture*, sont décrits au chapitre 2.)

  Envisagez la possibilité de faire une offre à la hausse. Si c'est un marché de vendeur (il y a plus d'acheteurs que de maisons en vente), il serait judicieux de faire une offre plus élevée dès le départ. Nous abordons la négociation du prix plus loin dans ce chapitre.
- **L'acompte :** Au moment de la promesse d'achat, l'acheteur peut remettre au courtier inscripteur un acompte sur l'achat de l'immeuble. Un espace est prévu à cette fin sur le formulaire. L'acompte doit être déposé dans un compte en fidéicommis. Si le courtier inscripteur n'a pas de compte en fidéicommis, l'acompte peut également être remis au courtier collaborateur ou au notaire instrumentant. La somme remise suivant les termes de la promesse d'achat sera déduite du prix d'achat ou retournée à l'acheteur si la promesse devient nulle et non avenue. Consultez le chapitre 2 pour de plus amples renseignements sur les acomptes.

Notez que si vous décidez de retirer votre offre après qu'elle ait été acceptée et que toutes les conditions aient été remplies, vous vous exposez – en plus de perdre votre acompte – à des procédures coûteuses. Si vous voulez retirer votre offre, consultez un avocat et serrez les dents.

Comprendre les conditions (les « si »)

La plupart des contrats comportent un espace où vous pouvez spécifier les conditions de votre offre. C'est là que vous pouvez « sécuriser » votre offre autant que vous le jugez nécessaire. Vous pouvez faire une offre *inconditionnelle* ; autrement dit, vous n'exigez rien du vendeur, hormis l'acceptation du prix offert, de l'acompte, et des autres conditions du contrat. Cependant, nous vous conseillons plutôt de faire une offre soumise à certaines conditions – ce qu'on appelle aussi une offre *conditionnelle* – qui vous protégeront contre l'éventualité d'un mauvais achat. Comme nous le mentionnons plus bas, s'il s'agit d'une propriété susceptible de recevoir plusieurs offres, essayez de satisfaire à vos conditions vous-même plutôt que d'y subordonner votre offre.

Généralement, ces conditions sont formulées de la façon suivante : « Cette offre d'achat est *conditionnelle* à l'inspection du bâtiment, à l'obtention du financement, à la vente de ma maison actuelle, etc. » En gros, vous dites en jargon juridique : « J'achèterai votre maison à certaines conditions (et dans un certain délai) », comme suit :

- **Offre conditionnelle à l'obtention d'un financement :** Vous achèterez la maison si vous obtenez un prêt hypothécaire convenable. (Notez que certains acheteurs spécifient le taux d'intérêt maximum, le calendrier des paiements et le montant du remboursement mensuel qu'ils peuvent envisager.)
- **Offre conditionnelle à la vente de l'immeuble de l'acheteur :** Vous achèterez la maison si vous arrivez à vendre la maison dont vous êtes actuellement propriétaire (dans un certain délai, comme 30 à 60 jours). Cela inclut généralement une « réserve » : le privilège de continuer à offrir en vente l'immeuble, avec clause de premier refus. Autrement dit, le vendeur peut laisser sa maison sur le marché et, s'il obtient entre-temps une deuxième offre qui lui semble convenable, il doit en aviser le premier acheteur, qui doit alors confirmer ou retirer son offre.
- **Offre conditionnelle à certaines réparations :** Vous achèterez la maison si le vendeur répare le toit qui fuit ou une autre caractéristique inférieure aux normes.
- **Offre conditionnelle à l'inspection du bâtiment :** Vous achèterez la maison si l'inspection du bâtiment par un professionnel vous donne satisfaction.

  L'inspection du bâtiment est l'occasion rêvée d'examiner le logement avant de vous engager à l'acheter. En général, vous devez avoir un motif raisonnable pour ne pas effectuer votre achat. Vous ne pourrez pas refuser d'acheter la maison parce qu'il y a une ampoule grillée.

- **Offre conditionnelle à la production d'un certificat de localisation valide :** Vous achèterez la maison à condition de voir un certificat de localisation valide, qui montre que le bâtiment ne viole aucune servitude ni aucun droit de passage, et qui montre l'emplacement de tout immeuble, comme un garage, sur la propriété. De toute façon, la ou le notaire l'exigera – et c'est inclus dans le formulaire de promesse d'achat.
- **Offre conditionnelle à l'évaluation de la propriété :** Même si votre hypothèque est préapprouvée, que la maison est dans votre fourchette de prix et que vous savez que vous pouvez obtenir un financement, vous êtes en droit d'avoir la confirmation que votre offre est raisonnable et à la juste valeur marchande.
- **Offre conditionnelle à l'approbation de la déclaration du propriétaire-vendeur :** La *déclaration du propriétaire-vendeur* est un formulaire à remplir par le vendeur, qui pose des questions sur l'état du bâtiment et sur certains facteurs pouvant avoir une incidence sur la valeur de l'immeuble. Cette déclaration peut être utilisée contre le vendeur si on arrive à prouver qu'il a sciemment déformé les faits concernant l'immeuble en question.
- **Offre conditionnelle à l'examen des documents de copropriété :** Quand vous achetez un condo, cette condition peut compter parmi celles que vous incluez. Elle veut dire que vous achèterez la maison (en l'occurrence, le condo) après examen et approbation de la déclaration de copropriété, incluant le règlement de l'immeuble, qui peut contenir des restrictions concernant la location ou les animaux domestiques.

Vous pouvez aussi inclure des exigences spécifiques : par exemple, vous pouvez demander que le vendeur accepte de retirer du garage une auto abandonnée avant la date de signature. Si vous n'avez pas suffisamment de place pour toutes vos conditions, vous pouvez les mettre sur des *annexes* que vous ajouterez au formulaire de promesse d'achat. Assurez-vous de citer les annexes jointes sur la promesse d'achat. Gardez à l'esprit, quand vous commencez à négocier, que vous devrez peut-être ajouter ou enlever des conditions – tout comme le vendeur, d'ailleurs. Par exemple, si le vendeur refuse de réparer le toit, vous pouvez accepter d'enlever cette condition, mais essayer de déduire le coût estimé de cette réparation du prix que vous offrez.

N'imposez pas trop de conditions. Rédigez une offre détaillée, mais évitez de cumuler les demandes. Soyez raisonnable. Ne demandez pas à inspecter ou visiter la maison cinq fois avant la date limite. Une ou deux fois devraient suffire.

Une fois que vous vous êtes mis d'accord avec le vendeur sur votre offre d'achat (après avoir accepté la contre-proposition à votre promesse d'achat, le cas échéant), vos conditions devraient (en principe) être satisfaites. C'est alors le moment d'aller chez le notaire et d'effectuer la transaction – et donc, d'acheter votre maison.

Affronter des offres multiples

Dans un marché de vendeur, il est fréquent que les acheteurs se fassent concurrence pour acheter une maison. Si c'est une excellente nouvelle pour les vendeurs, ça complique la vie des acheteurs. Dans ce genre de situation, il peut y avoir beaucoup d'écart entre le prix de vente et le prix d'achat : le prix d'achat peut largement dépasser le prix de vente de l'immeuble.

Dans un marché de vendeur, les propriétaires et leurs agents immobiliers s'amusent parfois à sous-évaluer un bien immobilier pour susciter l'intérêt – et déchaîner les passions. Cette tactique profite surtout à certains types de biens immobiliers, comme les maisons unifamiliales dans les quartiers recherchés. Par exemple, si vous tombez amoureux d'une maison dans votre zone cible qui est totalement rénovée (nouveau toit, nouvelle cheminée, jardin paysagé et clôture neuve), impeccablement présentée et à un prix de 5 % à 7 % inférieur à ceux des propriétés comparables de la zone, votre nouvelle flamme est probablement une bonne candidate pour les offres multiples.

Dans les situations d'offres multiples, on peut – dans une certaine mesure – faire fi de la logique. Vous devez retrousser vos manches, faire vos devoirs et, dans bien des cas, vous préparer à l'éventualité de ne pas obtenir la maison. Au bout du compte, le vendeur acceptera une offre qui combine le meilleur prix et les meilleures conditions. Le fait d'accompagner votre offre d'un acompte permettra au vendeur d'accepter votre offre l'esprit tranquille. Souvent, l'acheteur qui offre le meilleur prix change d'avis pendant la nuit et ne met pas d'acompte sur la table le lendemain matin.

TRUC

Le prix ne fait pas tout. Si votre prix offert est inférieur à celui des autres acheteurs, mais que votre offre ne comporte aucune condition (aucun « si »), vous pouvez tout de même sortir gagnant. Il est possible que vos concurrents doivent d'abord vendre leur maison (« offre conditionnelle à la vente de l'immeuble »), ou qu'ils doivent obtenir un financement et souhaitent une inspection. Le vendeur sera peut-être prêt à sacrifier un peu d'argent pour accepter votre offre, qui a la mérite d'être rapide et garantie. Si vous avez un agent, il pourra vous conseiller.

Faites vos devoirs

Quoi qu'il en soit, avant de faire une offre, vous avez du pain sur la planche :

- Assurez-vous de sécuriser votre financement. Vous pouvez inclure une condition de financement dans votre promesse d'achat, mais si vous pouvez l'éviter, vous augmenterez vos chances auprès du vendeur.

- Demandez à votre agent de vérifier que le titre de propriété ne vous réserve pas de mauvaises surprises. S'il y a des servitudes ou des droits de passage susceptibles d'influencer l'utilisation ou la valeur de la propriété, autant le savoir tout de suite. Ces problèmes peuvent avoir une incidence sur l'offre que vous comptez soumettre.
- Avec votre agent, penchez-vous sur les autres maisons du quartier qui se sont vendues à un prix supérieur au prix demandé. Faites quelques appels pour déterminer combien d'offres ont été soumises. L'idée est de connaître le nombre de concurrents que vous avez : votre offre est-elle en concurrence avec deux ou dix offres ? Les agents les plus malins appelleront directement l'agent inscripteur pour lui demander s'il y a d'autres offres.
- Déterminez le prix que vous êtes prêt à payer. Si c'est vraiment la maison de vos rêves et que vous avez déjà participé à ce type de surenchère, vous pourriez décider de payer un supplément pour obtenir la maison que vous voulez. Il faudra alors rédiger une offre avec laquelle vous vous sentez à l'aise ; si vous perdez la maison à quelque 1 000 $ près, vous vous en mordrez les doigts.

À vos crayons !

Comme pour toutes les étapes du processus, ne vous contentez pas d'engagements oraux pour ce qui est des conditions de votre offre. Mettez tout par écrit. Si un engagement oral vient dans la conversation (« J'adore vos rideaux, vous pourriez les laisser ? »), rappelez-vous de l'inclure dans votre formulaire de promesse d'achat. Alors et seulement alors cette condition deviendra-t-elle obligatoire. Quant à votre promesse d'achat, elle devient obligatoire une fois qu'elle a été acceptée et signée par le vendeur.

Chapitre 11

Signer pour une nouvelle vie

Dans ce chapitre :

- Finaliser les détails avec votre « équipe »
- Protéger votre investissement

Après quelques allées et venues (ou pas), vous vous mettez d'accord sur les conditions de votre promesse d'achat avec le vendeur, qui accepte et signe votre offre. Toutefois, ce n'est pas parce que votre offre est signée qu'il faut vous endormir sur vos lauriers. Il faut organiser l'inspection du bâtiment, finaliser votre hypothèque, prendre rendez-vous chez le notaire, contacter votre assurance, etc. Toutes ces démarches officielles ne sont pas très glamour, mais elles sont nécessaires pour l'achat de votre maison.

Ce chapitre traite des textes en petits caractères que votre notaire devra examiner pour conclure la transaction (pas de panique, vous n'aurez pas à les lire ici), puis des étapes à suivre pour finaliser votre hypothèque. Enfin, nous abordons les assurances habitation visant à protéger votre nouvel investissement. Nous verrons les évaluations professionnelles, les inspections et les garanties au chapitre 12.

Gérer la paperasse

La paperasse, quand il n'y en a plus, il y en a encore : ce n'est pas parce que vous avez l'impression de souffrir du syndrome du tunnel carpien à force de signer et d'initialiser des formulaires et des documents que c'est terminé. Pour gérer la paperasse, entourez-vous d'une équipe de professionnels compétents. Alors, faites des appels, prenez des rendez-vous, et vogue la galère.

Gérer les conditions

La raison pour laquelle vous devez passer des coups de fil et prendre des rendez-vous, c'est parce qu'il vous faut gérer les conditions que vous avez incluses dans votre promesse d'achat. Pour que le contrat devienne obligatoire, toutes les conditions doivent être satisfaites. Si votre promesse d'achat est « conditionnelle à l'obtention d'un financement », « conditionnelle à l'inspection du bâtiment » ou « conditionnelle à la réparation du toit », ces conditions doivent être satisfaites. (Pour en savoir plus sur les conditions, voir le chapitre 10.)

Généralement, on remplit le formulaire « Modifications et avis de réalisation de conditions » pour confirmer que les conditions ont été remplies, et les deux parties le signent. Avant de signer, assurez-vous que toutes les conditions dont le vendeur est responsable, comme la réparation du toit, ont été remplies – et bien remplies –, et ce, aux dates convenues. Une fois qu'il n'y a plus de conditions, le contrat devient obligatoire. Cela va de soi : le formulaire n'est pas utile pour les conditions non remplies, qui rendent la promesse « nulle et non avenue ».

Suivez la procédure établie

Le temps qu'il faut au notaire pour finaliser la vente est variable. Un conseil : ayez confiance en la procédure établie. Vous avez peut-être toutes sortes de questions et d'inquiétudes, mais pas de panique si le notaire vous dit qu'il fait ce qu'il a à faire et qu'il vous verra dans un mois et demi. Il vous dira s'il a besoin de quelque chose, qu'il s'agisse de votre signature ou du numéro de votre agent. Il n'est pas toujours évident de patienter – surtout si vous devez attendre 90 jours pour quitter votre micro-chambre chez vos parents –, mais vous avez de toute façon plein de choses à faire avant la signature, alors rongez votre frein.

Le travail du notaire

Votre notaire s'occupe des éléments suivants :

- Il examine votre promesse d'achat.
- Il examine les conditions de vente – les « si » – et leur réalisation.
- Il fixe une date de signature (si la date spécifiée dans la promesse d'achat ne lui convient pas).
- Il répond à vos questions ou inquiétudes.

Votre notaire rédige le nécessaire concernant le ou les propriétaires. Si vous achetez seul, vous êtes évidemment l'unique propriétaire. Si vous achetez à deux (ou plus), en revanche, vous créez une copropriété indivise – « indivise » parce qu'il est impossible de faire une division matérielle de l'immeuble entre les différents propriétaires. Il est à noter que la copropriété indivise par des conjoints de fait diffère de celle des couples mariés ou en union civile. Pour ces derniers, la résidence familiale jouit d'une protection particulière et est assujettie aux règles du patrimoine familial et du régime matrimonial.

Pour en savoir plus, consultez cette capsule :
`www.educaloi.qc.ca/loi/conjoints_de_fait/158/`

Votre notaire, en plus d'être votre guide juridique pour votre contrat, supervise tout le processus de transfert de propriété du vendeur à vous. Il contactera les professionnels que vous avez consultés, alors ayez leurs coordonnées à portée de main. Votre notaire :

- S'organise avec votre prêteur pour transférer l'argent de votre hypothèque au vendeur. Il rédige un document de prêt hypothécaire, en vérifiant que toutes les conditions de votre prêt sont satisfaites.
- Contacte votre agent d'assurances pour vérifier que votre assurance entre en vigueur le jour de la signature. (La plupart des prêteurs ne finaliseront votre hypothèque que lorsque vous aurez souscrit une assurance habitation.)
- Calcule le montant que vous devez au vendeur en raison des taxes prépayées (qu'on appelle des *répartitions*) – ou de toute autre dépense payée à l'avance.
- Vérifie l'historique de la propriété pour s'assurer qu'elle appartient légalement au vendeur (*recherche de titre*) et qu'elle est libre de toute dette ou réclamation (*droit de rétention*).
- S'organise avec le courtier inscripteur pour vous transférer le titre de propriété le jour de la signature. Il préparera aussi le solde du prix d'achat (le prix convenu moins le dépôt, le cas échéant, plus les répartitions, le cas échéant), ainsi que la remise des clés. Pour les condos, voir le chapitre 5.

UN PEU DE TECHNIQUE

Le jour de la signature, le notaire vous remet un *mémoire des répartitions*, qui est un résumé des transactions financières ayant eu lieu entre vous et le vendeur. Le notaire vous remettra également l'acte de vente, l'acte de prêt, et ses honoraires (à votre charge), qui incluent la préparation des documents, les vacations concernées, l'étude du certificat de localisation, l'utilisation de la comptabilité en fidéicommis, etc.

Obtenir cette hypothèque

La plupart des hypothèques ne sont finalisées que lorsque le vendeur a accepté votre offre. Idéalement, votre hypothèque aura été approuvée avant de commencer à chercher une maison (voir le chapitre 2). Une fois votre offre acceptée, tout ce que vous avez à faire, c'est de retourner voir votre prêteur pour lui donner les détails de la maison et signer une tonne de papiers. C'est une bonne idée d'apporter avec vous la fiche MLS de votre future propriété, car elle devrait comporter toute l'information dont votre prêteur a besoin. La plupart des prêteurs exigent aussi une évaluation ; ils ont leurs propres évaluateurs, qui prennent rendez-vous avez le vendeur pour évaluer la propriété (voir le chapitre 6 pour en savoir plus sur les évaluations).

Certaines hypothèques sont plus souples que d'autres pour sauter des paiements, doubler les paiements, etc. (voir le chapitre 3), alors examinez bien les conditions de votre prêt hypothécaire avec votre prêteur pour être au courant de ce que vous pouvez faire et ne pouvez pas faire.

Il est possible que vous soyez un peu à court de liquidités après avoir acheté la maison, payé le notaire, redécoré et acheté cette armoire antique qui vous plaisait tant. C'est pourquoi beaucoup de prêteurs seront heureux de vous accorder une marge de crédit pour vous aider à rester à flot les premiers mois. Une fois que votre prêteur aura finalisé et approuvé votre hypothèque, votre notaire recevra un chèque en fidéicommis qu'il remettra au vendeur le jour de la signature. Toutefois, avant que le prêteur ne signe le chèque, veillez à avoir une assurance habitation qui couvre le bien immobilier dès le premier jour de possession.

Assurer votre maison

Au fond, « hypothèque » veut tout simplement dire « prêt monstrueux ». Et votre garantie pour ce prêt, c'est votre maison : c'est pourquoi il faut la protéger contre toute chose ou personne pouvant l'endommager (*vous* compris). Imaginez qu'un matin difficile, en supervisant la cuisson du bacon dans un demi-sommeil, vous fassiez tomber votre journal sur le brûleur. En quelques minutes, votre cuisine est en flammes, et il est impossible de vous rappeler où est l'extincteur. Tout peut arriver quand on n'a pas encore bu son café. En bref, l'assurance habitation est indispensable (à ne pas confondre avec l'assurance vie hypothécaire, que nous abordons au chapitre 3). Dans la mesure où il existe différentes couvertures, parlez à votre courtier en assurances afin d'obtenir celle dont vous avez besoin.

Savoir quoi protéger

L'assurance habitation comporte deux volets : *l'assurance de vos biens* et *l'assurance de vos responsabilités*. L'assurance de vos biens protège votre habitation et son contenu ; l'assurance de vos responsabilités (ou assurance de la responsabilité civile) vous protège, *vous*. Si la plupart des polices d'assurance couvrent les trois aspects (votre habitation, son contenu et vous), vous pouvez adapter votre police à la couverture dont vous avez besoin. Par exemple, si vous louez votre maison, vous avez peut-être tout simplement besoin de protéger votre habitation, et non pas son contenu.

Protéger votre habitation

L'habitation désigne la structure de la maison et toutes ses composantes permanentes. Selon les polices, cette définition peut inclure différents éléments, alors vérifiez auprès de votre assureur ce qui est couvert, surtout si vous souscrivez des polices différentes pour l'habitation et pour son contenu. Sachez que vous serez assuré pour la valeur de reconstruction de votre maison, et non pas pour le prix que vous l'avez payée.

En principe, votre police couvre le coût de remplacement de votre maison *telle qu'elle était*. Imaginez qu'un horrible incendie réduise votre maison en cendres. Quand les règlements et les codes du bâtiment changent, ils excluent généralement les maisons existantes. Maintenant, imaginez que la réglementation actuelle dans le secteur de la construction ne permette pas de construire des maisons de la même façon, avec les mêmes matériaux, ou encore au même endroit sur votre terrain (imaginez que les règlements actuels ne permettent plus que les demeures riveraines soient si proches du bord de l'eau) ! Si les nouvelles normes exigent une mise à niveau lors de la reconstruction, il y a de fortes chances que les coûts supplémentaires *ne soient pas* couverts par votre police d'assurance. Demandez à votre agent d'assurances un avenant (un acte additionnel à une police d'assurance, qui permet de préciser les autres éléments à couvrir) ou des garanties annexes, si cela vous rassure.

TRUC

Quand vous assurez votre habitation ou que vous renouvelez votre police d'assurance habitation, c'est une bonne idée de prendre une assurance valeur à neuf garantie sur le bâtiment (généralement, de moins de 50 ans). Ce type d'assurance inclut une compensation supplémentaire pour les frais de mise aux normes, entre autres. La plupart des polices d'assurance comprennent la valeur à neuf garantie, mais mieux vaut vérifier. Sinon, votre compagnie d'assurance réparera ou reconstruira votre maison en fonction de sa valeur au jour du sinistre – et ne couvrira pas les frais liés aux nouvelles normes de câblage, de plomberie et de protection incendie. Pour les constructions plus anciennes, il faudra se contenter de l'option valeur au jour du sinistre.

Protéger le contenu de votre habitation

Les propriétaires doivent assurer *et* la structure permanente de la maison (le bâtiment d'habitation), *et* son contenu. Les condos, en revanche, sont généralement assurés par l'association condominiale, et les propriétaires de condos n'ont donc à se soucier que de couvrir leur contenu. Si c'est votre cas, tâchez de savoir exactement où la police de l'association condominiale s'arrête et où commence la vôtre. Parfois, la police de l'association ne couvre que les murs nus, et il vous incombe donc de protéger les équipements comme les armoires de cuisine. Il existe deux formes d'assurance du contenu :

- **La valeur au jour du sinistre :** Quand vous faites une réclamation (et qu'elle est approuvée), vous recevez un montant équivalent à la valeur actuelle de l'article. Cette valeur *ne correspond pas* à la valeur du même article neuf, mais plutôt au coût de l'article moins la dépréciation de valeur due à l'âge, à l'usure ou à l'obsolescence.
- **Le coût de remplacement :** L'article perdu ou endommagé sera réparé ou remplacé par un article de qualité comparable. Bien sûr, dans la mesure où le coût de remplacement est supérieur à la valeur au jour du sinistre, ce type de couverture est généralement plus onéreux.

Vous protéger, vous

L'assurance responsabilité civile vous protège au cas où vous, ou vos biens, créeriez des dommages à autrui ou à ses biens. Ce type de couverture vous suit partout dans le monde. Si, lors d'un séjour dans un adorable B&B d'Angleterre, vous faites tomber une lampe et provoquez un incendie qui brûle le bâtiment, votre assurance responsabilité civile couvrira les dommages et, le cas échéant, les frais médicaux et/ou juridiques relevant de votre responsabilité. Cette assurance vous couvre aussi si un pot de fleurs de votre balcon tombe sur la tête du facteur pendant une tempête. C'est à vous de déterminer l'étendue de votre couverture. Si vous achetez une maison avec une piscine située au bord d'une falaise et que vous savez que les enfants de vos voisins viendront chez vous, vous souhaiterez peut-être avoir une assurance responsabilité civile plus étendue que pour un simple bungalow.

Comprendre comment vous êtes protégé

Globalement, vous pouvez être couvert de deux façons. Les deux types de police fonctionnent selon un *principe d'exclusion* : soit l'assureur ne couvre un événement que s'il est mentionné dans votre police (formule de base), soit l'assureur couvre tous les événements *sauf* ceux qui sont mentionnés dans votre police (formule tous risques). Dans la mesure où les polices d'assurance tous risques couvrent beaucoup plus de situations (comme votre chien qui cause des dégâts d'eau importants en renversant votre aquarium de 400 litres), elles sont plus onéreuses.

- **La formule de base :** La formule de base couvre généralement la plupart des dommages causés par des catastrophes naturelles comme le feu, la foudre, le vent ou la grêle, le vol, le vandalisme et autres incidents qui échappent par essence à votre contrôle. La formule de base fonctionne selon le principe des *risques spécifiés*. Les *risques*, c'est ce qui peut potentiellement causer des dommages, comme ceux que nous venons de mentionner. En bref, seuls les risques qui sont spécifiés dans votre contrat sont couverts.
- **La formule tous risques :** La formule *tous risques* comprend généralement des exclusions – les exclusions étant les risques qui sont mentionnés dans votre contrat et qui ne sont pas couverts. Il peut s'agir de défauts de fabrication, de l'usure dite « normale », ou de dommages qui auraient pu être évités avec un entretien adéquat. Tout le reste est couvert. Donc, si vous avez l'impression d'avoir la poisse, songez à une formule tous risques.

Si l'expression « formule de base » s'applique à la couverture du bâtiment comme à celle de son contenu, les assureurs utilisent généralement l'expression « formule étendue » pour désigner une assurance tous risques qui couvre les deux. (Sachez que même les formules étendues comportent des limites sur le plan des réclamations concernant les biens personnels.)

Lisez attentivement votre police d'assurance ! Assurez-vous de bien comprendre ce qui est couvert et ce qui ne l'est pas. Les différents assureurs offrent des couvertures très différentes pour certains types de dommages, notamment pour les dégâts d'eau. Notez également les montants des franchises dans les différentes catégories.

Nous ne pouvons pas vous donner de chiffres sur les coûts des polices d'assurance habitation. Vos *primes* (frais annuels) dépendent de nombreux facteurs individuels. La taille, la modernité et les caractéristiques de la maison, le quartier, la proximité de casernes de pompiers et de bornes-fontaines, le type de couverture, l'assureur et votre dossier, par exemple, sont des éléments qui contribuent à déterminer le montant de vos primes. La valeur de votre maison joue aussi un rôle ; cela dit, le prix qui intéresse l'assureur n'est ni celui que vous avez payé, ni celui de valeur du marché, mais plutôt celui de la reconstruction.

Étendre votre couverture

Si vous voulez couvrir certains biens, ou que vous redoutez certains événements, vous pouvez ajouter des *avenants* à votre police d'assurance. Les avenants sont des actes additionnels à une police d'assurance qui vous permettent de personnaliser (dans la mesure du possible) votre police en spécifiant que certains biens ou risques supplémentaires sont couverts. Votre assureur doit toutefois accepter de couvrir ces biens ou risques, ce qui n'est pas systématique, et ajuster le montant de vos primes en conséquence – à la hausse, bien sûr !

Une fois encore, plus vous demanderez à être couvert, plus vos primes seront chères ; mais si vous voulez que vos 10000 $ de peinture soient totalement couverts, votre tranquillité d'esprit vaut bien un petit avenant. Interrogez votre assureur sur les différentes formules permettant d'étendre votre couverture.

Entrepreneurs à domicile : attention !

Une assurance habitation n'est pas une assurance des entreprises. Que vous dirigiez une petite entreprise depuis votre domicile, que vous ayez un bureau à la maison ou que vous ayez chez vous des biens que vous utilisez à des fins professionnelles, sachez qu'en principe, votre entreprise et ces biens *ne sont pas* couverts par votre assurance habitation. Pire : si un client se blesse lors d'une visite à votre bureau à domicile, votre assurance responsabilité civile ne couvrira probablement pas l'accident. Beaucoup d'assureurs offrent une assurance des entreprises sous forme d'avenants ou de conditions particulières de votre assurance habitation. Si vous utilisez le moindrement votre habitation à des fins professionnelles, demandez bien ce qui est couvert et ce qui ne l'est pas par votre assurance habitation.

À l'ère de l'information, les données de votre bureau à domicile ont souvent plus de valeur que l'ordinateur que vous utilisez pour y accéder. Or, si votre matériel et même vos logiciels (selon les polices) vous seront remboursés, ce ne sera pas le cas des données perdues. De la même manière, si votre site Web inspire une action en responsabilité à votre encontre, votre assurance ne vous protègera peut-être pas. Renseignez-vous avant de télécharger ce document classifié ! Demandez à votre assureur ce qui est couvert et ce qui ne l'est pas.

Obtenir le meilleur rapport qualité prix

Une fois que vous savez quel type de police vous voulez et quels avenants ou conditions particulières correspondent à vos besoins, vous pouvez commencer à comparer les prix. Voici quelques conseils pour vous assurer d'obtenir le meilleur rapport qualité-prix :

- **Tout d'abord, magasinez :** Les différents assureurs offrent toutes sortes de formules et de prix. L'option la moins chère n'est pas toujours la meilleure : vérifiez que l'assurance que vous souscrivez répond autant que possible à vos exigences.
- **Interrogez tous les assureurs que vous contactez sur les rabais existants :** Par exemple, certains assureurs offrent des rabais aux non-fumeurs, ou pour les maisons dotées de bons systèmes de sûreté et de sécurité, ou encore un rabais double contrat si vous avez aussi une assurance auto chez eux.
- **Renseignez-vous sur les réductions de primes que vous obtenez si vous augmentez votre franchise :** La *franchise*, c'est la somme du coût de remplacement qui est à la charge de l'assuré (vous). Par exemple, si on vous vole votre système de son à 2 000 $, vous payez la franchise de 500 $ et votre compagnie d'assurance paie les 1 500 $ restants pour remplacer votre matériel. À long terme, vous pouvez économiser beaucoup d'argent en augmentant votre franchise. Généralement, le montant de la franchise va de 200 $ à 500 $, mais si vous l'augmentez à 1 000 $, vos primes devraient beaucoup baisser.

TRUC

À long terme, vous pouvez économiser de l'argent en assumant les frais des « petits » accidents et des dommages, même s'ils sont couverts par votre police d'assurance. Moins vous présenterez de réclamations, moins vos primes augmenteront. Si vous présentez de nombreuses réclamations, même petites, vous pourriez être catalogué comme « client à risque », et non seulement vos primes augmenteront, mais vous courrez aussi le risque que d'autres compagnies d'assurance refusent de vous assurer à l'avenir.

Dernière chose, et non la moindre : assurez-vous que votre assurance habitation entre en vigueur le jour même où vous devenez propriétaire de la maison – que vous emménagiez ou non ce jour-là. Sachez toutefois que si vous faites construire votre maison, les dommages et les pertes qui ont lieu pendant le processus de construction ne sont généralement pas couverts par les polices d'assurance habitation. Une fois encore, et nous ne le dirons jamais assez, demandez aux compagnies d'assurance ce qui est couvert et ce qui ne l'est pas.

Êtes-vous couvert ?

Si vous ne devez retenir qu'une chose de cette partie, la voici : ne prenez rien pour acquis, questionnez tout. Quand vous magasinez une assurance habitation, posez *au moins* les questions suivantes :

- Qui est couvert par la police d'assurance ?
- Concernant le bâtiment, qu'est-ce qui est couvert, au juste ? (Par exemple, le cabanon du jardin est-il couvert ?)
- Quels risques/biens sont inclus, et quels risques/biens sont exclus ?
- Quels rabais offrez-vous ?
- Quelles sont mes responsabilités à titre d'assuré ? Dans quelles conditions êtes-vous autorisé à résilier mon contrat ?
- Est-il possible d'ajouter des avenants ou des conditions spéciales ? Quelle sera leur incidence sur mes primes et sur mes responsabilités à titre d'assuré ?
- Quelle est la procédure à suivre pour présenter une réclamation ?
- Comment et quand puis-je contacter un représentant pour lui poser des questions sur ma police ou présenter une réclamation ? (Par exemple, y a-t-il un numéro sans frais de service d'urgence 24 heures ?)
- Combien de temps faut-il généralement pour traiter une réclamation ? Quel est le délai maximum, après approbation de ma réclamation, pour recevoir mon indemnisation ?

Chapitre 12

L'inspection, le certificat de localisation et le plan de garantie

Dans ce chapitre :

- En avoir pour votre argent : l'inspection professionnelle
- Jalonner votre territoire : le certificat de localisation
- Assurer votre construction neuve : le plan de garantie
- La garantie légale

Les deux prochains chapitres explorent l'« avant » et l'« après » de l'achat de votre nouvelle maison. Mais oui, il y a une lumière au bout du tunnel ! Dans ce chapitre, nous abordons l'inspection du bâtiment pour les maisons et les condos, le certificat de localisation et le plan de garantie (si vous achetez une construction neuve) – autant d'aspects de la conclusion de l'achat qu'il ne faut surtout pas négliger. Le chapitre 13, quant à lui, décrit les événements du jour de la conclusion de la transaction et donne des conseils de déménagement. Et ensuite ? Vous fêtez ça, bien sûr !

Les tenants et les aboutissants de l'inspection

Nous ne le dirons jamais assez : assurez-vous que votre promesse d'achat soit conditionnelle à une inspection. Dans la mesure où nul (hormis les super-héros) n'est doté d'une vision aux rayons X et ne peut voir les problèmes cachés, faites faire une inspection du bâtiment par un professionnel – même si la maison a l'air en parfait état. Tous les agents immobiliers et les inspecteurs en bâtiment ont des histoires d'horreur à raconter sur l'issue d'inspections de bâtiments qui semblaient pourtant bien portants. Nous en avons inclus quelques-unes pour vous convaincre de l'importance de cette étape. Certains vendeurs font inspecter leur maison avant de la mettre en vente (inspection prévente), mais en tant qu'acheteur, il est toujours préférable de faire faire votre propre inspection par un professionnel. Il arrive aussi que les prêteurs exigent une inspection avant d'approuver une hypothèque, alors à moins que vous n'ayez déjà tout l'argent en poche, vous devrez passer par là pour obtenir votre financement. C'est aussi vrai pour les condominiums.

Même si vous envisagez de grosses rénovations, voire la démolition de la maison, vous devez faire faire une inspection. Et si vous trouviez de l'amiante dans le grenier ? Le désamiantage est une opération coûteuse, que vous pouvez éviter si vous découvrez le problème à l'avance.

Rendez votre promesse d'achat « conditionnelle à une inspection du bâtiment ». (Voir le chapitre 10 pour plus d'informations sur les conditions.) En effet, cette condition sert de mécanisme de sécurité : elle libère l'acheteur de l'obligation d'acheter la maison si l'inspecteur découvre que le bâtiment présente de graves défauts.

Faites inspecter la maison dès que le vendeur accepte votre offre. Si l'inspecteur repère des problèmes, il vous faudra le plus de temps possible pour les résoudre et prendre des décisions. Vous pourriez revoir votre offre à la baisse – ou tout simplement la retirer. Même si la maison est saine, l'inspecteur peut vous donner toutes sortes de renseignements et de conseils sur votre future maison (entretien, choses à surveiller, améliorations, etc.).

Savoir à quoi vous attendre lors d'une inspection

L'inspecteur en bâtiment examine les éléments structurels du bâtiment, notamment le sous-sol, le toit, ainsi que les systèmes de chauffage, de plomberie et d'électricité. Généralement, il inspecte toute la maison et vous fournit un rapport détaillé de ses observations. Un bon inspecteur fait aussi des recommandations sur ce qui devrait être amélioré (par exemple, installer des prises différentielles dans la salle de bain, ou ajouter une rampe à l'escalier menant au sous-sol).

Si l'inspecteur découvre des problèmes – et cela peut aller d'une gouttière qui fuit à un sous-sol qui fuit –, c'est le moment de prendre des décisions. La première option consiste à retirer votre offre, parce que la condition d'une inspection satisfaisante n'est pas remplie. La deuxième option consiste à modifier votre promesse d'achat en exigeant que le vendeur répare la fuite au sous-sol et les autres problèmes. Mais encore faut-il que le vendeur accepte. En effet, pour renégocier la promesse d'achat, les deux parties doivent se mettre d'accord. (Voir le chapitre 10 pour de plus amples renseignements sur le processus de négociation.) Si le vendeur refuse l'ajout d'une nouvelle condition, la prochaine option consiste à proposer une réduction de prix couvrant les coûts de la réparation. Si vous n'arrivez pas à vous mettre d'accord avec le vendeur, vous pouvez retirer votre offre et chercher une autre maison.

N'OUBLIEZ PAS !

Gardez à l'esprit que le vendeur n'est nullement obligé de renégocier. En effet, peut-être que le prix de vente de la maison tient compte des travaux à faire et que, selon lui, le prix est déjà réduit de manière à couvrir ces réparations.

Les frais d'inspection se situent généralement entre 250 $ et 1 000 $. Certains inspecteurs adaptent leur prix à la complexité du bâtiment, tandis que d'autres l'adaptent aux dimensions de la propriété. L'inspection typique dure de deux à trois heures. Vous recevez par la suite un rapport écrit, signé et daté par l'inspecteur.

TRUC

Si vous achetez une grande maison construite sur mesure (chanceux!) ou un logement multifamilial, il serait judicieux de faire faire une inspection plus poussée pour en analyser les systèmes complexes – une vérification technique avec rapport. Ce type d'inspection nécessite généralement une vingtaine d'heures de travail, et inclut le démontage et l'interruption des systèmes et des composantes du bâtiment. Il vous faudra l'autorisation du propriétaire pour procéder à ce type d'inspection, dans la mesure où l'inspecteur démontera des éléments clés de son immeuble. Si vous souhaitez faire faire une vérification technique, assurez-vous que votre inspecteur est capable d'effectuer de type d'inspection, et demandez-lui un devis.

Choisir un bon inspecteur

Trouvez un inspecteur jouissant d'une bonne réputation – et, surtout, membre de l'Association des inspecteurs en bâtiments du Québec (AIBQ). En effet, l'AIBQ applique des exigences strictes lors de l'admission des candidats, notamment en matière de formation et de conduite professionnelle. Si, en plus d'être membre de l'AIBQ, l'inspecteur compte parmi les fournisseurs recommandés CAA-Québec, c'est encore mieux. Si vous connaissez des gens qui ont récemment acheté (ou vendu) leur maison, demandez-leur s'ils sont satisfaits de leur inspecteur. Sinon, demandez à votre agent immobilier, vos amis, votre famille ou vos voisins de vous en recommander un.

Autre option : allez sur le site de l'AIBQ, sous l'onglet « Trouvez un inspecteur », et faites une recherche par région : `www.aibq.qc.ca`. Le site précise : « Les membres de l'AIBQ ayant le titre d'inspecteur et d'inspecteur agréé s'engagent, lors de leur adhésion à l'AIBQ, à être titulaire d'une police d'assurance erreurs et omissions et à maintenir cette couverture en place, sous peine de suspension et de révocation des privilèges rattachés à l'adhésion à l'AIBQ » – ce qui est plutôt rassurant. Idem sur le site CAA-Québec, sous l'onglet « Habitation » : www.caaquebec.com/Habitation.

Inspecter une construction neuve

Même si vous achetez une construction neuve, vous devriez la faire inspecter avant de l'accepter. Première option : faites-vous accompagner par un professionnel lors de l'*inspection préréception*. L'inspection préréception est le premier tour du propriétaire, que vous faites en compagnie de l'entrepreneur. Vous remplissez à cette occasion le formulaire d'inspection préréception, qui comporte une liste préétablie d'éléments à vérifier, ainsi que la déclaration de réception du bâtiment. Le contenu de cette liste varie selon le type de construction (maison unifamiliale, condo, etc.). Le *formulaire d'inspection préréception*, qui est fourni par l'entrepreneur, doit être approuvé par la Régie du bâtiment du Québec. Il est écrit sur le formulaire que vous pouvez vous faire accompagner par un professionnel, alors inutile de le préciser sur votre contrat.

Mieux encore : demandez une inspection préliminaire. En effet, certains entrepreneurs acceptent que l'acheteur procède à une inspection préliminaire en compagnie d'un professionnel de son choix, une journée ou deux avant l'inspection préréception. C'est idéal dans la mesure où l'inspecteur dispose de toute la latitude nécessaire pour vous expliquer la nature des défauts observés et des correctifs à apporter. Ainsi, l'inspection préréception se déroulera plus rapidement. Mentionnez-le sur le contrat au moment des pourparlers d'achat.

En bref, à moins de vous y connaître suffisamment en construction pour repérer les problèmes potentiels ou les défauts de construction, faites-vous accompagner par un professionnel. Après l'examen visuel, vous devrez signer la *déclaration de réception du bâtiment* qui se trouve à la dernière page du formulaire d'inspection préréception. Par cette déclaration, vous acceptez le bâtiment et le considérez en état de servir à l'usage auquel il est destiné. Cette acceptation peut se faire sans réserve, c'est-à-dire qu'après inspection des lieux, vous vous déclarez entièrement satisfait des travaux, ou sous réserve de la liste préétablie, c'est-à-dire que certains éléments devront être corrigés, réparés ou parachevés dans un délai raisonnable après la réception.

Il faut annoter le formulaire pour chaque élément jugé problématique ou non satisfaisant pour quelque raison que ce soit. Toute divergence d'opinions ou contestation entre les parties doit être indiquée sur le document. L'administrateur du plan de garantie devra ultérieurement statuer sur ces divergences. Nous abordons les garanties plus loin dans ce chapitre.

Lors de l'inspection, votre inspecteur devrait vérifier que les matériaux que le constructeur a utilisés sont bien ceux que vous aviez demandés ou qui étaient prévus, que tout a été installé comme il se doit et que tout est en règle. Regardez les mêmes choses que vous regarderiez si vous achetiez une propriété « usagée » : assurez-vous que la pente du terrain entourant la fondation facilite le ruissellement des eaux de pluie, et cherchez des signes de fuite au niveau du sous-sol et du toit. Vérifiez que les solins en métal autour des fenêtres et de la cheminée sont bien étanches, et que toutes les chasses d'eau fonctionnent. Vous n'avez pas idée de ce qu'on peut jeter aux toilettes pendant le processus de construction !

TRUC

La plupart des inspecteurs en bâtiments, surtout s'ils sont membres de l'AIBQ, sont honnêtes et se targuent de faire du bon travail. Si toutefois vous n'êtes pas satisfait des résultats d'une inspection, vous avez le droit de faire faire une seconde inspection (un peu comme un deuxième avis médical). Si vous avez l'impression que l'inspecteur était incompétent, signalez-le à l'AIBQ.

Inspecter une inspection

Les inspecteurs professionnels savent ce qu'il faut vérifier pour s'assurer qu'une maison existante est « à niveau » – qu'elle répond aux exigences modernes et présente une structure solide. En général, une inspection dure deux ou trois heures, selon les dimensions de la maison. Un bon inspecteur vous demandera de l'accompagner et vous encouragera à poser des questions. Il est possible que l'inspecteur commence sans vous (vous n'aurez pas grand-chose à faire pendant qu'il inspecte le grenier). En revanche, vous devriez être présent pendant la dernière heure (ou les deux dernières heures, le cas échéant), de sorte que l'inspecteur puisse passer au travers du bon et du mauvais avec vous.

ATTENTION !

Un bon inspecteur ne vous proposera pas de faire des réparations : ce serait un gigantesque conflit d'intérêts. Votre inspecteur ne devrait vous recommander des entrepreneurs que s'il s'agit de réparations très spécialisées exigeant des compétences très spécifiques. Il est engagé pour inspecter votre maison, pas pour donner du travail à ses copains dans la construction.

L'habit ne fait pas toujours le moine

Disons que vous faites une offre sur une belle maison individuelle à deux étages à Outremont. Christiane et Pierre, le couple d'un certain âge qui y vit depuis 45 ans, ont bien entretenu la maison. Vous organisez une inspection; c'est une des conditions de votre promesse d'achat. Vous et votre conjointe êtes tous deux présents quand l'inspecteur fait son examen de routine derrière une fiche à trois broches et découvre qu'elle a toujours le système à deux broches, sans mise à la terre. Or, le Code de construction du Québec stipule que toute fiche à trois broches doit être reliée à la terre. En clair, quand vous regardez derrière une prise électrique, vous devriez voir trois fils conducteurs : un fil noir « phase », un fil blanc « neutre » et un fil vert « de mise à la terre ». Les prises de Christiane et Pierre n'ont que le fil phase et le fil neutre. Les fiches à trois broches ne sont donc pas reliées à la terre.

Les propriétaires sont sidérés. Ils avaient déboursé des milliers de dollars pour que tout le câblage de la maison soit relié à la terre. En fait, l'entrepreneur s'était contenté de changer les fiches. Derrière les murs, c'était toujours le même vieux système, sans mise à la terre. Quand vous retournez à la table des négociations, vous pouvez demander une réduction de prix importante pour mettre le câblage aux normes. Christiane et Pierre n'en reviennent toujours pas de s'être fait avoir par l'entrepreneur, et ils n'arrivent pas à se résigner à baisser le prix de leur maison, qui représente le gros de leur fonds de retraite.

Vous avez deux choix : soit vous retirez votre offre (qui était conditionnelle à une inspection satisfaisante), soit vous la maintenez en imposant que l'entrepreneur soit contacté et forcé à livrer le travail de câblage pour lequel il avait été engagé. Moralité : une inspection peut réserver de mauvaises surprises, mais certains problèmes peuvent être réglés – s'ils sont découverts, bien sûr.

L'inspection est un examen visuel des éléments de la maison. Il ne s'agit pas de parlementer sur la fonctionnalité d'une poignée de porte, mais de déterminer la condition générale de la maison. Bien sûr, il n'y a aucune garantie, parce qu'une maison peut avoir des problèmes que même l'inspecteur ne sera pas en mesure de trouver. Si le réseau d'égouts (appartenant à la Ville) qui se trouve sous votre maison est sur le point de s'effondrer, risquant ainsi de provoquer l'affaissement de votre maison, l'inspecteur ne peut pas le prévoir.

L'inspecteur prend des notes et des photographies au fur et à mesure de son inspection pour préparer son rapport, qui devrait couvrir les aspects suivants : la structure, l'extérieur, la toiture, la plomberie, l'électricité, l'intérieur, l'isolation et la ventilation. Voici quelques exemples de problèmes pouvant être révélés par une inspection.

L'extérieur

L'inspecteur en bâtiments examine, entre autres, les composantes extérieures suivantes :

- **Le revêtement de la toiture :** Le revêtement devrait au moins *avoir l'air* en bon état. Quand le revêtement est en fin de vie, c'est plutôt visible. En revanche, les premiers signes d'usure peuvent être subtils et quasi invisibles aux yeux du néophyte. Un revêtement en mauvais état peut indiquer une fuite, une mauvaise isolation et, dans les pires cas, être le signe précurseur d'un effondrement du toit.
- **Les systèmes d'évacuation des eaux :** Les gouttières devraient être en bon état, sans quoi, la pluie et la neige ne s'évacueront pas correctement, ce qui peut poser problème si l'eau s'accumule près de la fondation.
- **Les fenêtres :** Les fenêtres ne devraient pas montrer de dommages causés par l'eau ou liés à la présence de bois pourri. Des fenêtres endommagées indiquent à coup sûr qu'il y a pénétration d'eau et d'air dans la maison. Les fenêtres à double vitrage ne devraient pas être embuées – ce serait le signe de problèmes d'étanchéité.
- **Les revêtements extérieurs :** Qu'il s'agisse de briques, de vinyle ou de bois, les revêtements extérieurs de la maison devraient être exempts de fissures, de trous et de détériorations par l'eau. Ils peuvent indiquer des dommages aux matériaux intérieurs, de la pourriture ou de la moisissure à l'intérieur des murs. Attention! Guettez aussi la présence de pourriture sur les terrasses, balcons, perrons et escaliers en bois.
- **La pente :** La pente du terrain devrait permettre un écoulement efficace de l'eau vers le côté opposé de la maison (pente positive). Une pente négative peut favoriser des infiltrations d'eau et des excès d'humidité au sous-sol, et donc de la pourriture et des champignons – en plus de solliciter anormalement le drainage des fondations.
- **Les fondations :** Les fondations devraient être exemptes de fissures et de gonflements. Ces anomalies peuvent indiquer un grave problème de structure. De plus, des termites ou autres nuisibles peuvent se manifester dans cette zone.

L'intérieur

À l'intérieur, l'inspecteur devrait être à l'affût, entre autres, des problèmes suivants :

- **Infiltrations/condensation :** L'inspecteur doit noter tout signe apparent de pénétration d'eau à l'intérieur de la maison – ou de condensation anormale sur ses composantes. Il devrait aussi pouvoir dire si des mesures d'imperméabilisation ont été prises, si une pompe de puisard ou d'autres ajouts ont été installés. Une *pompe de puisard* est une pompe électrique installée au sous-sol (ou parfois à l'extérieur de la maison) qui se met en marche si le niveau de l'eau commence à monter dans le réseau d'évacuation. Il est extrêmement coûteux d'imperméabiliser une maison, et il est donc indispensable de connaître les mesures qui ont déjà été prises.
- **Isolation et ventilation :** Le système d'isolation et de ventilation devient problématique si la maison fuit ou ne laisse pas l'humidité s'évacuer, ce qui met en danger toutes les composantes structurales importantes. Une humidité excessive peut favoriser la pourriture, la rouille, les courts-circuits et les champignons. Une bonne isolation et une bonne ventilation permettront également de maintenir les coûts de chauffage et de climatisation au minimum.
- **Autres problèmes :** Les autres problèmes que l'inspecteur peut relever dépendent en grande partie de l'âge de la bâtisse. Par exemple, la peinture peut être assez vieille pour contenir du plomb, il peut manquer certaines rampes d'escalier, ou il peut y avoir de la mousse isolante d'urée-formaldéhyde (MIUF) ou des isolants à base d'amiante – comme la Zonolite (ou vermiculite) – dans toute la maison. (Voir le chapitre 8 pour en savoir plus sur la MIUF et la Zonolite/vermiculite.) Les matériaux de construction changent au fil des ans, tout comme les normes de sécurité. Les inspecteurs qualifiés sont au fait de l'actualité en la matière et savent reconnaître les composantes potentiellement dangereuses dans les systèmes intérieurs.

Votre inspecteur examinera les systèmes suivants :

- **La plomberie :** Les systèmes et les tuyaux de plomberie pourraient ne plus être de la première jeunesse. L'inspecteur est à l'affût de rouille, de fuites ou de taches d'eau exigeant un examen plus approfondi. La vérification de la pression de l'eau et de l'état des tuyaux et des drains fait aussi partie de son travail.
- **Le chauffage :** Les systèmes de chauffage peuvent être dépassés ou inefficaces. Par exemple, la valve qui contrôle le flux d'eau chaude dans les radiateurs peut rouiller, ce qui ne vous laisse aucun moyen de baisser le chauffage. Parmi les autres problèmes possibles, citons une évacuation qui n'est pas sécuritaire, ou une cheminée obstruée. L'inspecteur cherche des indications de tous ces problèmes. Il vérifie également que la chaudière, moteur et brûleurs compris, fonctionne correctement.
- **L'électricité :** Les systèmes électriques peuvent présenter des risques potentiels d'incendie, ou tout simplement ne pas être fiables. Le câblage exige toujours une attention spécifique. Votre inspecteur devrait vérifier tout fil apparent.

  Si votre maison ou copropriété date des années 1970, il est possible qu'elle soit dotée d'un câblage en aluminium. À l'époque, on avait délaissé le cuivre au profit de l'aluminium, car le prix du cuivre avait beaucoup augmenté. Or, ce type de câblage n'est pas fiable en raison de certaines qualités inhérentes au métal. L'aluminium devient défectueux plus rapidement que le cuivre, et de mauvais branchements causent une surchauffe du câblage, pouvant créer un risque d'incendie. En outre, la présence de câblage en aluminium monobrin peut rendre une police d'assurance habitation nulle.

  Votre inspecteur est donc à l'affût des câblages douteux, ainsi que de problèmes comme les prises avec polarité inversée et les prises confort à deux fiches. De plus, les vieux câblages comme la filerie bouton et tube ou les vieux circuits 60 ampères sont difficiles à assurer. Rappelez-vous que ce n'est pas qu'une question d'économies : il en va de votre sécurité et de celle de votre famille.

Une vente incendiaire (littéralement)

L'offre de Robert et Cynthia sur une maison de 65 ans qui semblait en bon état avait été acceptée. Robert avait déjà été propriétaire de cinq ou six maisons auparavant, mais comme le couple venait de se marier, c'était leur premier achat à deux. Au début, Robert estimait qu'une inspection était superflue. C'est un bricoleur qui sait faire toutes sortes de réparations dans une maison. Cynthia, quant à elle, avait émis quelques réserves, notamment concernant la combinaison de nouveaux et d'anciens câblages. Ils ont donc décidé de faire faire une inspection et de rendre leur promesse d'achat conditionnelle à celle-ci.

Heureusement. Ils ont été stupéfaits de découvrir que non seulement le câblage n'était pas aux normes, mais qu'en plus, il présentait un risque d'incendie extrêmement élevé. Un propriétaire précédent (pas la propriétaire actuelle) avait câblé une extension à la salle familiale, et avait combiné deux types de câblages qu'il avait entortillés avec un peu de ruban isolant, tombé en décrépitude depuis. L'inspecteur ne comprenait ni pourquoi il y avait une lumière vacillante dans la salle familiale, ni comment le nouveau câblage passait dans le mur. Avec la permission de la propriétaire, l'inspecteur a découpé un petit morceau du panneau de lambrissage. Il y avait des marques de brûlure au dos du panneau où les fils étaient connectés, et c'était encore très chaud : un désastre en puissance.

Quand la propriétaire avait acheté la maison trois ans auparavant, elle n'avait pas fait faire d'inspection. Elle n'avait donc pas du tout conscience du danger de la salle familiale où ses deux enfants jouaient tous les jours. Après l'inspection de Robert et Cynthia, elle a immédiatement appelé un électricien. Le couple a acheté la maison, en stipulant par écrit que les frais de réfection du câblage électrique seraient à la charge de la propriétaire vendeuse, et que le nouveau câblage serait examiné par un inspecteur de la Ville.

En plus d'épargner à Robert et Cynthia les coûts de réfection du câblage, l'inspection du bâtiment leur a probablement sauvé la vie. Quand vous êtes en possession du rapport d'inspection, vous êtes en mesure de déterminer si la maison est en aussi bon état qu'elle en a l'air. Le rapport d'inspection devrait dresser la liste de tous les éléments insuffisants ou défaillants, et comporter des suggestions de l'inspecteur concernant les réparations nécessaires et leur ordre de priorité. Votre inspecteur devrait aussi être en mesure de vous donner des estimations approximatives des coûts de réparation.

Inspecter un condominium

Vous pourriez penser (à tort) qu'un condo n'a pas besoin d'inspection, que l'immeuble semble bien entretenu par les résidents ou la société de gestion, ou encore que s'il est neuf, il est forcément impeccable. Faux! On n'est jamais trop prudent. (Lisez l'histoire d'Yvonne, un peu plus loin dans ce chapitre, dans l'encadré « Vive les inspections ! ».) Les inspections ne s'appliquent pas qu'aux maisons unifamiliales ; elles valent aussi pour les condos ! Lors de l'inspection d'un condo, on tente de débusquer les mêmes problèmes – ou presque.

L'extérieur

L'inspecteur commence généralement par l'extérieur. Il vérifie que toutes les composantes extérieures sont bien conçues, bien entretenues et fonctionnelles. Il examine le calfeutrage et l'étanchéité des fenêtres et des portes. Si la façade de l'immeuble est en brique, il vérifie l'état des briques et du mortier. (En l'occurrence, il s'assure que les briques sont bien en place, et que le mortier ne présente ni détérioration, ni fuites.) Si le revêtement est en crépi, l'inspecteur s'assure qu'il n'y a pas de signes d'infiltration d'eau. Il examine également le stationnement souterrain, le cas échéant, et vérifie qu'il n'y a ni fuites, ni infiltrations d'eau.

L'inspecteur regarde le toit pour s'assurer que le toit et le système d'évacuation sont bien entretenus. Il peut aussi jeter un coup d'œil aux évents et aux puits de lumière pour vérifier qu'ils ont été bien installés et qu'ils sont bien entretenus. Si l'immeuble est doté d'un chauffe-eau central (plutôt que de chauffe-eau individuels), l'inspecteur va généralement dans la chaufferie pour s'assurer que le système est à jour et fonctionnel. Pour ce qui est des balcons et des terrasses, l'inspecteur vérifie que l'écoulement de l'eau se fait bien, dans la mesure où l'accumulation d'eau peut entraîner de la pourriture.

L'intérieur

À l'intérieur de l'appartement, l'inspecteur vérifie le panneau électrique, et il s'assure que le câblage est en bon état et qu'il est relié à la terre. Il vérifie aussi tous les appareils sanitaires, en quête de fuites. La plupart des inspecteurs vérifient aussi les appareils électriques qui sont inclus dans la vente, mais d'autres se concentrent davantage sur la structure de l'immeuble et l'état des systèmes de l'appartement.

Vive les inspections !

Yvonne a enfin remboursé ses prêts étudiants, elle a obtenu un super emploi, et elle s'apprête à acheter son premier condo – avec l'aide de ses parents. Ces derniers, qui ne sont pas tombés de la dernière pluie, ont imposé une seule condition à leur aide financière : une inspection en bonne et due forme avant d'acheter quoi que ce soit.

Après quelques mois de recherches, Yvonne trouve un bel appartement au dernier étage, avec une chambre fermée, dans un immeuble qui semble bien entretenu, à un coin de rue de la ligne d'autobus qu'elle utilise pour aller au travail. L'immeuble a récemment été repeint et il a fière allure. Mieux encore : il est dans sa fourchette de prix. Les comptes-rendus des réunions de copropriétaires semblent sans histoire, bien que maigres en détails. L'immeuble ne compte que 12 appartements. De taille trop modeste pour être géré par une société, il est géré par les copropriétaires, qui font de leur mieux pour entretenir l'immeuble, s'occuper des finances et prendre des notes lors des réunions. Comme tout semblait parfait, Yvonne ne s'attendait pas au choc des résultats de l'inspection.

Le balcon de son appartement avait beaucoup de pourriture sèche sous la membrane et devait être immédiatement réparé. L'inspecteur avait regardé d'autres balcons, et tous devaient être réparés ou remplacés. Les comptes-rendus des réunions ne mentionnaient pas que le toit avait fait l'objet de multiples colmatages au cours des deux dernières années. L'inspecteur a constaté que le toit était en fin de vie et qu'il faudrait le remplacer sous peu. Il a également remarqué des fuites aussi nombreuses qu'importantes dans le stationnement souterrain.

L'inspecteur a estimé à entre 500 000 $ et 600 000 $ les coûts d'étanchéification du stationnement et de la fondation, coûts confirmés le lendemain par un entrepreneur spécialisé. Comme l'immeuble ne comptait que 12 propriétaires et qu'il ne disposait que d'un maigre fonds de réserve (ils avaient tout dépensé pour repeindre l'immeuble), la part d'Yvonne pour les futures réparations aurait représenté environ 50 000 $… voire plus. Même si Yvonne adorait l'appartement, elle a passé son tour et en a acheté un autre, un peu plus cher, dans un immeuble géré professionnellement, dont l'inspecteur lui avait confié qu'il comptait parmi les meilleurs qu'il avait jamais vus.

TRUC

Avant de prendre rendez-vous pour une inspection, demandez à l'inspecteur s'il souhaite avoir accès au toit, à la chaufferie ou à d'autres parties communes. Ces endroits étant généralement fermés à clé, il faut que le gérant ou un propriétaire soit sur place pour permettre à l'inspecteur d'y accéder.

Le certificat de localisation

Que désigne donc ce nom barbare ? Selon l'Ordre des arpenteurs-géomètres du Québec, le certificat de localisation est un document comportant un rapport et un plan par lesquels l'arpenteur-géomètre exprime son opinion professionnelle sur la situation et la condition actuelles d'un bien-fonds. Il fournit l'« état de santé » d'une propriété par rapport aux titres de propriété, au cadastre, ainsi qu'aux lois et règlements pouvant la toucher.

C'est aussi un élément indispensable dans une transaction immobilière. Il peut être requis par votre créancier, votre notaire, votre avocat, votre évaluateur, ou par la municipalité. Le vendeur est tenu d'en fournir un, tel que spécifié dans le formulaire de promesse d'achat. Votre agent immobilier pourra vous aider à vérifier si celui-ci est encore valide et s'il contient les informations nécessaires à une transaction faite dans les normes.

Si le certificat n'est plus valide ou qu'il révèle un problème (empiètements sur un terrain voisin ou dans l'assiette d'une servitude, vues illégales, non-conformité à la règlementation municipale, etc.), vous aurez la possibilité de négocier une solution avec le vendeur avant la signature du contrat d'acquisition, ou encore de vous retirer de la transaction si aucune solution acceptable ne peut être négociée.

Le contenu du certificat de localisation

Le certificat de localisation est le fruit du travail d'un arpenteur-géomètre, une profession régie par la Loi sur les arpenteurs-géomètres qui exige quatre ans d'université et un an de stage. L'article 9 du Règlement sur la norme de pratique relative au certificat de localisation prévoit plus d'une vingtaine d'éléments qui doivent obligatoirement être mentionnés sur le certificat de localisation, notamment :

- La description actualisée du bien-fonds, laquelle doit indiquer, pour chacun des lots ou parties de lots cadastraux qui le forment, leurs tenants et aboutissants, leurs mesures linéaires et leur contenance, ainsi que le rattachement au cadastre ou, à défaut, à l'arpentage primitif ou à un système de coordonnées officiel.
- La concordance ou la discordance entre les marques d'occupation sur le bien-fonds, les limites, les mesures et la contenance du plan cadastral en vigueur, ainsi que les limites, les mesures et la contenance décrites aux titres de propriété. En territoire rénové, l'arpenteur-géomètre doit en outre établir la concordance ou la discordance entre tous ces éléments, et les limites, les mesures et la contenance qui apparaissaient au plan cadastral avant sa rénovation.

Le plan doit contenir, notamment, la représentation graphique et la désignation du bien-fonds, les tenants et aboutissants, les dimensions et la contenance du bien-fonds, les dimensions des structures, bâtiments et dépendances, et les marques d'occupation relatives aux limites du bien-fonds, ainsi que l'échelle du plan et la date du relevé. Tout cela est bien technique, mais essentiel.

Y a-t-il une garantie ?

Un radio-réveil à 30 $ s'accompagne d'une garantie, mais qu'en est-il d'une maison ? Si vous achetez une construction neuve, vous serez couvert par la garantie des maisons neuves. En effet, si vous choisissez un entrepreneur accrédité par la Régie du bâtiment du Québec, ce qui est plus que recommandé, il sera tenu de vous offrir un plan de garantie dont la gestion est confiée à trois administrateurs privés autorisés par la Régie : la Garantie habitation du Québec inc. (Qualité-Habitation), la Garantie des bâtiments résidentiels neufs de l'Association provinciale des constructeurs d'habitations du Québec inc. (APCHQ), et la Garantie des maîtres bâtisseurs inc. Ce type de garantie n'a toutefois rien à voir avec le bout de papier qui accompagne votre nouvelle machine à café. Il s'agit plutôt d'une assurance par un tiers.

Est-ce que c'est compliqué ? Pas tant que ça. Tout d'abord, le plan de garantie entre en vigueur après la signature de la *déclaration de réception du bâtiment.* C'est une garantie de base qui prévoit un mécanisme de traitement des réclamations et de règlement des litiges (médiation, arbitrage). En effet, l'entrepreneur est tenu de construire des habitations conformes au Code du bâtiment en vigueur, dans le respect des normes de qualité, et ce, en s'assurant que sa clientèle soit bien informée des diverses étapes liées à l'achat d'une nouvelle propriété.

Comme nous le disions, pour bénéficier de la garantie, il faut signer un contrat avec un entrepreneur général accrédité auprès de l'un des administrateurs autorisés. Pour être accrédité, l'entrepreneur doit détenir une licence 1.1.1 ou 1.1.2 de la Régie et répondre à certaines exigences, notamment sur le plan de la solvabilité. De plus, la garantie est transférable à tout acquéreur subséquent, bénéficiaire au sens de la garantie, et ce, pour la période qui reste à couvrir sur la garantie jusqu'à son échéance.

TRUC

Conservez précieusement votre plan de garantie et toute l'information qui s'y rattache en lieu sûr pour pouvoir y accéder en cas de besoin.

Les protections offertes

Que couvre votre plan de garantie ? En cas de vice ou de malfaçon, il offre les protections suivantes :

- Protection des acomptes (à concurrence de 39 000 $) ou parachèvement des travaux (contrat original et travaux supplémentaires convenus par écrit).
- Protection en ce qui concerne le relogement, le déménagement et l'entreposage des biens.

- Parachèvement de travaux dénoncés par écrit lors de la réception ou tant que le bénéficiaire n'a pas emménagé dans les trois jours suivant sa réception.
- Réparation des vices et des malfaçons apparents dénoncés lors de la réception.
- Réparation des malfaçons existantes et non apparentes (jusqu'à un an après la réception).
- Réparation des vices cachés (jusqu'à trois ans après la réception).
- Réparation des vices de conception, de construction ou de réalisation et des vices du sol (jusqu'à cinq ans après la fin des travaux).
- Dans le cas des copropriétés divises (condos), le parachèvement de menus travaux dénoncés par écrit par le professionnel mandaté par le syndicat des copropriétaires pour effectuer l'inspection préréception des parties communes.

Recours en cas de problème

Le plan de garantie prévoit une procédure de recours simple, rapide et peu onéreuse. Il est primordial, pour que la garantie s'applique, de respecter les délais prévus à chaque étape de cette procédure. Tout problème (vice ou malfaçon) doit être dénoncé dans les six mois qui suivent sa découverte – tout en respectant la durée de la garantie, bien sûr. Les frais d'ouverture du dossier de réclamation s'élèvent à 100 $.

Vous devez dénoncer tout défaut de construction *par écrit* à l'entrepreneur, en transmettant une copie à l'administrateur du plan (utilisez le courrier recommandé afin de conserver une preuve de votre envoi). Si l'entrepreneur ne remédie pas à la situation ou si les correctifs ne sont pas satisfaisants, informez-en l'administrateur par écrit. Ce document enclenchera le processus prévu au plan de garantie pour le règlement des réclamations. Si la situation n'est pas réglée dans les délais prévus, l'administrateur statue sur la demande de réclamation, en précisant les recours possibles, les délais pour contester la décision, le cas échéant, et le moyen de joindre les organismes d'arbitrage et les médiateurs reconnus par la Régie.

L'acheteur (vous) ou l'entrepreneur insatisfait d'une décision de l'administrateur peut soumettre le litige à un organisme d'arbitrage reconnu par la Régie ou à un médiateur, dans les 30 jours suivant la réception de la décision de l'administrateur par courrier recommandé. La décision de l'arbitre est finale et sans appel.

Dans ce même délai de 30 jours, il est possible, avant de recourir à l'arbitrage, de soumettre le litige à un médiateur choisi dans une liste dressée par le ministre du Travail. Sachez toutefois qu'on peut recourir directement à l'arbitrage sans passer par la médiation.

La garantie légale

Cela va de soi, les maisons qui ne sont pas neuves n'ont pas de plan de garantie – hormis la *garantie légale* : la garantie prévue par le Code civil existe de plein droit sans qu'il soit nécessaire de la stipuler dans le contrat de vente. Bref, si l'acheteur est tenu de prendre livraison du bien et d'en payer le prix convenu, le vendeur, lui, est tenu à la garantie légale. Autrement dit, la loi l'oblige à garantir certaines choses à l'acheteur.

Tout d'abord, le vendeur est tenu à la garantie du droit de propriété. Il a l'obligation de garantir à l'acheteur que l'immeuble est exempt de vice de titre et qu'il est libre de tous droits, à l'exception de ceux déclarés lors de la vente. De la même manière, le vendeur doit garantir son acheteur contre tout empiètement existant (empiètement résultant de son fait ou, encore, résultant, à sa connaissance, du fait d'un tiers) et, dans les limites fixées par la loi, contre toute violation aux limitations de droit public (par exemple, le vendeur garantit que l'immeuble ne contrevient pas à un règlement de zonage). La garantie contre la violation aux limitations de droit public n'est toutefois pas absolue ; aussi l'acheteur doit-il se montrer vigilant.

Le vendeur est aussi tenu à la garantie de qualité, c'est-à-dire à la garantie contre les vices cachés. Une fois encore, attention : la garantie de qualité ne couvre que les vices majeurs qui existent lors de la vente, qui sont inconnus de l'acheteur et qu'un acheteur prudent et diligent n'aurait pas pu découvrir. Ce n'est pas si simple.

Selon la loi, les parties peuvent ajouter ou soustraire à la garantie légale. Votre notaire peut vous renseigner à ce propos et inclure, dans l'acte de vente, une clause extensive ou limitative de responsabilité qui répond aux besoins des parties tout en étant parfaitement légale.

Notez que si vous achetez une maison sans garantie légale, vous n'êtes pas sans protection. Certes, vous renoncez à votre droit de recours si vous découvrez un vice caché après l'achat. Toutefois, si le vendeur était au courant du problème et qu'il ne vous l'a pas dit, vous avez toujours un droit de recours contre lui. On parle alors d'un dol, une expression juridique qui désigne une manœuvre frauduleuse. À vous de démontrer que le vendeur était au courant. Une fois encore, il est très fortement suggéré d'engager un professionnel pour inspecter la maison avant l'achat. Un inspecteur compétent posera toutes les questions d'usage et consignera le tout dans un rapport d'inspection (le fameux), qui vous aidera à démontrer que l'ancien propriétaire a mal agi au moment de la vente.

Prochaine étape : le notaire !

Chapitre 13

Le jour de la clôture et le jour du déménagement

Dans ce chapitre :

- En finir avec la paperasse
- Payer les frais de clôture
- Planifier le déménagement
- En route vers l'aventure – chronologie d'un déménagement
- Enfin ! Le bonheur d'être chez soi

Le déroulement du jour de clôture dépend de ce que vous aurez fait avant.

Pour résumer, la *date de conclusion* est le jour où vous devenez officiellement propriétaire de votre maison – lorsque, une fois tous les papiers signés (en général un ou deux jours avant), vous avez payé pour votre nouveau bien et fait le transfert des titres.

Si l'équipe qui vous entoure est bien organisée, vous aurez juste à attendre un coup de fil de votre notaire pour qu'il vous félicite et vous annonce que les titres sont bien enregistrés et que vous pouvez passer chercher les clés.

Tous les professionnels de votre équipe – votre agent immobilier, votre notaire et votre prêteur – pourront vous donner une idée de ce qui reste à faire à la date de conclusion, et des éléments qui vous concernent directement. Nous n'avons sans doute pas besoin de vous rappeler de lire soigneusement tous les documents et de poser toutes les questions nécessaires *avant* de signer.

Ce que vous payez

Nous détaillons les frais de clôture au chapitre 2, mais voici un rappel de ce que vous devez vous attendre à payer le jour de la conclusion de la vente.

- **La mise de fonds :** Vous payez le solde non couvert par le dépôt fourni au moment de l'offre.
- **L'assurance prêt hypothécaire :** Si votre mise de fonds est inférieure à 20 % du prix de la propriété, il vous faut une *assurance contre le défaut de paiement*. Le coût est habituellement ajouté à votre hypothèque et varie entre 1,25 % et 3,75 % selon la mise de fonds initiale.
- **L'assurance :** Vous devez assurer votre propriété, et ce, avant le jour de clôture.
- **Les frais de notaire :** Il s'agit des honoraires que vous versez à votre notaire. Discutez-en dès le début de votre collaboration.
- **Les ajustements :** Si le vendeur a payé d'avance certaines factures avant la date de conclusion, vous devez lui en rembourser le montant. Toutes les taxes foncières, factures de services publics et autres frais engagés après la conclusion de la transaction sont à votre charge.
- **Les droits de mutation immobilière (« taxe de bienvenue ») :** C'est un droit perçu par les municipalités sur le transfert de toute propriété située sur leur territoire. Il s'agit d'un pourcentage du prix d'achat.
- **La TPS/TVQ :** Vous devez payer les taxes de vente sur les maisons neuves ou substantiellement rénovées. Notez que vous devrez aussi payer la TPS/TVQ pour les services de votre notaire.

TRUC

Si vous vous voyez déjà comme dans les films, avec une mallette pleine de billets pour conclure la transaction, allez-y, car c'est sans doute le meilleur moment pour vivre votre fantasme. La plupart des gens, cependant, se contentent de payer les frais de clôture avec un simple chèque certifié ou une traite bancaire.

Il arrive que la *date de possession*, c'est-à-dire le jour où vous obtenez les clés, soit la même que la date de conclusion. Si c'est le cas, l'agent du vendeur ou son notaire donne les clés à votre agent ou à votre notaire lors du transfert des titres. N'espérez jamais les avoir très tôt dans la journée!

TRUC

Donnez-vous suffisamment de temps pour rassembler tous vos fonds dans un même compte. Vous aurez besoin de quelques jours si vous transférez des montants substantiels de vos investissements ou du compte de votre conjoint. Demandez à votre notaire de vous récapituler tous les frais de clôture au moins un jour avant la date de conclusion. Gardez un peu d'argent de côté au cas où ils s'avèreraient plus élevés que prévu, et maintenez votre solde de carte de crédit au minimum pour avoir rapidement accès à des fonds additionnels si nécessaire. La plupart des notaires vous préviennent largement à l'avance de ce que vous devrez débourser.

Le déménagement : tout un déplacement

Espérons que vous avez fait une grosse fête lors de la prise de possession de votre propriété. En effet, votre vie est sur le point de changer du tout au tout. Le déménagement figure parmi les 10 événements les plus stressants dans une vie. Pourquoi ? Eh bien, techniquement, il s'agit de déplacer toutes vos possessions d'un endroit à un autre. Mais en réalité, c'est votre vie que vous déplacez. Qu'il s'agisse de choisir une nouvelle école pour vos enfants, ou de trouver le meilleur endroit pour acheter une pizza en pleine nuit, le déménagement ne se résume pas à des dizaines de boîtes en carton et quelques rouleaux de ruban adhésif. Transporter vos affaires ne vous prendra sans doute que quelques heures. Transporter votre vie, ça risque d'être beaucoup plus long.

TRUC

L'Internet est truffé de renseignements précieux pour votre déménagement. Vous trouverez dans l'annexe plusieurs sites pour vous aider à vous organiser.

Déménager le jour de la clôture ?

Même si le choix peut sembler couler de source, ce n'est pas forcément une bonne idée de déménager à la date de conclusion de l'achat de votre propriété. De nombreux acteurs ont un rôle à jouer ce jour-là, et il peut y avoir des retards ou des imprévus. Que ferez-vous alors des déménageurs qui vous attendront, assis sur votre porche, en train de compter leurs heures ?

Mieux vaut donc vous donner quelques jours de battement et ne pas planifier de déménager trop près du moment de la conclusion de la vente, surtout si elle a lieu un vendredi, ou en début ou en fin de mois. Les deux événements sont déjà assez stressants indépendamment ; inutile de cumuler deux sources d'inquiétude.

Bien choisir la date de votre déménagement

Le moment de votre déménagement a autant d'impact sur votre portefeuille que la façon dont vous l'organisez. Vous pouvez parfois économiser beaucoup d'argent en planifiant soigneusement la date à laquelle vous allez déménager.

Sachez que, comme dans les hôtels, les déménageurs et les compagnies de location de camions ont des tarifs « basse saison », lorsque la demande est à son plus bas. Les tarifs sont généralement déterminés par les habitudes de ceux qui déménagent. Par exemple, un camion vous coûtera moins cher à louer si vous ne le prenez pas la première ou la dernière semaine du mois.

Simplicité volontaire

Jacques et Suzanne vivaient ensemble dans un minuscule 3 ½ en location depuis leurs années d'université. Leur mobilier était un curieux mélange de meubles donnés qui avaient vu des jours meilleurs à la fin des années 1970. Même s'ils auraient pu se passer du brun et orange, ils avaient décidé d'attendre d'emménager dans leur première maison avant d'investir dans du mobilier. Et pourtant, le jour venu, leur camion de déménagement était rempli de leurs vieux fauteuils dépareillés. Ils avaient oublié que ces meubles ne devaient pas faire partie de leur nouvelle vie et qu'ils n'étaient pas obligés de les emporter avec eux.

L'un des meilleurs moyens d'économiser son argent (et son énergie), c'est de ne déménager que ce qu'on tient vraiment à garder. Non seulement vous économiserez sur les frais de déménagement, mais vous aurez moins de choses à emballer et à déballer. Si vous déménagez loin, il peut être intéressant de vendre vos meubles plutôt que de les amener avec vous. Les frais de transport risquent en effet d'être plus élevés que ceux de l'achat d'un nouveau mobilier une fois arrivé à destination. Vous pouvez gagner un peu d'argent en organisant une vente de garage pour vous débarrasser de tout ce que vous ne voulez pas prendre avec vous. Ou bien faites une bonne action et apportez vos effets à une mission locale ou à l'Armée du Salut.

Choisissez bien votre date de déménagement. Vous l'avez sans doute remarqué : même si ce n'est pas une loi, presque tout le monde au Québec déménage autour du 1er juillet. Si vous n'avez pas le choix, réservez tout ce qu'il vous faut longtemps à l'avance, et soyez averti : vous paierez à ce moment-là le tarif le plus cher de l'année. N'oubliez pas non plus que les amis sur lesquels vous comptiez pour vous aider à déménager risquent eux-mêmes d'être pris par leur déménagement.

Les gens ont aussi tendance à déménager quand c'est le plus pratique pour eux. Cela signifie que les tarifs sont généralement plus élevés du jeudi au dimanche, car on veut habituellement profiter du week-end pour pouvoir s'installer. La demande baisse souvent pendant les mois d'hiver. Qui a envie de déménager en pleine tempête de neige ? (Réponse : un nul qui veut faire des économies !) Logiquement, les mois de mai à septembre représentent donc la haute saison du déménagement, tandis que les mois d'octobre à avril sont propices aux rabais. Pour résumer, voici comment déménager à moindres frais :

- Prenez avantage de la basse saison (octobre à avril).
- Choisissez une journée du début de la semaine (lundi à mercredi).
- Évitez la première et la dernière semaine de chaque mois.

Quoi qu'il arrive, évitez la semaine autour du 1er juillet. Partout au Québec, mais aussi dans le reste du Canada, la Fête nationale est le jour où il y a le plus de déménagements. Pourquoi ? Eh bien, pour la plupart des familles, les enfants viennent de finir l'école et c'est le début des vacances d'été – le moment est idéal. Malheureusement, les déménageurs sont souvent pris longtemps à l'avance et facturent généralement un prix plus élevé que la normale. Nous avons même entendu des histoires d'horreur de gens forcés par des déménageurs mal intentionnés de débourser quelques billets supplémentaires sous peine de ne pas voir le camion se décharger.

Déménager votre vie

Soyez prêt à plonger. Lorsque vous commencerez à vous occuper des petits détails, vous vous rendrez compte que votre vie est bien plus compliquée que vous ne l'imaginiez. Si vous déménagez dans une nouvelle ville, par exemple, il va falloir faire transférer tous les dossiers médicaux et dentaires de chacun des membres de votre famille – et même le dossier de Zora, votre chatte siamoise, chez le vétérinaire. Un simple changement d'adresse pour un abonnement de magazine peut prendre plus d'un mois avant d'être pris en compte, même si vous déménagez au coin de la rue. Votre notaire peut s'occuper de certains détails, comme les taxes foncières, mais c'est à vous de faire le reste.

Si vous vous relocalisez pour le travail et que vous vous rapprochez d'au moins 40 kilomètres de votre nouvelle école ou de votre nouvel emploi, vos frais de déménagement (repas, frais de déplacements, frais immobiliers, etc.) sont déductibles d'impôt. Sont inclus les dépenses liées au transport et à l'entreposage de vos effets personnels, et jusqu'à 15 jours de frais de logement temporaire près de votre domicile actuel ou futur. Contactez l'Agence du revenu du Canada pour savoir si vous êtes éligible et pour vous procurer les formulaires nécessaires, ou consultez leur site Web dans la rubrique « Formulaires et publications », sous l'onglet « Déménagement ».

Même si vous considérez le déménagement comme le cadet de vos soucis – alors que vous êtes en train de chercher frénétiquement un inspecteur et de vous préparer à faire l'achat de votre vie –, n'oubliez pas que mieux vous serez préparé, moins vous serez stressé à l'approche de la date de conclusion (et il faut qu'il vous reste un peu d'énergie si de nouveaux problèmes surgissent). La meilleure façon de vous organiser, c'est de vous donner une série d'échéances pour accomplir les tâches qu'il vous reste à faire. La liste suivante peut vous aider à vous y retrouver, mais gardez en tête que chaque situation est unique. Nous vous suggérons d'avoir en permanence un carnet avec vous et d'y noter les choses à faire au fur et à mesure qu'elles vous viennent à l'esprit.

Déménager vos affaires

Avant de commencer à faire le tri de vos effets personnels, songez que ce qui peut vous sembler destiné à la poubelle est peut-être un trésor pour un des membres de votre famille. Si possible, faites participer toute votre maisonnée à votre rangement ; ainsi, vous ne risquerez pas de jeter un objet précieux par inadvertance. Les enfants aussi doivent aider à trier leurs affaires pour qu'ils ne passent pas le restant de leur vie (eh oui !) à se demander où a bien pu s'en aller leur chandail favori. Proposez aux plus jeunes de garder un souvenir – un toutou spécial, par exemple. Ils devront bientôt s'ajuster à un nouvel environnement et seront sûrement soulagés de pouvoir se réconforter avec un vieil ami.

En triant vos affaires, pensez aux points suivants :

- Débarrassez-vous de tout ce qui est trop petit pour vous, surtout les articles volumineux (votre vieille paire de skis et les bottes de taille 5 qui vont avec eux).
- Évaluez honnêtement ce que vous utilisez et ce qui ne vous sert jamais. C'est le moment d'être impitoyable. Si le petit appareil qui sert à enlever les bouloches des chandails en laine n'a pas vu la lumière du jour depuis cinq ans, il est temps de s'en débarrasser – même si, à l'époque, il vous avait coûté les yeux de la tête. Pareil pour la centrifugeuse que vous n'avez pas touchée depuis la fin de votre régime macrobiotique.
- Examinez les plans de votre nouvelle demeure pour déterminer ce qui peut y entrer. Vous découvrirez peut-être que le moment est venu de dire adieu à Billy, le fauteuil que votre chat utilise depuis cinq ans pour se faire les griffes, ou que la vieille table de votre grand-mère n'a pas sa place dans votre nouvelle cuisine en inox.
- Débarrassez-vous du fouillis accumulé. Prenez le temps de bien regarder votre grenier, votre sous-sol, vos placards et autres espaces de rangement. Vous serez sans doute surpris (peut-être même terrifié) par ce que vous allez y trouver. (Nous vous donnons des trucs pour couper dans le gras au chapitre 20.)
- Mettez en application la règle des deux ans. À moins que ce ne soit une antiquité, si vous n'avez pas porté quelque chose depuis deux ans, débarrassez-vous-en. Plus personne ne veut vous voir dans ce pantalon disco bleu électrique !

- N'oubliez pas le cabanon du jardin et le garage. Ces endroits sont pleins d'objets que vous *ne pouvez pas* emmener avec vous – et c'est particulièrement vrai pour les substances inflammables, explosives ou dangereuses.

Commencez aussi à penser à votre garde-manger. En général, ça ne vaut pas le coup de transporter de la nourriture, surtout les denrées périssables comme le fromage et la viande, qui risquent de se perdre en route.
Si vous avez pour des centaines de dollars de viande de bison dans votre congélateur, assurez-vous de la manger avant votre déménagement. Vous vous rendrez peut-être compte que vous avez chez vous de quoi manger pendant deux mois – et tout devra avoir disparu au moment de charger la dernière boîte dans le camion. D'ailleurs, c'est généralement une bonne idée de prévoir de commander à manger la veille du déménagement – ou, mieux encore, de vous faire un petit plaisir et d'aller célébrer votre départ au restaurant.

Faire vos boîtes

Admettons-le : faire des boîtes, c'est l'enfer. Ça prend toujours plus de temps qu'on ne l'aurait cru, et il faut toujours plus de boîtes que ce qu'on a prévu. Ceci dit, nous avons quelques trucs pour vous rendre la tâche beaucoup moins pénible.

Si vous pouvez, donnez-vous plein de temps pour empaqueter vos affaires. Sinon, vous risquez de jeter les choses au hasard dans les boîtes, ou, pire encore, de ne pas les emballer. Considérez cette partie comme un aspect important du déménagement, et non comme une tâche qu'on garde pour la dernière minute. Croyez-nous, vous trouverez toujours que vous avez plus d'affaires que vous ne le pensiez.

Voici quelques articles essentiels pour mener votre entreprise à bien.

- **Des boîtes :** Des grandes, des petites, des cartons à chapeaux, des boîtes à vélos. Les parallélépipèdes (eh oui, il y a un nom pour ça) sont bien plus faciles à caser dans un camion que les formes irrégulières. Prenez des boîtes neuves, mêmes si vous serez tenté d'utiliser les cartons d'emballage du supermarché du coin ; ces derniers risquent d'être souillés ou pas assez solides pour l'usage que vous comptez en faire.
- **Du papier de soie, des vieux journaux ou du papier à bulles :** Il vous en faudra beaucoup. Le papier de soie est utile pour emballer les petits objets – des tasses à café, par exemple – et éviter qu'ils ne se brisent. Même si le papier journal peut sembler être une bonne alternative, peu dispendieuse et recyclable, ça noircit tout ce que ça touche. Une de nos amies qui avait emballé tout son service en porcelaine avec les journaux

de la semaine précédente s'est retrouvée obligée de tout relaver en déballant ses boîtes dans sa nouvelle maison.

- **Un dévidoir de ruban adhésif et plein de rouleaux de ruban :** Pour fermer toutes les boîtes. Notre ami Antoine, qui s'occupe de faire des envois de livres pour une petite maison d'édition, recommande de fermer les boîtes dans le sens de la longueur et de la largeur pour qu'elles ne risquent pas de s'ouvrir en route.
- **Des marqueurs :** Pour inscrire la pièce de destination et une liste abrégée du contenu de chaque boîte.

Avant de commencer à faire vos boîtes, faites des photocopies du plan de votre nouvelle maison en donnant un code à chaque pièce (chambre A, chambre B, salle de bain A, salle de bain B, etc.). Donnez-en un exemplaire à chacune des personnes qui vous aident. Puis, empaquetez vos affaires pièce par pièce en annotant chaque boîte correctement lorsqu'elle est pleine. Vous pouvez aussi inscrire des indications plus précises (dans quel placard de cuisine ou tiroir de commode doit aller le contenu, par exemple). Les déménageurs se serviront de ces notes (ou en tout cas, ils devraient le faire) pour placer les boîtes au bon endroit dans votre nouvelle demeure. Et si vous faites une liste de toutes les boîtes et de ce qu'elles contiennent, vous devriez avoir l'inventaire exact du contenu de votre maison une fois l'exercice terminé. Au moment de défaire vos boîtes, tout sera à sa place. Vous ne vous retrouverez pas à devoir les déplacer d'une pièce à l'autre, et vous n'aurez pas besoin de deviner ce qu'il y a dans chacune d'entre elles. Cette astuce simple à mettre en pratique vous évitera bien des maux de tête.

Empaquetez vos affaires avec soin. Une fois vos boîtes fermées, vous n'aurez pratiquement aucun contrôle sur ce qui leur arrivera en route. Dans le camion, elles seront empilées sans ménagement les unes sur les autres, ou pourraient échapper des mains des déménageurs. Vos effets personnels seront mieux protégés si vous les enveloppez dans de l'emballage à bulles ou du papier de soie. Vous pouvez aussi utiliser des serviettes ou des linges de cuisine pour doubler la protection. Les gros électroménagers comme les réfrigérateurs doivent souvent être manipulés avec soin avant et après un déménagement. Et un ordinateur a parfois besoin de s'ajuster à son nouvel environnement pendant une journée avant d'être branché à nouveau. Lisez le manuel de l'utilisateur, contactez le fabriquant ou demandez conseil à vos déménageurs.

Méfiez-vous des aides occasionnelles. Si votre conjoint ou vos enfants vous aident, assurez-vous qu'ils comprennent bien votre système. Pas besoin de recommencer le travail derrière eux, vous en avez déjà bien assez à faire !

Une fois que tout est empaqueté dans le camion, résistez à la tentation de quitter les lieux sans avoir refait une dernière fois le tour de votre ancienne maison. Vérifiez tous les placards, toutes les étagères, tous les tiroirs pour vous assurer que vous n'avez rien oublié derrière vous. Les enfants sont des détectives hors pair et adorent faire ce genre de choses. Dites-leur que c'est une chasse au trésor, et ils trouveront très certainement les petites cuillères de votre tante Gisèle que vous aviez cachées il y a cinq ans et complètement oubliées depuis.

Faire le travail vous-même ou engager des déménageurs professionnels ?

Plusieurs facteurs entrent en ligne de compte lorsqu'il s'agit de décider de la meilleure façon de déménager :

- la quantité de choses que vous avez ;
- la taille de votre budget ;
- le temps que vous avez à y passer ;
- la distance que vous devez couvrir ;
- le nombre d'amis costauds que vous avez à votre disposition.

Si vous passez d'un 3 ½ à une maison, ou que vous êtes du genre minimaliste, vous pouvez économiser un peu d'argent en déménageant vous-même. Pas entièrement seul, bien sûr, mais avec l'aide de quelques amis et membres de votre famille, de préférence bien musclés et pas trop maladroits. Prenez votre téléphone et commencez à réquisitionner autour de vous. (N'oubliez pas : si vous demandez à vos amis de vous aider, il faudra leur rendre la pareille le moment venu.) Si vous faites ce choix, dites-vous bien que c'est une grosse entreprise et que c'est vous qui aurez la responsabilité de faire vos boîtes, de les charger dans le camion, de conduire et décharger, tout en vous assurant que rien ne se casse. Suivant la taille du chargement, vous pourrez louer une petite remorque ou une grosse fourgonnette (que vous paierez à l'heure ou à la journée), et si l'idée de conduire un poids lourd vous effraie, certaines compagnies offrent un chauffeur. N'oubliez pas de plier les genoux en soulevant des paquets lourds.

Soyez gentil avec vos amis et votre famille, surtout quand ils vous aident à déménager. Faites en sorte d'avoir une glacière pleine de bières et de jus à l'arrivée dans votre nouvelle demeure. Si quelqu'un commence à se plaindre de la fatigue, dites-lui de prendre une pause et envoyez-le chercher de la pizza.

Engager des déménageurs professionnels comporte deux avantages inestimables : c'est pratique et c'est beaucoup moins stressant. De plus, si vous vous relocalisez des îles de la Madeleine à Montréal et que vous n'avez pas le temps de faire le trajet en camion, vous n'avez pas le choix de faire appel à des déménageurs professionnels. Ça vous coûtera bien sûr un peu plus cher, mais si vous avez le budget pour le faire, vous serez heureux de laisser le travail à d'autres. Ces gens ont de l'expérience et savent comment placer vos antiquités dans le camion pour qu'elles ne s'abîment pas. Et comme vous ne serez pas en train de dire : « Un, deux, trois, on soulève! », vous pourrez vous concentrer sur d'autres choses, comme par exemple vous assurer que vous n'avez pas oublié un de vos enfants, ou votre chien. Certaines compagnies facturent à l'heure s'il s'agit d'un petit déménagement, tandis que d'autres facturent selon une combinaison de facteurs, par exemple le nombre de déménageurs dont vous aurez besoin, le type de meubles que vous déplacez (un piano et une table en marbre font monter les prix) et le nombre de boîtes que vous avez. Le temps du déplacement et la distance aussi sont généralement facturés. Appelez un certain nombre de compagnies ou envoyez-leur un courriel pour obtenir un devis, et demandez des recommandations à votre agent immobilier.

N'oubliez pas que – luxe ultime – vous pouvez aussi demander aux déménageurs de s'occuper de tout emballer à votre place. Évidemment, ça sera bien plus cher, mais vous serez assuré si un objet ou un meuble emballé par la compagnie se brise pendant le transport. Toutefois, si vous avez de la porcelaine ancienne ou d'autres articles irremplaçables, assurez-vous que les déménageurs y fassent particulièrement attention.

L'Association canadienne des déménageurs (`www.mover.net`) propose un outil de recherche en ligne de ses membres. Le but de cette association est d'aider le public à avoir accès à des déménageurs fiables et professionnels. Ses membres doivent adhérer à des principes et des standards d'éthique professionnelle. Et tant qu'à être en ligne, allez visiter le site de l'Office de la protection du consommateur (`www.opc.gouv.qc.ca`) pour savoir comment réagir en cas de conflit avec un déménageur.

Même si la plupart des déménageurs travaillent en indépendants, vous trouverez certaines compagnies plus établies avec un site Internet sophistiqué qui vous permet de remplir un formulaire avec vos informations (la distance à parcourir, le nombre de pièces à déménager, si vous avez un piano à queue ou non), et de recevoir un devis par courriel. Ces outils en ligne sont parfaits pour vous aider à faire un budget pour le grand jour, mais nous vous conseillons de parler directement à quelqu'un de la compagnie pour obtenir une estimation plus précise avant de signer quoi que ce soit.

Là encore, comme presque toujours avec tout ce qui touche de près ou de loin à une transaction immobilière, il est très utile de demander des recommandations à des amis satisfaits. Posez des questions. La compagnie nationale vers laquelle vous envisagez de vous tourner a sans doute une excellente réputation, mais son bureau local peut être tout à fait décevant.

TRUC

Lorsque vous faites affaire avec des déménageurs (comme avec n'importe quel professionnel, d'ailleurs), obtenez toujours un contrat écrit avant qu'ils se mettent au travail. Certaines personnes ne sont pas très fiables, et mieux vaut ne pas l'apprendre à vos dépens. Tel déménageur peut vous proposer un très bas prix à condition de ne pas signer de contrat et d'être payé en argent comptant. Si vous acceptez, vous courez de sérieux risques. Vous n'aurez aucune garantie, le service peut être épouvantable, et les frais peuvent s'accumuler. Sans contrat, vous n'aurez aucun recours contre cette personne.

Les compagnies de déménagement peuvent être grandes (une armée de déménageurs et une flottille de véhicules) ou petites (une personne avec une camionnette et un téléphone cellulaire) ; mais avant d'engager quelqu'un, posez toujours des questions. Demandez depuis combien de temps il travaille et s'il est bien assuré contre tous les risques. Il peut coûter un peu plus cher de travailler avec une compagnie connue et expérimentée, mais vous aurez l'esprit en paix. Déménager est déjà assez stressant ; nul besoin de s'inquiéter en plus que vos affaires soient endommagées ou atterrissent à Chicoutimi au lieu de Chibougamau.

Le compte à rebours peut commencer

Croyez-nous, mieux vaut être aussi organisé que possible pour votre déménagement. Utilisez ce compte à rebours pour vous aider à vous y retrouver.

Jour J moins deux mois

Il n'est jamais trop tôt pour s'y mettre ! Est-ce qu'on vous a dit que c'était le bon moment pour faire vos premières boîtes ?

- Commencez à faire des économies ! Déménager coûte vraiment très cher. Si vous commencez à mettre de l'argent de côté dès maintenant pour les déménageurs, l'assurance, les fournitures, les ouvertures de comptes, la personne qui s'occupera de vos enfants ou de votre chien, votre portefeuille sera moins à plat lorsque les factures commenceront à s'empiler. N'oubliez pas non plus de prendre en compte ce que vous devrez payer après le déménagement : la peinture, la femme de ménage, le menuisier, etc.
- Commencez à faire le tri. Déterminez ce que vous voulez prendre avec vous et ce que vous voulez laisser. Prévoyez de vendre ce que vous n'emmènerez pas lors d'une vente de garage, par exemple, ou dans des petites annonces, et ce, au moins un mois et demi à l'avance.
- Commencez à explorer votre nouveau quartier. Parlez au directeur ou à la directrice de la nouvelle école de vos enfants pour vous occuper des détails du transfert. Et tant qu'à y être, trouvez un restaurant où fêter votre déménagement une fois que ce sera terminé. Nous pouvons déjà vous dire que vous n'aurez pas la moindre envie de cuisiner ce soir-là.

- Réservez les déménageurs ou le véhicule de déménagement. Pas question de vous retrouver coincé avec toutes vos affaires emballées et aucun moyen de les transporter. Nous vous suggérons d'effectuer votre réservation dès que vous aurez le compromis de vente de votre nouvelle propriété en main, surtout si vous voulez déménager en début de mois, et particulièrement autour du 1er juillet, quand le reste du Québec fait comme vous.

Un mois avant

C'est incroyable, le nombre de gens qui veulent savoir où vous habitez. Voici comment les avertir de votre déménagement. (Et continuez à faire des boîtes.)

- Demandez des références à votre dentiste, à votre optométriste et au vétérinaire de votre chat, et faites transférer vos dossiers.
- Contactez votre compagnie de téléphone. Installer une nouvelle ligne ne prend que quelques jours, mais c'est une bonne idée de prévenir votre compagnie de téléphone à l'avance. Vous devriez pouvoir conserver le même numéro, mais si vous décidez d'en changer, vous pourrez communiquer le nouveau à toutes vos connaissances en même temps que votre nouvelle adresse.
- Contactez le service d'abonnement des magazines et journaux auxquels vous êtes abonné et informez-les de votre nouvelle adresse en leur indiquant à partir de quel numéro faire le changement. Si vous recevez des catalogues que vous souhaitez continuer à avoir, informez les compagnies de votre changement d'adresse.
- Allez dans votre bureau de poste au moins deux semaines à l'avance pour leur demander de faire suivre votre courrier. Pendant six mois, tout courrier envoyé à votre ancienne adresse sera livré à la nouvelle, et vous ne paierez qu'une trentaine de dollars pour ce service.
- Commencez à emballer les articles dont vous ne vous servez que rarement (les bottes de neige en été, les livres, les bibelots). Cela vous donnera une avance appréciable alors que le grand jour approche.

Une semaine avant

Là, le compte à rebours a vraiment commencé. Inspirez profondément. (Continuez à faire vos boîtes.)

- Allez chercher vos vêtements chez le nettoyeur, vos chaussures chez le cordonnier, ou tout ce que vous aurez pu laisser chez des artisans du coin. Allez rapporter vos livres à la bibliothèque (et le pistolet à colle que vous aviez emprunté à votre voisin il y a trois mois).

- Appelez un serrurier pour faire changer toutes vos serrures une fois que vous aurez pris possession de votre nouvelle demeure.
- Allez acheter des boîtes s'il vous en faut davantage, et continuez à emballer vos effets personnels. Vous trouverez des conseils pour vous faciliter la vie dans la section « Faire vos boîtes », un peu plus haut dans ce chapitre.
- Débarrassez-vous de vos enfants ! Les déménageurs n'aiment pas avoir des enfants ou des animaux dans les jambes. Cela risque de les ralentir tout en augmentant les risques d'accident. Si possible, débrouillez-vous pour envoyer vos enfants dormir chez leur meilleur ami la veille du déménagement. Essayez aussi de trouver un foyer temporaire pour vos animaux familiers un peu avant le jour J. Imaginez que vous deviez retarder votre déménagement parce que Bulle, votre chat tigré, s'est évaporé dans la nature !

La veille

Rendu là, vous aurez l'impression d'être en train de courir un marathon. Et regardez toutes ces boîtes !

- Faites des réserves de collations et d'eau en bouteille pour vous aider à tenir, le jour du déménagement. Pensez aussi à préparer des sandwichs.
- Achetez des assiettes en carton, des tasses et des ustensiles en plastique pour pouvoir manger dans quelque chose en attendant de déballer votre vaisselle.
- Allez porter Bulle chez vos amis pour qu'il ne s'enfuie pas le jour du déménagement. Profitez-en pour aller reconduire vos enfants chez leur meilleur ami.
- Appelez vos déménageurs pour confirmer leur présence.
- Prévoyez une boîte ou un sac pour les affaires que vous garderez jusqu'à la dernière minute, y compris les duvets et les oreillers.

Le jour J

Voilà. Le grand jour que vous préparez depuis des mois est arrivé. Vous avez sans doute envie d'aller vous cacher quelque part et de laisser les déménageurs se débrouiller. Mauvaise idée. Maintenant que le vin est tiré, il faut le boire. Jusqu'à la lie.

- Soyez présent à l'arrivée du camion pour pouvoir donner des instructions aux déménageurs et leur montrer les articles à manipuler avec soin.

- Ne restez pas dans le chemin. Les équipes de déménageurs fonctionnent comme un ballet bien réglé. Ils savent comment déplacer les objets et charger un camion de la manière la plus efficace. Même si vous pensez qu'en les aidant, vous accélérerez le processus et économiserez quelques dollars, vous risquez plus de les gêner qu'autre chose.
- Comptez les boîtes au fur et à mesure que les déménageurs les chargent dans le camion, pour vous assurer que tout est là.
- Faites un dernier tour de la maison une fois que tout est chargé. Regardez dans les placards, les garde-robes et le garage.
- Allez chercher vos enfants et vos animaux une fois le déménagement terminé.

Après le déménagement

C'est-à-dire, après avoir dormi. Pensez aux points suivants :

- Faites connaître votre nouvelle adresse à Revenu Québec et à Revenu Canada. Les deux agences du revenu ont un service qui vous permet d'effectuer le changement en ligne. N'oubliez pas non plus d'avertir la RAMQ ainsi que la SAAQ pour votre permis de conduire.
- Si vous êtes propriétaire pour la première fois, équipez-vous des articles suivants avant d'en avoir besoin : un escabeau, une perceuse, un marteau, une série de tournevis, une pelle à neige, un râteau, des cisailles, un tuyau d'arrosage, un balai pour l'extérieur, des ampoules… La liste est longue et loin d'être exhaustive. Si vous négligez cette étape, vous risquez de passer la moitié de votre temps à la quincaillerie au cours des deux prochains mois. Si vous avez l'intention de pendre la crémaillère, sollicitez la générosité de vos amis et demandez-leur de vous offrir un article de votre liste de souhaits. Si vous réunissez des gens pour une après-midi de peinture, demandez-leur d'apporter des pinceaux, du papier sablé et de la peinture. Quand Marcus a emménagé dans sa nouvelle maison, ses amis ont rempli une glacière d'articles de première nécessité, comme du ruban pour conduits, des pansements, du papier sablé, une lampe de poche et des pantoufles.

Prendre possession de votre maison

Vous avez les clés en main, la porte de votre maison est ouverte – *maintenant*, vous pouvez célébrer ! Les rideaux, les électroménagers et tout ce qui était inclus dans le contrat de vente devrait être au même endroit que lors de votre dernière visite. À partir de maintenant, que du plaisir : vous êtes vraiment, absolument et officiellement *chez vous* !

Essayez de ne pas avoir de regrets. Il y a des chances, une fois que vous aurez acheté votre maison, que vous commenciez à voir des panneaux « À vendre » sur toutes sortes de propriétés de rêve. Vous commencerez à vous demander si vous n'auriez pas mieux fait d'attendre avant d'acheter, si vous n'avez pas pris une décision trop hâtive, si vous avez fait le bon choix… C'est normal. Mais ne vous en faites pas trop. N'oubliez pas ce que vous avez appris au cours de vos recherches : on ne peut pas juger de l'intérieur d'une maison par sa façade.

Dites-vous qu'il est difficile de s'acclimater à tout nouvel endroit dans lequel on déménage. Les pièces peuvent sembler plus petites (c'est souvent le cas dans les maisons vides, quand il n'y a pas de meubles pour donner les proportions), ou la couleur de la peinture peut paraître différente de celle de vos souvenirs. Ces impressions disparaîtront lorsque vous commencerez à accrocher des photos aux murs, à placer vos meubles où vous voulez, et quand vous mettrez vos draps préférés sur votre lit. Dites-vous quand même qu'il vous faudra encore un peu de temps avant de pouvoir vous déplacer dans l'obscurité sans vous cogner partout.

Cela fait maintenant si longtemps que vous prenez à tout bout de champ des décisions cruciales que le simple fait d'être assis dans un fauteuil de votre salon sans papiers à signer risque d'être un choc. Et votre esprit commencera à divaguer, pour vous demander si, finalement, vous n'auriez pas dû choisir la maison avec la cuisine turquoise et orange… Elle était quand même plutôt rigolote…

Au lieu de vous demander : « Et si ? », dites-vous plutôt : « Et maintenant ? » Rien ne vous empêche de peindre votre cuisine en turquoise et orange. Vous êtes chez vous, à présent. C'est vous qui décidez. Félicitations !

Quatrième partie

Décider de vendre

Dans cette partie…

Ah, les décisions… Rester ou partir ? Acheter, puis vendre, ou le contraire ? Avez-vous les moyens de déménager ? Trouverez-vous quelque chose de mieux que ce que vous avez déjà ?

Si vous avez l'intention de mettre votre maison sur le marché, cette partie est faite pour vous. Tout comme les acheteurs dans la première partie, vous ne trouverez pas de réponses toutes faites à ces questions ici, mais nous vous donnons des trucs pour vous permettre d'y répondre vous-même.

Chapitre 14

Vendre ou rester ?

Dans ce chapitre :

- Déterminer vos besoins et vos désirs
- Identifier les bonnes raisons de rester
- Identifier les bonnes raisons de vendre
- Prévoir le moment de la vente

Peu de décisions ont un impact aussi important – à tous les niveaux – que celle de vendre votre maison. En fait, le déménagement est le troisième événement le plus stressant dans une vie (après la mort et le divorce). Les changements majeurs font peur, mais parfois, dépendamment de là où la vie nous emmène, ils peuvent se révéler nécessaires, voire même bienvenus. La question est la suivante : jusqu'à quel point êtes-vous prêt à changer ? La réponse vous appartient. Vous déciderez peut-être que vous n'avez pas vraiment besoin de déménager ; une simple rénovation de salle de bain peut suffire.

Dans ce chapitre, nous vous aidons à faire le tri dans vos priorités pour vous permettre de décider si vous voulez vraiment vendre votre maison et ce que vous espérez retirer de la vente. En prenant le temps de considérer la façon dont la vente de votre propriété affectera votre vie, vous éviterez des erreurs inutiles et coûteuses et vous vous assurerez d'être satisfait de vos choix. Prenez bien le temps de réfléchir ; vous vous déciderez ainsi l'esprit en paix.

Quand il faut décider

Votre maison détermine votre mode de vie. Le montant que vous dépensez pour vous loger détermine ce que vous pouvez économiser pour des vacances, votre retraite et l'éducation de vos enfants. L'emplacement de votre maison dicte le temps que vous passez en transports pour aller au travail, à l'école et pour faire votre épicerie – ainsi que ce que vous dépensez en transports, services d'utilité publique, impôts et entretien. Votre demeure affecte aussi votre vie sociale et vos loisirs. Êtes-vous proche de vos amis et de votre famille ? Pouvez-vous les recevoir facilement chez vous ou les retrouver dans un restaurant sympa sans faire des kilomètres ? Pouvez-vous aller à pied au parc ou lire dans votre jardin quand vous avez envie d'être seul ?

Il est temps à présent de faire la liste de ce que votre lieu de vie vous offre déjà et de ce dont vous avez besoin. N'essayez pas de garder en tête toutes les raisons pour lesquelles vous avez envie de vendre votre maison. Asseyez-vous et notez tout sur une feuille de papier (si vous n'avez pas utilisé de stylo depuis des années, mettez-vous à votre ordinateur et imprimez la liste).

N'OUBLIEZ PAS !

Toutes les raisons que vous avez pour déménager n'ont pas le même poids. Une fois que vous aurez fait votre liste, commencez à réfléchir à vos priorités et aux facteurs les plus importants. Lorsque vous commencerez à vous y retrouver, réécrivez votre liste par ordre d'importance.

Faites la liste des pour et des contre de votre propriété actuelle, ainsi que celle de vos désirs et besoins pour votre nouvelle maison, en créant trois catégories : votre maison, votre quartier et vos finances. Ces listes vous aideront à déterminer si vous allez rester ou vendre.

Votre maison

Qu'est-ce qui fait d'une maison un lieu où il est agréable de vivre ? Pensez aux détails esthétiques : le style, le décor et la vue, ainsi qu'aux détails pratiques : une table dans la cuisine, un garage pour deux voitures, la taille des pièces et l'espace en général, la luminosité. Que manque-t-il à votre lieu de vie ? Convoitez-vous le magnifique foyer en pierres de votre voisin, son immense cour, son solarium et le bar de sa piscine ? Le loft avec la rampe en corde qui avait fait vibrer votre cœur de minimaliste vous terrifie-t-il maintenant que vous êtes parent ?

Parfois, nous changeons de maison parce que nos besoins évoluent. Le jour où vous partirez à la retraite, vous déciderez peut-être que vous voulez absolument un patio et un jardin, maintenant que vous pouvez profiter de l'extérieur en pleine journée. Ou il est peut-être temps que votre bureau sorte enfin du petit coin en dessous de l'escalier.

Faites une liste avec deux colonnes : l'une pour tous les avantages de votre maison actuelle, l'autre pour tout ce qui vous déplaît dans votre situation. Puis, faites une deuxième liste avec une colonne pour tous les besoins actuels ou futurs de votre famille, et une autre pour tout ce qui n'est pas absolument essentiel mais que vous tueriez pour avoir.

Avez-vous besoin de faire un changement radical ? Étudiez vos listes et demandez-vous si votre maison peut grandir avec vos besoins. Si vous pouvez construire le solarium dont vous avez toujours rêvé, ou si vous pouvez rénover le grenier pour en faire une chambre, il est peut-être plus intéressant de garder votre maison. Mais une chambre supplémentaire ne vous servira pas à grand-chose si vous prévoyez de faire encore trois enfants.

Votre quartier

Pensez à la logistique. Le quartier de votre maison correspond-il à vos goûts et à vos besoins ? L'emplacement, c'est le mantra du vendeur, et c'était sans doute un facteur important lorsque vous avez choisi votre maison. Pensez à ce qui rend votre quartier si spécial. Les rues sont-elles agréables, sécuritaires, tranquilles ? Y a-t-il de bonnes écoles, des transports en commun, des commerces ? Vos amis vivent-ils proche de chez vous ?

Tout comme vos besoins en matière de logement, vos priorités peuvent changer en ce qui a trait au quartier. Vous n'avez peut-être plus envie de vivre à côté de votre bar préféré et voudrez plutôt vous rapprocher des bonnes écoles pour vos enfants. En plus des détails physiques, pensez à l'ambiance. Vous sentez-vous bien dans votre quartier ? Les années passant, les voisinages changent, au fur et à mesure que les gens déménagent et emménagent.

Souvenez-vous des raisons pour lesquelles vous avez emménagé dans votre quartier à l'origine. Demandez-vous si elles sont toujours valides. Les gens sont-ils aussi gentils qu'à l'époque où vous avez emménagé ? Le quartier est-il toujours aussi sécuritaire ? La forêt environnante est-elle toujours aussi sauvage ? La qualité de l'air est-elle bonne ? Vos voisins se passionnent-ils toujours autant pour l'Halloween ? Assurez-vous de ne pas oublier votre environnement lorsque vous considérez ce qui vous plaît et ce qui vous déplaît dans votre maison.

TRUC

Ne négligez pas le temps de transport quand vous considérez les mérites de votre emplacement. Même si vous pensez pouvoir économiser beaucoup d'argent en vendant votre maison du centre-ville pour aller vous installer en banlieue, la demi-heure de transport pour vous rendre à votre travail n'en vaudra peut-être pas la peine. Et avec la flambée du prix de l'essence, les 45 minutes supplémentaires que vous passerez sur la route risquent de vous coûter cher. Mais vous déciderez peut-être que l'espace gagné et le grand jardin valent quelques sacrifices. Il faudra peser le pour et le contre pour arriver à la bonne décision.

Vous voulez peut-être vendre votre maison pour vous relocaliser à l'autre bout du pays. Mais même si l'herbe est plus verte et le saumon toujours meilleur chez les voisins, vous vous rendrez peut-être compte qu'il n'est pas si facile de vous acclimater. Référez-vous au chapitre 7 pour des conseils sur la façon de choisir l'emplacement de sa nouvelle maison.

Vos finances

Réfléchissez à votre budget. Vous savez sûrement si vous devez vous saigner aux quatre veines pour payer vos factures à chaque mois ou si vous avez un bon coussin à la banque. En plus de votre hypothèque, vous devez payer les services publics, les assurances, les impôts, les réparations et l'entretien régulier de la maison. (Vous pouvez vous servir du budget du chapitre 2 pour faire l'examen en détail de votre situation financière actuelle.)

Faites vos calculs

Si vous souhaitez réduire vos dépenses, mieux vaut peut-être vous relocaliser dans une maison plus petite et moins chère dans un quartier moins branché. Mais si vos jours de dirigeant de petite entreprise sont maintenant derrière vous et que vous êtes à présent un commerçant prospère, vous êtes sans doute prêt à quitter votre petit 4 ½ pour aller vous installer dans une grande maison avec un garage double et une piscine intérieure chauffée. Inscrivez votre situation financière sur la liste des pour et des contre de votre maison actuelle. Cette dernière est-elle trop chère ? Ou est-elle très bon marché, mais pas assez grande pour vous, votre épouse, les jumelles et Lassie, votre chien fidèle ?

N'oubliez pas que la vente de votre maison va vous coûter du temps et de l'argent. La transaction peut facilement atteindre entre 3 % et 6 % du prix auquel vous vendrez votre propriété. De plus, sachez qu'à moins d'avoir déjà remboursé votre hypothèque, les intérêts et les pénalités risquent de mordre encore davantage sur ce que vous retirerez de la vente de votre maison.

Faites une estimation de ce que vous pouvez obtenir dans votre fourchette de prix. Si vous avez l'intention de vendre un condo de 250 000 $ pour investir dans une maison de 500 000 $, allez faire des visites libres et déterminez si les maisons dans ces prix-là ont toutes les caractéristiques qui vous intéressent. Vous vous rendrez peut-être compte qu'il n'est pas particulièrement intéressant d'acheter une maison avec le budget que vous avez.

L'argent qui est bloqué dans votre maison ne peut pas servir à d'autres fins. Déterminez le minimum que vous voudriez garder disponible pour vos vacances, votre retraite et l'éducation de vos enfants. Puis, décidez combien vous voulez mettre dans votre prochaine maison. Vous trouverez au chapitre 15 davantage de détails sur les questions financières liées à la vente de votre maison.

Le refinancement hypothécaire

Si la raison principale qui vous motive à vendre est d'ordre financier, renseignez-vous sur les possibilités de refinancement hypothécaire. Pour l'instant, vous pouvez refinancer une résidence principale et obtenir jusqu'à

90 % de sa valeur. Mais n'oubliez pas : à plus de 80 %, il vous faudra obtenir une assurance de la Société canadienne d'hypothèque et de logement (SCHL).

Le refinancement peut vous permettre de réduire vos versements mensuels de façon substantielle. Si vous croulez sous les paiements de carte de crédit ou sous votre prêt-auto, vous vous rendrez peut-être compte qu'en empruntant sur la valeur de votre maison, en payant vos dettes et en obtenant possiblement un meilleur taux d'intérêt, vous n'avez pas besoin de déménager après tout.

Sauver sa maison et sa santé mentale

Jean-Pierre et Johanne ont acheté leur maison il y a huit ans, juste après leur mariage. Elle était idéale pour eux à l'époque, et elle est encore très bien – même avec deux enfants en bas âge. Mais comme dans toute famille qui grandit, les frais avaient augmenté, et alors que Johanne s'apprêtait à reprendre des études et n'allait pas travailler pendant un an, les paiements mensuels ont commencé à beaucoup les inquiéter.

Jean-Pierre pensait qu'ils devraient vendre leur maison et déménager dans un coin plus abordable, voire même louer quelque chose, mais Johanne refusait catégoriquement de quitter le quartier qu'ils adoraient. Heureusement, leur maison était payée à 70 % et ils avaient un bon courtier en assurances.

En refinançant leur maison, ils ont pu rembourser leur auto, payer les frais de scolarité de Johanne, se débarrasser de leur solde de carte de crédit, et même contribuer à leurs REER. Et la bonne nouvelle, c'est qu'ils ont à présent un taux d'intérêt plus avantageux ; ils économisent ainsi 1 200 $ par mois !

Le refinancement total n'est pas non plus la seule réponse à vos problèmes. Votre courtier en hypothèque ou votre prêteur pourront sans doute vous offrir une marge de crédit sur la valeur de votre propriété (le prêt est garanti par la maison). Vous pourrez utiliser cette somme à votre guise – et dans bien des cas, en payant simplement l'intérêt minimum sur la marge de crédit à chaque mois. Aussi, si vous avez de grosses rénovations en vue (la toiture, par exemple), vous pourrez les payer avec votre marge de crédit, sans être obligé de déménager.

Quelle que soit votre décision, assurez-vous de discuter avec votre courtier en hypothèque ou votre prêteur. Vous serez peut-être étonné des options qui s'offrent à vous.

ATTENTION !

Le refinancement ne se fait pas toujours sans frais ni pénalités. Demandez à votre courtier en hypothèque ou à votre banquier de bien les définir avant d'engager la procédure.

Les bonnes raisons de ne pas déménager

Examinez votre liste de pour et de contre (nous vous en donnons un exemple au chapitre 7) et prêtez particulièrement attention aux caractéristiques physiques qui vous tiennent à cœur dans une maison, ainsi qu'à votre situation et à vos buts financiers. Ces deux considérations pourraient vous amener à rester dans votre résidence actuelle.

- **La rénovation est une option :** Si c'est de plus d'espace que vous avez besoin, ou si vous souhaitez des modifications d'ordre esthétique, une modernisation ou une meilleure efficacité énergétique, la rénovation de votre maison est probablement la meilleure route à prendre. Si vous vivez dans un quartier formidable, envisagez de faire construire une extension. Des rénovations peuvent coûter bien moins cher qu'une relocalisation, si on considère les frais de transaction liés à l'achat et à la vente d'une propriété. De plus, en faisant des travaux, vous ajoutez à la valeur de revente de votre maison. Au chapitre 20, nous vous expliquerons quels types de rénovations donnent le plus de valeur à une propriété au moment de la vendre.

  Si vous voulez déménager parce que vous avez des réparations coûteuses à faire, renseignez-vous soigneusement sur les possibilités qui s'offrent à vous. Vous risquez de vous retrouver à devoir les payer de toute façon, lorsque vous vous rendrez compte que votre maison ne se vend pas à cause de ça, ou lorsque les acheteurs potentiels insisteront pour déduire le coût des travaux du prix de la maison. Sachez de plus que les acheteurs surestiment souvent ces coûts pour se prémunir contre le pire.

- **Vos finances sont en piètre état :** Si vous avez déjà du mal à vivre selon vos moyens, mieux vaut peut-être repousser l'achat de la maison de vos rêves. Comme nous l'avons dit plus haut, songez peut-être à refinancer votre maison pour rééquilibrer votre budget. Même si vous voulez déménager dans une maison moins chère, n'oubliez pas que vous aurez beaucoup de dépenses à faire pour vendre votre propriété actuelle, acheter la suivante et déménager. En prenant ces dépenses en compte, vous risquez de vous apercevoir que vous devrez chercher un logement encore moins cher que ce que vous imaginiez. Si vous pouvez vous débrouiller avec vos dettes en restant dans la même maison, votre portefeuille ne s'en portera que mieux (et vous aussi).

ATTENTION !

Il n'y a *rien* de plus stressant que d'essayer de déménager quand on manque d'argent, à part peut-être essayer de déménager quand on manque d'argent *et* de temps.

Les bonnes raisons de vendre

Même si vous adorez votre maison, il peut arriver qu'elle ne soit tout simplement plus adaptée à vos besoins. Comme on ne peut pas toujours construire ce qu'on veut, ni modifier les caractéristiques d'un quartier comme on le voudrait, changer de logis est parfois la seule solution. Si vous vous retrouvez dans une des situations suivantes, vous êtes sans doute prêt à vendre.

- **L'emplacement de votre maison ne vous convient pas :** Si on vous offre un emploi durable loin de chez vous, ou si vous vous apprêtez à partir à la retraite et que vous souhaitez vous retrouver dans une résidence pour personnes âgées, il est logique de vendre votre maison. (Et si vous vous relocalisez pour des raisons professionnelles, vous pouvez obtenir un crédit d'impôt pour les dépenses liées à votre déménagement. Voir le chapitre 13 pour plus de détails.)
- **Votre maison est trop petite ou trop grande :** Si votre famille a besoin de plus d'espace et que vous ne voulez pas faire de rénovations ou ne pouvez pas obtenir de permis pour ajouter une extension à la structure existante, vous avez sans doute intérêt à déménager. Inversement, si le benjamin de vos six enfants a enfin quitté le nid familial, il est peut-être temps de déménager dans une maison plus petite – avant que votre progéniture ne décide de revenir chez vous !
- **La vie vous joue un mauvais tour :** Après un événement traumatisant – la mort d'un proche ou un divorce –, on a souvent envie de laisser les mauvais souvenirs derrière soi. Prenez le temps de réfléchir à votre situation financière et à vos buts personnels pour prendre une décision éclairée.
- **La vie est belle – le quartier un peu moins :** Votre vie n'a peut-être pas changé, mais votre quartier s'est dégradé. Si vous avez la plus belle maison du coin – ou la pire –, le moment est venu de déménager. Si tous les bungalows de ce qui était votre petite rue tranquille ont été rasés pour faire place à des condos, la prochaine fois que vous recevrez un appel d'un promoteur, répondez : « Oui, ça tombe bien, je suis prêt à vendre ! »

Vendre puis acheter ou acheter puis vendre ?

Vous n'êtes pas joueur ? Même pour les gens qui aiment ça, il n'est jamais évident de planifier un déménagement. D'un côté, vous pouvez vous retrouver sans logement si vous vendez votre maison avant d'avoir trouvé le nouveau logis qui vous convient ; d'un autre côté, vous risquez vite de vous retrouver à sec si vous devez payer pour deux propriétés. Vous pouvez éviter ces problèmes si vous prenez votre décision en tenant compte des tendances du marché et de vos propres priorités et besoins.

Dompter le marché immobilier

Le marché immobilier fonctionne par cycles. Lorsqu'il y a beaucoup d'acheteurs et peu de propriétés disponibles, on parle de *marché de vendeur*. Les maisons se vendent rapidement et à des prix parfois plus élevés que ce qui est demandé. Dans ce type de figure, essayez d'obtenir la maison que vous voulez (ce qui ne sera pas facile), puis vendez celle que vous avez déjà.

Quand il y a plus de propriétés à vendre que d'acheteurs, on parle de *marché d'acheteur*. Les prix sont moins élevés et les maisons mettent plus de temps à trouver preneur. Dans ce type de figure, et si vous voyez plusieurs maisons qui vous intéressent, commencez par vendre votre propriété (ce qui risque de prendre un peu de temps), puis choisissez la maison que vous voulez.

Même si, lorsqu'on vend son bien sur un marché d'acheteur, il faut souvent baisser son prix, il est plus facile de négocier celui de la propriété qui nous intéresse. Les conditions du marché varient généralement assez peu au sein d'une même région. Malheureusement, si vous prévoyez de vous relocaliser à l'autre bout du pays, vous risquez de ne pas être aussi chanceux.

Toutefois, il arrive parfois que les conditions du marché varient au sein d'une même ville. Chaque grande ville a un ou deux quartiers branchés qui, quelle que soit la saison, sont toujours en demande. Même pendant une récession, les propriétés s'y vendent rapidement, et parfois à un prix plus élevé que celui demandé. Le truc, c'est d'être capable d'identifier le type de marché pour la maison et le quartier où vous habitez en ce moment :

- **Observez s'il y a des pancartes « À vendre » dans votre quartier :** Elles sont nombreuses ? Il y a peu de collants « Vendu » ? C'est mauvais signe.
- **Renseignez-vous sur les ventes récentes :** Même si vous voyez beaucoup de collants « Vendu », ça ne dit pas à quel prix s'est effectuée la transaction. Dans un marché de vendeur, il est possible que le propriétaire ait reçu plusieurs offres et que la propriété se soit vendue plus cher que le prix demandé. Mais si elle a été longtemps sur le marché, il est probable que le prix ait déjà été baissé plusieurs fois avant que la vente ne soit conclue.

- **Écoutez les nouvelles :** Rien n'intéresse davantage les gens, ces jours-ci, que la grève étudiante, la valeur des propriétés et les statistiques immobilières mensuelles. Mais n'oubliez pas que ces rapports décrivent des transactions passées et ne prédisent en rien l'avenir. Mieux vaut ignorer les tendances nationales et vous concentrer sur le quartier qui vous intéresse. Votre agent vous aidera à savoir ce qui se passe réellement dans votre secteur.
- **Discutez avec un agent qui connaît bien le quartier qui vous intéresse :** Les agents immobiliers passent leurs journées à visiter des propriétés et à parler tant à des vendeurs qu'à des acheteurs et à d'autres agents. Ils peuvent observer des changements nuancés dans un marché bien avant que les statistiques n'en fassent état.

Le marché immobilier connaît aussi des hauts et des bas prévisibles au cours d'une année. Au printemps, on observe généralement un pic de transactions dans toute la province. Si vous avez besoin de vendre votre propriété rapidement en basse saison, inscrivez-la à la valeur du marché, ou même un tout petit peu plus bas. Par contre, si vous voulez en obtenir le meilleur prix possible, mettez-la sur le marché au début de la haute saison. Le prix est un facteur essentiel. Le chapitre 15 vous dit tout ce que vous devez savoir sur la façon d'établir le prix d'une maison.

Répondre à vos besoins

Vos besoins sont aussi un facteur important de l'équation. Est-il important pour vous de vendre votre propriété rapidement ? Tenez-vous à en retirer un certain prix, et, pour ce faire, êtes-vous prêt à attendre que le bon acheteur se présente ? Devez-vous emménager dans votre prochaine maison à une date précise ?

Si vous voulez avoir déménagé pour le début de l'année scolaire, vous déciderez peut-être d'acheter une maison dans le quartier qui vous convient avant d'avoir vendu celle dans laquelle vous vivez actuellement. Pour éviter de vous retrouver avec deux propriétés à gérer, demandez un prix qui vous assurera une vente rapide. Si, par exemple, vous risquez d'être propriétaire de deux maisons d'ici six semaines (ce qui peut vous coûter entre 2 000 $ et 3 000 $ par mois), baissez votre prix. Accepter une offre – même inférieure au prix demandé – vous donne deux avantages : vos enfants n'ont pas à déménager en cours d'année scolaire, et vous n'avez qu'une seule propriété à gérer, ce qui est bien plus simple. Examinez votre situation financière et déterminez vos besoins assez tôt dans le processus. Mais en règle générale, il vaut presque toujours mieux vendre avant d'acheter. Au chapitre 16, nous détaillons davantage les conséquences financières des deux scénarios.

Déterminer quel prix vous pouvez obtenir pour votre maison

Si vous vendez votre propriété, vous voudrez bien sûr récupérer l'argent du prix d'achat et des travaux effectués. Vous pensez aussi à ce dont vous avez besoin pour acheter votre prochaine maison. Malheureusement, ces facteurs n'ont rien à voir avec la valeur de revente de votre demeure.

La cruelle vérité, c'est que ce sont les *acheteurs* qui déterminent la valeur du marché de votre maison, avec ce qu'ils sont *prêts* à payer pour l'avoir. Et ils se fichent bien de la somme dont vous avez besoin pour acheter votre prochaine maison. Si des propriétés similaires dans votre quartier se vendent à un certain prix, c'est probablement là-dessus que les acheteurs s'aligneront pour vous faire une offre. Comparez les prix demandés et ceux auxquels se sont effectuées les transactions dans votre quartier pour vous donner une petite idée de la somme que vous pouvez compter obtenir. (Nous vous expliquons comment faire au chapitre 15.) Le moment de la vente a un impact énorme – et avec une bonne connaissance des tendances du marché, vous pourrez obtenir le prix que vous voulez vraiment.

Si vous travaillez avec un agent immobilier, demandez-lui une *analyse comparative du marché* (ACM) – parfois aussi appelée *analyse sur marché actuel* ou *analyse concurrentielle*. Il s'agit d'un rapport utilisé pour déterminer la valeur du marché d'une maison, où on compare la vôtre aux propriétés similaires de votre quartier. Si vous vendez sans l'aide d'un agent, il peut être judicieux de faire faire une évaluation professionnelle pour déterminer sa valeur du marché. Le chapitre 15 vous donne plus de détails sur les ACM.

TRUC

Pensez à vous renseigner personnellement sur la concurrence dans votre quartier. Vous pouvez croire que vos rénovations sont plus que correctes, mais votre moquette d'il y a cinq ans ne fait peut-être pas le poids contre le nouveau plancher de bois franc de la maison à deux coins de rue de chez vous. Ou bien votre cuisine est peut-être mille fois moins démodée que celle de la propriété avec son réfrigérateur vert olive. Les visites libres sont des occasions idéales pour ce type de comparaisons ; réservez donc un dimanche après-midi et allez vérifier, crayon et bloc-notes en main, ce qui se vend dans le voisinage.

Votre maison sera la plus visible sur le marché pendant les premières semaines de son inscription. Plus le prix demandé se rapprochera de la valeur du marché, plus elle se vendra rapidement. Si vous demandez un prix trop élevé et que vous faites fuir les acheteurs potentiels, vous risquez d'être obligé de le revoir plusieurs fois à la baisse pour pouvoir vendre. Il est plus logique de choisir le bon prix dès le départ, afin d'éviter de perdre un temps précieux. Consultez le chapitre 15 pour tous les détails sur les évaluations et la façon de fixer le bon prix.

Déterminer combien vous pouvez dépenser pour votre prochaine maison

Pour déterminer ce que vous pouvez vous permettre de dépenser dans votre prochaine maison, il faut faire une équation un peu longue mais relativement simple. Rassurez-vous, il ne s'agit que d'additions et de soustractions. Vous devez établir le total de vos revenus et de vos dépenses, puis soustraire vos dépenses de vos revenus. Le plus difficile, c'est de faire l'inventaire de toutes vos sources de revenus et de dépenses et de retrouver chaque montant qui y est associé. Le chapitre 15 vous guide pas à pas dans ce processus.

En effectuant soigneusement ces calculs, vous obtiendrez un tableau réaliste de ce que vous pouvez vous permettre. Quand vous saurez combien vous pouvez dépenser, il faudra déterminer si, avec ce montant, vous êtes en mesure de vous offrir la maison qui vous intéresse tout en gardant la même qualité de vie et en mettant de l'argent de côté pour vos objectifs à venir.

Ne faites jamais d'assomptions en étudiant ce que votre budget peut vous offrir. Il est possible que la maison parfaite ne se trouve pas dans le quartier idéal, celui-ci n'offrant peut-être dans votre fourchette de prix que des propriétés qui font la moitié de la superficie dont vous avez besoin. Vous serez sans doute obligé de faire des sacrifices pour changer de maison, et vous devez donc savoir quelles sont vos priorités.

Un filet de sécurité : l'offre « conditionnelle à la vente »

Un des moyens de bien synchroniser le processus d'achat et de vente, c'est de faire une offre conditionnelle à la vente de votre maison actuelle, puis, une fois l'offre acceptée, de mettre votre maison sur le marché. Si la condition (vendre votre maison) n'est pas remplie à la date d'expiration de la clause, votre offre devient nulle et non avenue – si le vendeur et vous-même ne prolongez pas sa durée. (Plus de détails à ce sujet au chapitre 10.)

Si vous incluez une clause « conditionnelle à la vente » dans votre offre d'achat, vous n'êtes pas obligé d'acheter la propriété qui vous intéresse avant d'avoir vendu la maison dans laquelle vous habitez ; vous avez donc l'esprit tranquille et ne risquez ni de vous retrouver sans abri, ni de devoir gérer deux propriétés à la fois.

Sachez toutefois qu'une offre conditionnelle à la vente est moins intéressante pour le vendeur, et met donc l'acheteur dans une position moins avantageuse qu'un autre qui se montrerait prêt à acheter la propriété sans conditions. Dans ce type de situation, il est aussi plus difficile de négocier. La plupart des vendeurs préfèrent conclure une transaction sans trop tarder et accepteront souvent une offre ferme, même à plus bas prix. Les vendeurs qui reçoivent une offre de ce type et qui sont tentés de l'envisager feront généralement jouer la *clause échappatoire*, le temps alloué pour remplir toutes les conditions de l'offre d'achat, ou retireront tout simplement leur offre. Vous n'avez alors plus beaucoup de temps pour agir. Si vous avez inclus une clause « conditionnelle à la vente » dans votre offre d'achat et que vous voulez vraiment la maison, vous devrez alors retirer cette clause et confirmer votre offre, même si celle de l'autre acheteur est plus basse que la vôtre. Certains vendeurs ne regardent même pas les offres conditionnelles à la vente de la propriété de l'acheteur, car elles ne semblent pas sérieuses. Demandez à votre agent immobilier comment ce type d'offre est généralement accueilli dans votre quartier.

Voici comment ça fonctionne. Vous inscrivez dans votre offre d'achat une clause qui dit, en gros, que « l'offre est conditionnelle à la vente de la résidence actuelle de l'acheteur, située à telle adresse, avant telle date. Cependant, si le vendeur reçoit une autre offre dans l'intervalle, il avertira l'acheteur par écrit et lui donnera un délai de 48 heures (ou 24, ou 72) pour retirer cette condition ainsi que toutes les autres, sans quoi cette offre d'achat sera considérée nulle et non avenue. » La *date d'expiration* de la clause indique le temps que vous avez pour vendre votre maison à partir de la date à laquelle votre offre est acceptée. Il s'agit généralement d'un délai de quatre à six semaines qui peut être prolongé si les deux parties sont d'accord.

Ne confondez pas la date d'expiration de la clause « conditionnelle à la vente » avec celle de l'offre elle-même. C'est la *date d'exécution* qui spécifie le moment auquel le marché sera conclu si toutes les conditions sont remplies. C'est également le jour auquel vous devenez le propriétaire légal de la propriété.

La *clause échappatoire*, qui est négociable, identifie le temps que vous avez pour retirer votre clause « conditionnelle à la vente » ou annuler votre offre si le vendeur reçoit une autre offre avant la date d'expiration de votre clause. Sachez en effet que, même après avoir accepté votre offre, si elle est conditionnelle, le vendeur continuera activement à chercher une offre ferme – c'est-à-dire sans conditions. S'il en reçoit une et qu'il songe à l'accepter, il invoquera la clause échappatoire et vous avertira par écrit que vous avez 24, 48 ou 72 heures (selon ce qui est écrit dans votre offre) pour prendre une décision. À ce moment-là, vous pourrez soit retirer vos conditions et vous engager à acheter la propriété – que vous ayez vendu ou non votre maison –, soit retirer votre offre.

Si vous avez vraiment trouvé la maison de vos rêves et que votre offre conditionnelle à la vente a été acceptée, mieux vaut vous assurer de vendre votre propriété avant l'expiration de la clause. Vous devez fixer le prix pour que la vente se fasse, et ne pas surestimer la valeur de votre bien.

Plus vous serez proche de la valeur du marché, plus vous recevrez d'offres intéressantes rapidement.

Pour la plupart des gens, il est logique de mettre sa maison sur le marché *pendant* qu'on en cherche une autre. Ceci donne une bonne idée du prix que les acheteurs sont prêts à offrir pour votre propriété, et vous empêche de trop gonfler le montant que vous pensez pouvoir mettre sur votre prochaine maison. Si les offres commencent à affluer, vous pouvez toujours accepter la meilleure sous condition d'achat de votre nouvelle demeure.

Certains acheteurs n'accepteront pas ce type de contre-offre de la part du vendeur. Si vous vous retrouvez dans cette position, c'est à vous de décider si vous êtes prêt à prendre le risque. Si vous vendez avant d'avoir trouvé une nouvelle maison, vous risquez de vous retrouver sans toit pour dormir – temporairement, du moins. D'un autre côté, si vous rejetez une offre parce que vous ne pouvez pas y mettre de condition, vous risquez, selon l'état du marché et le prix que vous demandez, de devoir attendre longtemps avant que la prochaine ne se présente.

Si vous avez beaucoup d'argent, vous pouvez simplement acheter la propriété de vos rêves, et seulement *ensuite* mettre votre maison actuelle sur le marché. Vous pouvez même emprunter sur la valeur de celle-ci pour financer votre achat. (Vous trouverez plus d'informations à ce sujet au chapitre 16.) Financièrement, c'est l'option la plus risquée, mais vous avez ainsi la garantie de pouvoir obtenir la maison que vous voulez absolument.

Gagner du temps avec la date de conclusion

Pour assurer une transition en douceur, il faut s'assurer que tous les documents sont en ordre. Lorsque vous aurez trouvé un acheteur pour votre maison et un nouvel endroit où habiter, vous devrez choisir, pour chacune des transactions, une *date de conclusion* – c'est-à-dire le jour où la vente est finalisée et où la propriété change de mains. Idéalement, ces deux dates devraient être consécutives.

Le fait de programmer les deux dates de conclusion vous assure une plus grande sécurité financière. Si c'est impossible, vous pouvez essayer de repousser la date de conclusion de votre achat pour qu'elle soit postérieure à celle de votre vente. À ce sujet, consultez le chapitre 22.

Chapitre 15

Le prix de vente

Dans ce chapitre :

- Quel prix pouvez-vous demander pour votre maison ?
- Quels sont les coûts associés à la vente ?
- Quels impôts devez-vous verser lorsque vous vendez votre maison ?

Vous vous dites peut-être : « Fantastique ! Ça y est, je vends ma maison ! Le gros chèque arrive et les dollars vont pleuvoir ! » C'est vrai, un gros chèque finira par arriver *le moment venu*, mais n'oubliez pas qu'il y a certains coûts associés à la vente d'une propriété. Vous devez être prévoyant parce que vous devrez régler la plupart de ces dépenses avant de pouvoir toucher le chèque. Une planification soignée et avisée peut vous aider à assurer un processus de vente tout en douceur.

Fixer le prix de vente de votre maison

Si c'est trop cher, ça ne se vend pas. Et c'est particulièrement vrai pour un bien aussi coûteux qu'une maison. Pour commencer, les acheteurs potentiels sont nerveux à l'idée de prendre une décision aussi majeure, de sorte que si votre prix est trop haut, vous les ferez fuir immédiatement. Et il y a pire : votre maison peut avoir l'air mal entretenue et ne pas se comparer favorablement aux autres propriétés dans la même gamme de prix. Comme stratégie de vente, il y a mieux ! Vous devez donc absolument fixer un prix attrayant pour les acheteurs dès le début afin de réussir finalement à vendre votre maison à sa valeur réelle (après négociation de l'offre, bien entendu).

Combien vaut votre maison ?

Le meilleur moyen de connaître la valeur marchande de votre maison, c'est de vous adresser à un spécialiste. Vous pouvez faire appel à un évaluateur professionnel ou demander à un agent immobilier de vous soumettre une *analyse comparative du marché* (ACM), parfois appelée *analyse du marché actuel* ou *analyse concurrentielle.* La figure 15-1 montre un exemple d'ACM.

ANALYSE COMPARATIVE DU MARCHÉ

PROPRIÉTÉS COMPARABLES VENDUES RÉCEMMENT

Adresse	Âge	Taille du terrain	Surface au sol	Chambres	Sous-sol	Date d'inscription et prix à l'inscription	Date de vente et prix de vente	Valeur de l'évaluation ('10)
5455, rue Casgrain	55	33 x 120	2000	3	Complet	5 juillet 2011 580 000 $	20 octobre 2011 570 000 $	550 000 $
5545, rue Saint-Dominique	48	33 x 120	1956	3	Partiel	17 avril 2011 600 000 $	25 avril 2011 605 000 $	590 000 $

PROPRIÉTÉS COMPARABLES EN VENTE ACTUELLEMENT

Adresse	Âge	Taille du terrain		Chambres	Sous-sol	Date d'inscription et prix à l'inscription	Valeur de l'évaluation ('10)
55, rue Saint-Viateur Est	63	33 x 112	1860	3	Complet	15 août 2011 599 000 $	586 000 $
48, rue Maguire	47	33 x 123	1750	3	Complet	2 juin 2011 600 000 $	590 000 $
5222, rue Clark	45	33 x 120	1905	4	Partiel	29 septembre 2011 630 000 $	615 000 $
5428, rue Saint-Dominique	55	35 x 115	2000	3	Complet	4 octobre 2011 650 000 $	620 000 $

VOTRE PROPRIÉTÉ

Adresse	Âge	Taille du terrain	Surface au sol	Chambres	Sous-sol	Fourchette de prix d'inscription recommandée	Fourchette de prix de vente recommandée
5690, rue Saint-Dominique	51	33 x 120	1850	3	Complet	625 000 $ à 635 000 $	610 000 € à 620 000 $

DÉFINITION DE LA VALEUR MARCHANDE : Le prix attendu lorsqu'on dispose d'un temps suffisant pour trouver un acheteur et que le vendeur et l'acheteur éventuels ont tous les renseignements nécessaires.

PRIX D'INSCRIPTION : Le prix demandé pour une propriété tel qu'il a été fixé par le vendeur. Le vendeur est fortement encouragéà tenir compte des renseignements fournis et des conditions du marché.

Le représentant commercial : ____________________ Date : 15 octobre 2011

Figure 15-1 : Votre agent immobilier peut vous soumettre une analyse comparative du marché qui ressemble à ce type de document.

Pour l'estimation de la valeur marchande de votre maison, il n'y a pas vraiment de différence entre une évaluation et une ACM. L'évaluateur et l'agent immobilier étudient l'un et l'autre tous les facteurs qui influent sur la valeur de votre propriété (tels que l'emplacement, la superficie du terrain, l'état général de la propriété et les commodités). Ils vérifient les prix de vente récents et le prix demandé actuellement pour des propriétés similaires dans votre quartier, examinent les caractéristiques plus en détail et font un rajustement à la hausse ou à la baisse pour déterminer la *juste valeur marchande* (JVM). Si, par exemple, vous avez un garage double attenant, votre maison peut valoir légèrement plus qu'une autre maison située dans la même rue et qui a, comme la vôtre, deux étages, trois chambres à coucher, quatre salles de bain et un sous-sol fini – mais seulement un abri auto.

La plupart des agents immobiliers vous prépareront gratuitement une ACM, mais avec les évaluateurs, ce service est toujours payant. Si vous ne passez pas par un agent, vous devriez absolument faire appel à un évaluateur indépendant. La plupart des institutions financières acceptent uniquement les évaluations réalisées par des évaluateurs professionnels agréés. (Vous trouverez d'autres conseils sur les évaluations de propriétés à vendre au chapitre 19.)

Votre acheteur peut inclure dans son offre une clause (une condition) stipulant que l'offre est conditionnelle à la confirmation du prix de vente de la propriété par une évaluation indépendante. Si l'évaluation de votre acheteur révèle que son offre est supérieure à la valeur de votre maison, il peut la retirer, ou son prêteur hypothécaire peut refuser de financer l'achat.

Déterminer le prix de vente : les trois erreurs les plus courantes

D'accord, c'est votre maison : vous pouvez en demander le prix que vous voulez. Mais nous sommes là pour vous conseiller la prudence. Même si votre orgueil de propriétaire vous souffle à l'oreille que votre maison vaut un million de dollars, le marché, lui, peut être d'un tout autre avis. Votre prix d'inscription joue fortement sur vos chances de réussir la vente. C'est ce qui peut faire en sorte que des acheteurs motivés se précipiteront sur votre maison ou, au contraire, que votre propriété traînera pendant des mois dans les petites annonces. Voici les trois erreurs principales que les vendeurs commettent souvent au sujet du prix.

Le vendeur tente de réaliser un profit élevé

Le raisonnement du vendeur qui fixe un prix de vente élevé est plus ou moins le suivant : « Si quelqu'un est prêt à payer ce montant, tant mieux! Je vais réaliser un profit. S'il faut que je baisse un peu le prix pour la vendre, je n'y perdrai rien parce qu'elle partira de toute façon au juste prix. » Malheureusement, ça ne marche pas comme ça. C'est dans les premières semaines de sa mise sur le marché qu'une propriété attire le plus les acheteurs. Si votre prix est trop haut, vous courez le risque qu'ils l'ignorent. Pour dire les choses clairement, si votre maison vaut 450 000 $ mais que vous tenez à l'inscrire à 525 000 $, les acheteurs qui devraient s'y intéresser ne le feront pas parce que le prix demandé ne correspond pas à leur budget. Si vous ne fixez pas le bon prix dès cette période cruciale des premières semaines, l'attrait pour la propriété se sera évaporé au moment où vous déciderez de baisser le prix. Même à ce moment-là, les acheteurs qui regarderont l'inscription avec le prix baissé se diront : « Si la propriété est restée sur le marché si longtemps et que le vendeur continue à baisser le prix, c'est qu'il doit y avoir un problème. » Ce raisonnement peut être faux, mais c'est la perception des acheteurs. Et ceux-ci auront peut-être déjà décidé d'acheter une autre propriété au moment où vous baisserez votre prix.

En plus, si le premier prix que vous demandez est excessif, les acheteurs auront l'impression qu'il n'y a pas de concurrence et ne se presseront pas pour faire une offre. D'une façon ou d'une autre, au moment où vous baisserez le prix, les agents immobiliers (et leurs acheteurs) auront perdu tout intérêt. Et vous pourriez vous retrouver dans l'obligation de vendre la maison moins cher que ce que vous auriez obtenu en fixant un prix réaliste dès le début.

Nous sommes des Québécois : nous sommes polis. En général, le premier mois de l'inscription, et même par la suite, les acheteurs ne présentent pas d'offre substantiellement inférieure au prix demandé, même si l'offre correspond à la juste valeur marchande. Vous croyez peut-être pouvoir demander un prix élevé pour qu'un acheteur vous présente une offre basse, et négocier ensuite, mais il est très probable que vous ne recevrez aucune offre (ni aucune marque d'intérêt).

Le seul cas où un vendeur peut se montrer « optimiste » sur le prix demandé est dans le contexte d'un marché de vendeur en ébullition, où très peu de propriétés, voire aucune, ne concurrencent directement la sienne. C'est seulement dans ce scénario de rêve que vous pouvez fixer un prix de vente plus élevé que celui de l'ACM. Mieux, vous êtes susceptible recevoir des offres d'acheteurs concurrents, ce qui pousse le prix à un niveau supérieur à ce que vous aviez escompté.

Fixer le prix de vente en fonction de vos besoins

Beaucoup de vendeurs ont une idée de l'endroit où ils vont déménager (ou ont déjà une nouvelle maison en tête) et connaissent le montant que doit leur rapporter la vente de leur propriété actuelle pour qu'ils puissent en acheter une autre. D'autres vendeurs pensent à faire le choix d'un bien moins coûteux afin d'obtenir des fonds à réinvestir pour leur retraite. Disons les choses franchement : les acheteurs se moquent de vos besoins. Ils ont leurs propres préoccupations, dont l'une est de payer leur nouvelle propriété à sa juste valeur marchande. Si vous maintenez un prix trop élevé parce que « vous avez besoin de cet argent », vous ne réussirez tout simplement pas à vendre.

Fixer le prix de vente en fonction de « l'argent que vous avez mis » dans la maison

Même si vos rénovations vous ont coûté 30 000 $, cela ne signifie pas que vous pouvez augmenter automatiquement le prix de vente de 30 000 $.

Certaines améliorations peuvent accroître la valeur de votre maison (par exemple, il vaut mieux rénover la cuisine et les salles de bain car cela contribue à sa valeur de revente), d'autres non. Cependant, il faut souligner que si vos aménagements sont trop personnalisés (la fameuse maison avec la cuisine turquoise et orange, c'est à vous ?), vous pouvez y perdre.

Améliorer l'aspect esthétique de la maison, par exemple en lui redonnant un coup de peinture (neutre), est toujours un bon investissement. Même si cela n'augmente pas beaucoup sa valeur, procéder à quelques petites retouches est relativement peu coûteux et très utile pour donner à l'acheteur une bonne première impression. Un bon agent immobilier sait ce qui compte et ce qui ne compte pas, de même que la plupart des acheteurs. Le chapitre 20 vous donne des conseils sur les rénovations les plus intéressantes pour les vendeurs.

La vente de votre maison : arithmétique gagnante

Comme les prix de l'immobilier grimpent d'année en année, vous pensez peut-être que vous ramasserez forcément le gros lot en vendant votre bungalow. Mais vous ne devez pas oublier que vendre une propriété entraîne beaucoup de dépenses. Nous vous recommandons donc de faire quelques calculs simples avant de commencer à rêver sur ce qui va atterrir dans vos poches grâce à la vente de votre propriété.

Estimer les coûts associés à la vente

Apparemment, la logique économique sur laquelle repose la vente d'une maison est simple. Vous vendez votre maison et vous espérez obtenir assez d'argent pour en acheter une autre. Si vous vendez votre maison actuelle plus cher que la nouvelle, il vous paraît logique de conclure que vous avez fait des économies. Malheureusement, il y a quelques étapes entre le début et la fin du processus qui peuvent faire baisser nettement le montant que vous rapportera la vente de votre maison actuelle. Avec une bonne planification, vous pouvez estimer de manière exacte le produit de la vente… Nous nous proposons donc de décrire les dépenses que vous devez assumer à titre de vendeur.

La commission de courtage immobilier

À moins que vous n'ayez du temps et de l'énergie à revendre, vous demanderez sûrement à un agent immobilier de vous aider à vendre votre maison. Au moment de la vente, votre agent reçoit une commission, qui se calcule généralement en pourcentage du prix de vente, comme celle de l'agent immobilier de votre acheteur... mais... c'est vous qui payez les deux! Habituellement, les commissions représentent entre 2,5 % et 6 % du prix de vente, mais les taux sont négociables. Certains agents demandent un prix fixe pour inscrire votre propriété; le plus souvent, ce sont des agents à escompte, ce qui signifie que vous risquez de devoir vous occuper de certaines tâches vous-même, comme les visites de votre maison. Beaucoup d'agents immobiliers qui ont un prix fixe ne couvrent pas les frais de publicité locale et n'organisent pas de visites libres. Si vous décidez de procéder à une vente privée, vous risquez de devoir composer avec des acheteurs qui ont un agent, et de vous retrouver dans l'obligation de payer de toute façon certains frais de courtage.

Les frais de notaire

La vente d'une propriété nécessite des documents juridiques complexes. Vous aurez besoin d'un notaire pour la rédaction ou l'examen de toutes les formalités et documents. Les honoraires varient selon le volume de travail.

Les réparations ou rénovations

La plupart du temps, il n'est pas du tout nécessaire de rénover une maison pour la vendre. Si vous avez bien entretenu la vôtre ou si sa construction est relativement récente, des réparations mineures pourraient suffire. La première impression est primordiale : que votre propriété soit neuve ou non, vous devez porter attention à son aspect esthétique (peinture écaillée, robinets qui fuient, poignées de porte défectueuses, etc.). Plus votre maison est attrayante, plus elle se vendra vite. Pour vous préparer à la vente, consultez votre agent immobilier sur les améliorations à faire et les détails à régler.

Votre acheteur fera inspecter votre propriété (pour vérifier les problèmes éventuels de plomberie ou de structure, etc.) afin de savoir, le cas échéant, quels travaux doivent être faits. Le coût de toute réparation à faire peut être déduit du prix de vente, avec une marge d'erreur probable qui profitera à l'acheteur. Si vous soupçonnez l'existence d'un problème majeur, par exemple, ou si vous habitez dans un quartier où les inscriptions sur les propriétés (souvent des condos) indiquent couramment à l'acheteur potentiel qu'un rapport d'inspection est favorable, songez à faire inspecter votre maison. D'ailleurs, les vendeurs se servent souvent de l'inspection comme outil de marketing pour démontrer aux acheteurs à quel point leur maison est « impeccable » et en tirer le maximum. Si vous vendez un condominium dont *le rapport technique est favorable*, c'est un excellent argument de vente : ne vous en privez pas. Un rapport d'inspection très élogieux émanant d'un bureau respecté est un élément qui motive les acheteurs potentiels. Par contre, si l'inspection révèle un défaut majeur, vous êtes tenu légalement de leur divulguer cette information.

Devez-vous ou non débourser les frais d'un service d'inspection du bâtiment ? Il n'y a pas de bonne réponse à cette question. Pour vous, cela peut représenter une perte d'argent puisqu'il y a de fortes chances que les acheteurs fassent tout de même faire leur propre inspection. D'un autre côté, si vous la faites faire, cela peut être un avantage à la table de négociations. Parlez-en à votre agent (si vous en avez un) et jetez un œil au chapitre 9 qui donne d'autres renseignements sur ce sujet. Si vous décidez de faire inspecter votre maison, n'oubliez pas d'inclure les frais de ce service dans le calcul du montant total des réparations et des rénovations.

Rembourser votre hypothèque avant terme

Si vous n'avez pas d'hypothèque, bravo ! Donnez-vous une petite tape sur l'épaule et passez au point suivant. Sinon, continuez à lire ! La plupart des prêteurs hypothécaires ont quelques solutions à vous offrir si vous vendez votre maison, en fonction des conditions particulières à votre convention hypothécaire actuelle. Vous pourriez être autorisé à transférer votre hypothèque sur votre nouvelle propriété, à la rembourser plus tôt ou à en transférer le solde à l'acheteur. (Nous décrivons ces possibilités au chapitre 16.)

N'OUBLIEZ PAS !

Les prêteurs imposent souvent des frais juridiques et/ou des pénalités lorsqu'un vendeur met fin à son hypothèque au moment de la vente. N'oubliez pas que ces frais peuvent atteindre des milliers de dollars. Vérifiez ce que vous permet de faire votre convention hypothécaire et demandez à votre prêteur ce que cela pourrait vous coûter. Ces frais sont parfois négociables. Si vous êtes un client fidèle depuis des années, vous pourriez négocier à la baisse une *pénalité pour remboursement anticipé*, mais n'y comptez pas trop. Bon nombre de prêteurs ont pour politique de ne pas renégocier. Quelle que soit l'entente que vous aurez conclue avec le vôtre, assurez-vous d'en obtenir une copie par écrit.

Les taxes foncières et les services d'utilité publique payés d'avance

Il est peu probable que le jour où vous réglez habituellement vos taxes foncières soit aussi celui où vous vendez votre maison (si vous faites partie des chanceux, passez au point suivant). Sur le contrat de vente, il y aura une *date d'ajustement* (le jour où l'acheteur devient pleinement responsable du paiement des taxes foncières, etc.). En général, cette date est la même que la *date de prise de possession* ou de remise des clés à l'acheteur. En fait, votre acheteur peut devoir vous rembourser une partie de vos taxes foncières annuelles (ou c'est vous qui pouvez lui devoir de l'argent si vous ne les payez pas à l'avance). De même, les services d'utilité publique payés d'avance, les frais de copropriété ou les évaluations doivent être examinés. (L'*état des rajustements* indique le résultat net pour le vendeur ou pour l'acquéreur, en tenant compte du prix d'achat, du dépôt, des commissions de courtage, des frais juridiques, de la taxe sur les transactions immobilières, des taxes foncières et de tous les autres rajustements.)

Les frais de déménagement

Évidemment, le coût du déménagement dépend du volume de vos effets personnels, de la distance parcourue et de l'entreprise de déménagement choisie. D'autres facteurs entrent en ligne de compte, comme la période de l'année à laquelle vous déménagez et les articles à manipuler avec soin (votre piano à queue, par exemple). Faites vos devoirs. Allez voir ce que vous avez accumulé au fil des années pour savoir combien vous devrez payer pour tout déménager vers votre nouvelle résidence. Un coup de téléphone ou même quatre, et quelques heures de plus pour savoir ce que contiennent votre sous-sol et votre garage, c'est beaucoup moins embêtant que de sous-estimer votre budget de déménagement de plusieurs milliers de dollars… ou de vous rendre compte trop tard que c'est trois pièces remplies de souvenirs impérissables que vous avez réussi à entasser dans votre 3 ½ (dont les deux tiers ne pourront pas être casés dans le camion de déménagement).

Les frais d'arpentage ou les polices d'assurance titres

Certaines banques demandent un certificat de localisation avant d'approuver une hypothèque immobilière. (Ce n'est pas nécessaire pour une copropriété. La plupart des immeubles en copropriété ont un plan d'immeuble ou un plan d'ensemble qui représente la division de la superficie totale au sol.) Habituellement, ces frais sont à la charge de l'acheteur (comme vous le savez sans doute déjà), mais il arrive que les vendeurs aient déjà un certificat de localisation qui remonte à la date où ils ont acheté la propriété. Si aucune modification ou ajout n'a été apporté à la propriété, le certificat de localisation du vendeur peut encore être accepté par la banque. Les frais de ce document dépendent de la taille et des particularités de la propriété (mais attention : ils peuvent atteindre 1 000 $). À la place du certificat de localisation, certains prêteurs acceptent une assurance titres qui, en fait, garantit le titre de propriété contre tout litige portant sur les limites de la propriété, ou même contre la fraude. Le coût de l'assurance titres varie généralement selon la taille et/ou la valeur de la propriété. Votre courtier en hypothèque ou votre prêteur pourront vous donner des renseignements précis à ce sujet.

Les frais d'évaluation

Vous devez connaître la valeur de votre maison avant de fixer le prix de vente. Si vous ne faites pas affaire avec un agent immobilier, vous pouvez engager un évaluateur professionnel qui vous remettra un avis d'expert. (Vos acheteurs feront tout de même faire leur propre évaluation, parce que leur prêteur l'exige ou simplement pour s'assurer que le prix proposé est bon.) Si vous faites appel à un agent immobilier d'expérience et de bonne réputation, vous pouvez peut-être vous passer de l'évaluation qui précède l'inscription.

(Vous trouverez davantage de renseignements sur les évaluations au chapitre 19.)

N'OUBLIEZ PAS !

Ne confondez pas inspection et évaluation. Une inspection doit servir à déceler tout défaut structurel majeur ou tout problème touchant les installations de votre propriété – problèmes qu'il faudra régler avant la transaction –, tandis qu'une évaluation est une vérification de la valeur marchande de votre propriété. Certains problèmes relevés à l'inspection peuvent être pris en compte par l'évaluateur, mais son objectif réel est d'estimer la valeur finale en dollars de votre bien.

Les dépenses liées à la région

Dans certaines régions, les bâtiments sont exposés à des risques particuliers. Comme vendeur, vous pourriez avoir à payer certains frais en raison d'un problème qui existe dans la région où est construite votre maison.

Croyez-le ou non, certaines régions sont infestées par les termites. Si c'est le cas de la vôtre, vous pouvez demander une inspection spéciale. Faire vérifier qu'une maison n'est pas infestée par des insectes ou autres ravageurs peut faire partie d'une inspection ordinaire, mais si vous vivez dans une région connue pour les infestations de ravageurs, vous pourriez devoir payer pour une inspection spéciale. Dans certains cas, il est possible d'obtenir une garantie contre l'infestation de termites. Si vous en avez une et que vous l'avez renouvelée, elle peut éviter les frais d'inspection.

La TPS/TVQ

Que la vente de votre maison soit exemptée ou non de la TPS/TVQ (voir, plus loin dans ce chapitre, « Quelques bonnes nouvelles fiscales »), ces taxes s'appliquent à la plupart des services dont vous aurez besoin pour vendre votre maison. Vous devez donc vous attendre à ce que les agents immobiliers, les notaires, les évaluateurs, les inspecteurs en bâtiment, les arpenteurs (et n'importe quel autre professionnel auquel vous demanderez un service pour la vente de votre maison) vous réclament de leur verser la TPS/TVQ en plus de leurs honoraires.

La vente d'une maison est une entreprise coûteuse. Malheureusement, l'argent n'est pas la seule chose qu'il faut investir ! Vous devrez aussi y consacrer du temps, et même beaucoup de temps ! Il nous est impossible de chiffrer tout ce que vous allez devoir débourser : vous devrez faire le calcul vous-même. Chaque situation est différente et doit être étudiée, ce qui prend des heures. Le vieux dicton « Le temps, c'est de l'argent » s'applique parfaitement à la vente d'une maison. Il y a beaucoup de choses que vous devrez laisser à d'autres, et beaucoup de choses que vous serez obligé de faire seul. Chaque tâche que vous déléguerez vous coûtera de l'argent. Chaque tâche que vous ferez vous-même vous prendra du temps.

À votre calculatrice !

Lorsque vous aurez une idée des dépenses que vous devrez effectuer pour vendre votre maison, vous pourrez estimer le montant que la vente vous rapportera. (Nous prenons l'hypothèse de la meilleure transaction.)

Une fois que vous aurez trouvé la valeur marchande anticipée de votre propriété et calculé toutes les dépenses que nous venons de décrire, le plus dur sera fait. Vous n'aurez plus qu'à remplir le tableau 15-1 pour calculer le produit net de la vente. Commencez par inscrire le prix de vente estimé de votre maison et déduisez tous les coûts liés à la vente. Ce qui reste, c'est le profit net de la vente.

Tableau 15-1 : Calculer le profit net de la vente

Poste	*Montant*
Prix de vente estimé	___________
— Commission de courtage et/ou prix fixe	___________
— Frais de notaire	___________
— Réparations ou rénovations	___________
— Remboursement avant échéance de l'hypothèque	___________
— Taxes foncières et services d'utilité publique prépayés (+/–)	___________
— Frais de déménagement	___________
— Frais d'arpentage (s'il y a lieu)	___________
— Frais d'évaluation (s'il y a lieu)	___________
— Dépenses liées à l'emplacement (s'il y a lieu) : inspection contre les termites, vérification de l'eau de puits, etc.	___________
— TPS/TVQ (si elles ne sont pas déjà incluses)	___________
Profit net de la vente	___________

Quelques bonnes nouvelles fiscales

Le gain que vous réalisez en vendant votre maison (n'oubliez pas que nous avons choisi l'hypothèse de la meilleure transaction) et l'argent que vous dépensez pour déménager pourraient être déductibles d'impôt (oui, oui, vous avez bien lu !). Nous vous expliquons brièvement les règles.

L'exemption pour résidence principale

Si vous habitez dans votre maison depuis que vous l'avez achetée, une exemption d'impôt s'applique à l'intégralité du produit de la vente : il s'agit de l'*exemption pour résidence principale*. Si vous êtes dans cette situation, passez au point suivant. Par contre, si vous avez acheté un terrain résidentiel et que vous avez attendu pour y faire construire votre maison, ou si vous avez loué votre maison pendant quelques années pour aller chasser la truffe dans la campagne française, ou encore si, pour une autre raison, votre maison n'était pas votre résidence principale pendant une certaine période de temps alors que vous en étiez propriétaire, lisez la suite.

Si le prix de vente final de votre maison est inférieur à celui que vous avez payé pour l'acheter, le montant réalisé n'est pas imposable. Quelle générosité, n'est-ce pas ? Si vous êtes dans cette situation, vous pouvez, vous aussi, passer au point suivant. Si le prix de vente est supérieur à celui que vous avez payé pour acheter votre propriété, une partie de cet argent pourrait être imposable. Vous voudrez sans doute discuter avec votre comptable de votre situation particulière, mais ces quelques renseignements vous donnent une bonne idée du niveau d'imposition sur le produit de la vente de votre maison.

Prenons l'exemple de la famille Chaput. En 1994, Marcelle et Louis Chaput ont acheté un joli terrain situé juste à l'extérieur de Rimouski. Ils étaient déjà parents d'une fille mais espéraient avoir d'autres enfants une fois qu'ils seraient installés dans leur nouvelle propriété. Ils ont loué pendant trois ans pour faire construire la maison de leurs rêves, dont la construction s'est finalement terminée en 1997. Les Chaput y ont vécu heureux. La ville a grandi, tout comme leur famille. Des jumeaux sont nés. Et les Chaput ont décidé de vendre et de déménager dans une localité plus rurale en 2004 : Louis pourrait travailler à partir de chez lui, Marcelle pourrait avoir un immense jardin, et les enfants auraient plus d'espace pour jouer. En raison de l'influx important de nouveaux résidents à Rimouski, les prix immobiliers ont enregistré une hausse vertigineuse. Les Chaput ont donc réussi à vendre leur maison 250 000 $, c'est-à-dire plus du double de ce qu'ils avaient payé au départ pour la faire construire entre 1994 et 1997. Marcelle et Louis ont calculé leur gain imposable sur la vente de leur maison en remplissant leur déclaration de 2005 à l'aide de l'*exemption pour résidence principale* :

> 7 années comme résidence principale (1997 à 2004) + 1 an (année d'imposition courante) = 8 ans
>
> 8 ans ÷ 10 ans comme propriétaires (1994 à 2004) = 0,8
>
> 0,8 x le profit de la vente (calculé comme suit : profit net de la vente moins le montant payé initialement pour la maison), ce qui donne :
>
> 0,8 x (250 000 $ - 100 000 $) = 80 000 $

Le montant non imposable est donc de 80 000 $!

Si 80 000 $ du profit de la vente ne sont pas imposables, Marcelle et Louis ne seront imposés que sur 70 000 $: (250 000 $ - 100 000 $) - 80 000 $, soit la différence entre le profit de la vente et la portion non imposable du montant de la vente, selon le calcul effectué à l'aide de la formule d'exemption pour résidence principale.

Si vous êtes devenu propriétaire de votre résidence principale avant 1982, la formule à utiliser est un peu plus complexe que celle de l'exemption pour résidence principale, en raison d'un changement apporté à la politique fiscale en 1981. Pour les propriétaires de longue date, la méthode est la même, sauf qu'il faut calculer la portion exemptée deux fois, à supposer que la maison a été vendue le 31 décembre 1981, à la juste valeur marchande de l'année, et que le rachat a eu lieu le 1er janvier 1982.

Les crédits d'impôt pour déménagement

Si vous vous relocalisez pour occuper un nouvel emploi (ou si vous êtes muté), si vous êtes travailleur indépendant et que vous vous réinstallez pour des raisons professionnelles, ou si vous déménagez pour devenir un étudiant à temps plein dans un établissement postsecondaire, vos frais de déménagement et vos frais liés à la vente sont déductibles d'impôt. Ces dépenses comprennent tous les coûts associés à la vente qui sont énumérés au tableau 15-1, sauf les réparations et/ou les rénovations. Mais vos frais de déplacement personnels, repas et hébergement sont inclus. Sont également compris les frais d'expédition et d'entreposage de vos biens, et jusqu'à 15 jours de logement temporaire dans une chambre avec repas à proximité de votre domicile actuel ou futur. Même les frais de notaire et les droits de mutation (appelés affectueusement « taxe de bienvenue ») versés à l'achat de votre nouvelle propriété sont considérés comme des frais de déménagement. Mais il y a une condition : pour profiter de ces crédits, votre nouvelle propriété doit vous rapprocher d'au moins 40 kilomètres de votre nouvelle école ou de votre nouveau lieu de travail. (Autrement dit, si vous déménagez d'un quartier à l'autre de la ville, faites une croix sur ce crédit d'impôt.)

Comme pour les allègements fiscaux, certains critères d'admissibilité s'appliquent. Pour en savoir plus, communiquez avec l'Agence du revenu du Canada qui vous fournira les renseignements nécessaires et les formulaires de demande de remboursement. (Consultez le site Web de l'ARC au `www.cra-arc.gc.ca`, et faites une recherche à partir des termes « déménagement » et « résidence principale », ou demandez à votre comptable ou à votre conseiller financier de vous aider.)

Chapitre 16

Concilier la vente et l'achat d'une propriété

Dans ce chapitre :

- Des solutions de financement pour les titulaires d'hypothèques
- L'achat d'une propriété plus chère : les solutions
- L'achat d'une propriété moins chère : les solutions
- Obtenir une hypothèque inversée
- Synchroniser l'achat et la vente
- Décider de ne pas vendre

Maintenant que vous avez mesuré les avantages et les inconvénients et que vous avez bien réfléchi, vous estimez que vous (et votre budget) avez les moyens de vendre votre maison. Vous pensez sans doute qu'à présent, vous n'avez plus qu'à vous asseoir et à tranquillement attendre que les acheteurs se ruent sur votre maison. Pas si vite ! Avant de vous asseoir, vous devez encore résoudre quelques problèmes comme le choix de votre prochaine propriété et la façon dont vous allez financer cet achat.

Vous vous souvenez de tout le mal que vous vous êtes donné pour acheter la maison où vous habitez en ce moment ? Eh bien, la mauvaise nouvelle, c'est que l'histoire va se reproduire, non seulement pour vendre mais aussi pour acheter. La bonne nouvelle, c'est qu'il est plus facile d'acheter la deuxième fois (voire la troisième ou la quatrième) que la première. Si vous vendez pour la deuxième fois, vous avez déjà une idée précise de ce que demande la gestion simultanée de la vente d'une résidence et de l'achat de la suivante – vous l'avez probablement appris « à la dure ». Par contre, si vous faites partie des heureux propriétaires qui vendent leur maison pour la première fois, vous trouverez dans ce chapitre des conseils sur les mesures à prendre *avant* d'avoir des ennuis.

Que faire de votre hypothèque actuelle ?

Que devient votre hypothèque actuelle si vous vendez votre maison ? Trois solutions s'offrent à vous :

- Rembourser votre hypothèque.
- Laisser l'acheteur de votre propriété reprendre votre hypothèque.
- Transférer votre hypothèque sur votre nouvelle maison.

Lorsqu'ils ont décidé d'acheter leur première maison, vos parents ont probablement dû se mettre à genoux devant leur banquier pour qu'il leur accorde une hypothèque. Les temps ont bien changé. Aujourd'hui, le marché hypothécaire est dominé par les acheteurs. Au lieu de vous mettre à genoux, vous pouvez rester debout et demander aux prêteurs ce qu'ils peuvent faire pour vous. Voici quelques-unes des solutions qu'un prêteur peut vous proposer :

- Une réduction du taux d'intérêt affiché en vigueur, si vous avez besoin d'une nouvelle *première* hypothèque sur une propriété. (Le nombre de prêts hypothécaires que vous avez déjà obtenus pour d'autres propriétés est sans importance. Le seul critère, c'est la propriété que vous vous préparez à acheter.)
- Un programme de services juridiques, qui vous permet de faire appel aux avocats du prêteur, à un tarif moins élevé, pour la *cession* du titre et la préparation des documents hypothécaires. La cession du titre consiste à transférer la propriété, à l'enregistrer au nom du nouveau propriétaire et à enregistrer l'hypothèque au bureau compétent d'enregistrement des titres fonciers. (Le chapitre 21 donne d'autres renseignements sur le transfert de titres.)
- Une évaluation gratuite : vous pouvez économiser plusieurs centaines de dollars si c'est votre prêteur qui absorbe ce coût.

TRUC

Comme nous l'avons souligné au chapitre 3, le monde financier est beaucoup plus concurrentiel qu'il ne l'était il y a à peine quelques années. Un entretien avec un courtier hypothécaire peut vous aider à obtenir, avec le minimum d'efforts, le meilleur taux d'intérêt et les meilleures conditions possible.

Rembourser votre hypothèque avant terme

Si vous êtes propriétaire de votre maison depuis longtemps, vous avez peut-être accumulé un *avoir propre foncier* important. L'avoir propre foncier est la différence entre la valeur marchande de votre propriété et le solde de votre prêt hypothécaire. Par exemple, si votre maison vaut 250 000 $ et que vous n'avez plus que 12 000 $ à payer sur votre hypothèque, vous avez accumulé un avoir propre foncier de 238 000 $. Si vous n'avez plus qu'un petit montant à payer pour rembourser complètement votre hypothèque, vous pourriez envisager un *remboursement avant terme*.

La plupart des prêteurs proposent des plans de financement pour aider leurs clients à se libérer plus rapidement de leur hypothèque sans avoir à payer de frais de pénalité élevés. Avec un plan de financement, vous pouvez faire l'une des choses suivantes pour rembourser plus rapidement votre hypothèque :

- Augmenter le montant de vos versements hypothécaires.
- Augmenter la fréquence de vos versements hypothécaires.
- Exercer des options de *remboursement anticipé*. (Vous pouvez payer un certain montant sur le principal chaque mois ou chaque année en plus de vos versements réguliers, ou payer un pourcentage du principal du prêt chaque fois que vous en renouvelez le terme.)

Opter pour l'une des options susmentionnées réduit le laps de temps qu'il vous faudra pour liquider votre hypothèque. (Le chapitre 3 traite en détail des hypothèques.)

Si vous êtes du genre à planifier à long terme et que vous pensez vendre votre maison d'ici les cinq prochaines années, vous pouvez voir avec votre prêteur s'il est possible de renégocier votre terme. Vous pourriez modifier votre calendrier de versements ou négocier un renouvellement d'hypothèque de façon à rembourser le plus rapidement possible sans pénalité (des frais de pénalité doivent être versés au prêteur pour l'indemniser d'un remboursement anticipé).

ATTENTION !

Si vous voulez liquider votre hypothèque d'un seul coup, vous risquez d'avoir des frais de pénalité. Le montant peut varier énormément selon les conditions de votre hypothèque initiale et le taux d'intérêt négocié. Assurez-vous de lire tous les paragraphes en petits caractères et demandez à votre courtier hypothécaire ou à votre prêteur de vous expliquer les conséquences d'un remboursement avant terme de votre hypothèque.

TRUC

Certains établissements financiers sont prêts à négocier les frais de pénalité si votre acheteur contracte auprès d'eux sa propre hypothèque ou si vous faites affaire avec le même prêteur pour votre prochaine hypothèque, mais n'y comptez pas trop. Quelle que soit l'entente que vous avez avec votre prêteur, obtenez-en une copie *par écrit*.

Laisser votre acheteur reprendre votre hypothèque

Si vous vous efforcez de bonifier la transaction pour un acheteur potentiel et que votre taux hypothécaire actuel est plus bas que le taux en vigueur, vous pourriez profiter de l'option de *prise en charge*. Essentiellement, grâce à cette option, votre acheteur peut reprendre votre hypothèque à son taux actuel lorsqu'il achète votre maison. La prise en charge n'est souvent possible qu'avec des prêts hypothécaires à taux fixe. (Le taux fixe et d'autres formules de prêt hypothécaire sont décrits au chapitre 3.)

Toutefois, il est plutôt rare qu'un acheteur reprenne l'hypothèque d'un vendeur. Si, pour une raison ou une autre, un acheteur s'intéresse à la vôtre, vous auriez sans doute intérêt à la garder au lieu d'en demander une autre alors que le taux d'intérêt courant est plus élevé. Une prise en charge par l'acheteur est envisageable uniquement dans les cas suivants : vous avez une excellente hypothèque et votre premier objectif est de vendre *rapidement* (et vous avez les moyens de ne pas transférer cette merveilleuse hypothèque sur votre prochaine maison), ou vous vous trouvez sur un marché d'acheteur très difficile dans lequel un taux hypothécaire plus bas peut jouer un rôle incitatif.

Voici comment l'option de prise en charge peut s'exercer. Votre acheteur doit satisfaire aux exigences de votre prêteur en matière de crédit pour que celui-ci accepte de transférer votre hypothèque à son nom. Il se peut également que vous ayez à couvrir les frais (qui peuvent être très importants) des services juridiques et administratifs. Heureusement, comme la plupart des prêteurs exigent maintenant que l'acheteur respecte leurs normes en matière de crédit et de revenus, le vendeur ne risque plus de se retrouver dans l'obligation d'assumer la responsabilité financière si son acheteur manque à ses engagements hypothécaires, ce qui était auparavant le cas dans certaines provinces.

Pour vous, une prise en charge de votre hypothèque par votre acheteur présente trois avantages :

- Une hypothèque que l'acheteur peut prendre en charge est un outil de marketing : l'attrait d'un faible taux d'intérêt peut être le coup de pouce que l'acheteur attend pour se décider.

- Comme votre prêteur connaît déjà votre propriété, il peut renoncer à exiger l'évaluation de sa valeur marchande, ce qui fait économiser à l'acheteur quelques centaines de dollars et peut rendre votre maison plus attrayante à ses yeux.
- Si l'acheteur reprend votre hypothèque, vous n'avez plus à assumer les frais de pénalité pour remboursement avant terme, ce qui vous fait économiser encore plus d'argent.

Laisser votre acheteur reprendre votre hypothèque ne vous libère pas nécessairement de toute responsabilité si le nouveau propriétaire cesse de la rembourser ! Vous devez être absolument certain que vous êtes *pleinement délié* de toute obligation à l'égard de l'hypothèque à partir du moment où votre acheteur la prend en charge, et en obtenir l'assurance *par écrit*.

Transférer votre hypothèque sur votre nouvelle maison

La plupart des conventions hypothécaires comportent une option de *transférabilité*, qui permet d'appliquer l'hypothèque de votre maison actuelle à une nouvelle maison, si vous décidez de vendre. Le « transfert » peut être la meilleure solution si votre dette hypothécaire est encore trop élevée pour que vous puissiez la rembourser immédiatement, et si votre taux hypothécaire est inférieur au taux en vigueur.

Le plus souvent, seules les hypothèques à taux fixe sont transférables. Si vous avez besoin d'un financement supplémentaire pour acheter votre nouvelle maison, il est généralement possible d'emprunter d'autres fonds au taux en vigueur. Dans ce cas, votre nouveau taux sera une moyenne entre le taux de votre prêt hypothécaire actuel et le taux d'intérêt en vigueur. Par exemple, s'il vous reste trois ans sur un terme de cinq ans, vous pourriez emprunter les fonds supplémentaires au taux qui continue à s'appliquer pour les trois ans. (Le prêt supplémentaire de 20 000 $ que vous demandez pour financer votre nouvelle propriété sera combiné avec votre hypothèque au taux des trois ans qui restent.) L'hypothèque supplémentaire que vous venez de contracter pour acheter votre nouvelle maison a la même date d'expiration que votre hypothèque initiale. Au moment de les renouveler, vos deux hypothèques seront fusionnées en une seule.

RENSEIGNEZ-VOUS

Devriez-vous garder l'hypothèque que vous avez déjà ?

Si vous vous posez des questions sur les avantages que présenterait pour vous un transfert d'hypothèque, vous pouvez vous informer en ligne sur les répercussions financières de ce choix. Naviguez sur Internet pour trouver une calculatrice hypothécaire en ligne. Simulez une situation où vous transférez votre hypothèque actuelle et où vous empruntez au taux en vigueur. La calculatrice indique votre nouveau taux d'intérêt moyen et le montant de vos versements. Il vous suffit alors de multiplier les versements par le nombre de mois du terme de l'hypothèque pour obtenir le montant total que vous aurez à verser si vous transférez votre hypothèque vers votre nouvelle maison. Utilisez la calculatrice d'hypothèque une autre fois pour avoir le montant total que vous devriez payer pour une nouvelle hypothèque, quel que soit le taux d'intérêt en vigueur. Si le montant total est inférieur au montant que vous verseriez en gardant votre hypothèque actuelle avec un nouveau taux d'intérêt mixte, vous êtes sûr d'économiser en remboursant votre hypothèque actuelle au lieu de la transférer. Vous devez simplement vous assurer que les économies que vous réaliserez avec la nouvelle hypothèque dépassent les frais de pénalité que votre prêteur vous imposera en cas de remboursement avant terme.

Le transfert d'hypothèque est devenu une pratique très courante en raison du faible niveau des taux d'intérêt de ces dernières années. Mais le choix de ce qui constitue la meilleure option pour vous dépend de votre situation financière et des risques que vous êtes prêt à prendre. Si vous avez pris l'habitude de suivre religieusement les fluctuations des taux hypothécaires des dernières années, vous pourriez vous sentir à l'aise à l'idée de laisser votre acheteur reprendre votre hypothèque actuelle de façon à contracter un prêt hypothécaire ouvert à taux variable ou à court terme pour votre nouvelle maison. (Le chapitre 3 donne des explications sur les taux variables et les prêts hypothécaires ouverts ou fermés.) Si l'idée de renégocier votre hypothèque tous les six mois ne vous donne pas de maux de tête, ce serait probablement un moyen d'économiser à long terme.

Si vous n'aimez pas prendre de risques et que vous ne voulez pas passer toutes vos matinées à éplucher les pages financières de votre journal pour surveiller les fluctuations des taux hypothécaires, cela vaut la peine, pour votre tranquillité d'esprit, de payer un peu plus pour transférer votre hypothèque à taux fixe.

L'achat d'une propriété plus chère : les solutions

Si, dans les plans grandioses que vous avez tracés pour votre avenir, vous avez prévu d'investir dans une propriété plus grande et plus haut de gamme que votre minuscule condo à une chambre actuel, vous êtes dans la situation du vendeur qui se prépare à acheter plus cher. Comme n'importe quel vendeur titulaire d'une hypothèque, trois solutions de financement s'offrent à vous : rembourser l'hypothèque avant terme, la faire reprendre par l'acheteur ou la transférer sur la nouvelle propriété. Qu'est-ce qui est le mieux pour vous ? La solution la plus économique dépend de la conjoncture du marché hypothécaire.

- **Si le taux d'intérêt courant sur le marché est égal ou inférieur à celui de votre hypothèque actuelle**, vous pouvez décider de la rembourser et d'en contracter une autre auprès du même prêteur. Comme les prêteurs veulent généralement garder leurs clients en leur accordant un rabais sur le taux hypothécaire courant, vous êtes à peu près certain d'obtenir un taux plus faible. Mais n'oubliez pas que vous aurez des frais de pénalité à payer pour le remboursement anticipé, comme nous venons de l'expliquer.

  Pour ce qui est du remboursement de votre hypothèque avant terme, vous ne devez pas sacrifier des solutions valables pour une diminution d'un demi-point ou d'un point sur votre taux hypothécaire. Par exemple, si votre taux actuel vous permet de payer d'avance le montant que vous voulez tous les six mois, vous pourriez finir par économiser *davantage* en gardant votre hypothèque actuelle et en la remboursant plus vite – même si son taux est plus élevé.

  À l'heure actuelle, comme le marché hypothécaire est très concurrentiel, liquider leur hypothèque semble une solution avantageuse pour de nombreux vendeurs. Les prêteurs ont besoin de garder leurs clients et feront des pieds et des mains pour que vous restiez avec eux. Le taux affiché et le taux négociable sont souvent très différents, de sorte que vous pouvez obtenir un taux inférieur d'un point ou plus par rapport au taux affiché. Avec tous les outils disponibles sur Internet, il vous est facile de vérifier si vous économisez de l'argent, même si vous devez payer des frais de pénalité en remboursant votre hypothèque avant terme.

- **Si le taux d'intérêt hypothécaire affiché en vigueur est supérieur à votre taux actuel**, vous pouvez décider de transférer votre hypothèque et d'emprunter quelques fonds supplémentaires au taux plus élevé. Dans ce cas, votre nouveau taux sera une moyenne des deux taux. Comme vous avez déjà été titulaire d'une hypothèque, vous êtes susceptible d'avoir un meilleur pouvoir de négociation : votre prêteur actuel peut vous proposer une nouvelle hypothèque valable en tenant compte de votre fidélité et de votre bon dossier de crédit; ou un autre prêteur peut rendre sa proposition plus alléchante en vous offrant de meilleures conditions pour vous amener à renoncer à faire affaire avec votre prêteur actuel et vous attirer vers lui.

  Si vous envisagez de transférer votre hypothèque, renseignez-vous auprès de votre courtier hypothécaire ou de votre prêteur sur les frais ou les restrictions qui pourraient s'appliquer. Si vous savez que vous allez contracter une nouvelle hypothèque, vous devez magasiner pour obtenir les meilleures conditions, et recevoir une approbation préalable. La majorité des grands établissements de prêt ont maintenant des services en ligne d'approbation préalable, comme nous l'avons expliqué au chapitre 3.

- **Dans les périodes où la conjoncture peut se retourner (augmentation brutale des taux d'intérêt ou chute catastrophique des prix de l'immobilier)**, vous pourriez envisager de laisser votre acheteur reprendre votre hypothèque afin de rendre votre maison aussi attrayante que possible. Toutefois, dans la plupart des cas, il est probable que cette solution ne soit pas dans votre meilleur intérêt.

  Si vous achetez une maison plus chère, vous n'êtes pas forcément très pressé de vendre. Vous pouvez vous permettre d'attendre un acheteur disposé à vous acheter votre maison au juste prix, de sorte que vous n'avez pas à vendre à perte ni à renoncer à un taux hypothécaire très avantageux. Comme vous avez cette marge de manœuvre, l'option du transfert est défavorable. Mais si vous êtes le dos au mur et que vous voulez aller vite, vous pourriez renoncer à ce taux hypothécaire avantageux pour accélérer la vente. Même si la vente doit être rapide, il peut être plus économique de baisser le prix demandé que d'abandonner un excellent taux hypothécaire.

Le dilemme : acheter ou louer votre prochain logement ?

Louer offre une plus grande souplesse qu'acheter moins cher. Si, après avoir vendu votre maison, vous pensez que vous déménagerez assez rapidement dans une maison de retraite ou dans un autre type de résidence avec assistance personnelle et soins médicaux sur place, vous pourriez vouloir louer pendant le court laps de temps qui devrait s'écouler entre le moment de la vente et celui de votre déménagement à la maison de retraite. Si vous êtes en parfaite santé, louer pourrait vous permettre de résider, pendant vos années de retraite, dans plusieurs de ces petits villages que vous aviez toujours rêvé de visiter sans avoir jamais trouvé le temps de le faire alors que vous travailliez encore.

Si vos obligations de propriétaire vous pèsent, si vous ne pouvez plus vous occuper de votre maison, et si cela ne vous dérange pas de laisser un propriétaire d'immeuble prendre une bonne partie des décisions qui concernent votre logement, la location peut être une solution viable. Toutefois, les condos existent, ne l'oubliez pas. Leurs propriétaires jouissent largement des mêmes libertés que les locataires. L'entretien d'une copropriété est une responsabilité partagée. En plus, vous risquez moins de vous faire cambrioler si vous décidez de quitter votre appartement pour passer les mois d'hiver dans le Sud.

Vous devez savoir que la location comporte trois grands risques : vous serez exposé à l'inflation des loyers, vous devrez composer avec le propriétaire de l'immeuble (qui peut décider de vendre l'appartement que vous lui louez – ce qui signifie que vous vous retrouverez sans logement) et, à chaque déménagement, vous aurez en face de vous un nouveau propriétaire qui ne sera ni très compréhensif ni très juste. Si vous n'avez pas dépendu de quiconque depuis des années et que vous préférez habiter un logement à long terme, l'achat pourrait être la solution la plus sûre.

L'achat d'une propriété moins chère : les solutions

Les enfants ont tous quitté la maison. Vous n'aimez pas le silence qui règne chez vous et vous avez plus d'espace que nécessaire. En plus, disposer d'un peu plus d'argent vous arrangerait bien pour votre retraite qui approche. Utiliser la chambre de Sally pour agrandir votre nouveau bureau à domicile peut être tentant, mais ce serait peut-être plutôt le moment d'échanger votre propriété pour un logement plus petit et moins cher.

Nous vous invitons à vous reporter au chapitre 15 pour calculer le produit net de la vente de votre maison. Calculez le montant que vous voulez dépenser pour votre prochaine propriété. Si vous pouvez effectuer cet achat (en tenant compte de tous les frais liés à la vente de votre maison), allez-y : vendez! Selon votre planification de retraite (et votre état de santé), vous pourriez préférer louer votre prochain logement au lieu de l'acheter. Si (maintenant que vous y avez *bien* réfléchi) vous ne vous voyez pas vivre ailleurs que dans votre maison, ou si vous êtes sûr que vous ne pourrez pas trouver une propriété qui correspond à votre budget, vous pourriez contracter une *hypothèque inversée* (dont nous vous expliquons le principe ci-dessous).

N'OUBLIEZ PAS !

Votre résidence principale est un placement défiscalisé. En utilisant l'argent de la vente de votre propriété pour en acheter une autre, vous faites un investissement qui (il faut l'espérer!) fructifiera à l'abri de l'impôt. Si vous décidez de louer lorsque vous aurez vendu, tout intérêt réalisé par la suite sur le produit de la vente de votre maison sera probablement imposable (sauf si vous investissez l'argent dans un REER), ce qui peut vous faire passer à une tranche d'imposition supérieure. L'appréciation de l'immobilier est un capital dont la croissance est non imposable, mais elle est généralement *lente et régulière*, contrairement aux fonds mutuels ou aux actions, qui génèrent des revenus imposables mais dont l'augmentation et la baisse peuvent varier considérablement selon le marché boursier.

Contracter un prêt hypothécaire inversé

Si vous pensez que des revenus supplémentaires vous aideront à maintenir votre niveau de vie actuel une fois que vous serez à la retraite, ou si vous avez besoin d'un peu plus d'argent pour couvrir les coûts des services de soins personnels, vous pourriez opter pour une *hypothèque inversée*. Ce type d'entente passée entre un propriétaire et un prêteur permet au propriétaire d'avoir accès à des liquidités grâce à la valeur accumulée sur sa maison. Différentes formules existent : votre prêteur peut vous donner un montant forfaitaire ou vous payer par mensualités, vous offrir une marge de crédit ou encore vous proposer une combinaison de toutes ces options.

Des restrictions s'appliquent aux hypothèques inversées qui sont normalement assujetties à certaines conditions d'admissibilité. En règle générale, il faut avoir au moins 60 ans et ne pas avoir de dettes non remboursées sur la maison. Toutefois, il n'y a aucun critère de crédit ni de revenus. Au Canada, les prêts hypothécaires inversés sont accordés dans le cadre du *Programme canadien de revenu résidentiel*. (Les coordonnées du programme figurent sur le site Internet à `www.chip.ca`.)

Vous pouvez obtenir des liquidités représentant entre 10 % et 48 % de la valeur de votre propriété. Le montant total autorisé est déterminé par :

- la valeur de votre résidence ;

- votre âge ;
- les taux d'intérêt en vigueur ;
- le type d'hypothèque inversée que vous choisissez.

Contrairement à un prêt hypothécaire ordinaire, un prêt hypothécaire inversé n'a pas à être remboursé immédiatement. Le remboursement commence au moment où votre maison cesse d'être votre résidence principale. (Un logement n'est plus considéré comme une résidence principale lorsque l'emprunteur déménage, vend ou décède.) Lorsque vous commencez à rembourser l'hypothèque, vous êtes responsable du principal emprunté et des intérêts, et de tous les autres frais juridiques ou administratifs se rattachant à l'entente conclue avec le prêteur.

Le montant que vous devez rembourser sur une hypothèque inversée *ne peut pas* dépasser la valeur de votre maison et vous *ne pouvez pas* être forcé de vendre votre maison pour rembourser l'hypothèque tant que vous y habitez. Lorsque les prêteurs fixent le montant qu'un emprunteur est autorisé à recevoir, ils misent sur le fait que la propriété ne se dépréciera pas beaucoup et que l'emprunteur ne continuera pas à y habiter suffisamment longtemps pour que les versements dépassent la valeur de la maison.

Le remboursement peut être effectué par vous, votre famille ou votre succession, et votre maison n'a pas à être vendue. Toutefois, si vous décidez de vendre, quels que soient les bénéfices que vous réaliserez par rapport à sa valeur marchande, vous (votre famille ou votre succession) pourrez les garder. Si le produit de la vente est moins élevé que la valeur de l'hypothèque inversée, en règle générale, c'est à un tiers (un assureur, par exemple) de combler l'écart.

Bien que les propriétaires soient peu nombreux à contracter une hypothèque inversée, ce produit augmente en popularité. Mais si vous désirez que vos enfants ou vos petits-enfants héritent de votre maison, il serait peut-être mieux pour vous de ne pas tenter cette expérience.

Un grand nombre de retraités pensent à contracter une hypothèque inversée parce qu'ils ne parviennent pas à couvrir toutes les dépenses d'entretien de leur maison. Ceux qui se heurtent à ces difficultés devraient se renseigner sur la possibilité de *reporter* leurs taxes foncières. C'est un moyen d'avoir une facture importante en moins à payer chaque année et de repousser à plus tard l'hypothèque inversée, voire de s'en passer. Lorsque les taxes foncières sont reportées, elles sont généralement remboursées quand le propriétaire déménage ou que sa maison est vendue.

Habituellement, les taux d'intérêt des prêts hypothécaires inversés dépassent d'au moins 1,5 % à 2 % le taux des prêts hypothécaires ordinaires. Une marge de crédit garantie par votre maison pourrait être plus intéressante pour vous, même si vous devez prouver que vous avez un revenu mensuel (en présentant votre déclaration annuelle où apparaissent les pensions et les revenus d'investissement), et que vous devez verser chaque mois les intérêts sur toute somme que vous empruntez. Avant de décider de contracter une hypothèque inversée, examinez à fond les solutions possibles avec votre conseiller financier et votre avocat.

Dois-je vendre avant d'acheter ou acheter avant de vendre ?

Décider s'il faut acheter d'abord et vendre ensuite, ou l'inverse, est parfois difficile. Un propriétaire peut être très inquiet à l'idée de devoir assumer les coûts de deux propriétés ou de devoir déménager sans avoir de lieu où habiter. Ne désespérez pas : vous n'êtes pas le premier à vous trouver dans ce genre de situation et il y a des solutions.

Vendre avant d'acheter

Vendre votre maison actuelle avant d'en acheter une autre est évidemment une façon d'éliminer une part d'incertitude financière. Dans ce cas, au moins, vous êtes sûr d'avoir assez d'argent pour acheter. Et si votre chère tante Antoinette serait ravie de vous accueillir, vous et vos six enfants, pendant les cinq mois où vous chercherez votre nouvelle maison, vous n'avez pas à vous inquiéter : vous pouvez vendre d'abord (et vous estimer heureux d'avoir une tante si généreuse). Cependant, si vous n'avez nulle part où aller entre le moment où vous vendez et celui où vous achetez, cela peut être très pénible, autant financièrement que psychologiquement.

Si vous achetez une maison plus chère, cet achat pourrait absorber tout le produit de la vente de la précédente. Louer un logement suffisamment grand pour toute la famille peut coûter des milliers de dollars par mois et une location de plusieurs mois rognera sérieusement votre pouvoir d'achat. À cela s'ajoute le stress de devoir vivre dans l'incertitude pendant une période prolongée. Si vous achetez une maison moins chère, le produit de la vente pourrait suffire à couvrir les frais de location pendant quelques mois. *Avant de décider*, vous devez absolument connaître toutes les répercussions financières de telle ou telle solution.

ATTENTION !

Que vous décidiez de vendre avant d'acheter ou d'acheter avant de vendre, ne sous-évaluez pas le temps qu'il vous faudra pour trouver une nouvelle maison. Une période de fermeture plus longue (le délai entre la concrétisation de votre contrat d'achat ou de vente et la date de conclusion) peut simplifier le processus pour vous.

L'achat avant la vente et le prêt-relais (financement provisoire)

Ça y est ! Vous avez déniché une nouvelle maison extraordinaire ! Elle est située à 20 minutes à peine en voiture au sud de votre nouveau lieu de travail ; un parc immense s'étend à l'ouest ; il y a une salle de sports, une grande épicerie et un marché local de fruits et légumes au nord ; et en allant vers l'est, on trouve tout ce qui se fait de mieux comme théâtres, restaurants et boutiques en ville. La propriété se situe même dans votre gamme de prix. Si vous prenez trop de temps pour faire une offre, quelqu'un d'autre va vous souffler la maison de vos rêves, mais vous n'avez pas encore vendu celle où vous habitez actuellement, vous avez encore 125 000 $ d'hypothèque à payer pour celle-ci et vous n'avez pas les 50 000 $ requis pour la mise de fonds de celle-là. Que faire ?

Ne vous énervez pas : il arrive souvent que les vendeurs de maison se retrouvent coincés entre la vente et l'achat. Les prêteurs hypothécaires ont conçu un plan exprès pour ce genre de situation : le *prêt-relais* ou le *financement provisoire*. Dans ce plan, votre prêteur vous laisse emprunter l'argent nécessaire pour faire l'appoint entre le moment de l'achat de votre nouvelle maison et celui de la vente de votre maison actuelle. Ce type de financement prend habituellement la forme d'un prêt personnel à taux fixe, souvent remis en une somme forfaitaire, qui peut être remboursé à l'échéance ou de manière anticipée à n'importe quelle date et sans pénalité. Il n'y a pas de montant maximal ou minimal : c'est votre prêteur qui décidera du montant qu'il est prêt à vous accorder en fonction du montant qu'il vous juge capable de rembourser. Comme vous avez déjà fait le calcul du produit de la vente de votre maison et de vos liquidités avant et après le déménagement, vous pouvez vous faire une bonne idée du montant qu'il sera prêt à vous offrir.

Acheter d'abord pour vendre ensuite est un inconvénient si vous avez besoin de financement provisoire. (Si être propriétaire de deux maisons en même temps ne risque pas de ternir votre image, ne vous privez pas d'acheter !) Le revers de la médaille, en ce qui concerne le financement provisoire, c'est que vous devez verser des intérêts sur une somme relativement importante, peu importe le temps qu'il vous faudra pour vendre votre maison et rembourser les prêts contractés. Comme des critères rigoureux ont été établis depuis quelques années pour ces prêts, vous devez être sûr que vos finances sont bien en ordre et que toutes les dispositions ont été prises avec votre prêteur avant de contracter un prêt-relais. Personne ne veut se retrouver avec deux propriétés et voir son financement échouer. N'oubliez pas notre premier avertissement : ne sous-évaluez pas le temps que vous prendra la vente de votre maison. Si les conditions du marché sont favorables aux vendeurs dans votre région, une propriété peut se vendre en une semaine. Si la conjoncture est défavorable, cela peut prendre des mois (voire quelques années si le gouvernement vient de démolir l'école du coin pour construire un laboratoire d'essais de matériaux biologiques dangereux). Et si la valeur de votre maison fait le plongeon ? Et si vous ne pouvez pas vendre du tout ? Certes, la loi de Murphy régit la vente de votre maison, mais seulement jusqu'à un certain point. En général, le financement provisoire ne présente que quelques inconvénients, mais le pire des scénarios peut vous jeter dans le puits sans fond de l'endettement. Acheter d'abord, sur un marché peu actif, est extrêmement dangereux. Renseignez-vous auprès d'un courtier immobilier local sur l'état actuel du marché dans votre région, compte tenu de la nature de votre propriété.

Le bon moment : le scénario de vente et d'achat idéal

Si on est contraint de vendre et d'acheter, vendre d'abord est la solution la moins risquée. Sauf si vous déménagez uniquement parce que vous avez vu une maison qui vous plaît davantage, vous avez (espérons-le) réfléchi à fond à l'endroit où vous allez habiter et au moment où vous allez déménager. Si vous avez « fait tous vos devoirs », vous savez à quoi vous attendre en cherchant une maison dans la ville ou le quartier qui vous intéressent. Même si cela vous demande un peu plus de temps que prévu pour trouver la maison parfaite, vous savez exactement quel montant vous pouvez y consacrer, et vous êtes assuré d'être financièrement en mesure de l'acheter.

La situation idéale est celle où il est possible de vendre et d'acheter *en même temps*. Pour cela, vous devez stipuler dans votre offre qu'elle est conditionnelle à la vente de votre maison actuelle. En général, un délai précis est indiqué dans la clause « conditionnelle à la vente » (par exemple 30 jours), délai au cours duquel la condition doit être remplie. (Ces clauses sont expliquées en détail au chapitre 14.) L'ajout de cette clause n'est pas rare, mais elle fait hésiter certains vendeurs à accepter une offre.

Si vous quittez un marché de vendeur pour un marché d'acheteur, vous pourriez avoir la marge de manœuvre suffisante pour inclure cette condition. Mais si vous déménagez dans un marché de vendeur, cela pourrait ne pas être possible. Accepteriez-vous une offre conditionnelle sur votre maison si vous pensiez pouvoir obtenir facilement une offre non conditionnelle ? Si vous vous installez dans un marché de vendeur, vous pourriez être en concurrence avec d'autres acheteurs qui convoitent la même propriété. Une offre conditionnelle peut suffire à faire pencher la balance en faveur d'un autre. Cela dit, si vous pensez que l'acheteur peut être réceptif à ce type d'offre, c'est un excellent moyen d'acheter avant de vendre sans prendre d'énormes risques financiers.

Vous avez changé d'avis et vous ne voulez plus vendre ?

Décider de vendre sa maison, c'est toujours un peu terrifiant. Une fois que vous aurez trouvé l'endroit où vous voulez habiter, vous vous rendrez peut-être compte des avantages que vous allez perdre et que vous ne remarquiez plus. L'endroit où vous habitez n'est pas si mal après tout… et peut-être qu'il vaudrait mieux ne pas déménager et faire quelques rénovations. (Si vous avez déjà inscrit votre maison et que vous changez d'avis, il n'est pas trop tard pour annuler l'inscription.) Si vous en arrivez à cette conclusion, quelques solutions de financement peuvent vous aider à payer vos rénovations.

Les prêts hypothécaires de transformation de l'avoir propre foncier et les marges de crédit hypothécaires

La majorité des prêteurs offrent aux propriétaires des prêts de transformation de l'avoir propre foncier (appelés également « hypothèque de deuxième rang » et « marge de crédit hypothécaire »). Ces produits peuvent être un moyen pour vous d'avoir accès à un prêt, quel que soit l'avoir propre foncier que vous avez accumulé. Si votre hypothèque est entièrement remboursée, vous pourriez emprunter un montant allant jusqu'à 80 % de la valeur de votre maison afin d'investir dans des rénovations. Les prêts hypothécaires de transformation de l'avoir propre foncier sont souvent des prêts à taux fixe assortis de périodes de remboursement à long terme (exactement comme les hypothèques). Les marges de crédit consenties aux propriétaires comportent habituellement des taux d'intérêt variables et sont accessibles aussi longtemps que vous le voulez.

Si vous faites des rénovations majeures à un moment donné, un prêt hypothécaire de transformation de l'avoir propre foncier peut être la meilleure solution. Si vous savez exactement combien vous coûteront vos rénovations et que vous comptez les payer en une fois, vous êtes, avec ce type de prêt, assuré du montant que vous aurez à verser régulièrement. Si vous pensez faire de petits travaux étalés sur de nombreuses années, ou si vous n'êtes pas certain de ce que cela vous coûtera, une marge de crédit pourrait mieux répondre à vos besoins. Après tout, vous n'aurez à payer les intérêts que lorsque vous utiliserez la marge de crédit – si vous l'utilisez.

Beaucoup d'établissements financiers permettent de combiner des prêts hypothécaires de transformation de l'avoir propre foncier et des marges de crédit hypothécaire. (Par exemple, vous pouvez commencer avec une marge de crédit en empruntant seulement de petits montants sur une période plus longue, et décider d'emprunter une grosse somme pour un projet plus important de rénovation par la suite – comme hypothèque de deuxième rang.) La plupart des établissements financiers autorisent les emprunteurs à structurer les versements en fonction de leur situation financière. Les plans de financement qui reposent sur l'avoir propre foncier présentent un grand avantage pour les propriétaires qui trouvent plus judicieux de rénover que d'acheter, car ils permettent d'avoir accès à des prêts importants à des taux d'intérêt plus bas que ceux d'une marge de crédit personnelle ordinaire.

Refinancer votre hypothèque

Une autre solution, pour couvrir vos frais de rénovation, est le refinancement de votre prêt hypothécaire. Si c'est le moment de renouveler votre hypothèque et si les taux d'intérêt sont relativement bas, le refinancement peut être le meilleur choix. Certains prêteurs vous donnent la possibilité d'emprunter jusqu'à 90 % de la valeur de votre maison moins le montant que vous devez encore rembourser sur votre hypothèque actuelle. (Vous trouverez d'autres précisions au chapitre 14.) Pour trouver la solution la plus économique, renseignez-vous auprès de votre prêteur sur les produits qu'il offre aux propriétaires voulant rénover.

Cinquième partie

Se préparer à la vente de sa maison

Dans cette partie...

Cette partie contient énormément d'informations pour les propriétaires qui veulent s'occuper eux-mêmes de la vente de leur propriété, mais aussi pour tous les autres. De fait, vous y trouverez non seulement des conseils pour mettre votre maison sur le marché, mais aussi la marche à suivre pour dénicher un agent immobilier (si vous en voulez un), un évaluateur ou un inspecteur, les points à ne pas négliger dans un contrat – sans compter toutes les étapes intermédiaires. Nous vous guidons à partir du moment où vous avez décidé de vendre jusqu'au moment où vous êtes prêt à négocier avec les acheteurs potentiels.

Chapitre 17

Choisir les membres de votre équipe de vente

Dans ce chapitre :

- Trouver un agent immobilier
- Vendre votre propriété vous-même
- Engager un avocat

Sauf si vous avez des toiles de Van Gogh dans votre coffre en banque, votre maison est fort probablement le bien le plus cher que vous vendrez dans votre vie. La plupart des propriétaires, devant l'énormité de la tâche, demandent l'aide professionnelle d'un agent immobilier. Mais vous pourriez faire partie de ceux qui préfèrent rester maîtres à bord et qui ont du temps pour vendre leur propriété eux-mêmes. Dans ce chapitre, nous vous informons de ce à quoi vous devez vous attendre si vous faites appel à un agent immobilier ou si vous décidez de vous en passer.

Que vous utilisiez ou non les services d'un agent immobilier, vous aurez besoin d'un notaire ou d'un avocat spécialisé en droit immobilier. Leur rôle est de veiller à ce que tout se déroule correctement.

Trouver le bon agent immobilier

La plupart des propriétaires abordent la vente de leur maison comme un sport d'équipe. Simplifiez-vous la vie en choisissant les meilleurs joueurs. Les membres les plus importants sont votre agent immobilier et votre avocat en droit immobilier. Vous devez sélectionner ces deux professionnels avec le plus grand soin. Pour commencer, nous vous donnons tous les renseignements nécessaires pour trouver le meilleur agent immobilier, et nous procédons de la même manière un peu plus loin dans le chapitre pour vous aider à trouver le meilleur avocat en droit immobilier. Le courtier de votre agent immobilier pourrait également faire partie de votre équipe de vente. Reportez-vous au chapitre 6 pour en savoir plus sur la relation qui existe entre le vendeur et son agent.

Si vous ne savez pas quel agent immobilier choisir, faites le tour des personnes de votre entourage en qui vous avez confiance pour savoir avec qui elles ont fait affaire récemment. La recommandation d'une personne de confiance est un excellent point de départ, mais vous voudrez peut-être avoir d'autres noms et d'autres recommandations avant d'arrêter votre choix. Demandez aux membres de votre famille, à vos collègues ou à vos voisins s'ils peuvent vous proposer le nom de l'agent qu'ils ont engagé. Et surtout, s'ils ont été satisfaits de son service et de son professionnalisme. (N'oubliez pas de préciser que vous voulez un agent qui travaille dans votre secteur.)

Les agents immobiliers peuvent utiliser la désignation de « courtier immobilier » à condition qu'ils soient membres de la chambre immobilière ou de l'association des courtiers immobiliers locale. La désignation « courtier immobilier » est en fait une marque de commerce déposée de l'Association canadienne de l'immeuble (ACI), et seuls les membres en règle auprès de l'ACI ont le droit de l'utiliser. Au Québec, l'association de surveillance du courtage immobilier est l'ACAIQ (Association des courtiers et agents immobiliers du Québec). Cela signifie que les courtiers sont des professionnels agréés qui sont juridiquement tenus de protéger et de défendre vos intérêts comme s'il s'agissait des leurs.

Trouver l'agent immobilier idéal pour vous est une question de chance, mais seulement en partie – dans la mesure où, pour le trouver, il faut aussi connaître les caractéristiques à rechercher chez ces professionnels. Nous vous conseillons d'avoir un entretien avec plusieurs candidats avant de prendre votre décision.

Quelles sont les caractéristiques à rechercher chez votre agent immobilier ?

Les meilleurs agents immobiliers obtiennent des notes élevées pour les caractéristiques que nous énumérons ci-après. Pensez-y lorsque vous poserez des questions plus ciblées au cours de votre entretien avec les candidats. (Plus loin dans le chapitre, nous vous proposons une liste de questions à poser dans cet objectif précis.) Votre agent doit :

- **Être un professionnel à temps plein :** En vendant votre propriété, vous remettez à l'agent immobilier une somme d'argent considérable, puisqu'elle risque de représenter entre 2,5 % et 6 % du prix de vente, et même jusqu'à 10 % s'il s'agit d'une petite propriété récréative. Un bon agent gagne sa rétribution en vous donnant des conseils judicieux, en faisant la promotion de votre propriété et en la mettant sur le marché, en concluant habilement la transaction et en veillant à chaque petit détail. Pour que toutes les tâches soient bien exécutées, l'agent immobilier doit être un professionnel à temps plein. La vente d'une propriété dépend largement de la capacité de l'agent à être en contact avec de nombreux acheteurs et à savoir à quoi ils sont sensibles. Choisissez uniquement un agent immobilier qui peut se consacrer à la vente de votre maison à temps plein.

- **Fixer un taux de commission raisonnable :** Renseignez-vous au sujet de la commission que prend l'agent immobilier sur la vente. Son tarif correspond-il à peu près à celui que vous ont indiqué d'autres agents ? Les tarifs varient selon les régions, et le calcul des commissions est établi différemment selon les secteurs et les agences. Même si le marché de la plupart des chalets et autres résidences secondaires est très actif, les propriétés situées dans les régions plus éloignées sont toujours plus difficiles à vendre que les propriétés plus classiques et plus accessibles. C'est ce qui explique que les agences peuvent demander jusqu'à 10 % pour vendre ce charmant petit chalet en pleine nature qui n'est accessible qu'en bateau ou en hydravion.

Un agent immobilier qui est prêt à accepter la rétribution la plus faible risque de ne pas faire le meilleur travail pour vendre votre maison. Une maison de courtage dont le taux de commission est peu élevé est susceptible de demander aux propriétaires de payer pour toute la publicité (et parfois même d'acheter à l'agent une pancarte!), de faire visiter eux-mêmes leur maison, voire d'organiser des visites libres. L'agent peut vous demander d'assumer la responsabilité d'un large éventail d'éléments, telle l'évaluation des dimensions de la propriété. Si c'est le cas, vous devez être très prudent, parce qu'en cas de déclaration inexacte, un acheteur mécontent peut vous poursuivre devant les tribunaux. Vous pensiez que verser une commission plus faible vous ferait économiser ? En fait, vous pourriez avoir des frais supplémentaires et, en plus, devoir vous passer des comptes-rendus, des contacts et des conseils réguliers que vous fournirait un agent immobilier à temps plein. Des agences proposent parfois un tarif peu élevé dans le but d'obtenir une inscription, mais une fois que la propriété est restée sur le marché pendant un mois environ, elles demandent aux acheteurs de verser une commission plus élevée s'ils veulent d'autres services, et le tarif finit par correspondre plus ou moins à celui des autres agences. La commission permet de rétribuer l'agent immobilier. Vérifiez que le chiffre que l'on vous donne pour la commission est bien ce que vous aurez à payer en tout. Méfiez-vous des mauvaises surprises.

- **Vous informer de la manière dont il gère les clauses de protection se rattachant à la commission :** Exceptionnellement, vous pourriez devoir verser à l'agent immobilier une commission même si votre propriété ne se vend pas pendant la période du contrat d'inscription que vous avez passé avec lui. L'agent immobilier peut alors utiliser une clause de *protection* pour réclamer une rétribution même si vous vendez votre maison après la date d'expiration de l'inscription. En moyenne, la période de protection peut être de 60 à 90 jours, voire plus, après la date d'expiration du contrat. Il arrive qu'un acheteur ayant fait une offre inacceptable pour une propriété durant la période d'inscription revienne avec une offre acceptable après l'expiration de l'inscription. Selon le moment de l'offre et la formulation du contrat d'inscription, vous pourriez, dans une telle situation, devoir verser tout de même la commission à l'agent immobilier. Assurez-vous de lire tous les paragraphes en petits caractères du contrat pour vérifier s'il inclut une période de protection, et de demander à votre agent si son agence a déjà fait appliquer cette clause.

Si un agent immobilier ne se négocie pas une rétribution juste et équitable, pensez-vous qu'il saura négocier un bon prix de vente pour votre maison avec les acheteurs ? Si vous voulez jouir des meilleures conditions possibles, ce n'est peut-être pas sur la rétribution de l'agent que vous devez essayer d'économiser. Comme partout ailleurs, vous obtenez le service pour lequel vous payez. Vous devez donc comparer la valeur des services offerts au montant de la commission demandée par l'agence et être sûr que le service rendu est d'un niveau satisfaisant, compte tenu du montant demandé.

- **Vous proposer un prix d'inscription raisonnable pour votre maison :** Méfiez-vous de l'agent immobilier qui vous propose d'inscrire le prix le plus élevé. Ne tenterait-il pas d'« acheter » votre inscription, par hasard ? S'il vous dit ce que vous avez envie d'entendre au lieu de vous proposer un prix d'inscription réaliste, cela peut vous coûter cher plus tard. Lorsque vous interrogez des candidats, demandez-leur de vous indiquer le prix d'inscription qu'ils pensent attribuer à votre maison, et comment ils sont arrivés à ce chiffre. Vous pouvez le faire en discutant à bâtons rompus à la première rencontre avec un agent, ou vous pouvez lui demander d'effectuer une analyse comparative du marché (ACM) complète, et discuter de l'établissement du prix de façon plus précise une fois qu'il aura vu la propriété et sera revenu avec l'ACM. Vous sentirez rapidement si l'agent que vous avez en face de vous connaît les maisons de votre secteur et les conditions réelles du marché immobilier des propriétés de la même fourchette de prix que la vôtre. Lisez le chapitre 15 pour en savoir plus sur les ACM, les moyens de se faire une idée assez exacte de ce qu'est un prix raisonnable et les raisons pour lesquelles fixer un prix trop élevé au départ est une grosse erreur.

- **Avoir de bons résultats :** Demandez à l'agent immobilier depuis combien d'années il exerce sa profession. Demandez-lui également des références, c'est-à-dire le nom et le numéro de téléphone d'au moins trois personnes dont il a vendu les propriétés au cours de l'année ou des deux années qui viennent de s'écouler, et appelez ces personnes.

Si leur avis est mitigé, renseignez-vous sur ce qui a mal tourné et sur les mesures préventives qu'elles auraient peut-être pu prendre pour éviter ces problèmes. Il est toujours important d'avoir leur perspective avec du recul. (Toutefois, si leur principal grief est que l'agent a observé une éthique trop rigoureuse et n'a pas voulu mentir sur la fissure des fondations de leur propriété, il vaut sans doute mieux revoir le choix des personnes auprès desquelles vous prenez conseil!)

- **Être un agent local :** Si vous vendez une maison pour primo-accédants située en banlieue, le meilleur agent immobilier de la ville voisine n'est pas le bon choix. Vous devez avoir un agent qui travaille à temps plein dans votre secteur. Ses réseaux et ses contacts sont en fait des outils de mise en marché très utiles pour vous. Plus votre agent collabore avec les agents locaux (et donc avec les acheteurs locaux), plus le bassin d'acheteurs potentiels pour votre maison sera large.

  Si vous faites affaire avec la star de l'immobilier local, vous aurez un agent qui connaît votre secteur comme sa poche. Un agent local sait ce que les acheteurs recherchent et comment présenter votre quartier et la collectivité locale. Il saura certainement comment s'y prendre pour vendre votre maison dès l'instant où il aura garé sa voiture devant chez vous.

- **Vendre des propriétés comme la vôtre :** L'agent immobilier qui a vendu le plus grand nombre de ces grosses maisons de banlieue ce mois-ci n'est pas forcément le meilleur candidat pour vendre votre propriété pour primo-accédants. Engagez un agent immobilier qui inscrit et vend beaucoup d'autres propriétés de primo-accédants, c'est-à-dire un agent qui est constamment en contact avec des premiers acheteurs intéressés par ce type de maison, et qui connaît leurs besoins et les caractéristiques qu'ils recherchent dans une propriété comme la vôtre.

- **Faire de la vente de votre maison une priorité :** Soyez attentif aux signes pouvant indiquer que l'agent n'aura pas de temps à consacrer personnellement à la publicité de votre maison. Certains des agents qui vendent le plus de propriétés auront trop d'inscriptions pour pouvoir s'occuper personnellement de votre maison. Ils pourraient demander à leurs adjoints de faire les démarches sur le terrain, d'organiser les visites libres et de fixer les heures des visites. Vous ne voulez pas découvrir en cours de route que l'agent que vous avez si soigneusement sélectionné a délégué votre inscription à un adjoint.

  Mais si un agent est très occupé, c'est pour de bonnes raisons. S'il a de nombreuses inscriptions, cela veut dire qu'il a beaucoup d'appels téléphoniques à faire pour montrer et vendre les propriétés inscrites. S'il est en demande, il y a de fortes chances que ce soit un bon agent.

  De la même manière, mieux vaut ne pas inscrire votre maison auprès d'un agent que vous ne reverrez plus avant la veille de l'expiration de l'inscription et qui ne fera que passer pour renouveler le contrat. Si un agent a l'intention de prendre sous peu de longues vacances, ne faites pas appel à lui ! La vente d'une maison peut prendre plus de temps que prévu, et ce, même si le prix a été établi correctement. Avec tout le mal que vous vous êtes donné pour que votre maison ait si bonne apparence, vous ne voulez pas que les acheteurs vous filent entre les doigts pendant que votre agent immobilier folâtre à Bora-Bora.

- **Rester en contact :** Rien n'est pire que d'avoir l'impression de compter pour rien. Vous devez donc engager un agent immobilier qui répond à vos appels et à vos courriels rapidement. (Assurez-vous cependant de vous montrer raisonnable, et ne vous attendez pas à ce qu'il réponde si vous appelez à 23 heures : un agent immobilier a autant que vous le droit de dormir !) Mieux, trouvez un agent immobilier qui fait souvent le point avec vous sans que vous ayez à l'appeler !
- **Savoir utiliser Internet :** Internet est un outil extraordinaire qui modifie constamment le fonctionnement du marché immobilier, au Québec et dans le monde entier. Un agent immobilier qui a compris qu'il doit être un expert sur Internet est un professionnel capable de s'adapter et d'innover au fur et à mesure. Cherchez un agent immobilier dont le site Internet est convivial et régulièrement mis à jour.
- **Avoir des idées précises sur ce qu'il faut faire pour attirer des acheteurs :** Vous pouvez même demander à chaque agent immobilier que vous interrogez de vous soumettre un plan de commercialisation écrit qui comprenne le prix d'inscription, une liste des propriétés comparables sur le marché, des recommandations sur les mesures à prendre pour faciliter la vente de votre maison, des plans de publicité et de promotion, ainsi que des indications sur la manière dont il compte gérer les visites libres des autres agents et celles qu'il organise. Y aura-t-il une visite virtuelle ? Des plans d'étage établis par des professionnels ? Et les photos ? Une mise en scène professionnelle ?
- **Se montrer enthousiaste à l'idée de travailler avec vous pour vendre votre propriété, du début à la fin :** Si votre agent n'a pas l'air très chaud à l'idée de vendre votre maison, que lui restera-t-il comme enthousiasme lorsqu'il la fera visiter aux acheteurs potentiels ? Ceux-ci seront-ils stimulés par une attitude blasée et nonchalante ?

TRUC

Dressez une liste des agents immobiliers avec lesquels vous aurez un entretien. Une fois que vous aurez décidé de mettre votre maison en vente, vous commencerez à remarquer les pancartes « À vendre » et « Vendu » des propriétés des environs. Promenez-vous et notez le nom et les numéros de téléphone des agents immobiliers qui ont le plus de pancartes à leur nom. Plus un agent a de pancartes « Vendu », mieux c'est : vous avez là une liste d'agents immobiliers qui sont visiblement actifs dans votre secteur et capables de conclure des transactions. Si vous tombez sur des visites libres, profitez-en pour rencontrer les agents. Posez-leur des questions. Parlez à vos connaissances qui ont acheté et vendu des propriétés récemment. Ajoutez à votre liste le nom et le numéro de téléphone des agents locaux qu'elles vous ont recommandés.

UN PEU DE TECHNIQUE

« Je m'engage… » : La relation mandant-mandataire

Les courtiers immobiliers nouent une relation juridique que l'on appelle la *relation mandant-mandataire*. Elle est établie entre vous, le mandant, et votre courtier, c'est-à-dire l'agence ayant attribué un permis à l'agent qui vous représente. Essentiellement, dans ce type de relation, l'agent a le pouvoir de représenter le client, son mandant, dans une transaction avec d'autres parties. Plus précisément, votre courtier a les obligations suivantes envers vous :

- **Faire preuve d'une loyauté sans partage :** Le courtier est tenu de protéger votre position de négociation en tout temps et de vous divulguer tous les faits qu'il connaît pouvant avoir des incidences sur votre relation ou influencer votre décision.
- **Obéir à toutes vos instructions juridiques.**
- **Protéger tous vos renseignements confidentiels.**
- **Agir avec prudence et diligence raisonnable** dans l'exécution de toutes les tâches assignées.
- **Rendre compte de toutes les sommes et de tous les biens** que vous lui confiez alors qu'il vous représente.

L'agence étant tenue, par un code d'éthique et par la loi, de représenter avec honnêteté et de manière exacte une propriété inscrite pour la vente ou la location, vous pouvez vous attendre à un service soigné de sa part.

Que demander à votre agent immobilier ?

Une fois que votre liste d'agents immobiliers à interroger est suffisamment longue, vous pouvez réfléchir aux questions que vous pourriez leur poser. Vous verrez que les réponses feront raccourcir la liste rapidement. Voici le type de questions que vous pouvez poser :

- Êtes-vous agent immobilier à temps plein ?
- Depuis combien de temps êtes-vous dans le métier ?
- Dans quel secteur travaillez-vous principalement ?
- Utilisez-vous Internet comme outil de marketing ? Et comment ?
- Avez-vous un site Internet ?

- Consultez-vous des portails du secteur immobilier tels que www.realtor.ca ?
- Prenez-vous des photographies numériques des propriétés pour les afficher en ligne ?
- En général, vendez-vous des propriétés qui se situent dans une certaine fourchette de prix ?
- Quel prix d'inscription recommanderiez-vous pour ma propriété ?
- Comment avez-vous déterminé le prix d'inscription de ma propriété ?
- Quelles idées précises avez-vous pour promouvoir la vente de ma propriété ?
- Seriez-vous présent à toutes les visites ?
- Utilisez-vous des « boîtes à clés » ? Si c'est le cas, comment tenez-vous le compte des visites ? (Voir le chapitre 20 pour avoir plus de détails sur les boîtes en question.)
- Combien de propriétés locales dans la même fourchette de prix que la mienne avez-vous vendues l'an dernier ?
- Puis-je avoir le nom et le numéro de téléphone de trois personnes dont vous avez vendu la propriété au cours des deux dernières années ?
- Comment allez-vous me tenir au courant une fois que ma propriété sera mise sur le marché ?

Sans liste et perdu dans le noir

Méfiez-vous de ces agents qui se font appeler « listeurs » parce qu'ils se contentent d'inscrire une propriété et se lavent les mains du reste. Ils acceptent d'inscrire une propriété à un prix de présentation déraisonnablement élevé juste pour obtenir l'inscription. Si le marché est vraiment bon, le listeur se contentera d'attendre qu'un autre agent immobilier amène des acheteurs jusqu'à votre porte, et il surgira à ce moment-là pour ramasser sa part de commission. Mais la plupart du temps, les choses se passent autrement. Votre maison traîne sur le marché et votre listeur vous convaincra finalement de baisser votre prix… au niveau où il aurait dû être fixé dès le départ pour que votre maison puisse se vendre. Faire affaire avec un agent de ce genre peut être très pénible, surtout si vous pensiez vraiment vendre votre propriété à ce prix d'inscription élevé et que vous vous imaginiez déjà en train de dépenser tous ces dollars en plus. Être contraint de revoir vos attentes à la baisse peut être un peu déprimant, et d'autant plus si cela vous oblige à revoir à la baisse le budget prévu pour l'achat de votre prochaine propriété.

Être branché

Une agente immobilière dévouée que nous connaissons s'acharne à promouvoir ses inscriptions et ses services auprès de 8000 ménages de son « secteur d'exploitation », c'est-à-dire les quartiers du centre-ville où elle travaille constamment. En période de pointe, il peut y avoir des douzaines de pancartes « À vendre » à son nom. Chaque fois qu'elle obtient une nouvelle inscription, elle l'annonce dans les journaux locaux et envoie un dépliant de présentation de la propriété à toutes les adresses de sa zone d'activité.

Sa grande visibilité lui permet de trouver des acheteurs pour 45 % des propriétés qu'elle inscrit dans le secteur. Selon elle, ce n'est pas la publicité de l'inscription en tant que telle qui fait vendre, mais ses propres contacts. Comme c'est elle que beaucoup de gens appellent en premier lorsqu'ils veulent vendre ou acheter dans sa zone, elle peut rapidement jumeler les vendeurs et les acheteurs.

Nous ne vous suggérons pas de remuer ciel et terre pour mettre la main sur cette agente immobilière (ou un autre agent du même genre – car il y en a !), mais soyez attentif à la visibilité de l'agent dans le secteur qui vous intéresse.

Choisir de vendre en solo

Si vous décidez de vendre votre maison sans passer par un agent immobilier, le plus important est d'être conscient des choses que vous savez et des choses que vous ignorez, c'est-à-dire de ce que vous pouvez faire vous-même et de ce que vous devez confier à d'autres.

Vous devez savoir que vendre sa propriété soi-même est un sport extrême ; s'il suffisait de placer une pancarte « À vendre » devant la maison, n'importe qui serait agent immobilier ! Si vous voulez vendre votre maison, vous devrez répondre au téléphone, fixer les rendez-vous, vérifier l'identité des acheteurs potentiels, confirmer leur admissibilité auprès des institutions financières, et leur faire visiter la maison tout en la maintenant en parfait état et en tondant la pelouse. Et vous devrez probablement continuer à élever vos enfants et à travailler. Vous ne pourrez pas vous passer d'un avocat pour la recherche du titre, pour négocier avec les acheteurs et éplucher les contrats et actes juridiques. (Vous trouverez d'autres renseignements sur l'avocat plus loin.) Sachez-le bien : vendre sa maison soi-même est un projet chronophage.

Et c'est une affaire très sérieuse. La vente d'une maison est une transaction commerciale et un acte juridique qui concernent votre plus gros investissement. Vous devrez promouvoir votre maison, négocier avec des acheteurs et gérer des contrats, mais vous devrez aussi prendre beaucoup de décisions et exécuter une foule de tâches que la plupart des gens préfèrent confier à leur agent immobilier.

Certains changements apportés récemment permettent l'inscription des propriétés « À vendre par le propriétaire » dans le Service Inter-Agences (SIA, appelé aussi Multiple Listing Service ou MLS). Le vendeur doit retenir les services d'un agent (à un tarif forfaitaire convenu) qui inscrit la propriété, mais c'est ensuite à lui d'assumer entièrement la responsabilité de la vente. Une approche « à la carte » des services de courtage immobilier est donc possible. Toutefois, au moment de la publication de l'ouvrage que vous tenez entre les mains, il reste des incertitudes quant à la possibilité pour les particuliers qui vendent leur propriété d'exploiter les outils des agents immobiliers, et d'autres changements pourraient être apportés.

Nous vous recommandons de faire preuve de lucidité et de vous préparer à toutes les complexités de la vente entre particuliers. Dans la partie qui suit, nous nous proposons de vous aider à cerner vos limites, de façon à ce que vous puissiez déterminer quels aspects de la vente vous pouvez prendre en charge et comment trouver un avocat, un notaire ou un agent immobilier pour toutes les démarches que vous ne pouvez pas faire vous-même.

Éviter la commission

La principale raison pour laquelle les propriétaires sont attirés par la vente entre particuliers est qu'ils espèrent économiser. En vendant vous-même, vous n'aurez pas à verser de *commission* (le pourcentage du prix de vente remis à l'agent immobilier qui effectue la transaction). Les commissions varient d'une région à l'autre ou d'un agent immobilier à l'autre, mais le montant atteint plusieurs milliers de dollars. (Le chapitre 15 donne plus de détails à ce sujet.) Nous décrivons les différentes commissions que peuvent demander les agents immobiliers selon les régions dans le paragraphe « Quelles sont les caractéristiques à rechercher chez votre agent immobilier ? » N'oubliez surtout pas d'ajouter la TPS et la TVQ au total brut de la commission.

Vendre votre maison vous-même vous coûtera probablement moins d'un dixième de ce que vous devrez payer si vous engagez un agent immobilier. Mais si votre acheteur a un agent immobilier, vous ne ferez pas autant d'économies parce que celui-ci voudra lui aussi être rétribué pour sa contribution à la vente.

N'OUBLIEZ PAS !

Si vous voulez vendre votre maison vous-même, vous devrez travailler dur. Plus vous vous rapprocherez du professionnalisme d'un agent immobilier, plus vous serez réaliste en fixant le prix de votre propriété en fonction des conditions du marché ; et plus vous traiterez la vente de votre propriété comme une priorité, plus vous ferez d'économies. Toutefois, méfiez-vous ! Dans une transaction entre particuliers, le vendeur et l'acheteur veulent l'un et l'autre économiser sur la commission, ce qui peut donner lieu à d'intéressantes négociations.

Calculer les coûts de la vente entre particuliers

Nous savons que vous êtes déjà en train d'imaginer ce que vous ferez avec tout cet argent que vous allez économiser sur la commission en vendant votre maison vous-même. Eh bien, oubliez pour l'instant ces dollars qui flottent devant vos yeux et prenez note de ce qui peut être coûteux et difficile lorsqu'on vend sa maison seul :

- **Vous pourriez devoir baisser le prix de votre propriété :** Si un acheteur regarde deux propriétés identiques dont le prix demandé est le même, et dont l'une est vendue par vous, le propriétaire, et l'autre par un agent immobilier, il profitera probablement du savoir-faire et de l'aide que peut lui apporter un agent immobilier si vous ne pouvez pas lui faire de meilleure offre.
- **Vous devrez payer la publicité de la vente de votre maison et supporter les ennuis qui viennent avec :** Avant de pouvoir toucher le montant économisé grâce à une transaction entre particuliers, il faut d'abord vendre la maison. Si vous choisissez de demander, contre rétribution fixe, à un agent immobilier d'inscrire votre maison dans le système SIA, c'est vous qui serez responsable de toutes les indications que contiendra l'inscription sur les dimensions de la propriété et de l'immeuble et, à toutes fins pratiques, de toutes les tâches liées à la gestion de l'annonce : réception des appels téléphoniques, rendez-vous, photographies et négociations.

  TRUC

  Certains agents immobiliers offrent des services *à la carte*, de sorte que vous pourriez, par exemple, demander à l'agent de répondre aux appels téléphoniques et de fixer les rendez-vous pour les visites, tandis que vous vous occuperiez des visites.

  Vous pouvez aussi choisir des sites « À vendre par le propriétaire » pour y annoncer votre maison, moyennant un certain montant. Dans ce cas, vous devez vous assurer que votre maison est annoncée sur les sites les plus consultés. Vous devrez aussi vous efforcer de suivre les prix des propriétés de la même catégorie que la vôtre dans votre secteur. Efforcez-vous de surveiller les prix de vente sur les sites que vous aurez choisis. Vous pourriez également annoncer dans les journaux locaux et régionaux, mais la publicité imprimée devient rapidement très coûteuse.

- **Vous devez faire vous-même les recherches nécessaires pour déterminer le juste prix de votre propriété :** Il est très important de fixer le prix de votre maison. (Vous trouverez des conseils sur l'analyse comparative du marché et les pièges que vous devez éviter au chapitre 15.) Si vous engagez un évaluateur pour évaluer la valeur marchande courante de votre maison, attendez-vous à verser entre 150 $ et 300 $ pour ce service. Un agent immobilier peut vous proposer d'effectuer gratuitement une *analyse comparative du marché* (ACM) pour obtenir votre inscription. Une ACM permet d'établir la valeur de votre propriété (sa *juste valeur marchande*) en se fondant sur une comparaison des propriétés semblables qui sont en vente actuellement ou qui ont été récemment vendues dans votre secteur. (Nous comparons les évaluations et les ACM au chapitre 15.)
- **Vendre sa maison sans agent n'est pas facile à intégrer dans son emploi du temps :** Si vous vendez sans agent, vous devez être très disponible, au téléphone et sur Internet. Attendez-vous à ce que les acheteurs potentiels frappent à votre porte n'importe quand, jour et nuit… même si une affiche « Sur rendez-vous seulement » en lettres gigantesques trône devant chez vous. Vous devrez vous adapter à l'emploi du temps des acheteurs pour leur faire visiter la maison et, si vous avez une famille, vous devrez aussi jongler avec l'emploi du temps de toute la maisonnée. Si vous vendez de particulier à particulier, vous ne pourrez pas compter sur l'avantage d'avoir un agent immobilier pour organiser et administrer les visites.
- **La vente d'une propriété comporte des aspects juridiques très importants :** Vous pourriez ne pas être au courant de certains d'entre eux et, si vous faites une erreur, vous risquez d'en être tenu responsable par l'acheteur. Un agent immobilier expérimenté est à l'affût de tout litige éventuel – car après tout, si quelque chose tourne mal, sa commission et sa réputation sont en jeu. Et si, par hasard, l'agent immobilier commettait une erreur ou faisait une omission sur un point juridique, il serait couvert par une assurance – ce qui n'est pas votre cas ! (Le chapitre 6 explique le rôle et les obligations de l'agent immobilier.)
- **Les émotions peuvent obscurcir votre jugement :** Vous devez être professionnel et objectif quand vous négociez avec votre acheteur. Votre attachement sentimental à votre maison peut vous empêcher d'être un négociateur efficace. Si vous n'avez pas l'expérience de la négociation, vous n'êtes probablement pas le mieux placé pour marchander avec l'agent immobilier chevronné et bien informé d'un acheteur potentiel.

- **Les agents immobiliers verront vos annonces « À vendre par le propriétaire » dans les journaux et ils vous appelleront eux aussi :** Comme tous les gens d'affaire ambitieux, les agents immobiliers veulent élargir leur clientèle, et ils connaissent le marché. Dès que votre propriété sera mise en vente, les agents immobiliers vous solliciteront, misant sur le fait que vous vous fatiguerez de tous les tracas associés à une vente entre particuliers et que vous leur demanderez de prendre le relais.

Pour être un vendeur efficace, le propriétaire doit se détacher de ses émotions

Au chapitre 20, nous vous donnons des conseils sur les moyens de présenter au mieux votre propriété pour la vendre plus rapidement. Il s'agit essentiellement de ranger à l'abri des regards les objets les plus personnels : votre énorme collection de poupées chinoises, les curieux cure-pipes artisanaux rapportés par vos enfants depuis qu'ils fréquentent la garderie, etc. Les acheteurs n'ont pas besoin de les voir. Vous devez rendre votre maison la plus impersonnelle possible pour qu'ils puissent s'imaginer y vivre à votre place.

En plus de ce travail de « neutralisation », vous devez aussi faire abstraction de l'attachement sentimental que vous éprouvez pour votre maison lorsque vous vous préparez à la vendre. Cette maison cesse d'être la vôtre : elle devient un produit que vous mettez en vente. Essayez de demeurer détaché et objectif, même si vous avez l'impression que l'acheteur potentiel insulte vos goûts personnels. Vous devez vous faire à vous-même des petits rappels sur la nécessité du détachement lorsque vous vous renseignez sur la valeur marchande de votre maison et lorsque vous êtes devant les acheteurs.

Si vous ne vendiez pas votre maison, y laisseriez-vous entrer un parfait étranger ? Non, bien sûr ! Vous devez donc prendre des renseignements sur les acheteurs avant de les laisser entrer. Demandez à chaque acheteur potentiel son numéro de téléphone à domicile et au travail et appelez à ces numéros pour vérifiez que ce sont bien les siens. Rencontrez les acheteurs devant votre maison au lieu de les faire entrer immédiatement. Vous ne voulez pas être pris au dépourvu si, à la place d'une petite dame âgée, vous vous retrouvez face à deux colosses munis de battes de baseball ! Et (surtout si vous êtes une femme) évitez autant que possible de faire visiter votre maison en solitaire ou le soir. Au minimum, prévenez un ami ou un membre de votre famille que vous rencontrez un acheteur, et appelez-le ensuite pour l'aviser que tout s'est bien passé. Ne croyez pas que nous cherchons à vous faire peur : lorsque des acheteurs les appellent directement au numéro de téléphone inscrit sur l'annonce, les agents immobiliers qui rencontrent ces acheteurs prennent ce genre de précautions. Vous devriez en faire autant.

Tous les acheteurs n'aimeront pas votre maison et tous ne seront pas forcément très polis. Efforcez-vous de rester serein si vous entendez des commentaires négatifs. Au moins, cela signifie que les acheteurs potentiels s'imaginent vivre dans votre maison à votre place ! Ne soyez pas sur la défensive. Comme un achat suppose de peser les avantages et les inconvénients, arrangez-vous pour leur montrer tous les atouts de la propriété. S'ils détestent la moquette, montrez-leur les planchers de bois franc cachés dessous. S'ils se plaignent que la maison est trop loin de la ville, dites-leur qu'elle est à cinq minutes à pied du lac et qu'il y a une épicerie très bien approvisionnée à un kilomètre à peine.

TRUC

Renseignez-vous le plus possible sur les acheteurs pour pouvoir leur démontrer tous les avantages que votre maison a à leur offrir. Considérez chaque contact avec un acheteur potentiel comme un moyen de tester le marché. Par exemple, si plusieurs visiteurs disent que la maison semble sombre et lugubre, remplacez les ampoules de 60 watts par des ampoules de 100 watts : votre maison paraîtra plus vaste, plus claire et plus chaleureuse aux visiteurs suivants.

Vous n'avez pas à aimer les acheteurs potentiels. Vous devez juste vous entendre assez avec eux pour maintenir leur intérêt envers votre maison, limiter autant que possible le nombre de facteurs qui les en détournent et négocier une promesse d'achat.

Comme nous l'avons dit, vous devez vous détacher affectivement de votre maison lorsque vous rencontrez des acheteurs, mais vous devez être conscient de ce qui vous pousse à la vendre et des conséquences que cette décision aura sur votre vie si vous voulez que le processus avance. Concevez un plan pour retirer de la transaction ce dont vous avez besoin et passez-le régulièrement en revue pour voir si certains éléments sont à modifier.

Attendez-vous de la transaction un montant d'argent donné pour vous assurer une retraite confortable ? Votre étude du marché confirme-t-elle le prix de vente ? Devez-vous accélérer les choses ? Dans une telle transaction, c'est le prix qui est le facteur le plus déterminant. Quel est le prix le plus bas que vous pourriez accepter pour accélérer la vente ? Est-ce que suffisamment d'acheteurs potentiels ont entendu parler de votre maison ? Y a-t-il certains bons outils publicitaires que vous n'avez pas essayés ?

N'OUBLIEZ PAS !

Votre objectif est de vendre votre maison et de passer à autre chose. Si vous êtes décidé à vendre votre maison sans passer par un agent, vous devez reconnaître honnêtement ce que vous savez et ce que vous ignorez, et analyser avec lucidité les tâches que vous êtes capable ou non d'exécuter. Faites votre recherche et engagez les experts dont vous ne pouvez pas vous passer.

Obtenir de l'aide

Vendre sa maison est très prenant. C'est la raison pour laquelle il s'agit d'un travail à temps plein pour un si grand nombre d'agents immobiliers. Si vous vous sentez un peu découragé après avoir pris la décision de vendre vous-même et que vous vous rendez compte que, finalement, vous pourriez avoir besoin d'aide, vous n'êtes pas forcé de demander la gamme complète des services offerts par les agents immobiliers, ni de payer tous les frais qui s'y rattachent. Certaines agences offrent divers programmes avec un niveau de service différent selon le volume de travail requis.

Au chapitre 8, nous présentons le Service Inter-Agences (SIA, appelé aussi Multiple Listing Service ou MLS), un outil fantastique pour vendre votre maison. À l'heure actuelle, seuls les agents titulaires de permis peuvent inscrire des propriétés sur ce site Internet (`www.realtor.ca`), mais des modifications récentes pourraient permettre aux propriétaires qui cherchent à vendre de particulier à particulier d'y inscrire leur maison en passant par un programme qui leur permet de choisir des services à la carte, comme nous l'avons expliqué plus haut. Certaines agences immobilières offrent un service SIA, dans le cadre duquel un agent inscrit votre maison sur ce site à un prix d'escompte. Ces agences peuvent aussi vous aider à exploiter des outils de commercialisation comme les annonces des journaux et les pancartes à planter sur la pelouse.

TRUC

N'oubliez pas les sites Internet où ceux qui veulent faire une transaction privée peuvent inscrire leur propriété. Certes, ces sites comptent moins d'inscriptions que le SIA, mais vous pouvez y faire connaître votre maison. Il y en a énormément ; faites une recherche sur Google en tapant « De particulier à particulier » ou « À vendre par le propriétaire », et vous obtiendrez des renseignements sur la publicité et d'autres aspects qui peuvent vous intéresser. (Consultez le site `www.duproprio.com`, où vous pouvez annoncer en ligne et obtenir d'autres informations sur la vente sans agent.) Vous trouverez à la fin du livre une liste très pratique d'autres sites Internet fabuleux.

Vous êtes un vendeur-né et vous avez trouvé un acheteur sans agent (vous pouvez vous en féliciter !). Vous avez l'impression qu'un poids immense est tombé de vos épaules et que le plus dur est fait. C'est vrai… mais cela ne vous empêchera peut-être pas de vous réveiller en sursaut la nuit, terrifié à l'idée de la tonne de documents que vous allez avoir à préparer (alors que les chiffres, les contrats et toutes ces choses assommantes ne vous passionnent pas du tout). Certains agences locales offrent une option qui permet au vendeur de ne faire appel à elles que pour la paperasse : contre une rétribution forfaitaire, un agent immobilier se chargera du contrat d'achat et veillera à ce que la transaction se déroule bien jusqu'au jour de clôture. La plupart de ces agences (si elles existent dans votre secteur) annoncent dans les journaux immobiliers locaux. N'oubliez pas que vous devez de toute façon avoir un avocat (ou un notaire) pour gérer la transaction, et que vous pouvez lui demander d'examiner les documents que vous avez préparés et de répondre à vos questions.

Ne laissez pas votre maison revenir vous hanter... Faites appel à un bon avocat en droit immobilier

Vous vous demandez encore si vous avez vraiment besoin d'un avocat en droit immobilier pour vous aider à vendre votre maison ? La réponse est oui, trois fois oui. Si le droit s'étudie pendant des années à l'université, ce n'est pas pour rien : les lois sont des textes complexes et subtils. Même si vous êtes brillant, vous avez besoin d'un professionnel. Point à la ligne. L'avocat exécute plusieurs tâches pour sceller la transaction, et ces tâches demandent des connaissances et des ressources que vous n'avez pas, sauf si vous êtes vous-même avocat.

ATTENTION !

Vous risquez de perdre des centaines de milliers de dollars si vous essayez de conclure la transaction vous-même et que vous commettez une erreur. Toutefois, si vous pouvez vous permettre de perdre des centaines de milliers de dollars et si vous tenez absolument à vous représenter vous-même, faites le pari : c'est légal ! Mais 99 % des vendeurs de propriétés pensent que le fait de ne pas être représenté par un avocat est un jeu qui n'en vaut pas la chandelle. Rappelez-vous que les avocats eux-mêmes citent ce vieil adage : « L'avocat qui se représente lui-même a un idiot pour client. »

N'OUBLIEZ PAS !

Au minimum, vous devez demander à un avocat (ou à un notaire) de s'occuper du transfert de propriété, même si la transaction s'effectue de particulier à particulier. Rappelez-vous qu'un avocat en droit immobilier souscrit une assurance responsabilité qui le protège en cas de litige relativement au transfert de votre titre de propriété.

Choisir le bon avocat en droit immobilier

Vous pouvez commencer par demander aux gens qui sont autour de vous – amis, membres de votre famille, collègues ou associés – de vous aider à trouver le meilleur avocat en droit immobilier. Comme les banques font souvent affaire avec des avocats de cette branche du droit, le directeur de votre succursale pourra sans doute vous donner le nom de quelques avocats avec lesquels il travaille.

Calculer les coûts des services de votre avocat

Lorsque vous appelez un avocat pour prendre rendez-vous, demandez-lui de vous dire combien cela va vous coûter (a-t-on vraiment besoin de vous le rappeler ?), le montant approximatif que vous devriez apporter à son cabinet et la méthode de paiement qu'il privilégie. N'oubliez pas de lui demander de vous donner le tarif « tout compris », c'est-à-dire le montant total comprenant les honoraires, les taxes applicables, les rajustements de taxes foncières et les autres frais au prorata. Idéalement, vous devriez pouvoir vous asseoir et discuter avec lui de son barème d'honoraires, de son niveau de service et de son degré de savoir-faire. Mais attention : beaucoup d'avocats très occupés indiquent volontiers leurs honoraires par téléphone mais n'ont pas forcément le temps de vous recevoir juste pour vous expliquer leur barème.

En général, les avocats déterminent un montant fixe pour le service demandé (la gestion de la transaction, par exemple). Ce montant fixe tourne souvent autour de 300 $ à 500 $, mais ce n'est pas le coût total de leurs services. Vous devrez couvrir également les débours et les taxes. Les *débours* sont les dépenses que votre avocat doit effectuer pour traiter votre dossier. (Par exemple, les débours peuvent inclure les frais de service de messagerie, les frais d'enregistrement, les appels interurbains, les coûts de reproduction des documents et toute autre dépense que votre avocat devra faire pour traiter votre dossier.) Et bien entendu, vous êtes tenu de payer les taxes applicables à tous les biens et services fournis. En moyenne, pour une transaction simple de propriété résidentielle avec une seule hypothèque qui peut être remboursée entièrement par le produit de la vente, cela peut vous coûter de 500 $ à 1 500 $, mais ce montant peut varier en fonction de la complexité de votre dossier.

TRUC

Lorsque vous contacterez un avocat en droit immobilier pour vous renseigner sur les honoraires fixes ou sur le coût « tout compris », vous devriez également lui demander de vous donner le montant que vous auriez à payer s'il y avait un problème et que vous aviez besoin de services supplémentaires. La plupart du temps, les services supplémentaires peuvent être obtenus à taux horaire.

Quand devez-vous communiquer avec votre avocat ?

La plupart des personnes qui vendent leur propriété vont voir leur avocat *après* la signature du contrat de vente. Pour les transactions simples qui ne posent aucun problème et qui sont effectuées par l'intermédiaire d'un agent immobilier, vous ne courez aucun risque si vous consultez votre avocat après avoir accepté l'offre conditionnelle. Mais si vous vendez sans agent immobilier ou si la transaction est complexe, vous devez laisser votre avocat passer en revue les conditions avant de signer un contrat d'achat et de vente.

Votre avocat doit absolument étudier l'offre si votre acheteur y fait stipuler des conditions que votre agent immobilier trouve curieuses, ou si vous louez une unité de votre propriété à des locataires qui y demeureront après la prise de possession par le nouveau propriétaire. Si votre avocat est également votre frère et qu'il est prêt à sauter du lit à une heure du matin pour venir scruter l'offre sur-le-champ, surtout, profitez-en! Il est toujours utile d'avoir un avis professionnel. Mais si ce n'est pas le bon moment pour passer au cabinet de votre avocat, si vous vendez une propriété entièrement résidentielle avec un agent immobilier, si vous avez une seule hypothèque et si vous utilisez un formulaire normalisé, qu'il n'y a pas de charges ou de conditions inhabituelles, ne craignez rien : signez, à condition bien sûr que la proposition vous convienne.

Se préparer au pire

En général, une personne qui achète ou vend une maison ne pense pas du tout à son testament. Pourtant, tout propriétaire devrait en avoir un, et si on achète ou vend une maison, c'est le bon moment pour le rédiger ou le revoir s'il existe déjà :

- Vous faites l'acquisition d'un actif important qui pourrait avoir une incidence sur le partage de votre patrimoine entre vos héritiers.
- Pour transférer le titre, vous faites déjà appel à un avocat ou à un notaire qui est forcément au courant de votre situation financière personnelle.

En cherchant un avocat ou un notaire pour lui confier la gestion du transfert, vous pouvez négocier les frais supplémentaires de la rédaction de votre testament avec le service de transfert. Le coût devrait être moindre que si vous payiez uniquement pour la rédaction ou la modification d'un testament.

Si vous avez un agent immobilier

Si vous passez par un agent immobilier, voici l'un des scénarios courants : votre agent arrive chez vous à 19 heures avec la proposition de l'acheteur. Ce dernier accepte le prix que vous demandez, mais en mettant quelques *conditions* (consultez le chapitre 10 à ce sujet). Votre agent pense qu'il s'agit de conditions habituelles et que cela ne devrait pas poser de problèmes, mais vous voulez avoir un deuxième avis de votre avocat. Vous devez vous décider rapidement pour sauter sur cette offre excellente. Hélas, votre avocat a fermé son cabinet à 17 heures. Dans un tel scénario, vous rédigez une clause stipulant que vous acceptez l'offre à condition que votre avocat donne son approbation dans un délai de 24 heures. De cette façon, vous pouvez signer. Si votre agent immobilier est expérimenté et digne de confiance et si l'acheteur est raisonnable, cette stratégie sera acceptée sans peine.

Si vous craignez que la transaction soit compliquée, discutez avec votre agent pour avoir une idée de ce que seraient *probablement* les conditions avant de voir une proposition d'acheteur. Si vous voulez avoir un avis juridique, votre agent peut vous aider à compiler une liste des scénarios éventuels à soumettre à votre avocat. Avec l'avis de votre agent immobilier et celui de votre avocat, vous avez tout ce qu'il vous faut pour évaluer une proposition qui arrive tard un samedi soir.

Si vous vendez en solo

Dans une transaction privée, il est plus prudent de passer en revue les conditions de l'offre avec votre avocat avant de signer quoi que ce soit. Comme vous n'avez pas d'agent immobilier pour étudier les conditions stipulées dans le contrat de vente, vous prenez un risque important si vous acceptez l'offre sans consulter de spécialiste. Dans la plupart des cas, les offres ne sont ni rédigées ni conclues en deux minutes. Au minimum, la clause stipulant que votre acceptation est conditionnelle à l'examen de l'offre par votre avocat vous permet de signer tout en ayant une porte de sortie au cas où votre avocat tomberait sur un os par la suite. Un agent immobilier peut avoir rédigé l'offre pour l'acheteur, et si vous n'avez pas d'agent, vous devriez demander à votre avocat d'étudier le contrat avant de signer un seul document, parce que l'agent immobilier de l'acheteur pourrait avoir ajouté des clauses qui avantagent exagérément son client, c'est-à-dire votre acheteur. N'oubliez pas qu'il s'agit d'un document juridique. Ne soyez pas embarrassé : posez toutes les questions nécessaires à votre avocat. Il vaut mieux savoir maintenant de quoi il en retourne. S'il y avait un problème par la suite, vous vous sentiriez bien plus stupide de ne pas avoir posé de questions.

Les chambres immobilières de toutes les régions ont des formulaires normalisés pour les contrats d'achat et de vente. Ces formulaires ont été conçus par des avocats et des comités de professionnels de l'immobilier qui en examinent le style et le contenu régulièrement. Si votre acheteur utilise l'un de ces formulaires, votre avocat ne découvrira probablement aucune erreur ou omission dans les documents. Mais il peut tout de même être important de revoir le contenu d'une offre.

Vous préparer à rencontrer votre avocat

Donnez à votre avocat toutes les informations nécessaires dès le début. Lorsque vous l'appellerez pour prendre rendez-vous, demandez-lui quels documents vous devez apporter. Voici ceux qu'il vous réclamera sans doute :

- un exemplaire lisible de la proposition acceptée (mais si vous avez un agent immobilier, l'agence aura déjà envoyé une copie de la proposition et d'autres documents au bureau de votre avocat) ;

- la dernière facture des taxes foncières ;
- les factures des services d'utilité publique de l'année écoulée ;
- tous les documents hypothécaires ou l'état d'extinction d'hypothèque si vous n'avez plus d'hypothèque ou si vous comptez la liquider grâce au produit de la vente ;
- tous les documents de transfert de titre de propriété qui remontent au moment où vous avez acheté la maison (si vous les avez toujours) ;
- les documents relatifs à tous les biens meubles (les articles que vous acceptez de laisser dans la maison au nouvel acheteur) qui doivent faire partie de la transaction et pour lesquels vous avez un titre de propriété ou un contrat de location-vente (votre système de sécurité sous contrat de location-vente, par exemple) ;
- tout autre document relatif à l'état de votre maison ou au titre de propriété.

Vous pouvez envoyer les documents requis par télécopieur ou par courrier électronique, ce qui vous évite d'avoir à vous rendre chez votre avocat.

Gérer votre dossier : ce que votre avocat en droit immobilier fait pour vous

Lorsque votre avocat en droit immobilier a tous les documents requis, cela signifie qu'il est temps de passer à l'action. Le rôle de votre avocat et de celui de votre acheteur n'est pas coulé dans le béton. Bien que certaines tâches leur soient couramment déléguées, rien ne vous empêche de vous arranger avec votre acheteur pour faire les choses autrement si vous le désirez. L'avocat du vendeur exécute généralement les tâches suivantes :

- Il étudie le contrat de vente.
- Il vérifie que les titres et les documents relatifs à tous les biens meubles compris dans la transaction sont en ordre.
- Il examine les documents hypothécaires et il fait les calculs ou les vérifie.
- Il examine les factures de taxes foncières.
- Il établit le coût au prorata en fonction de la date de rajustement pour tous les frais des services d'utilité publique annuels, de copropriété et autres droits exigés par la municipalité.
- Il détermine si certains remboursements doivent être effectués par vous ou par votre acheteur, ainsi que leurs montants.

- Il prépare un état des rajustements.
- Il dresse l'acte translatif.
- Il s'assure que vous pouvez fournir un titre clair à l'acheteur à la date de réalisation.

Au Québec, c'est le notaire de l'acheteur qui fait une recherche du titre et vérifie qu'aucune charge (ou autres conditions défavorables) ne grève la propriété. Il doit le faire avant la date de réalisation.

Chapitre 18

Les inscriptions et les avis de divulgation

Dans ce chapitre :

- Comprendre le contrat d'inscription
- Remplir un avis de divulgation

Si, pour vendre sa maison, il suffisait de repeindre la clôture et d'attendre les appels de son agent, le processus serait bien moins stressant. Mais comme pour beaucoup d'événements importants de votre vie, la vente de votre propriété requiert de remplir de nombreux documents. Dans ce chapitre, nous vous aidons à vous y retrouver. Courage, il y a de la lumière au bout du tunnel !

Les contrats d'inscription

Si vous voulez que votre maison ait une chance de se vendre, les acheteurs doivent connaître la nature du bien que vous offrez. Vous devez donc la faire connaître, que ce soit par vous-même ou par l'entremise d'un agent. Si vous passez par un professionnel, vous allez devoir remplir et signer un *contrat d'inscription*. Ce contrat donne l'autorisation à une ou plusieurs agences de vendre votre propriété, et spécifie combien vous allez payer pour ces services. Le contrat est un document à valeur légale qui lie les deux parties (vous et l'agence immobilière) par des obligations. Vous avez plusieurs options pour inscrire votre propriété.

Sélectionner le type d'inscription

Il existe trois types d'inscriptions : l'inscription SIA (Service Inter-Agences), l'inscription ouverte et l'inscription exclusive. L'inscription SIA est la plus courante.

- **L'inscription SIA autorise votre agent à travailler conjointement avec d'autres agents immobiliers :** Votre propriété est inscrite sur une base de données qui peut être consultée partout au Canada, et touche donc un réseau énorme d'agents immobiliers. Le vôtre peut coopérer avec toutes les agences et leur donner accès à votre inscription. C'est généralement l'inscription la plus avantageuse pour le vendeur, parce qu'elle lui offre une très grande visibilité. Le contrat d'inscription indique quelle portion de la commission totale revient à l'agent acheteur, c'est-à-dire celui qui vous met en contact avec un client prêt à acheter votre propriété.

  TRUC

  Si vous avez besoin de vendre rapidement, assurez-vous d'inscrire votre propriété au SIA : c'est la meilleure façon d'obtenir la plus grande visibilité possible. Pour avoir le prix maximal, il faut laisser savoir à autant de gens que possible que votre maison est à vendre. Une inscription SIA vous assure que votre maison est vue rapidement par le bon réseau d'agents immobiliers.

- **Une *inscription ouverte* autorise un ou plusieurs agents à vendre votre maison, sans que cela ne vous empêche de la vendre vous-même :** Ce type d'inscription est très rare pour les propriétés résidentielles mais se pratique couramment dans l'immobilier commercial. Le vendeur peut trouver un acheteur sans aide extérieure, ou accepter des offres faites par l'entremise d'un agent. Vous, le vendeur, ne faites pas affaire personnellement avec les agents qui travaillent pour vous, et vous n'êtes pas obligé de leur payer une commission. Souvent, c'est l'acheteur qui paiera une commission à l'agent qui lui a trouvé la maison.

- **Une *inscription exclusive* autorise une agence à mettre votre maison sur le marché pendant une période spécifiée :** Ce type d'inscription est assez rare. Les contrats d'inscription exclusive vous empêchent de vendre votre maison vous-même pendant une période donnée. Par contre, la commission est réduite, ce qui est à votre avantage. Votre agent n'est pas obligé de montrer votre propriété à d'autres agents même si, en général, il collabore avec d'autres. Il a aussi plus de contrôle sur la stratégie de commercialisation de votre maison. Sachez toutefois que la plupart des vendeurs préfèrent éviter les inscriptions exclusives et faire une inscription SIA pour profiter de la visibilité du système.

Lorsque vient le moment de choisir le type d'inscription qui vous convient le mieux, pensez à tous les facteurs. Quelles sont les conditions du marché ? Comment se vendent les maisons similaires à la vôtre ? Avez-vous le temps de chercher des acheteurs vous-même ? Quand vous saurez quels sont vos besoins et que vous connaîtrez bien votre marché, vous pourrez faire votre choix en toute connaissance de cause. Et une fois votre stratégie établie, encore faudra-t-il savoir à quoi vous attendre en signant le contrat d'inscription. C'est l'objet de la section suivante.

Les gens qui veulent vraiment vendre leur maison choisissent l'inscription SIA car c'est celle qui leur garantit le maximum de visibilité sur le marché. C'est pourquoi de nombreux agents acheteurs estiment que les inscriptions ouvertes ou exclusives ne sont pas très sérieuses.

Votre contrat d'inscription en détail

Le *contrat d'inscription* est un document légal qui doit être signé à la fois par vous et par votre agent. C'est généralement un formulaire standard fourni par votre chambre immobilière locale. Tous les détails de la propriété à vendre y sont étudiés, ainsi que les conditions auxquelles vous voulez vendre, et vos obligations respectives, à vous et à votre agent. Assurez-vous d'obtenir un exemplaire de votre contrat d'inscription et de le conserver en lieu sûr (non, pas là où vous avez mis le double de vos clés que vous ne retrouvez plus depuis cinq ans).

Si ça vous met plus à l'aise, ou si certains points du contrat vous tracassent, vous pouvez le faire examiner par votre avocat avant de le signer. N'oubliez pas que même si vous signez l'inscription avec un individu, c'est à son agence que le contrat vous lie. (Si Roseanne Rozon, votre agente, travaille pour l'agence La Maximale, votre contrat d'inscription est avec La Maximale, pas avec Roseanne.)

Le contrat d'inscription détermine trois points en particulier :

- **Les caractéristiques exactes de la propriété à vendre :** Les spécifications de votre terrain, la taille, les matériaux de construction, les systèmes de chauffage et d'air climatisé, le nombre et la description des pièces, ainsi que d'autres détails. On trouve aussi dans le contrat d'inscription la liste des articles (meubles, électroménagers) et des biens inclus dans la vente. (On spécifie également si certains articles sont *exclus* de la vente, comme le lustre de la salle à manger ou le jacuzzi, par exemple.)

- **Les détails financiers de votre propriété :** Le contrat d'inscription établit le prix demandé pour votre maison et peut parfois fournir des informations sur votre hypothèque, ainsi que sur vos taxes foncières.
- **Les termes précis qui vous lient à votre (vos) agent(s) :** Votre contrat d'inscription spécifie qui est autorisé à mettre votre propriété sur le marché et de quelle façon, et détermine la durée du contrat et le montant de la commission que vous remettrez à l'agent en échange de ses services.

Les inscriptions du Service Inter-Agences viennent toutes avec un avis de divulgation standard qui vous oblige à révéler vos secrets les plus intimes… Mais non, c'est une blague! Nous discutons en détail des avis de divulgation un peu plus loin dans ce chapitre.

N'OUBLIEZ PAS !

Votre contrat d'inscription ne vous oblige en aucun cas à accepter une offre, quelle qu'elle soit, même si l'acheteur remplit toutes les conditions stipulées dans le document. Les conditions peuvent changer : le jour où vous recevez l'offre idéale, un problème familial inattendu peut surgir. C'est la vie et ça arrive. Un contrat d'inscription crée une relation entre vous, le vendeur, et votre agent. Pendant tout le processus de vente, celui-ci doit agir au mieux de vos intérêts sans induire les acheteurs potentiels en erreur. Jetez un coup d'œil au chapitre 6 pour en savoir un peu plus sur vos rapports avec votre agent.

UN PEU DE TECHNIQUE

Si jamais vous pensez vendre, vous nous préviendrez ?

Si un voisin ou un ami s'intéresse à votre maison, vous pouvez ajouter une exclusion au contrat d'inscription (seulement avec les inscriptions SIA ou les inscriptions exclusives) qui spécifie que vous ne serez pas obligé de payer de commission à votre agent si c'est une de ces personnes (elles doivent être nommées dans le contrat) qui achète votre propriété. Après tout, c'est vous qui leur avez fait connaître votre maison, pas votre agent !

Avant de signer le contrat d'inscription, avertissez votre agent que votre voisin ou votre riche cousin veulent peut-être acheter votre propriété, et que vous ne voulez pas lui payer de commission si l'un d'eux se décide. Mettez l'exclusion par écrit avant de signer le contrat. Donnez à votre agent immobilier les noms des personnes visées avant qu'il inscrive votre maison. Il préparera une lettre notifiant l'exclusion et la fera signer par son superviseur. Elle devrait ressembler à peu près à ça :

« Cette lettre est une confirmation que l'agence La Maximale reconnaît que les parties suivantes sont exclues du contrat d'inscription daté du 1er mai 20..., et que si l'une d'elles décide d'acheter la propriété sise au 5545, rue Principale, à Sainte-Myriam, l'agence La Maximale ne recevra aucune commission.

M. et Mme Voisin

125, rue Principale, Sainte-Myriam

M. Richard Parent

18, allée Plein-la-vue, Sainte-Piastre

Signé par l'agent et son superviseur »

Dans certains cas, l'exclusion peut avoir une durée limitée. Par exemple : « Aucune commission ne sera versée si l'une des deux parties achète la propriété avant le 30 mai 20... ». Votre agent peut vous réclamer cet ajout pour justifier le temps et l'énergie consacrés à votre inscription si l'une des deux parties met quatre mois à se décider avant d'acheter. Sans compter le fait que cette limite de temps encourage généralement vos voisins ou votre cousin à se décider un peu plus rapidement.

N'oubliez pas que les clauses additionnelles de ce type risquent de ralentir la vente de votre maison. Elles peuvent apparaître sur votre inscription et décourager les agents et les acheteurs qui n'auront pas envie de devoir gérer les complications possibles de la vente.

Les avis de divulgation

Lorsque vous signerez votre contrat d'inscription, on vous demandera probablement de remplir un *avis de divulgation*. C'est un document légal dans lequel vous décrivez votre propriété et toutes les inclusions, au mieux de votre connaissance. Il peut parfois être consulté par l'acheteur avant qu'il fasse une offre, ou lui être fourni une fois que l'offre est faite. Quoi qu'il en soit, l'avis de divulgation est généralement incorporé au contrat (signé et reconnu par l'acheteur) et en devient une partie intégrante. Pour les inscriptions SIA, la divulgation est généralement obligatoire ; pour la *plupart* des inscriptions exclusives, elle est recommandée.

En gros, l'avis de divulgation informe l'acheteur et votre agent de l'état de votre maison, et vous protège (vous et votre agent) contre tout recours légal si l'acheteur découvre un problème épouvantable dont vous n'aviez pas connaissance. En fournissant des informations détaillées sur l'état de votre propriété, vous vous assurez que votre agent en donne une image fidèle aux acheteurs potentiels. Mais quoi qu'il en soit, c'est vous qui serez tenu responsable si l'acheteur découvre une information que vous aviez délibérément cachée au moment de la signature de l'avis de divulgation.

Qui peut prendre connaissance de mon avis de divulgation ?

L'avis de divulgation doit bénéficier à toutes les parties de la transaction. Vous divulguez ce que vous savez au sujet de votre maison, et l'acheteur prend connaissance de ces informations qui forment généralement le point de départ d'une inspection professionnelle. C'est le document de référence de votre agent lorsqu'il fait visiter votre propriété aux acheteurs potentiels, qui pourront ensuite discuter des problèmes évoqués dans l'avis de divulgation au moment de la négociation.

C'est à vous, le vendeur, qu'il incombe d'être aussi exact que possible dans l'avis de divulgation. Toute déformation des faits est potentiellement dangereuse. Vous devez révéler tout ce que vous savez sur votre propriété, et vous êtes obligé de mentionner tout ce que vous devriez savoir, *au mieux de votre connaissance*. Par exemple, s'il y a une petite fuite dans votre sous-sol qui n'apparaît qu'en cas de forte pluie, vous êtes tenu de déclarer qu'il y a peut-être un problème avec les fondations ou le tuyau de drainage. Les acheteurs découvriront de toute façon les problèmes que vous essaierez de cacher. Notre conseil : cessez d'hésiter, et mentionnez tout.

En signant un document légal qui déclare que vous avez décrit l'état de votre propriété au mieux de votre connaissance, c'est *vous*, le vendeur (et non votre agent), qui êtes responsable de toute omission, si jamais l'acheteur décide d'engager des poursuites après s'être rendu compte de problèmes non mentionnés. Ceci dit, vous ne pouvez être condamné que si vous avez caché l'information *intentionnellement*. Si vous omettez de révéler certains problèmes parce que vous n'en avez tout simplement pas connaissance, dommage pour votre acheteur. Votre agent, lui, est responsable devant la loi s'il n'informe pas l'acheteur conformément aux informations que vous lui avez révélées.

N'oubliez pas que la plupart des acheteurs vont faire faire une inspection professionnelle de votre propriété. Ce faisant, ils s'engagent à prendre la responsabilité de l'état de la maison. Si vous fournissez à un acheteur potentiel un avis de divulgation rempli au mieux de votre connaissance, et qu'un problème inattendu surgit malgré l'inspection, c'est contre son inspecteur qu'il se retournera, et non contre vous.

TRUC

Parfois, les vendeurs ont la possibilité de tracer un trait en travers de l'avis de divulgation et de déclarer que « Le vendeur ne fait aucune déclaration sur l'état de la propriété ; l'acheteur doit lui-même effectuer les vérifications nécessaires. » C'est une option courante dans plusieurs cas – par exemple, si le propriétaire n'a jamais vécu là et que sa propriété était habitée par des locataires ; ou bien s'il s'agit d'une vente de succession, et que les héritiers n'ont aucune idée de l'état de la propriété ; ou encore, le vendeur peut ne pas remplir l'avis de divulgation en raison de problèmes de santé. Dans ces cas, c'est à l'acheteur d'être particulièrement vigilant lors de l'inspection, sachant que le vendeur n'a donné aucune information.

Que dois-je divulguer ?

L'avis de divulgation aborde tous les aspects de votre propriété, du terrain à la structure de l'édifice. Il couvre trois types d'informations.

Les informations d'ordre général

Il s'agit essentiellement du terrain qui entoure votre propriété. Le cas échéant, donnez des informations sur les points suivants :

- **Les systèmes publics :** Votre propriété est-elle alimentée en eau par la Ville ? Utilisez-vous le système d'égouts municipal ? Y a-t-il des problèmes, à votre connaissance ?
- **Les appartements en location :** Avez-vous des appartements en location ? Sont-ils aux normes ?
- **Les servitudes et les droits de passage :** Y en a-t-il qui ne sont pas enregistrés sur les titres de propriété ?
- **Les problèmes de propriété :** Avez-vous déjà reçu des réclamations pour quelque affaire que ce soit ?

Les informations sur la structure

C'est là que vous mentionnez les informations propres à la maison elle-même. Voici ce que vous pouvez inclure :

- **L'isolation et la ventilation :** Quel type d'isolation et de ventilation avez-vous ? Y a-t-il des problèmes ?
- **L'électricité, la plomberie, le chauffage et la climatisation :** Là encore, y a-t-il des problèmes, à votre connaissance ?
- **Les problèmes structurels :** Y a-t-il des problèmes (non résolus) liés à un incendie, à une inondation, au vent ?
- **Les nuisibles :** Y a-t-il une infestation d'insectes ou de rongeurs ? Y avez-vous remédié ? Quand et comment ?
- **Les inspections :** Votre maison a-t-elle été inspectée en détail ? Les foyers, systèmes de sécurité et systèmes d'alarme sont-ils aux normes ?

Les informations supplémentaires

Dans cette section, vous avez un espace blanc pour toutes les informations pertinentes sur l'état de votre propriété, pour l'explication des problèmes mentionnés auparavant, ou pour indiquer ceux auxquels vous avez remédié par le passé.

Si vous vendez un condo, vous devez faire mention des restrictions actuelles (sur les animaux, les enfants, les locations ou l'utilisation du condo en général) et futures (les nouveaux règlements) que vous connaissez. Vous devez aussi faire état des réparations prévues ou des projets de construction importants sur l'édifice.

Il ne vous servira à rien d'être malhonnête en remplissant l'avis de divulgation. Même si votre acheteur se fie à la parole de votre agent, il lira attentivement le contrat de vente – et vous êtes obligé par la loi d'y révéler tous les problèmes existants. Si vous menez un acheteur naïf à vous faire une offre en donnant une image faussée de votre propriété dans l'avis de divulgation, vous aurez l'air d'un idiot (ou pire, d'un menteur) lorsque l'acheteur fera faire sa propre inspection. Ce serait dommage de perdre un acheteur motivé à cause de ça. Et surtout, attention au procès qui vous guette si vous ne révélez pas l'état de votre maison en toute franchise.

Chapitre 19

Les inspections et les évaluations du point de vue du vendeur

Dans ce chapitre :

- Opter ou non pour une inspection préinscription
- Déterminer s'il faut une évaluation

Lorsque vous vous lancez dans l'achat d'une nouvelle maison, vous avez besoin de savoir exactement ce que vous achetez. C'est pourquoi les inspecteurs et les évaluateurs jouent un rôle si important à cette étape. Ils vous aident à être sûr que votre achat est un bon investissement.

Et maintenant que vous êtes décidé à vendre votre maison, il est tout aussi important de savoir ce que vous vendez. L'inspection et l'évaluation ne sont pas réservées aux acheteurs ; vous aussi, vous devriez envisager d'en faire faire une. Un inspecteur sera peut-être à même de vous révéler que la fuite dans le sous-sol n'est due qu'à un tout petit trou dans un tuyau, et que ce n'est pas le problème horrible dont vous aviez fait toute une montagne (et pour lequel vous étiez prêt à baisser le prix de votre maison). Ou bien un évaluateur vous avertira qu'un nouveau règlement vous interdit de faire telle amélioration grâce à laquelle vous espériez augmenter le prix de vente. Sans cet avis, vous auriez risqué de devoir démolir la rénovation potentiellement illégale.

Les inspections pour les vendeurs

Nous lisons dans vos pensées : « Pourquoi payer des centaines de dollars pour une inspection, alors que mon acheteur en fera faire une de toute façon ? » Vous avez raison. Il est très probable que votre acheteur fasse faire sa propre inspection. Certains prêteurs n'acceptent d'ailleurs d'approuver une hypothèque qu'à la condition expresse que la maison soit inspectée, et la majorité des acheteurs font une offre conditionnelle à l'inspection de la propriété par un professionnel.

Si votre maison est bien entretenue, il n'est généralement pas nécessaire de faire faire une inspection ; ne gaspillez pas votre argent. Mais si, dans votre région, il y a des problèmes qui affectent la plupart des propriétés (dans une zone inondable, par exemple), l'inspection est fortement conseillée. De plus, une inspection positive fait toujours bon effet auprès des acheteurs potentiels. Référez-vous au chapitre 12 pour savoir comment trouver un inspecteur.

Les raisons de faire inspecter votre maison

Si vous faites inspecter votre maison avant de la mettre sur le marché, cela vous amène certains bénéfices :

- Un inspecteur vous avertit des réparations à effectuer. Si vous les faites, cela peut permettre d'augmenter la valeur de votre propriété et libèrera les acheteurs des soucis liés aux travaux (qui, s'ils ne sont pas faits, affecteront à la baisse le prix de la maison). Aussi, en faisant les réparations nécessaires avant de mettre votre maison en vente, vous limiterez le temps qu'elle passera sur le marché – et c'est une considération importante lorsqu'on essaie d'intéresser des acheteurs potentiels. N'oubliez pas : la plupart des acheteurs n'ont pas l'intérêt, l'énergie ni les fonds nécessaires pour faire des travaux. En vous en occupant vous-même, vous multipliez le nombre de personnes qui s'intéresseront à votre propriété.
- Si vous faites faire une inspection professionnelle avant de mettre votre maison en vente, vous vous éviterez peut-être d'avoir à refaire certaines améliorations d'ordre esthétique. Par exemple, si l'inspecteur vous apprend que vous devez percer certains murs pour refaire l'électricité, mieux vaut le savoir avant d'avoir passé trois couches de peinture dans toute la maison.
- Un rapport d'inspection détaillé est un gage de sérieux et donne confiance aux acheteurs potentiels.
- Si vous vendez votre maison sans l'aide d'un agent, une inspection professionnelle vous aidera à déterminer sa valeur et à la mettre en vente à un bon prix.

Les raisons de ne pas faire inspecter votre maison

Nous devons vous avertir de deux inconvénients liés à l'inspection de votre maison avant sa mise sur le marché :

- Si votre inspection révèle de sérieux problèmes, la loi vous oblige à fournir cette information aux acheteurs potentiels (et à votre agent, si vous devez remplir un avis de divulgation). Jetez un coup d'œil au chapitre 18 pour avoir davantage d'informations à ce sujet. Moins on en sait, mieux on se porte, dit le vieux proverbe. Mais il y a des chances pour que vos acheteurs (et leurs avocats) ne partagent pas ce point de vue.
- L'inspection vous coûte des centaines de dollars, et les acheteurs qui vous feront une offre feront faire leur propre inspection, que vous en ayez fait une ou non.

Si vous n'avez pas l'impression d'avoir besoin d'un rapport d'inspection pour inspirer confiance aux acheteurs, et si vous êtes certain que votre propriété est complètement aux normes, ne gaspillez pas votre argent avec une inspection. Si vous voulez juste vous assurer que votre plomberie et votre électricité sont en bon état, demandez simplement à un plombier et à un électricien de venir y jeter un coup d'œil. Pareil pour la toiture : il peut être très important de connaître l'état de votre toit avant de vendre votre maison. L'inspection professionnelle préalable à la mise sur le marché d'une propriété élimine certaines incertitudes dans le processus de vente, et vous enlève au moins un souci de la tête. En fait, le plus grand bienfait de l'inspection préinscription, c'est ça : la tranquillité d'esprit.

Ce que votre inspecteur examine

Un inspecteur examine soigneusement tous les principaux systèmes de votre maison :

- **Les composantes structurelles :** La toiture, les fondations, les planchers, les murs, les colonnes et les plafonds.
- **Les composantes extérieures :** Le bardage des murs, les portes, les fenêtres, les gouttières, les balcons, les terrasses et la végétation.
- **Les composantes intérieures :** Les murs, les escaliers, les comptoirs, les placards.
- **Le système de chauffage et de ventilation :** La chaudière et la climatisation.

- **L'électricité :** Le câblage, les prises et les DDFT.
- **La plomberie :** L'état des tuyaux, les robinets et les canalisations.
- **L'isolation et la ventilation :** Les matériaux d'isolation, la tuyauterie.

Référez-vous au chapitre 12 pour plus d'informations sur les inspections.

Comment préparer la visite de l'inspecteur

Votre inspecteur n'est pas autorisé à mettre en marche des systèmes qui ne sont pas déjà opérationnels dans votre maison. Il faudra donc vous assurer que tout est allumé et prêt pour la visite : le gaz, l'eau, l'électricité, le chauffage, la ventilation et la plomberie. Restez dans les parages si l'inspecteur a besoin de vous pour avoir accès à certains endroits. Vous pouvez faire quelques préparatifs pour lui faciliter la tâche :

- Assurez-vous que les panneaux électriques sont libres d'accès.
- Enlevez tout ce qui peut gêner l'accès aux panneaux électriques, au grenier, aux recoins du sous-sol, aux fondations, aux systèmes de chauffage et de ventilation et à la tuyauterie.
- Mettez vos animaux à l'écart et rangez vos enfants dans le placard pour qu'ils ne dérangent pas l'inspecteur.
- Ayez en main un exemplaire de chacun des documents suivants :
  - les rapports d'entretien, les garanties ou toute information pertinente sur l'ancienneté et la performance de tous les électroménagers qui seront vendus avec la maison ;
  - une liste écrite avec l'âge de toutes les composantes structurelles et des composantes de tous les systèmes, ainsi que les rapports d'entretien et les garanties ;
  - vos factures de services d'utilité publique (gaz ou électricité, par exemple).

Les problèmes courants

Aussi consciencieux que vous soyez, certaines choses sont tout simplement hors de votre contrôle. Votre inspecteur découvrira probablement quelques problèmes communs – souvent dus à l'obsolescence et aux mises à jour des standards de sécurité et d'efficacité énergétique.

À l'extérieur

Vous avouez (d'un air penaud) ignorer délibérément depuis des années la minuscule fissure à côté d'une des fenêtres du sous-sol. Eh bien, vous avez eu tort. Elle est en train de grandir et risque de vous poser des problèmes structurels en bout de ligne. Et ce n'est qu'une des situations qui peuvent se présenter. En voici d'autres exemples :

- **Une toiture qui prend de l'âge :** Si le problème est avancé, ce sera évident, mais c'est assez subtil au début et il est facile de ne pas le voir.
- **Des fenêtres défectueuses :** Les joints sont-ils craquelés et les fenêtres embuées ? Y a-t-il des fissures ? Ferment-elles comme il faut ?
- **De l'usure sur le revêtement extérieur :** Si c'est du bois, y a-t-il des signes de pourriture ? Le revêtement en vinyle est-il craquelé ou bombé ? Menace-t-il de se défaire ? Si l'extérieur est en brique, de quoi a-t-il l'air ? Les briques sont-elles fendues ? Le mortier s'effrite-t-il ?
- **Le terrain ne va pas en pente descendante à partir de la maison :** Une bonne inclinaison évite que l'eau ne s'écoule dans le sous-sol ou les fondations.
- **Des fissures ou des boursouflures dans les fondations :** Ces anomalies peuvent être le signe de problèmes structurels plus importants.

À l'intérieur

L'intérieur des maisons peut cacher toutes sortes d'horreurs. En voici quelques-unes que votre inspection pourrait bien révéler :

- **Des signes d'inondation ou de fuite dans le sous-sol :** Il est extrêmement dispendieux d'isoler une maison étanche contre l'humidité (comme vous le savez déjà si vous vous êtes renseigné après une inondation dans votre sous-sol). Si vous avez pris des mesures pour le faire, comme l'installation d'une pompe, assurez-vous que l'inspecteur en prenne bonne note.
- **Une mauvaise isolation ou ventilation :** Si l'air peut entrer, l'eau aussi. Une des premières choses qu'on enseigne aux architectes en herbe, c'est que *l'eau est votre pire ennemi*. Si votre maison fuit ou si l'humidité ne s'évapore pas comme il faut, toutes vos structures majeures risquent d'être touchées. Et nous enfonçons des portes ouvertes (littéralement) en vous disant que si votre isolation fonctionne mal, le chauffage et la climatisation ne seront pas efficaces et vous coûteront très cher.
- **Des composantes intérieures qui ne sont plus aux normes :** Une vieille peinture au plomb, par exemple, ou des escaliers sans rampe.

- **Des systèmes (électricité, plomberie, chauffage) obsolètes :** Si votre maison est très vieille, soyez particulièrement attentif à ces systèmes, qui peuvent être inefficaces et même dangereux. Par exemple, certaines compagnies d'assurance refusent d'assurer les vieux circuits électriques.

Pour finir : si vous êtes bricoleur et que vous avez fait, au fil des années, des travaux sur les principaux systèmes de votre maison, faites-les examiner soigneusement. Sauf si vous êtes plombier, électricien ou installateur de climatisation professionnel, sachez que ce n'est pas parce que « ça marche » que c'est efficace ou sécuritaire.

N'OUBLIEZ PAS !

L'inspecteur n'évalue pas votre maison. (Si c'est ce que vous recherchez, faites appel à un évaluateur.) L'inspecteur se contente de faire un rapport. Par exemple, votre maison peut bien être du type « on n'en trouve plus des comme ça », le rapport d'inspection dira simplement que votre chaudière a 48 ans et qu'elle est opérationnelle, sans préciser qu'elle chauffe vraiment très bien. Si vous voulez un rapport qui indique les performances de tous les systèmes de votre maison, embauchez les professionnels concernés (plombier, électricien, etc.) et demandez-leur de les évaluer.

Les évaluations pour les vendeurs

Si vous vendez votre maison sans l'aide d'un agent, il vaut toujours mieux faire faire une évaluation. Vous obtenez un avis professionnel concernant la valeur de votre propriété sur le marché immobilier actuel. Avec cette évaluation, vous pouvez fixer objectivement le prix de votre maison. (Jetez un coup d'œil au chapitre 15 pour avoir une idée de la meilleure façon de procéder.) Et si vous vendez avec l'aide d'un agent, il est malgré tout parfois utile d'avoir recours à un évaluateur indépendant.

ATTENTION !

Il existe des évaluateurs qui travaillent sans permis. Assurez-vous que celui que vous choisirez fasse partie de l'Ordre des évaluateurs agréés du Québec (OEAQ). Si vous connaissez des personnes qui ont récemment utilisé les services d'un évaluateur, demandez-leur si elles ont été satisfaites de son évaluation et, si oui, de vous mettre en contact avec lui. Faites affaire avec quelqu'un en qui vous avez confiance. Vous trouverez au chapitre 6 des renseignements sur la meilleure façon de trouver un évaluateur.

Évaluer s'il vous faut un évaluateur

Que vous décidiez ou non de faire évaluer votre maison, les acheteurs, eux, doivent presque toujours passer par cette étape lorsqu'ils font une demande de financement. Si votre acheteur n'a pas besoin d'une nouvelle hypothèque – par exemple, s'il reprend la vôtre –, alors vous n'avez pas besoin de vous soucier de faire faire une évaluation.

Ceci dit, dans certaines circonstances, il peut être judicieux de faire évaluer votre maison avant de la mettre sur le marché. L'intérêt principal, c'est que vous éliminez les zones d'incertitude et que vous obtenez une fourchette de prix réaliste pour votre bien. C'est particulièrement important si vous avez besoin d'obtenir un montant spécifique du produit de la vente en vue de l'achat de votre prochaine maison. Une évaluation vous permet de voir si vos projets sont viables financièrement. Même si l'évaluation n'est en rien une étape obligatoire, l'assurance qu'elle vous donne peut vous décharger d'une partie du stress lié à la vente. De plus, si votre maison est atypique et qu'il vous est difficile de la comparer à d'autres et de vous faire une idée de sa valeur, là encore, l'avis d'un professionnel vous sera précieux.

TRUC

La majorité des vendeurs n'embauchent pas un évaluateur indépendant avant de mettre leur maison sur le marché, à moins d'avoir décidé de se passer des services d'un agent. La plupart des agents immobiliers, en effet, connaissent bien les facteurs qui influencent la valeur du marché d'une propriété et peuvent vous fournir une évaluation à peu près exacte de ce que vaut la vôtre. De plus, votre agent utilise les mêmes procédés (et les mêmes bases de données) qu'un évaluateur pour juger de la valeur de votre maison. Enfin, avec lui, c'est gratuit.

Même si l'évaluateur et l'agent immobilier évaluent une propriété avec les mêmes outils, il y a des différences. L'évaluateur est là pour vous offrir une expertise impartiale. Un agent immobilier, lui, est un vendeur, et l'opinion d'un agent expérimenté prendra aussi en compte certains éléments intangibles – comme le facteur « émerveillement » –, car il peut savoir que certains types d'acheteurs seront particulièrement réceptifs à votre propriété – et prêts à dépenser ce qu'il faudra pour l'avoir. Un évaluateur, par contre, ne sera peut-être pas réceptif à la valeur perçue (plus que réelle) des vitraux restaurés sur la porte avant, ni au ravissant aménagement paysager de votre cour arrière.

Idéalement, vous aurez fait quelques recherches par vous-même et vous aurez une idée du prix auquel se vendent les propriétés similaires à la vôtre dans votre quartier. Si le prix que suggère votre agent est très différent de ce que vous avez vu sur le marché, ou si vous êtes simplement prêt à vous délester de quelques centaines de dollars pour être tranquille, contactez un évaluateur professionnel.

Comprendre les principes de base de l'évaluation

La première chose que vous voudrez sans doute savoir, c'est combien l'évaluation va vous coûter. Une visite standard (disons, un bungalow dans un quartier où il y a beaucoup de maisons qui se vendent) peut aller de 200 $ à 500 $, selon la taille et l'emplacement de la propriété, ainsi que la quantité de travail effectué. En gros, le tarif est déterminé par ce que l'évaluateur doit faire pour établir la valeur de votre propriété. S'il y a eu de nombreuses ventes comparables au cours des derniers mois, c'est une tâche relativement simple. Si la dernière fois qu'une maison s'est vendue dans votre quartier, c'était en 1957, et qu'elle ne ressemblait en rien à la vôtre, l'évaluation sera un peu plus compliquée à faire, et donc plus dispendieuse.

Qu'est-ce que j'obtiens pour mon argent ?

Les évaluateurs vous diront souvent qu'ils ne sont pas inspecteurs. Ceci dit, ils observent bien souvent les mêmes choses. Voici certains éléments qu'un évaluateur va noter :

- **La superficie :** Quelle est la superficie totale de votre maison, en incluant le sous-sol, s'il y en a un ? Quelle est la taille du terrain ?
- **La date de construction :** En quelle année la maison a-t-elle été construite ? Quand la toiture a-t-elle été refaite ?
- **L'état :** Y a-t-il des réparations à faire qui affecteront sa valeur ?
- **Les améliorations et les finitions :** Quel travail avez-vous effectué récemment qui pourrait augmenter la valeur de la maison ? Ici, on s'intéresse généralement à la cuisine et aux salles de bain.
- **L'infrastructure :** Le chauffage, la plomberie et l'électricité fonctionnent-ils comme il faut ? Ou y a-t-il des réparations coûteuses à faire ?
- **Les équipements :** Particulièrement dans les condos, mais aussi dans les maisons, il s'agit du sauna, de la piscine, du spa, de la terrasse, du garage, etc.
- **Le voisinage :** On parle ici des écoles, des commerces, des transports en commun, de la sécurité, etc.
- **L'environnement immédiat :** Sur quoi donne votre cour arrière ? Sur un parc ou sur un bloc-appartements ? Quelle est l'exposition de votre condo ? A-t-il du soleil toute la journée ou seulement le matin ?
- **Tout ce qui fait de votre maison une propriété d'exception :** Il y a peut-être des détails uniques qui peuvent faire grimper sa valeur.

Rien n'oblige l'évaluateur à faire plus qu'une inspection visuelle de tous les éléments de la liste que nous venons de vous détailler. Mais rien ne l'empêche de faire une évaluation plus poussée, généralement en prenant des mesures et des photos. Tous les signes de problèmes potentiels, comme des petites fissures dans les murs, seront enregistrés.

Si vous vivez dans un quartier de maisons victoriennes, évitez de faire appel à un évaluateur spécialisé dans les maisons de banlieue après 1980. Choisissez quelqu'un qui connaît bien le type de propriété que vous vendez.

L'évaluateur utilise une de ces trois méthodes pour évaluer la propriété à vendre :

- **Une analyse comparative de marché (ACM) :** Cette évaluation se base sur la comparaison de votre maison avec les prix de vente récents d'autres propriétés de votre quartier, en prenant en compte les équipements et les particularités de votre maison pour ajuster le chiffre à la hausse ou à la baisse. Voyez le chapitre 15 pour un exemple d'analyse comparative de marché.
- **L'approche de la valeur de remplacement :** Cette méthode détermine la valeur de votre propriété en estimant combien il coûterait de faire reconstruire la même maison aujourd'hui. Elle est utilisée moins fréquemment que l'ACM car elle donne une idée moins précise de ce que les acheteurs sont prêts à débourser pour acheter votre propriété.
- **L'approche du revenu locatif :** Cette méthode est utilisée pour les édifices qui contiennent des unités de location. C'est, en gros, une ACM qui prend en compte les revenus et les dépenses générés par ces logements.

Quelle que soit la méthode employée par votre évaluateur, la valeur à laquelle il arrive est une opinion professionnelle. La nature d'une évaluation est telle que deux évaluateurs distincts (le vôtre et celui de l'acheteur, par exemple) peuvent avoir deux avis différents sur la valeur d'une même propriété. Si celui qui travaille pour votre acheteur (ou celui fourni par son institution financière) détermine que la valeur de votre maison est inférieure au prix demandé, vous risquez de perdre l'offre. L'acheteur risque de ne plus vouloir payer le prix proposé, ou son prêteur pourrait refuser de financer la somme demandée. Dans ce cas, l'acheteur et/ou le vendeur demanderont peut-être une seconde évaluation. Même les évaluateurs font des erreurs.

Combien de temps faut-il pour une évaluation ?

Croyez-le ou non, une évaluation se fait assez rapidement : pour une résidence ordinaire, entre 10 et 15 minutes. Mais plus votre maison a de caractéristiques particulières, plus il faudra de temps pour les évaluer.

Après avoir visité votre maison, l'évaluateur se renseigne sur le prix de vente des autres propriétés de votre quartier. Ceci l'aide à déterminer la valeur de marché de votre maison et lui permet de se rendre compte des caractéristiques qui lui sont propres. Ce processus est un peu plus long, mais là encore, pour une résidence standard, vous devriez recevoir le rapport au bout d'un jour ou deux. Si votre maison se trouve dans un quartier où il y a peu de transactions immobilières – le genre de quartier où les gens se repassent leurs propriétés d'une génération à l'autre –, les recherches seront plus compliquées, et évidemment plus longues.

Se renseigner sur les évaluations pour les condominiums

Le processus d'évaluation est presque semblable pour les maisons et les condominiums (lisez les paragraphes précédents si vous les avez sautés). Les coûts sont à peu près semblables, même si l'examen d'un condo luxueux peut vous coûter un peu plus cher. La différence principale avec les condos, ce sont les frais d'entretien. Des frais mensuels très élevés, clairement destinés à l'entretien d'une piscine et d'un gazon impeccable, ainsi qu'au salaire d'un concierge, ne retireront rien à la valeur assignée à un condo – au contraire. Par contre, si les frais mensuels ne semblent pas justifiés, ils réduiront le prix qu'un acheteur sera prêt à payer.

Sachez que l'évaluation ne prendra sans doute pas en compte le statut du syndic de copropriétaires ; et pourtant, c'est un facteur important pour les acheteurs potentiels. (Relisez le chapitre 5 pour davantage d'informations à ce sujet.) Même si l'état des finances du syndic affecte la valeur de chacun des condos, les évaluateurs n'ont généralement pas accès à cette information. Par exemple, s'il n'y a pas d'argent dans le fonds de réserve de la résidence, l'entretien du parking souterrain ou la sécurité risquent d'être négligés, ce qui fait souvent baisser la valeur de la propriété. Si vous voulez une estimation plus précise, vous pouvez fournir une copie des documents de votre condo à votre évaluateur avec toutes les informations pertinentes sur l'entretien, les finances et les obligations légales du syndic de copropriété.

Se préparer pour une évaluation

Voici quelques mesures à prendre pour donner une impression favorable à l'évaluateur :

- **Mettez votre maison en valeur :** Même si, techniquement, l'ordre et la propreté de votre maison ne devraient pas affecter l'opinion « objective » de l'évaluateur, celui-ci est un être humain, et un intérieur bien rangé lui fera forcément meilleure impression. S'il pense que vous êtes un propriétaire sérieux et consciencieux, il sera plus disposé à faire jouer la balance en votre faveur et à donner une valeur un peu plus élevée à votre maison.

- **Assurez-vous que l'évaluateur a bien en main toutes les informations pertinentes au sujet de votre maison :** Il devrait tout avoir : les certificats de garantie et les rapports d'entretien des électroménagers, les factures des travaux récemment effectués sur la plomberie, l'électricité ou le système de chauffage, etc. N'hésitez pas à lui fournir toutes les informations que vous avez sur les ventes récentes de propriétés dans votre quartier, et surtout sur les ventes privées qui n'apparaissent pas forcément dans les statistiques. Même si l'évaluateur essaiera de trouver les données les plus à jour, il vaut toujours mieux s'assurer qu'il a toutes les cartes en main pour faire son travail.
- **Soyez disponible pendant que l'évaluateur fera le tour de votre propriété :** Répondez à ses questions s'il vous en pose, mais restez discret. N'hésitez cependant pas à discuter des facteurs qui, selon vous, peuvent influencer la valeur de votre maison, et prenez des notes. Ceci vous aidera à comprendre pourquoi l'évaluateur est ou n'est pas d'accord avec votre estimation de la valeur de votre maison.

N'OUBLIEZ PAS !

Si vous le pouvez, obtenez un exemplaire de l'évaluation. N'oubliez pas que vous êtes le vendeur, et que vous n'aurez pas accès à l'évaluation de l'acheteur. Si vous n'êtes pas d'accord avec certains éléments factuels, vous pouvez demander à ce que le rapport soit ajusté. Mais sans copie de l'évaluation, vous ne pourrez pas voir les erreurs. Si un évaluateur agréé refuse de corriger des erreurs factuelles, vous pouvez le signaler à l'Ordre des évaluateurs agréés du Québec. Notez que si c'est la banque qui fait une évaluation pour l'acheteur, celui-ci risque de ne pas obtenir une copie du rapport, surtout si c'est la banque qui en paie les frais. Si, en tant que vendeur, c'est vous qui payez pour l'évaluation (car vous n'avez pas pu obtenir que votre institution financière en règle le coût), vous serez en meilleure position pour réclamer un exemplaire du rapport à la banque.

TRUC

Assurez-vous que l'évaluateur sache bien pourquoi vous avez besoin de ses services. Le but de l'évaluation risque d'avoir un effet sur le prix final et le temps que la vente prendra à se faire. Les propriétaires ont aussi souvent recours à une évaluation quand ils ont l'intention de refinancer ou de renégocier leur hypothèque, de diviser une propriété après un divorce, ou pour d'autres raisons légales. Les frais d'évaluation sont bien plus élevés dans les cas de litiges (jusqu'à quelques milliers de dollars), car le rapport contient des informations plus détaillées et légèrement différentes, et parce que l'évaluateur risque de devoir se présenter en Cour.

Chapitre 20

Donner de l'éclat à votre propriété

Dans ce chapitre :

- Décider si vous devez faire des rénovations et lesquelles
- Appliquer des stratégies de mise en marché efficaces
- S'assurer de donner à l'acheteur une première bonne impression durable de votre maison

Maintenant que vous êtes sûr que vous voulez vendre votre maison actuelle et en trouver une autre, vous allez commencer à sentir en vous un changement d'attitude important. Cet endroit que vous appeliez votre *chez-moi*, ce lieu où vous avez dormi et mangé, où vous vous êtes reposé, où vous avez élevé vos enfants et soigné vos animaux familiers (et où vous avez même laissé s'accumuler ici et là quelques moutons de poussière) se transforme peu à peu en produit : votre maison devient un *bien immobilier* à vendre. Et si vous en obtenez le meilleur prix, il vous sera plus facile d'acheter une autre maison fabuleuse.

Dans ce chapitre, nous vous aiderons à évaluer l'apparence de votre maison de manière réaliste et sans états d'âme, pour que vous puissiez décider de ce que vous devez faire pour l'améliorer, et déterminer quels changements ne sont pas nécessaires. Une fois que vous saurez ce qui est à faire, nous vous donnerons quelques trucs pour que votre maison soit la plus attrayante de la rue.

Apporter des améliorations à votre maison

Admettez-le : vous êtes accro à ces émissions de télévision sur la rénovation qui sont devenues si populaires! Vous n'êtes pas le seul. Promenez-vous le long des rayons d'une quincaillerie Rona ou Home Depot, et vous y croiserez une foule de bricoleurs et d'entrepreneurs y faisant leurs emplettes.

En tant que vendeur, vos rénovations n'ont pas seulement pour but d'embellir votre maison. Vous voulez aussi accroître sa valeur de revente, non ? Beaucoup de propriétaires sont du même avis. Toutefois, l'une des erreurs les plus courantes que commettent les vendeurs, c'est de se lancer dans des rénovations majeures avant de vendre. Le hic, c'est que des rénovations qui coûtent des milliers de dollars ne donnent pas lieu à une augmentation équivalente de la valeur marchande d'une propriété. Pour ce qui est du retour sur l'investissement, certaines rénovations sont « bonnes » et d'autres « mauvaises », et vous devez savoir lesquelles avant de sauter à pieds joints dans un projet de rénovation. Et bonnes ou mauvaises, des rénovations mal faites ou dont le prix est bien plus élevé que celui auquel s'attendent les acheteurs dans votre secteur peuvent devenir catastrophiques et faire descendre votre prix de vente.

Les travaux qui permettront à votre acheteur d'économiser accroissent jusqu'à un certain point la valeur de votre propriété. Par exemple, si vous améliorez son efficacité énergétique, votre acheteur économisera sur les frais de chauffage et de refroidissement, mais votre retour sur l'investissement demeurera entre 30 % et 50 %. En fait, peu de rénovations (voire aucune) vous permettront de récupérer intégralement votre investissement. Voici quelques lignes directrices à suivre sur les améliorations à apporter à votre maison pour la vendre :

- **Il vaut mieux miser sur les améliorations esthétiques et peu coûteuses telles que la peinture :** Soyez prudent et choisissez des couleurs neutres pour repeindre l'intérieur et l'extérieur. (Vous pensez peut-être qu'un salon au mur magenta est chaleureux et accueillant, mais la plupart des acheteurs ne seront pas de votre avis.) Grâce à ces travaux de peinture, votre maison aura l'air plus claire, plus spacieuse et bien entretenue. Les statistiques montrent qu'un vendeur de maison récupère au moins 60 % à 65 % du montant qu'il a investi dans des travaux de peinture.
- **Si les structures à l'intérieur et à l'extérieur de la maison ont besoin d'améliorations pour que votre maison soit vendable, il peut être justifié de consacrer du temps et de l'argent à des travaux plus importants et de supporter les désagréments qu'ils entraîneront :** Par exemple, si vous avez renoncé à installer une salle de bain supplémentaire près de ces deux chambres que vous aviez ajoutées en 2005 (vos filles n'ayant plus l'âge de traverser en courant la maison pour parvenir à destination à temps), ce ne serait pas une mauvaise idée de la faire construire maintenant. En règle générale, les cuisines et les salles de bain sont de bons endroits à rénover. Leur modernisation est un argument de vente solide, et les vendeurs récupèrent en moyenne entre 65 % et 75 % du montant qu'ils y ont investi.

Mais si vous ne récupérerez pas l'argent que vous dépensez dans des rénovations, à quoi bon ? Le fait est que si les acheteurs pensent que votre maison a besoin de travaux, ils calculeront dans le prix de leur offre le coût des rénovations avec une marge d'erreur élevée. Vous avez le choix de vendre votre maison « en l'état », et votre acheteur, dans ce cas, la payera moins cher et s'occupera lui-même des rénovations et des améliorations, ou vous pouvez faire quelques travaux vous-même avant de vendre. Même s'il n'est pas sûr que vous puissiez récupérer 100 % de ce que vous aurez investi pour rénover, vous pourriez *perdre moins* que si vous êtes forcé de baisser le prix de vente de votre maison au niveau de la catégorie des maisons vendues « en l'état ».

ATTENTION !

Vous vous souvenez de tous ces gens que vous avez croisés chez Home Depot et Rona ? Eh bien, sachez que beaucoup d'entre eux s'efforcent de rénover eux-mêmes. Un grand nombre de ces quincailleries offrent maintenant des cours sur place sur l'exécution de travaux tels que la pose de carrelage, mais il faut tout de même atteindre un certain niveau de compétence et avoir de la patience pour les réaliser. Êtes-vous réellement prêt à remplacer la plomberie de la salle de bain ou à refaire presque intégralement l'installation électrique ? Vous devez être sûr de votre coup, car sinon, il se pourrait que les travaux soient faits deux fois : une fois par vous de manière désastreuse, et une deuxième fois pour réparer vos dégâts. Des rénovations mal faites peuvent finir par coûter plus cher, et l'inspecteur qui visitera la maison s'en rendra compte. Des rénovations bâclées rendent également les acheteurs méfiants. S'ils voient que les nouveaux gradateurs que vous avez installés ne fonctionnent pas (ou que des étincelles en jaillissent quand on les tourne), ils se demanderont si d'autres travaux ont été exécutés de la même façon.

Si vous avez quelques années devant vous avant de vendre, vous pourriez entreprendre un gros projet d'agrandissement. Cela vous permettra d'en profiter et, en plus, cela ajoute de la valeur à votre maison pour le moment où vous la vendrez. Mais si vous voulez vendre tout de suite, il est déconseillé de faire de grosses rénovations. Le mieux est l'ennemi du bien.

TRUC

Parfois, il n'est tout simplement pas justifié de faire des travaux. Même si votre bungalow cinquantenaire aurait terriblement besoin d'être arrangé, cela peut ne pas valoir la peine de le rénover si toutes les propriétés qui se sont vendues dans votre secteur ont été démolies et remplacées par des néomanoirs ultramodernes. Si les acheteurs dans votre quartier s'intéressent au terrain et non à la maison qui s'y trouve, ne gaspillez pas votre énergie et votre argent à rénover une propriété qui finira en tas de gravats.

Perdre un peu ou perdre beaucoup…

Lorsque Ken et Barbie ont décidé de vendre la maison de leurs rêves après y avoir habité pendant 20 ans, ils l'ont inscrite à 250 000 $. Shelley l'a visitée et l'a trouvée à son goût, mais elle a constaté que les salles de bain – qui n'avaient jamais été modernisées – avaient besoin de quelques rénovations majeures et, parmi les visiteurs, elle était loin d'être la seule à s'être plainte à ce sujet. Shelley a appelé un entrepreneur qui lui a indiqué que les rénovations coûteraient en tout 7 000 $, mais, par prudence, elle a tout de même prévu un budget de 10 000 $. Elle a donc présenté une offre de 240 000 $ à Ken et Barbie. Comme ils n'étaient pas très contents de devoir baisser de 10 000 $ le prix du bien le plus important qu'ils possédaient, Ken a téléphoné à un ami entrepreneur pour se renseigner sur le coût des rénovations. Celui-ci lui a répondu qu'il pourrait les faire pour 6 500 $. Les travaux ont été exécutés, et Ken et Barbie ont décidé de monter le prix de vente à 255 000 $ (prix de départ de 250 000 $, plus 5 000 $, soit environ 70 % du coût des rénovations). Dans un monde idéal, un autre acheteur serait apparu, aurait vu ces salles de bain splendidement rénovées et aurait été prêt à payer le nouveau prix demandé. Malheureusement, cet acheteur ne s'est pas manifesté, mais la maison a tout de même fini par se vendre à 246 000 $. En rénovant les salles de bain, Ken et Barbie ont écarté les objections des acheteurs et ont réussi à récupérer la totalité de leur investissement, moins 500 $. Ils auraient peut-être mieux fait de vendre la maison en l'état : cela leur aurait évité bien des efforts et ils auraient pu déménager dans leur nouvelle maison beaucoup plus rapidement.

Quelques rues plus loin, Florence et Henri n'ont pu résister à leur envie d'installer une baignoire en porcelaine violette et des céramiques fuchsia importées d'Italie, pour environ 12 000 $. Comme Ken et Barbie, ils habitaient la maison depuis 20 ans et en avaient également fixé le prix à 250 000 $, ce qui correspondait à la valeur marchande habituelle dans le secteur. Comme on pouvait s'y attendre, peu d'acheteurs partageaient le goût de Florence et Henri pour les baignoires violettes. On ne leur a jamais offert plus de 240 000 $ parce que chaque acheteur a tenu compte, dans son offre, de ce qu'il devrait dépenser pour enlever cette baignoire complètement loufoque. Florence et Henri ont donc perdu les 12 000 $ qu'ils avaient investis dans ces accessoires de couleur vive, *en plus* des 10 000 $ qu'ils ont dû enlever du prix de vente à cause de la réaction des acheteurs potentiels. N'oubliez jamais que vous vendez votre maison à quelqu'un qui n'est pas vous, et que vous ne devriez donc pas refaire le décor selon vos goûts personnels. En vous efforçant de faire des améliorations qui plaisent à la majorité des acheteurs, vous aurez plus de chance avec vos investissements.

TRUC

Vous avez rénové certaines parties de la maison que vous vendez et vous êtes curieux de connaître la valeur que les rénovations peuvent ajouter (ou retirer) à son prix de revente ? L'Institut canadien des évaluateurs (`www.aicanada.ca`) propose un outil très pratique sur son site Internet, Renova, qui évalue le retour d'investissement possible sur les 20 rénovations domiciliaires les plus courantes au Canada. Il vous suffit de sélectionner le type de rénovation (par exemple, la construction d'une nouvelle terrasse), de saisir le montant que vous avez investi ou que vous voulez investir, et Renova fournit une estimation de la valeur que prendra la maison grâce à la rénovation. Les données fournies ne sont qu'une estimation, et il est bien précisé que l'outil ne remplace pas une évaluation professionnelle, mais cela vous donne au moins une idée approximative de la valeur de vos rénovations.

Si vous pensez rénover, parlez-en à votre agent immobilier. Si vous n'avez pas d'agent, vous pouvez vous adresser à la Société canadienne d'hypothèques et de logement (SCHL) ou à l'Association canadienne des constructeurs d'habitations (ACCH). Ces deux organismes offrent de nombreux produits d'information sur les rénovations résidentielles, et beaucoup de renseignements peuvent être consultés gratuitement sur leur site Internet (`www.cmhc-schl.gc.ca` et `www.chba.ca`).

Votre propriété vue depuis la rue

Si vous voulez vendre votre maison, il faut absolument que les acheteurs potentiels en aient une première impression favorable. Depuis la rue, ils jettent un premier coup d'œil. Ils n'ont pas les yeux bandés quand ils empruntent l'allée qui mène jusqu'à votre maison. Il ne suffit pas que l'intérieur soit impeccable et plaisant ; l'extérieur doit l'être également. Et les voitures qui passent devant votre cour avant peuvent être conduites par un acheteur potentiel. Vous devez donc considérer l'apparence extérieure de votre propriété comme un élément important de votre stratégie de mise en marché.

Une grosse pancarte « À vendre » est indispensable pour attirer l'attention, mais vous devez être sûr que celui qui l'aperçoit s'exclamera, en voyant la maison : « Et en plus, elle est splendide ! » Vous devez séduire les acheteurs avant de pouvoir les éblouir avec vos magnifiques planchers de bois franc de récupération et votre immense chambre principale avec salle de bain adjacente. Pour attirer l'attention sur votre maison, vous devez avoir un plan d'attaque.

Examinez avec objectivité et lucidité l'aspect extérieur de votre maison. Les haies envahissent-elles le terrain ? La peinture des volets est-elle écaillée ? Votre garage est-il plein à craquer de vieux équipements de hockey et de jouets cassés ? Prenez le temps de tailler les haies, arrangez les volets et nettoyez le garage. Si vous n'avez pas de place pour garer vos voitures, votre acheteur potentiel s'imaginera que vous n'avez pas assez d'espace de rangement, ce qui fait mauvaise impression et peut vous faire rater une vente.

TRUC

Si vous comptez faire inspecter ou évaluer la maison, le meilleur moment est celui où vous faites de l'ordre et où vous améliorez son aspect extérieur pour la vendre. (Vous trouverez d'autres conseils à l'intention des vendeurs sur les inspections et les évaluations au chapitre 19.) En travaillant pour enjoliver votre maison, vous déciderez de faire les réparations suggérées par votre inspecteur ou votre évaluateur.

La beauté extérieure de la maison

Si vous vous demandez par quoi commencer, voici une liste de choses à faire pour améliorer l'aspect extérieur de votre maison et de votre cour :

- Nettoyez le garage et entreposez les articles de grande taille qui sont peu utilisés dans un autre espace de rangement.
- Nettoyez les fenêtres, les volets, les auvents, les portes et la boîte aux lettres.
- Remplacez les fenêtres cassées ou les moustiquaires trouées.
- Faites toutes les réparations et les retouches de peinture nécessaires.
- Sortez les gants de jardinage : taillez les haies, les arbres et les arbustes, ratissez les feuilles, tondez la pelouse, désherbez le jardin et occupez-vous des fleurs.
- Enlevez les traces d'essence et les taches sur l'allée d'accès au garage.
- Vérifiez le fonctionnement de la télécommande du garage.
- Dégagez et nettoyez les allées, la terrasse et les meubles de la terrasse.
- Veillez à ce que le numéro de votre maison soit visible de la rue.
- Faites un ménage de dernière minute pour éliminer le fouillis accumulé pendant la semaine qui vient de s'écouler.
- Ramassez régulièrement le courrier publicitaire.

Le charme intérieur

Parfait : l'extérieur de votre maison est impeccable. Mais lorsque l'acheteur se prépare à entrer dans la maison, sa première bonne impression doit être renforcée. Vous devez l'épater encore plus avec l'intérieur. Vous pouvez vous contenter de nettoyer et de ranger à l'extérieur, mais à l'intérieur, deux autres qualités comptent : la neutralité et l'ambiance.

Il ne suffit pas que votre maison soit propre et rangée. Vos visiteurs doivent pouvoir s'imaginer y vivre, ce qui veut dire que vous devez éliminer, autant que possible, tout ce qui vous est personnel. Si le cadre est neutre, les acheteurs peuvent réellement commencer à penser que votre propriété pourrait être leur nouveau lieu de vie. C'est la première étape vers une offre. Neutraliser ne consiste pas seulement à atténuer les touches personnelles que vous avez apportées à la maison. Vous devez aussi enlever les photos de famille au-dessus du foyer et tous les chefs-d'œuvre peints avec les doigts qui sont affichés sur le réfrigérateur. Une fois que vous aurez vraiment dépersonnalisé la maison, vous devrez prêter attention à tous les éléments d'ambiance, c'est-à-dire les odeurs, les sons, les sensations et tout ce qui crée une atmosphère confortable et accueillante. Utilisez la liste de l'encadré « Un intérieur accueillant » pour être sûr de n'avoir rien oublié.

Si vous avez l'intention de repeindre ou si vous remplacez les comptoirs de la cuisine, choisissez des couleurs claires et neutres. Nous vous recommandons la peinture plutôt que le papier peint : si un acheteur n'a pas les mêmes goûts que vous en décoration, il lui sera beaucoup plus facile de repeindre que d'enlever du papier peint. Une couleur neutre éclaire et agrandit les pièces et fait disparaître du décor une partie de votre personnalité. Il est relativement peu coûteux de faire des retouches simples, et cela modifie considérablement l'apparence de la maison. Vérifiez que tous les appareils d'éclairage fonctionnent et que vous avez mis les ampoules d'intensité maximale (même si un éclairage diffus avantage certaines maisons !).

Soyez prêt à faire visiter votre maison à n'importe quelle heure du jour ou de la nuit et sur court préavis. Entretenez-la parfaitement et ayez un plan d'urgence pour votre famille et pour les animaux de compagnie si vous recevez un appel imprévu de votre agent.

Désencombrez

Pour vous, cette collection d'anciennes canettes de bière est peut-être une œuvre artistique inachevée, mais il est probable que votre acheteur, lui, ne verra que du bric-à-brac. Si vous avez du mal à repérer votre table de cuisine sous les piles de journaux et si l'ouverture du placard provoque une petite avalanche, il est temps de retrousser vos manches. Après tout, vous comptez déménager : autant commencer à ranger et à jeter les objets que vous ne voulez pas garder ou dont vous n'avez plus besoin.

Un intérieur accueillant

Vous ne savez pas trop par où commencer ? Lisez cette liste et planifiez le travail que vous devez faire pour rendre votre intérieur plus attrayant :

- Faites les travaux que vous avez prévus (voir, au début du chapitre, les conseils sur les « bonnes » et les « mauvaises » rénovations).
- Repeignez ou retouchez la peinture, et rebouchez les fentes et les trous dans le plâtre.
- Réparez ou remplacez les robinets qui fuient, les poignées de portes et d'armoires qui ne tiennent plus et les charnières ou les plinthes qui grincent.
- Nettoyez les rideaux et les tissus d'ameublement, et shampouinez la moquette ou les tapis.
- Entreposez les meubles et les objets personnels en surnombre (surtout les jouets) : cela permettra aux acheteurs de circuler plus facilement, et les pièces sembleront plus spacieuses.
- Débarrassez-vous des intrus (ces charmants petits écureuils qui ont élu domicile dans votre cheminée et la famille de souris installée dans le vide sanitaire) ; appelez l'exterminateur s'il le faut.
- Nettoyez l'intérieur des fenêtres, les murs, les lambris et toutes les surfaces qui peuvent être couvertes de taches et de traces de doigts.
- Rangez tous les petits appareils sur les comptoirs de cuisine et nettoyez les grands appareils inclus dans la vente.
- Rangez les bijoux et les autres objets de valeur.
- Ajoutez quelques touches chaleureuses comme des bougies ou des fleurs ; faites un feu dans la cheminée (si vous en avez une et si ce n'est pas le mois d'août) : elle doit être propre et fonctionner.
- Mettez des serviettes propres dans les salles de bain.
- Videz toutes les poubelles et vérifiez que les éviers sont propres et que la chasse d'eau des toilettes a été tirée.
- Videz les placards.
- Nettoyez l'intérieur des armoires dans la cuisine et les salles de bain, surtout sous les éviers.
- Soyez attentif aux odeurs (surtout celles auxquelles vous êtes habitué, par exemple la fumée de cigarette ou l'odeur des animaux), et prenez les mesures qui s'imposent pour les éliminer (essayez de faire cuire du pain ou mettez quelques gouttes de vanille dans un four chaud juste avant une visite). Si vous êtes fumeur ou si un fumeur vit avec vous, vous pourriez vous abstenir de fumer (au moins à l'intérieur) pendant la période où votre maison est sur le marché. Demandez à un ami non fumeur de vous dire honnêtement ce qu'il pense de l'odeur de tabac. Pour éliminer une forte odeur de fumée imprégnée dans les murs, la meilleure solution est de les laver avec un mélange d'eau et d'ammoniac.
- Si le temps le permet, ouvrez les fenêtres pour aérer le plus possible.
- Mettez bien en évidence les rapports d'inspection, les documents ou les fiches de renseignements sur votre maison, et ayez-en suffisamment d'exemplaires pour que les acheteurs puissent les emporter.

Pour désencombrer votre maison, il faut à la fois nettoyer, faire de la place et réaménager l'espace avant de la faire visiter. Pour chaque article, posez-vous la question « En ai-je vraiment besoin ? ». Soyez honnête. Si un objet est inutile, débarrassez-vous-en. Si vous en avez besoin, demandez-vous où vous pourriez le ranger et laissez-le à cet endroit. Des pièces bien dégagées semblent plus spacieuses et rendent la maison plus attrayante pour les acheteurs intéressés. Et en plus, vous aurez moins de choses à empaqueter, à déménager et à déballer, ce qui est un avantage.

TRUC

Voici quelques conseils pour vous débarrasser du fouillis :

- **Travaillez de bas en haut :** Au lieu de ranger ici et là, dans le désordre, soyez méthodique : rangez chaque pièce, une à la fois. Commencez au sous-sol, continuez avec le rez-de-chaussée, et ainsi de suite jusqu'au dernier étage (vous pouvez commencer par le dernier étage et terminer par le sous-sol – peu importe : choisissez ce qui vous convient le mieux). Voir votre maison se ranger pièce par pièce vous donnera le sentiment du travail accompli. Vous verrez, c'est agréable.
- **Affrontez le cadavre dans le placard :** L'endroit où se retrouvent tous les objets qu'on ne sait pas où ranger, c'est le placard. Franchement, avez-vous besoin de huit paires de draps jaunes et de cette énorme collection de sacs à provisions en plastique ? Idem pour les vêtements, que nous sommes beaucoup à garder même si nous ne les avons pas portés depuis deux ou trois ans. Et, à moins que vous ayez vraiment l'intention de perdre des kilos (et si la mode est le cadet de vos soucis), vous pourriez donner vos vieux chandails et vos pantalons défraîchis.
- **Jetez, mais pas tout :** Vous voulez garder certaines choses : rangez-les correctement. Mettez les photographies, les coupures de journaux à conserver ou les dessins de vos enfants dans des albums, ou créez un album-souvenirs.
- **Recyclez tout le papier :** Même à l'ère Internet, le fouillis de paperasse est presque inévitable. Mettez les vieux journaux dans le bac à recyclage, donnez vos romans policiers en édition de poche à un organisme de charité et investissez un peu d'argent dans l'achat d'un petit classeur à tiroirs pour ranger les documents que vous devez absolument garder.
- **Dégagez les surfaces :** Les bouteilles d'eau de Cologne, les crèmes solaires et les produits cosmétiques qui s'entassent sur un comptoir de salle de bain donnent l'impression que cette pièce est petite et encombrée. Dans la cuisine, voyez si vous avez besoin d'exposer le mélangeur, le malaxeur et les pots de pâtes multicolores, ou s'ils peuvent être rangés dans le placard.

- **Rangez vos jouets :** Vos bibelots, vos toutous et vos collections sont peut-être très « cool », mais ils prennent beaucoup de place. Rangez tous ces objets à l'avance et louez un petit espace d'entreposage pour y mettre tous les articles non essentiels jusqu'au jour du déménagement.
- **Continuez à tenir la maison en ordre :** Hélas, on ne range jamais une bonne fois pour toutes. Vous aurez travaillé dur en pure perte si vous ne vous efforcez pas de maintenir la maison en ordre. Essayez de prendre 15 minutes par jour pour replacer les objets là où ils doivent être. Ces 15 minutes ne seront pas une partie de plaisir, mais cela vaut la peine.

TRUC

Organiser une vente de garage est un excellent moyen de se débarrasser de tout ce fatras qui traîne dans les placards. Non seulement vous améliorerez l'aspect de votre maison pour les visites, mais cela facilitera beaucoup votre déménagement. Vous pouvez faire don de tout ce que vous ne vendez pas et qui peut encore servir à l'organisme local de charité.

La valorisation résidentielle : fiez-vous aux spécialistes !

Ces dernières années, vous avez sans doute eu l'occasion de voir d'innombrables émissions télévisées sur le fameux *home staging*, ou « valorisation résidentielle » en bon français. Pourquoi ne pas en profiter ? Le rôle de ces spécialistes est de préparer votre maison avant les visites, en veillant à faire ressortir au maximum son potentiel. Plus votre maison est séduisante, plus vous en obtiendrez un bon prix. Si le marché est un peu lent au moment de l'inscription de votre maison, la valorisation résidentielle peut accélérer le processus en faisant de votre maison l'attraction du marché. Si elle traîne depuis quelques mois sur le marché, vous pouvez appeler ces spécialistes et les laisser faire des merveilles au lieu de réduire votre prix de vente.

Ils optimiseront les caractéristiques les plus remarquables de votre propriété en choisissant des couleurs, des meubles et des accessoires pour la rendre encore plus attrayante aux yeux des acheteurs potentiels. Vous pouvez trouver pénible de voir ce lieu rempli de souvenirs se transformer en produit. Mais vous vendez, et c'est donc bel et bien de ça qu'il s'agit. Vous devez trouver les solutions pour mettre en valeur ses atouts par rapport à tous les autres produits concurrents. Parfois, il faut faire appel à une aide spécialisée, même si on a vraiment du flair pour la décoration.

La valorisation résidentielle demande plus qu'une couche de peinture fraîche. Le spécialiste évalue chaque pièce (oui, même celle à l'arrière où vous avez mis vos lampes à lave) et vous recommande des solutions pour donner l'impression que les pièces sont plus grandes et plus belles, pour mettre en évidence les avantages et cacher les défauts… et les horreurs. Il fera la même chose pour votre cour. La valorisation résidentielle peut être également très efficace dans une maison inhabitée. Une maison complètement meublée paraît généralement plus attirante qu'une maison vide, de sorte que, bien mise en valeur, elle se vend souvent plus vite – et, avec de bonnes chances, plus cher – qu'une maison qui a l'air vide et négligée. Le service de valorisation résidentielle apporte les meubles, les œuvres d'art et les plantes (temporairement, bien sûr) pour que la propriété ait une apparence soignée et pour en optimiser le potentiel. Mieux encore, si vous êtes très occupé et un peu stressé, comme la plupart des gens qui vendent leur maison, ces spécialistes se déplacent pour faire tout le travail à votre place. Mais si votre budget est serré, attention : ce service peut être assez coûteux. Que vous vouliez une simple consultation, quelques réaménagements ou une mise en valeur complète, vous devez réfléchir au montant que vous pouvez vous permettre de dépenser. La plupart des entreprises de valorisation résidentielle offrent une gamme de services à la carte. Le client peut donc opter pour un petit réagencement des meubles ou pour une reconception totale du cadre, à l'aide de meubles et d'accessoires de location. Beaucoup d'entreprises établissent un contrat de durée minimale (60 ou 90 jours, par exemple), à la fin de quoi vous pouvez décider de garder les meubles utilisés ou de payer pour les services de décoration et de consultation fournis et poursuivre… en espérant que votre maison se sera vendue dès la première période du contrat.

Devriez-vous engager un spécialiste ? Cela dépend de votre budget, de votre propriété et de son état actuel, de votre secteur et de la rapidité avec laquelle vous devez vendre. Vous avez vraiment intérêt à faire un peu de recherches sur Internet. Même s'il n'est pas garanti que la valorisation vous aidera à hausser votre prix de présentation, cela peut vous donner un avantage sur les vendeurs qui ont mis sur le marché des maisons dont l'apparence laisse un peu à désirer.

Demandez à votre agent immobilier de vous recommander une entreprise de valorisation résidentielle fiable, ou renseignez-vous sur Internet.

Mettre votre maison sur le marché

Votre maison est resplendissante à l'extérieur comme à l'intérieur et vous êtes prêt à annoncer que vous la vendez. La pancarte que vous avez plantée sur votre pelouse et les visites libres sont des techniques essentielles dans le processus de vente. Même si vous savez comment annoncer une vente de garage en plaçant une affiche au bout de la rue, dites-vous bien que vendre votre maison exigera un peu plus d'efforts. Si vous voulez vendre avec le moins de tracas possible – et au meilleur prix –, vous devez avoir un plan de marketing.

Plus vous aborderez la publicité de manière professionnelle, plus vous aurez de chances de donner confiance aux acheteurs. Si vous vendez avec l'aide d'un agent immobilier, vous profitez automatiquement de l'image et de la crédibilité de l'agence pour laquelle il travaille et de son savoir-faire en marketing.

Si vous vendez de particulier à particulier, prenez tout de même l'agent immobilier comme modèle : il est plus efficace de miser sur la coordination que de s'en remettre au hasard. Un agent examine toutes les possibilités de vente et *se comporte* comme un vendeur. Vous devez faire la même chose. Exploitez au maximum les ressources qui sont à votre disposition, tapez vos documents au lieu de les écrire à la main, utilisez des pancartes et des affiches professionnelles et soyez courtois avec les acheteurs.

Votre pancarte « À vendre »

Si vous avez une cour, l'un des meilleurs moyens d'attirer des acheteurs est d'y placer un écriteau « À vendre ». S'ils s'intéressent à votre secteur, les acheteurs y circulent pour y chercher les propriétés susceptibles de leur plaire. Ne les laissez pas manquer la vôtre. Vous devez mettre votre pancarte bien en vue (perpendiculairement à la rue) et y inscrire un numéro permettant aux acheteurs de communiquer avec votre agent immobilier ou avec vous. Si votre maison est située au coin d'une rue, améliorez votre visibilité en mettant un écriteau de chaque côté de la rue si ce n'est pas interdit par les règlements municipaux.

Nous vous aurons prévenu : si vous n'inscrivez pas « Visite sur rendez-vous seulement », des acheteurs sonneront ou cogneront à la porte à toute heure du jour ou de la nuit. D'ailleurs, que vous l'indiquiez ou non, il se peut qu'ils vous sollicitent n'importe quand.

TRUC

Si vous n'avez pas d'agent, il est avantageux d'investir dans une pancarte « À vendre » de qualité. Elle doit résister aux intempéries et être solidement plantée devant chez vous. Une petite recherche sur Internet ou dans les Pages Jaunes devrait vous aider à trouver un bon fabriquant d'enseignes et de pancartes à un prix raisonnable. Sur la vôtre, vous devez annoncer : « Vente de particulier à particulier » ou « À vendre par le propriétaire », et indiquer le numéro de téléphone où vous pourrez être joint facilement.

De la pub, de la pub et encore de la pub

Le but d'une annonce est d'inciter les gens à téléphoner et à prendre rendez-vous. Dans une annonce, il faut indiquer les renseignements principaux, comme le nombre de chambres à coucher, le lieu (sans donner l'adresse exacte), le genre de propriété (un bungalow, une maison à étages) et les principaux arguments de vente. N'oubliez surtout pas de donner le prix, de façon à n'encourager que les acheteurs sérieux à appeler. Une annonce bien conçue cherche à séduire, mais elle ne doit pas tout dire. Le but de votre annonce est de pousser les acheteurs à venir voir votre maison.

Si des gens vous téléphonent, demandez-leur comment ils ont entendu parler de votre maison. Ainsi, au moment où vous ferez le point sur vos progrès, vous pourrez arrêter d'annoncer aux endroits où cela ne donne rien. La publicité est coûteuse, mais si vous manquez des acheteurs, cela vous coûtera encore plus d'argent.

Annoncer dans le journal

Si vous vendez avec l'aide d'un agent, vous n'aurez pas à écrire ou à placer des annonces dans les journaux locaux et les hebdomadaires d'immobilier. Toutefois, vous pouvez aider votre agent à cerner les principales caractéristiques de vente de votre propriété. Dressez une liste des cinq ou dix grandes raisons pour lesquelles vous avez acheté la maison, et votre agent les intègrera au texte des annonces, si cela peut la rendre plus intéressante.

Les annonces en fin de semaine s'adressent à un lectorat plus large, mais votre visibilité sera meilleure si votre annonce est publiée à la fois en fin de semaine et chaque jour de la semaine. Veuillez noter que bon nombre des journaux axés exclusivement sur l'immobilier sont gérés par les agences immobilières du secteur et n'acceptent pas les publicités « À vendre par le propriétaire ».

Renseignez-vous sur vos concurrents. Comment faire pour que votre maison sorte du lot ? Les acheteurs lisent les annonces immobilières en fonction de leurs propres critères : vous devez donc mettre au premier plan les commodités qui attirent l'attention de votre marché cible. La proximité de votre maison avec d'excellentes écoles ou un plan d'eau, son design primé, ses espaces ouverts, sa vue imprenable méritent d'être mentionnés sur les annonces que vous publiez.

Si vous vendez sans agent, indiquez dans votre annonce « De particulier à particulier » ou « À vendre par le propriétaire ». La possibilité d'arriver à une bonne transaction en partageant les économies sur la commission est un excellent argument de vente. Si vous êtes prêt à coopérer avec les agents immobiliers des acheteurs, précisez-le en inscrivant sur votre annonce « Bienvenue aux agents » ou « Coopération avec les agents ». Certains acheteurs ne veulent pas traiter directement avec un vendeur et préfèrent que leur agent communique avec lui pour organiser une visite. Des agents pourraient se présenter chez vous avec un acheteur et d'autres pourraient vouloir inscrire votre maison. Que vous décidiez de faire appel ou non à quelqu'un pour vendre votre maison, prenez le temps de discuter avec les agents immobiliers. Ils peuvent vous donner d'excellents conseils sur la manière d'établir un prix concurrentiel pour votre maison et vous aider à la vendre.

Beaucoup d'agents immobiliers seront ravis de travailler avec vous. Si un agent vous amène un acheteur et que vous pouvez négocier une commission, vous pourriez parvenir à une entente. Et comme votre objectif est de vendre votre maison, il peut être dans votre intérêt de coopérer.

Pour les vendeurs, les agents immobiliers sont des alliés précieux parce qu'ils sont constamment en contact avec des acheteurs potentiels et d'autres agents. La majorité des ventes de propriétés sont conclues grâce aux relations d'agent à agent, et non grâce aux pancartes « À vendre ».

Annoncer dans le journal local ne suffit pas

À part le journal local, où devriez-vous annoncer ? Les publications spécialisées dans l'immobilier sont les plus ciblées, mais vous devriez annoncer également dans les quotidiens, et en particulier les jours où les inscriptions immobilières sont les plus nombreuses. Comme certains acheteurs se relocalisent, vous pourriez aussi annoncer dans des journaux nationaux.

Acheter une propriété est une chose sérieuse ; vous devez donc agir en conséquence. Les acheteurs se méfient des cadeaux et des artifices publicitaires, ou de tout ce qui sent le double langage. Quelle que soit la publicité, il faut flatter l'acheteur, mais en décrivant avec honnêteté votre maison. Finalement, c'est elle qui aura le dernier mot.

À l'heure actuelle, presque tous les acheteurs commencent leur recherche de propriété sur Internet. Si vous travaillez avec un agent et que votre maison est inscrite au Service Inter-Agences (SIA), vous avez déjà l'avantage de pouvoir toucher un large public. Si vous vendez sans agent, vous devez essayer d'exploiter Internet en attirant le plus d'attention possible sur votre maison. De nombreux sites Internet s'adressent aux propriétaires qui cherchent à vendre leur propriété eux-mêmes. Il vous suffit de faire une recherche à partir de l'expression « À vendre par le propriétaire » et vous aurez un vaste choix de sites. Et n'oubliez pas les sites comme Craigslist.

Créer votre propre site Internet

Si vous n'avez pas d'agent et que vous êtes assez à l'aise avec l'informatique, vos gadgets numériques peuvent être fantastiques pour créer votre propre site Internet. Si vous n'avez pas ces gadgets, une entreprise locale de conception de sites Internet peut vous aider. Vous pouvez aussi vous adresser tout simplement à votre geek préféré. Une fois votre site construit, vous pourrez publier son adresse dans les annonces de journaux, l'inscrire sur la pancarte que vous avez plantée sur votre pelouse, et l'indiquer comme lien sur l'inscription que vous aurez placée sur un autre site.

Si vous êtes un concepteur professionnel de sites Internet, faites ce que vous voulez. Mais si vous n'y connaissez pas grand-chose, il vaut mieux opter pour la simplicité. À première vue, une présentation animée, des icônes à l'effigie du personnage de dessin animé que vous avez inventé (adorable, bien entendu) et des graphiques qui clignotent peuvent vous sembler d'excellentes idées. Eh bien, nous sommes au regret de devoir vous dire que vous vous trompez. (Après tout, nous sommes là pour vous empêcher de faire des erreurs.) Pensez à ce que vous voudriez vous-même trouver sur un site Internet si vous étiez un acheteur. Chercheriez-vous un site amusant ou préféreriez-vous avoir des données claires sur la maison ? C'est probablement le site sérieux que vous choisiriez. En plus, tous ces bruits de clochettes et ces sifflements peuvent sembler d'un goût douteux, voire minable, et vos acheteurs risquent fort de se détourner immédiatement de votre site et… de ne même pas regarder votre maison.

Vous pouvez même envoyer à vos acheteurs potentiels une vidéo de visite virtuelle ou un mini-documentaire qui permet de voir complètement chaque pièce. Mais assurez-vous que votre visite virtuelle soit conçue de manière professionnelle et qu'elle valorise autant votre maison qu'une visite réelle. Évitez les effets de caméra même si vous aimez jouer avec le zoom et les fondus : tout cela ne fait que distraire le spectateur et, pire, cela risque de l'agacer. Enfin, si vous ajoutez une narration, surtout, pas d'improvisation ! Rédigez un script.

TRUC

Relisez-vous pour corriger les fautes d'orthographe ou les coquilles dans vos annonces ou sur votre site Internet. Certaines erreurs peuvent être fatales.

Une inscription descriptive accrocheuse

L'*inscription descriptive* est l'équivalent, en plus chic et en plus accrocheur, de la petite annonce. Il s'agit en fait d'un prospectus que vous ou votre agent distribuez aux acheteurs potentiels lorsqu'ils viennent voir votre maison. Ce document contient les mêmes données de base que l'inscription (le type de propriété, le nombre de chambres à coucher et de salles de bain, la superficie totale au plancher, le secteur, le prix et le numéro de téléphone à appeler), mais c'est un imprimé en couleurs comportant des éléments de conception graphique destinés à impressionner l'acheteur.

Vous vendez avec un agent ? Dans ce cas, il préparera sans doute le document pour vous. Si vous vendez sans agent, voici quelques suggestions qui devraient vous aider à le réaliser :

- **Assistez à quelques visites libres et demandez à voir l'inscription descriptive des maisons à vendre :** Si vous voyez un document bien conçu, inspirez-vous-en. Bien entendu, il est interdit d'utiliser des illustrations ou des textes protégés par le droit d'auteur. Alors, pas de plagiat ! Mais notez les renseignements qui figurent sur l'inscription descriptive et ce qui permet de la présenter de la manière la plus efficace.

- **Placez sur votre inscription descriptive la photographie qui met le plus en valeur votre maison :** Si vous n'avez pas encore les photos qui conviennent, engagez un photographe ou demandez à un ami doué qui sait se servir d'un objectif grand angle. Vous pourriez même prendre des photos de votre maison aux différentes saisons de l'année, pour que les acheteurs puissent à la fois voir à quel point elle a l'air confortable sous cette épaisse couche de neige et admirer la splendeur du jardin en été.
- **Vérifiez que les pages du prospectus donnent des renseignements suffisamment détaillés tout en demeurant lisibles :** Ne pensez pas que vous devez remplir la page complètement. Des pages aérées permettent au lecteur de se concentrer sur les éléments les plus importants sans se sentir submergé et avoir besoin de prendre des notes. Pour le texte, limitez-vous à des caractères courants et faciles à lire et à un titre simple en caractères gras. Si vous ignorez tout des règles du graphisme, demandez de l'aide à l'un de vos amis qui s'y connaît, ou faites appel à un professionnel que vous rémunérerez pour concevoir un prospectus sur mesure.

Si vous avez un scanner et une imprimante couleur, vous pouvez créer votre propre prospectus. Si vous n'en avez pas, adressez-vous au service de photocopies le plus proche ; bon nombre de ces entreprises ont tout l'équipement nécessaire : ordinateurs, scanners et imprimantes couleur.

Ayez un paquet de prospectus à portée de la main pour pouvoir les remettre aux acheteurs qui visitent votre maison. Vous pourriez même attacher à la pancarte qui est sur votre pelouse une boîte contenant des prospectus, pour que les acheteurs qui circulent en voiture dans le coin puissent en prendre un. Le prospectus leur permet de comparer facilement les propriétés et de se souvenir de toutes les caractéristiques de votre maison. Et c'est un outil promotionnel qui continue à travailler pour vous même quand vous êtes sur le terrain de golf ou en train de faire la sieste.

Faites visiter votre maison (et vantez ses mérites)

N'oubliez pas qu'une visite peut être une expérience pénible pour un vendeur. Si vous n'êtes pas encore totalement convaincu que vous allez quitter votre chère maison familiale, ces rencontres vont vous ouvrir les yeux. Essayez de penser au plaisir que vous aurez à découvrir un nouveau lieu de vie. Si vous vendez sans agent, efforcez-vous de trouver un équilibre entre la nécessité de montrer à vos acheteurs chaque avantage de votre maison et de les laisser regarder à leur rythme. Rien n'est plus désagréable pour un acheteur qu'un vendeur qui piétine nerveusement à ses côtés.

Si vous avez un agent immobilier, c'est lui qui fera visiter la maison. Si vous vendez de particulier à particulier, vous pouvez tout de même laisser les agents faire visiter votre maison.

Certains agents ont une *boîte à clé* pour faciliter les visites lorsque vous êtes absent. Elle contient votre clé et elle est sécurisée à l'aide d'un cadenas à code. Si l'agent d'un acheteur veut faire visiter votre maison, il peut ouvrir le cadenas, prendre la clé et la replacer dans la boîte une fois la visite terminée. Toutes les entrées sont enregistrables. Cela vous permet de savoir qui est entré chez vous et quand. Dans les secteurs qui n'ont pas ce système, on peut utiliser un code numéroté de « pointage ». Si c'est le cas, assurez-vous que votre agent change souvent le code pour éviter les rendez-vous imprévus.

Si vous vendez sans agent, arrangez-vous pour que vos acheteurs puissent vous joindre facilement. Vous pouvez inscrire votre numéro de cellulaire sur votre pancarte et, bien sûr, vous devez toujours avoir votre téléphone avec vous pour prendre les appels et y répondre rapidement ; sinon, vérifiez souvent vos messages. Si le message d'accueil enregistré est chanté par votre petite dernière de trois ans, il est temps de le changer ! Vous devez indiquer que la maison est à vendre et que vous rappellerez le plus tôt possible.

Lorsque vous répondez au téléphone, soyez aussi professionnel que possible. Expliquez à vos enfants que si des acheteurs appellent en votre absence, il suffit de prendre leur nom et leur numéro de téléphone et de dire que vous rappellerez dans les plus brefs délais. Rappelez les acheteurs dès que vous le pouvez et ayez à portée de main toutes les informations qu'ils pourraient demander ; il faut qu'ils comprennent que vous êtes un vendeur sérieux.

Une boîte à clé – pas de pointage

La boîte à clé vous facilitera beaucoup la vie. Vous n'aurez pas à laisser tomber ce que vous faites dès que vous entendrez dire qu'un acheteur potentiel risque de vouloir visiter votre maison. Laissez votre agent s'occuper des visites. Après tout, c'est l'une des raisons pour lesquelles vous l'avez engagé. Il laissera une clé de votre maison dans une boîte à clé placée à l'extérieur. Avec ce système, d'autres agents peuvent aussi faire visiter votre maison lorsque le vôtre est occupé ailleurs. Mais ce système a des avantages et des inconvénients. D'un côté, la boîte à clé est très pratique parce qu'un plus grand nombre d'acheteurs pourront faire des visites, mais cela veut dire aussi que votre agent ne sera pas là pour leur montrer les atouts extraordinaires de votre maison et attirer leur attention sur les étagères encastrées du bureau, le coin déjeuner illuminé par le soleil du matin et le court trajet à pied jusqu'à l'école et au centre d'achat.

Néanmoins, les acheteurs veulent souvent voir les maisons avec leur propre agent et non avec celui du vendeur. Un bon agent choisit de faire visiter la maison aux bons acheteurs et n'a pas besoin de passer en revue chaque caractéristique avec un agent inscripteur trop empressé.

Si votre agent recommande une boîte à clé, vérifiez quelles mesures de sécurité sont prises. La plupart des agences vérifient l'identité des agents qui veulent faire visiter votre maison avant de leur donner le code d'accès de la boîte. Beaucoup des systèmes utilisés dans les grandes régions métropolitaines ont une « clé » (qui peut ressembler à une carte à puce). Elle n'est délivrée qu'aux agents, et ils sont les seuls à en connaître le code, qui doit être modifié tous les jours, de sorte que si la clé est perdue, personne ne peut s'en servir – ce qui assure la sécurité et la protection de votre maison.

Mais vous n'êtes pas obligé d'utiliser une boîte à clé si vous préférez que votre agent soit présent à chaque visite. En fait, vous pouvez même faire de sa présence une condition de l'inscription. N'oubliez pas que, puisque c'est vous qui payez la commission, c'est vous qui décidez.

Prendre les appels

Si vous vendez sans agent, vous devez prendre les appels de toutes les personnes qui s'intéressent à votre maison. Beaucoup de vendeurs et d'acheteurs sont un peu gênés au premier appel. Vous trouverez rapidement des façons de vous sentir à l'aise et de mettre vos interlocuteurs à l'aise. Alors ne soyez pas agacé ni sur la défensive si une personne qui appelle a l'air méfiante au début.

Ayez TOUJOURS un stylo et du papier près du téléphone. Essayez d'engager la conversation de façon naturelle avec ceux qui appellent, pour qu'ils n'aient pas l'impression d'être cuisinés. Répondez franchement à leurs questions et posez-leur aussi des questions. Essayez d'en savoir le plus possible à leur sujet. Les questions ouvertes sont les plus efficaces. Quel genre de maison ou de secteur recherchent-ils ? Est-ce qu'ils connaissent bien le secteur ? Ont-ils des enfants en âge d'aller à l'école ? Doivent-ils vendre leur maison avant d'acheter ?

Plus vous aurez d'informations sur vos interlocuteurs, mieux vous pourrez leur démontrer en quoi votre maison peut correspondre à leurs besoins. Par exemple, s'ils ont des enfants, vous insisterez sur l'excellente réputation des écoles locales, les installations récréatives du parc voisin, ainsi que la politesse et la gentillesse des adolescents du quartier.

Vous devez savoir où vos interlocuteurs travaillent et s'ils sont en mesure de vous donner un numéro où vous pouvez les joindre. C'est utile pour vérifier l'identité des personnes qui appellent et pour les rappeler au cas où vous devriez changer l'heure du rendez-vous à la dernière minute. Demandez-leur également comment ils ont entendu parler de la maison, et notez cette information qui vous servira lorsque vous réexaminerez votre plan de commercialisation.

TRUC

Ne négociez pas avec les acheteurs au téléphone. S'ils disent que le prix est trop élevé, insistez pour qu'ils viennent voir la maison. Si vous pensez que ce sont des acheteurs sérieux, demandez-leur *quand* ils veulent venir visiter. Proposez une date précise : « Est-ce que jeudi soir ou samedi matin vous conviendrait mieux ? » Essayez de fixer des rendez-vous qui se suivent à environ 45 minutes d'intervalle, pour qu'au moment où un groupe d'acheteurs arrive, le précédent soit en train de partir. De cette façon, les acheteurs auront l'impression qu'ils ne sont pas les seuls à s'intéresser à votre maison… sans parler du fait que vous n'aurez à vous préparer qu'une fois pour la visite.

Rappelez vos contacts pour confirmer un rendez-vous. Les gens risquent moins de vous poser un lapin si vous avez pris la peine de les rappeler pour confirmer.

Soyez prêt au cas où un acheteur potentiel se présenterait à votre porte (presque) sans préavis. L'une des joies du cellulaire est qu'un curieux, déjà planté sur votre pelouse, peut vous appeler pour demander à voir la maison. Si vous travaillez avec un agent, il fixera les rendez-vous à des moments convenables. Si vous vendez seul, vous devrez demander aux acheteurs de revenir à un moment où vous pouvez les faire visiter. Sinon, vous devrez accepter de les faire entrer à l'improviste. Votre maison doit être toujours impeccable. Même si tout cela peut vous déranger (et c'est le cas), vous serez content du résultat lors de la conclusion de la transaction.

Protégez-vous

Les agents immobiliers travaillent constamment avec des acheteurs et apprennent à bien repérer les gens qui n'ont pas vraiment l'intention d'acheter, voire ceux qui sont carrément louches. De même, si un autre agent fait visiter votre maison, il aura vérifié que son client a les moyens d'acheter et qu'il est prêt à conclure une transaction le moment venu.

Si vous vendez sans agent, vous devez bien entendu parler à des gens que vous n'avez jamais vus, mais vous n'avez pas à les laisser entrer chez vous. Fiez-vous à votre intuition. Pour votre propre sécurité, ne laissez pas entrer un parfait inconnu qui sonne chez vous. Si une personne se présente sans rendez-vous, tenez-vous devant la porte et parlez-lui des mêmes sujets que vous auriez abordés si elle avait appelé pour visiter. Prenez son nom, son numéro de téléphone et ses autres coordonnées. Expliquez que vous ne pouvez pas faire visiter la maison immédiatement mais que vous pouvez lui fixer un rendez-vous plus tard. Vous pouvez laisser à un ami ou à un voisin le nom et le numéro de téléphone de toutes les personnes qui ont pris rendez-vous. Vous pouvez aussi organiser un système de protection avec un membre de la famille ou un ami. Avisez cette personne avant de recevoir un acheteur, et n'oubliez pas de l'avertir à la fin de la visite. Vous pouvez aussi lui demander d'assister aux visites. Souvenez-vous qu'il n'existe pratiquement aucune autre situation où vous laisseriez un inconnu entrer chez vous. Pensez à votre sécurité personnelle.

Prenez les précautions nécessaires contre le vol. Demandez au visiteur de signer une fiche de renseignements pour savoir exactement qui est entré chez vous, à quel moment et combien de temps il est resté. Cette liste sera utile pour évaluer l'intérêt que suscite votre propriété et garder la trace des acheteurs avec lesquels vous voulez assurer un suivi. Et si, par malheur, un vol ou un dommage étaient commis, vous auriez des renseignements sur toutes les personnes qui sont entrées chez vous.

Organiser une visite libre

La visite libre est le grand jour pour votre maison. Le but essentiel d'une visite libre est d'ouvrir la maison aux visiteurs certains jours précis (généralement en fin de semaine). Une visite libre peut réduire le nombre de visites privées que vous devez organiser, ce qui limitera les perturbations de votre vie quotidienne. En plus, beaucoup d'acheteurs se sentent plus à l'aise s'ils peuvent visiter tranquillement votre maison parmi d'autres acheteurs.

Plus vous aurez de visiteurs, plus il y a de chances que l'un d'entre eux ait le coup de foudre. Quelqu'un qui n'aurait jamais pensé à déménager pourrait, en circulant dans la maison et à l'extérieur, tomber sous le charme ! Votre maison doit être à son meilleur le jour de la visite libre. Nous vous recommandons de suivre les conseils de préparation donnés dans ce chapitre. Si vous n'avez pas encore remis en état ou réorganisé votre maison, c'est le moment de le faire.

Si vous vendez sans agent, annoncez l'heure et la date dans les petites annonces, et placez une étiquette « Visite libre » sur votre pancarte « À vendre » en y indiquant également la date et l'heure. Les acheteurs qui circulent en voiture et voient l'étiquette penseront que c'est leur jour de chance. Veillez à ce que chaque personne qui se présente reçoive une copie de votre prospectus. Planifiez à l'avance et évitez d'organiser une visite libre pendant une longue fin de semaine – car ce serait probablement une perte de temps. Si vous vendez avec l'aide d'un agent, vous pouvez vous en remettre à lui pour toute la logistique.

TRUC

Tous vos voisins – et leurs amis – peuvent venir se promener dans votre maison pendant la visite libre. C'est vrai, ils pourraient le faire juste par curiosité, mais n'oubliez pas que le bouche à oreille peut être un moyen très utile de promouvoir une vente. Alors laissez-les potiner – mieux : donnez-leur une raison de le faire! Plus les gens sont nombreux à entendre parler de votre fabuleuse maison, plus vous pourrez attirer d'acheteurs potentiels.

Mais rien ne semble marcher !

Vous avez écouté tous les avis professionnels de votre agent immobilier et de nombreuses visites libres ont été organisées dans votre maison. Pourtant, vous n'avez encore reçu aucune offre. Vous devez vous demander : « Mais qu'est-ce qui cloche ? » Une multitude de raisons peuvent expliquer une telle situation, dont les plus courantes sont les suivantes :

- Le prix de présentation que vous avez fixé est trop élevé.
- Votre maison n'est pas en bon état.
- Votre maison est située dans un secteur moins recherché.
- Les acheteurs n'ont pas entendu parler de votre propriété.

Ne baissez pas les bras. Essayez de savoir ce que pensent les acheteurs potentiels en les interrogeant directement ou en posant des questions à votre agent. Si vous apprenez que plusieurs acheteurs ont adoré votre maison, qu'ils la trouvent en parfait état mais qu'elle dépasse un peu leur budget, vous pourriez envisager de baisser le prix. Si le sentiment général parmi les acheteurs est que le prix et le lieu sont excellents mais que la propriété a l'air fatiguée, vous pourriez peut-être sortir les pots de peinture et lui redonner un peu d'éclat.

Assurez-vous de vérifier auprès de votre agent combien d'acheteurs sont venus voir votre maison et ce qu'ils en ont dit. Vous pouvez baisser votre prix de présentation, actualiser vos annonces ou apporter quelques améliorations à la propriété, mais quel que soit le problème, vous ne pourrez y remédier que si vous prenez le temps de réfléchir aux raisons pour lesquelles votre maison ne se vend pas.

Peu importe la manière dont vous abordez les visites libres, voici quelques règles de base à observer :

- **Ne négociez pas le prix verbalement :** Répondez fermement que vous étudierez sérieusement toutes les offres présentées *par écrit*.
- **Ne donnez pas la raison précise pour laquelle vous vendez la maison :** « Nous avons beaucoup aimé habiter ici, mais nous voulons passer à autre chose » est une bonne réponse.
- **Ne dites pas que vous êtes pressé de vendre :** Cela donnerait un avantage aux acheteurs potentiels dans la négociation.
- **Ne prenez pas les commentaires trop à cœur :** Vous n'êtes pas là pour défendre votre réfrigérateur vert olive mais pour vendre votre maison. Ne perdez pas votre calme ; cela pourrait vous faire manquer une vente.

Sixième partie

Conclure la transaction

Dans cette partie...

Le jour où vous mettrez votre propriété sur le marché, nous voulons que vous soyez préparé. Nous allons donc vous aider à transformer votre maison pour qu'elle ait l'air aussi attrayante que possible. Nous vous donnerons aussi des trucs pour négocier avec les acheteurs une fois qu'on vous aura fait une offre – ou plusieurs ! Enfin, nous vous aiderons à vous y retrouver dans les méandres du contrat de vente, jusqu'à ce que vous soyez prêt à donner les clés aux nouveaux propriétaires.

Chapitre 21

Les formalités juridiques

Dans ce chapitre :

- Comprendre les éléments fondamentaux des contrats de vente
- Savoir quelles parties du contrat de vente vous concernent (vous, le vendeur)
- Tenir compte des différences importantes des contrats de vente de condominiums
- Se renseigner sur les termes et les documents juridiques liés au transfert de propriété

Une fois que vous avez trouvé un acheteur, vous devez vous occuper de toutes les formalités juridiques. Et même si les contrats de vente, les actes et les titres ne sont que de la paperasse à vos yeux, vous devez porter une grande attention à ces documents, parce qu'une erreur peut faire dérailler une vente. Avoir vendu votre maison est un beau succès, mais vous devez maintenant pousser jusqu'à la ligne d'arrivée.

Les ingrédients d'un bon contrat

À moins que votre propriété n'ait été arrachée d'un terrain abandonné par une tornade, transportée à des kilomètres et plantée sur votre pelouse, vous avez déjà une idée de ce qu'est un contrat de vente. Le chapitre 10 décrit le *contrat d'achat et de vente* du point de vue de l'acheteur. Ici, nous le décrivons du point de vue du vendeur.

Si vous avez beaucoup transformé votre propriété depuis que vous l'avez achetée, ou si de nouveaux projets de développement dans votre secteur sont susceptibles de compliquer la vente de votre maison, certains aspects du contrat d'achat et de vente peuvent avoir pris une importance qu'ils n'avaient pas auparavant. Si vous n'avez pas acheté votre maison actuelle, ou si cela fait tellement longtemps que vous ne vous souvenez pas du tout du contrat que vous avez signé, vous devez être très vigilant, parce que les formalités, la relation mandant-mandataire et les exigences de divulgation ont changé.

Lorsque l'acheteur enthousiaste et ravi décide qu'il veut acheter votre maison, il remplit un contrat d'achat et de vente qui indique :

- le prix qu'il propose ;
- toutes les conditions qu'il veut faire stipuler au contrat ;
- la date à laquelle il veut prendre possession de votre maison.

L'agent de l'acheteur peut remettre le document à votre agent pour que vous examiniez l'offre avec lui (ou avec votre notaire, si vous n'avez pas d'agent). L'agent de l'acheteur peut aussi choisir de vous présenter l'offre en personne, à vous et à votre agent, et de vous donner quelques renseignements généraux sur l'acheteur, y compris sur la manière dont il est arrivé à son offre initiale. À ce stade, le contrat s'appelle une *offre d'achat*, et si vous et l'acheteur pouvez vous entendre sur toutes les modalités et conditions, elle sera acceptée *sous réserve* des modalités et conditions convenues. (Le chapitre 10 donne des informations sur les clauses conditionnelles.) Si l'offre est conditionnelle à la réception et à l'acceptation par l'acheteur d'un rapport d'inspection de votre maison d'ici une date précise, votre maison ne sera pas vendue tant que l'acheteur n'aura pas examiné et approuvé le rapport dans le délai indiqué.

L'offre peut être présentée n'importe où, mais l'habitude veut que ce soit au domicile du vendeur. S'il y a trop de distractions chez vous (enfants, belle-famille, animaux domestiques), vous pouvez rencontrer les parties au bureau de votre agent ou de celui de l'acheteur s'il est plus près. Peu importe le lieu de rencontre, vous devez être à l'aise et détendu pour étudier le contrat.

Votre agent passera l'offre en revue avec vous point par point et vous en signalera les principaux éléments, tandis que l'agent de l'acheteur vous expliquera comment et pourquoi l'acheteur a voulu y insérer diverses modalités et conditions. Toutes les conditions (les clauses « sous réserve de ») doivent être éliminées du contrat pour que votre maison soit considérée comme *vendue*, c'est-à-dire vendue sans conditions, avec un contrat ferme et exécutoire.

TRUC

Si vous vendez votre maison et que vous recevez une offre, que vous vendiez avec ou sans agent, vous devez toujours rester impassible si l'agent de l'acheteur présente l'offre en personne. Perdre votre sang-froid et vous mettre à hurler si on vous offre un prix ridicule ou vous mettre à sauter parce que vous ne pouvez pas croire qu'on vous a offert un prix aussi élevé ne vous servira pas dans le processus de négociation. Comme au poker, vous ne devez pas abattre votre jeu.

Lire la recette : notions de base pour comprendre le contrat

Les contrats de vente, c'est un peu comme les crêpes. Les ingrédients indispensables sont la farine, les œufs et le lait, mais on peut ajouter des bleuets, des bananes, de la cannelle, du sirop d'érable et tout ce qu'on veut dans la pâte ou sur les crêpes. Il n'y a pas de recette préétablie mais certains ingrédients sont toujours présents. Il en va de même pour les contrats de vente de biens immobiliers. La recette dépend pour l'essentiel de votre situation particulière. Comme nous ne pouvons vous dire précisément ce qu'elle doit être, nous nous proposons de vous indiquer, dans cette partie du chapitre, ce à quoi vous devez porter particulièrement attention. Après tout, si on cuisine avec de bons ingrédients, il y a de fortes chances que le plat soit réussi.

Beaucoup d'agents immobiliers utilisent des programmes informatiques contenant des formulaires normalisés qui servent de contrats types, et des libellés pour les clauses que l'on veut y insérer. Vous pourriez donc recevoir un document entièrement préparé de cette façon, même si les contrats rédigés manuellement existent encore.

Les règles du droit immobilier diffèrent d'une province à l'autre. Par conséquent, il n'y a pas de contrat type unique pour toutes les provinces. Les chambres ou associations de l'immobilier provinciales ont chacune leurs propres contrats types qu'elles mettent à la disposition des agents.

Pour la plupart des ventes de propriétés résidentielles, un contrat est fourni par la chambre immobilière locale. Préparez-vous à recevoir des acheteurs un long document – l'offre – partiellement rempli par eux, qui compte environ six ou sept pages (voire plus).

Ne vous inquiétez pas si votre transaction est particulièrement compliquée ou totalement inhabituelle. Un formulaire normalisé n'est qu'un canevas que l'on peut modifier en fonction des circonstances particulières, et vous pouvez ajouter autant d'annexes (appelées également des *avenants*) que vous le souhaitez. Ces formulaires d'ajout précisent toutes les clauses et conditions de la transaction qui ne peuvent tout bonnement pas être saisies dans l'espace prévu du contrat type. Certains ont même des clauses préimprimées ; dans d'autres cas, vous ou votre agent devrez y insérer les mentions nécessaires.

Un contrat d'achat et de vente se divise généralement en trois grandes parties. La première partie contient la description de la propriété et les modalités et conditions de l'offre ; la deuxième, les conditions de vente et toute restriction ou obligation à l'égard de la propriété (il s'agit des « clauses restrictives ») ; et enfin, la troisième partie contient les signatures d'acceptation. Nous expliquons plus loin et en détail tous les éléments du contrat.

Quelques informations sur l'offre

L'agent de l'acheteur prépare l'offre d'achat, qui a une triple fonction. Elle identifie avant tout les parties de la transaction :

- vous (le vendeur) ;
- votre acheteur ;
- le ou les agents qui représentent l'acheteur et le vendeur.

Si vous possédez votre maison avec une autre personne (votre conjoint ou conjointe, par exemple), les deux propriétaires sont nommés dans la partie de l'offre concernant le vendeur. Ensuite, l'offre décrit la propriété telle qu'elle figure au registre foncier local, avec le numéro de lot et de plan, et parfois les dimensions du lot. Toutes ces données proviennent du contrat d'inscription ou découlent de la recherche de titre que vous ou l'acheteur (ou vos agents) avez effectuée. Enfin, l'offre fournit les principales données financières qui concernent généralement le prix offert et le montant du dépôt.

Toutes les offres ont des éléments communs. Assurez-vous de vérifier que tous les renseignements suivants figurent sur l'offre rédigée par l'acheteur (ou son agent) :

- le nom et l'adresse de l'acheteur ;
- le montant du dépôt initial qui accompagne l'offre ou devient payable au moment où l'offre est acceptée ;
- l'adresse municipale et légale de la propriété vendue ;
- le montant de l'offre initiale de l'acheteur ;
- les objets du contrat et les modalités et conditions de l'offre ;
- les éléments inclus et exclus de la transaction ;
- les dates d'exécution, de prise de possession et de rajustement (qui, dans certains cas, peuvent coïncider) ;
- la date à laquelle l'offre peut être acceptée ;
- la signature de l'acheteur (devant témoin, s'il y a lieu).

Le nom et l'adresse de l'acheteur

L'acheteur ou les acheteurs donnent leur nom et leur adresse pour que vous sachiez avec qui vous traitez. Si l'offre est faite au nom d'une entreprise, vous devez connaître la fonction qu'occupe l'acheteur au sein de l'entreprise et vous assurer que celle-ci lui a délégué le pouvoir de signer.

Faites très attention si le nom de l'acheteur est suivi de la mention « et/ou le mandataire » dans l'offre d'achat. L'acheteur peut avoir l'intention de céder le contrat à une tierce partie (à sa fille qui va obtenir son diplôme de médecine ce printemps, ou à la filiale chargée du blanchiment d'argent de Chez Escrocs et Compagnie) ; il vaut mieux que l'acheteur indique le nom de la tierce partie (ou du mandataire) sur le contrat. L'absence de nom peut créer une ambiguïté, qui pourrait même rendre le contrat inexécutable.

Le dépôt initial et les dépôts en général

Un dépôt est le premier montant d'argent déposé par l'acheteur pour confirmer qu'il envisage sérieusement d'acheter votre maison. Le dépôt qui accompagne l'offre de votre acheteur constitue une partie de la mise de fonds versée au moment où la transaction est conclue. Généralement, le dépôt est effectué par chèque certifié ou par traite bancaire.

Il n'y pas de règle en ce qui concerne le montant du dépôt, mais pour le vendeur, plus il est élevé, mieux c'est. S'il est substantiel (un montant raisonnable représente environ 5 % à 10 % du prix d'achat, selon la fourchette de prix), le risque est moindre que votre acheteur se retire du processus avant la conclusion de la transaction. Si vous devez acheter votre prochaine maison à l'aide du produit de la vente de votre propriété actuelle, le dépôt vous donne une assurance que votre acheteur s'engage à l'acheter. De votre côté, vous n'avez pas intérêt à faire une offre d'achat sur une autre maison sans être sûr que votre acheteur est sincère et que la vôtre sera vendue à temps.

Au départ, l'offre peut s'accompagner d'un dépôt modeste (500 \$ ou 1 000 \$), que l'acheteur augmentera lorsque toutes les conditions seront éliminées du contrat. Parfois, aucun dépôt initial n'est exigé, ou il est seulement d'environ 5 %. Si l'acheteur ne s'efforce pas sérieusement de remplir et de lever les conditions et, de ce fait, fait échouer l'offre, il risque de perdre le dépôt. En déposant un petit montant, il perdra moins d'argent s'il change d'avis au sujet de l'achat. Et s'il n'honore pas le contrat une fois les conditions éliminées, un litige peut s'ensuivre, et cela peut mal tourner.

Le dépôt de l'acheteur peut être placé sur un compte en fidéicommis portant intérêts, de façon à ce que l'acheteur puisse au moins en toucher les intérêts jusqu'à la conclusion de la transaction. En général, l'agent immobilier a un compte en fidéicommis de société et il peut demander un petit supplément pour y conserver le dépôt.

L'adresse de voirie et l'adresse légale de la propriété visée

L'adresse de voirie de votre maison doit figurer au contrat pour assurer l'acheteur que vous vendez bien la propriété qu'il achète. L'adresse légale ne pose pas tellement problème dans les villes, mais si vous vendez un terrain non bâti, vous devriez toujours vérifier la désignation cadastrale au bureau d'enregistrement des titres fonciers, surtout s'il n'y a pas de numéro de rue ni d'adresse. Si vous n'êtes pas sûr de la désignation cadastrale de votre propriété, vérifiez sur vos avis de taxes foncières ou communiquez avec le bureau d'enregistrement des titres fonciers de votre région. Vous pouvez en trouver la liste dans les pages jaunes du bottin téléphonique.

Le prix de l'offre initiale

Le prix est votre point de départ dans les négociations, et c'est sans doute la première chose que vous voudrez regarder lorsque l'offre arrivera. Si l'acheteur vous fait au moins une première proposition raisonnable, vous pourrez sûrement négocier un prix acceptable pour vous et pour lui. Dans une situation idéale, le prix de l'offre initiale correspond exactement au prix que vous avez demandé ou est plus élevé ; dans ce cas, vous pouvez sauter la partie sur la négociation des autres modalités de votre contrat de vente. Si l'offre n'est pas tout à fait celle que vous escomptiez, lisez nos conseils de négociation au chapitre 22.

Les clauses restrictives et les conditions

La partie qui décrit les « conditions » est l'une des plus importantes du contrat. Nous vous entendons vous exclamer : « Plus importante que le prix ? » Oui. Vous et l'acheteur pouvez rapidement et facilement vous mettre d'accord sur l'aspect financier de l'offre, tandis que les conditions de la transaction peuvent être bien plus complexes et plus lourdes de conséquences éventuelles si vous ne les étudiez pas avec soin.

Au chapitre 10, nous analysons les diverses conditions (clauses conditionnelles) courantes dans les contrats d'achat et de vente. Dans la plupart des cas, l'acheteur doit s'efforcer de les remplir, par exemple en approuvant le rapport d'inspection ou en obtenant une hypothèque. Toutes les conditions du contrat doivent être respectées dans un délai raisonnable. Les clauses conditionnelles sont énoncées dans le corps du contrat où, essentiellement, l'acheteur déclare qu'il achètera votre maison si l'inspection est satisfaisante et s'il peut obtenir une hypothèque. Pour que d'autres clauses conditionnelles soient respectées, c'est au vendeur d'exécuter certaines tâches. Par exemple, vous pouvez devoir enlever la carcasse de voiture qui dort depuis des années dans votre garage, ou réparer une rampe qui est sur le point de tomber – et ce, dans un délai précis – pour que l'acheteur s'engage à acheter votre propriété.

Rappelez-vous que toutes les modalités et conditions d'une offre d'achat sont négociables ; les deux parties (vous et votre acheteur) doivent les accepter. Il est très rare qu'une offre ne contienne aucune clause conditionnelle. Il peut arriver que, sur un marché très actif où la concurrence se joue entre les offres, les acheteurs s'arrangent pour insérer le minimum de clauses conditionnelles afin de rendre leur offre la plus attrayante possible pour les vendeurs. Mais même s'il y a pléthore d'offres concurrentes, vous trouverez presque toujours une petite clause « sous réserve de l'inspection ». Vous pouvez décider de rejeter l'une des clauses stipulées par l'acheteur, voire toutes, mais si vous le faites, vous risquez de le voir retirer son offre. Faites preuve de jugement : si les demandes de l'acheteur sont raisonnables, vous devez les accepter et le laisser remplir les conditions. Si certaines semblent complètement ridicules, demandez à votre agent de rédiger une *contre-proposition* sans les conditions que vous jugez inacceptables. Bien entendu, si vous vendez sans passer par un agent, vous devrez la rédiger vous-même, auquel cas vous seriez bien avisé de consulter votre avocat pour vous assurer de la formuler clairement.

Si vous avez accepté quelques-unes des clauses conditionnelles énoncées dans l'offre présentée par l'acheteur, il faut confirmer que les points soulevés sont résolus. Dans les faits, vous reconnaissez que l'acheteur a obtenu son hypothèque ou qu'il a approuvé le rapport d'inspection conformément aux clauses conditionnelles du contrat.

Nous nous proposons à présent de passer en revue quelques-unes des clauses conditionnelles les plus courantes pour vous donner une idée de celles que votre acheteur pourrait insérer dans son offre.

Sous réserve du financement

C'est une condition que l'acheteur inclut dans l'offre, essentiellement comme clause de sauvegarde, jusqu'à ce que le prêt hypothécaire nécessaire soit obtenu. Il peut arriver que l'acheteur ait besoin, pour l'avoir, que la propriété soit évaluée à une valeur égale ou supérieure à celle du prix d'achat. Comme la plupart des prêteurs donnent leur approbation préalable à un prêt hypothécaire, beaucoup d'acheteurs arrivent aujourd'hui à la table de négociations en ayant l'assurance d'un financement. Mais même s'ils ont une hypothèque préapprouvée, la plupart des acheteurs doivent rendre leur offre conditionnelle au prêt hypothécaire pour une brève période (quelques jours), de façon à permettre au prêteur d'effectuer une évaluation et de confirmer que l'offre acceptée correspond à la juste valeur marchande. Si votre acheteur n'a pas d'hypothèque préapprouvée, cinq à sept jours ouvrables devraient suffire pour qu'une banque établisse une nouvelle première hypothèque. Comme toutes les clauses conditionnelles, celle sur le financement doit indiquer une date à laquelle la condition sera levée. Voici un exemple de libellé que l'on retrouve fréquemment :

> « Sous réserve de l'émission d'une nouvelle (première) hypothèque au nom de l'Acquéreur, d'ici le _____, au montant de _______ dollars, à un taux d'intérêt ne devant pas dépasser ____ pour cent par an, calculé semestriellement, et non à l'avance, sur une période d'amortissement de ____ années, un terme de ____ années, et remboursable en paiements mixtes d'environ _____ dollars par mois, principal et intérêts (plus 1/12e des taxes annuelles, si le créancier hypothécaire le requiert. Cette condition est au bénéfice exclusif de l'Acquéreur. »

La clause conditionnelle à l'obtention d'un financement impose à l'acheteur de faire un effort réel pour obtenir le prêt nécessaire. L'acheteur ne peut pas se contenter d'attendre tranquillement chez lui pour déclarer par la suite qu'il n'a pas pu l'obtenir. Si vous pensez qu'un acheteur n'a pas essayé de bonne foi d'obtenir son prêt, et que vous pouvez le prouver, vous pourriez avoir le droit de refuser de lui rembourser son dépôt initial si l'offre devait être annulée parce que cette condition n'a pas été respectée. C'est dans ce genre de situation que les avocats doivent intervenir, mais n'oubliez pas qu'une clause conditionnelle bien libellée et un effort réel de la part de l'acheteur évitent bien des litiges.

Sous réserve de l'inspection

Aujourd'hui, la plupart des offres ont une clause stipulant que la propriété doit être soumise à une inspection complète avant de pouvoir être vendue. Vous avez beau avoir entretenu parfaitement votre maison, soyez prêt à ce que l'acheteur procède à une inspection complète. Si votre propriété a été inspectée avant l'inscription, vous ne devriez pas avoir de surprises avec celle de l'acheteur. Si votre maison est relativement récente, qu'elle a été inspectée avant que vous ne l'achetiez et qu'aucun problème n'a été décelé, vous n'avez probablement pas à craindre que l'inspection de l'acheteur révèle un vice majeur. Si elle est plus ancienne et que les éléments de structure et les principaux systèmes n'ont pas été mis aux normes ou remplacés depuis des décennies, cette condition pourrait vous donner du fil à retordre. Même si tout semble fonctionner parfaitement, vous pourriez avoir de mauvaises surprises. En général, une clause de ce type est libellée comme suit :

> « Sous réserve d'un rapport d'inspection favorable effectué par l'Acquéreur, à ses frais, par l'inspecteur en bâtiments certifié de son choix le ______________ ou avant cette date. Cette condition est au bénéfice exclusif de l'Acquéreur. »

Le chapitre 19 explique la principale raison pour laquelle il vaut mieux que le vendeur fasse faire sa propre inspection avant celle de l'acheteur. Si, à cette étape, des problèmes sont constatés, l'acheteur est légalement tenu de les divulguer. Dévoilez tout par écrit pour éviter des difficultés ultérieures.

Sous réserve de la vente

Les acheteurs font souvent une offre conditionnelle à la vente de leur propriété précédente à une date convenue. Peut-être votre acheteur ne s'attend-il pas à avoir de difficultés à vendre sa maison mais préfère tout de même prendre toutes ses précautions. Par ailleurs, il se peut aussi qu'il soit obligé de faire une offre conditionnelle car il craint d'avoir du mal à vendre sa propriété. (Nous avons montré au chapitre 16 pourquoi il est risqué d'acheter avant de vendre.) C'est à vous de décider si vous devez accepter une offre qui comprend ce genre de condition. Si vous êtes convaincu que votre acheteur réussira à vendre sa maison ou si vous ne pouvez pas vous permettre de refuser une offre raisonnable (conditionnelle ou non), l'accepter peut être la meilleure solution. Mais si vous êtes sur un marché idéal pour un vendeur (dans Outremont, à Montréal, par exemple) et que vous n'avez aucun doute qu'une autre offre sans conditions vous sera rapidement présentée, vous pouvez choisir d'attendre. Demandez à votre agent de vous informer des conditions du marché dans votre secteur et de l'influence que cela peut avoir sur votre perception d'une offre. Une clause conditionnelle à la vente peut être libellée comme suit :

> « Sous réserve de la conclusion par l'Acquéreur d'un accord non inconditionnel portant sur la vente de sa propriété sise au 123, rue Principale, Quelque Part, Québec, avant le ____________________. Cette condition est au bénéfice exclusif de l'Acquéreur.
>
> Toutefois, le Vendeur peut, s'il reçoit une autre offre acceptable, remettre un avis écrit à l'Acquéreur ou à son agent [entrer le nom de ce dernier et le nom de son agence] exigeant que l'Acquéreur élimine toutes les conditions du contrat dans les 12 (24/48/72) heures [choisir l'un des délais] à compter de la date de réception de l'avis. Si l'Acquéreur ne supprime pas toutes les conditions à l'expiration de cette période, le contrat prendra fin et tous les montants déposés seront remboursés conformément à la Loi sur le courtage immobilier. »

La partie de la clause qui commence au mot « toutefois » s'appelle la *clause de délai* (ou *clause échappatoire*). Elle est extrêmement importante si vous pensez que vous pourriez recevoir d'autres offres tandis que votre acheteur cherche à vendre sa maison. La durée de la période d'avis est négociable et peut ne pas dépasser les 12 heures, mais cela soumet l'acheteur à une très forte pression. Vous constaterez que rares sont les gens qui l'acceptent. Si vous êtes sur un marché de vendeur, vous avez intérêt à ce que la période d'avis soit la plus courte possible, dans la mesure où cela vous permet de réagir à une offre de rechange assez vite s'il s'en présente une. Du point de vue de l'acheteur, plus la période d'avis est longue, plus il aura le temps de s'arranger pour obtenir un prêt intérimaire ou un crédit relais. Et plus il aura le temps d'examiner toutes ses possibilités, plus il aura le temps de vendre sa maison.

Si vous devez invoquer la clause de délai, vous pourriez demander confirmation que l'avis a bien été reçu à une date et à une heure précises. Bien que, sur le plan de la procédure, ce ne soit pas nécessaire pour que l'avis soit valide et exécutoire, cela contribue à faire en sorte que toutes les étapes du processus soient claires pour les parties. L'émission de l'avis peut se faire devant témoin, ou l'acheteur ou son agent peut en signer une copie pour en accuser réception. À ce stade, la négociation n'a pas encore commencé : vous attendez seulement de voir qui va acheter votre maison. L'avis que vous émettez pour invoquer la clause de délai peut ressembler à celui-ci :

> « Cette communication constitue un avis écrit émis par le Vendeur à l'Acquéreur pour demander à l'Acquéreur d'éliminer toutes les conditions (ou la condition) du présent contrat dans un délai de ____ (24/48/72) heures, faute de quoi le contrat prendra fin à l'expiration du délai de ____ (24/48/72) heures, et le dépôt sera remboursé à l'Acquéreur. La clause de délai entre en vigueur dès que l'avis est émis à l'Acquéreur [ou au courtier de l'Acquéreur], c'est-à-dire à ____heures, le (jour et mois) 20__. Par conséquent, la période de ____ (24/48/72) heures prend fin à ____ heures le [jour et mois] 20__. »

Les clauses échappatoires

Une autre catégorie de clauses conditionnelles prévoit l'intervention d'une tierce partie ou requiert l'approbation d'une partie au contrat. Les clauses conditionnelles prévoyant la participation d'une tierce partie sont souvent appelées des *clauses échappatoires* ou des *clauses discrétionnaires*, dans la mesure où l'une ou l'autre des parties peut simplement refuser son approbation et se retirer du contrat.

L'une des clauses échappatoires les plus évidentes est celle où une partie stipule comme condition *l'examen par un parent ou un ami*. Cette formulation très ambiguë rend l'exécution difficile, et vous devriez tout faire pour l'éviter. Une autre clause échappatoire est celle où l'acheteur fait insérer comme condition *l'obtention d'un avis financier*. L'acheteur est censé avoir obtenu un avis financier avant la rédaction du contrat. S'il insère cette condition, cela peut indiquer qu'il n'est pas sérieux.

Vous ou votre agent devez savoir déceler les clauses échappatoires et veiller à les limiter au minimum, ou, si elles sont justifiées, à faire en sorte que le délai soit aussi court que possible. En général, un contrat qui contient une telle clause n'est pas exécutoire tant que la clause n'est pas supprimée.

Les clauses introduites par le vendeur

Peu de vendeurs se préoccupent de ce qui arrivera à la propriété une fois qu'elle aura été vendue. Pourtant, il peut leur arriver de vouloir imposer des restrictions ou des obligations aux nouveaux propriétaires. Par exemple, lorsque Pierre et Marie, défenseurs du patrimoine férus d'histoire, ont décidé de vendre leur propriété du Vieux-Québec qui avait manqué de peu une désignation de « site du patrimoine canadien », ils ont voulu stipuler au contrat d'achat et de vente que les nouveaux propriétaires étaient tenus d'en respecter la valeur historique. Ils ont donc introduit une clause précisant que les nouveaux propriétaires n'avaient pas le droit d'entreprendre des projets pour rénover la structure originale ou d'y faire des ajouts, et devaient se limiter à la restaurer pour en préserver le style et la valeur historiques. Toutefois, la plupart des clauses restrictives de ce type se rattachent au territoire, et les vendeurs n'ont pas la prérogative de les stipuler. N'oubliez pas non plus qu'une telle clause limiterait sérieusement le nombre d'acheteurs susceptibles d'être intéressés par votre propriété.

Si des conditions municipales ou provinciales restreignent l'usage de votre propriété, elles doivent être clairement énoncées au contrat pour vous protéger contre tout risque de litige ultérieur avec l'acheteur. Si vous ne vous trouvez pas dans une situation exceptionnelle comme celle que nous venons de décrire et qu'aucune restriction ou obligation ne vous a été imposée au moment où vous avez acheté la propriété, n'essayez pas d'introduire une clause de ce type.

Sous réserve de l'achat par le vendeur

À titre de vendeur, vous pourriez avoir besoin d'insérer une clause stipulant que la vente est *conditionnelle à l'achat* de votre nouvelle propriété. Cette condition prévoit que l'offre de votre acheteur ne sera acceptée que si celle que vous présentez pour la maison qui vous intéresse l'est également.

Prenons l'exemple de Lars et Jorge qui voulaient vendre leur propriété, mais seulement à condition de pouvoir acheter la maison de leurs rêves. Ils ont trouvé un endroit répondant à leurs critères, mais leur offre, sous réserve de la vente de leur propriété actuelle, a été rejetée. Le couple a alors décidé que, sur un marché aussi effervescent, ils feraient mieux d'inscrire leur propriété tout en continuant à chercher la maison idéale. Après une ou deux semaines, Lars et Jorge ont reçu une offre et ont avisé les acheteurs potentiels qu'ils ne vendraient que s'ils parvenaient à acheter une maison. Ceux-ci ont apprécié d'être avertis à l'avance, et comme ils n'étaient pas pressés, ils ont accepté la clause conditionnelle à l'achat. Dans le contrat d'achat et de vente, elle était libellée comme suit :

> « Sous réserve de la conclusion, par le Vendeur, d'un accord inconditionnel concernant la propriété sise à____________________

avant le ________________. Cette condition est au bénéfice exclusif du Vendeur. »

UN PEU DE TECHNIQUE

Les clauses « sous réserve de l'achat » ne sont pas très courantes et, dans un cas comme celui de Lars et Jorge, il vaut toujours mieux que le vendeur prévienne l'acheteur de ses intentions bien à l'avance pour que celui-ci ne soit pas pris au dépourvu en voyant l'ajout d'une telle condition au contrat.

Ce qui est inclus – les accessoires et les biens meubles

Tout ce qui est fixé à la structure de votre propriété (les *agencements*) est, sauf mention contraire, présumé inclus dans le prix d'achat. Tous les *biens meubles* – appareils, meubles, etc. – sont présumés exclus de la transaction. Renseignez-vous rapidement sur les conventions qui s'appliquent dans votre secteur. C'est le moment d'exclure de la vente tout ce que les acheteurs peuvent espérer recevoir, que ce soit votre fantastique laveuse hyper silencieuse ou le chandelier ancien hérité de votre aïeule. À l'inverse, en remplaçant par un objet décoratif adapté ce que vous voulez conserver, vous éviterez bien des querelles par la suite.

Le contrat d'achat et de vente énumère exactement ce qui est inclus et ce qui ne l'est pas dans la transaction. Aimeriez-vous, si vous achetez une maison à Val d'Or, en prendre possession en février et découvrir que la chaudière a été enlevée au sous-sol ? Ces incidents sont rares, mais nous savons qu'ils se produisent. Il est clair que cette partie du contrat compte davantage pour l'acheteur, susceptible de pâtir de l'absence d'un appareil ou d'un autre bien meuble, mais vous devez passer vous aussi rapidement en revue cette section du contrat, juste pour vous assurer de pouvoir emporter tout ce que vous voudrez le jour de votre déménagement.

Le délai de l'offre ou la « date irrévocable »

Le délai de l'offre est l'un des éléments essentiels de votre contrat d'achat et de vente. Il indique que l'offre n'est valide que pour une certaine période. Si ce délai expire avant l'acceptation de l'offre, elle devient nulle et non avenue, et le dépôt est remboursé à l'acheteur, sauf si les deux parties conviennent de prolonger le délai pour qu'elle puisse être acceptée.

La *date de conclusion* est la date à laquelle l'acheteur paye et fait enregistrer la propriété à son nom. La *date de prise de possession* est la date à laquelle l'acheteur obtient les clés de la propriété. Si toutes les conditions ne sont pas remplies à la *date d'élimination des clauses conditionnelles*, l'offre peut être retirée et la transaction annulée.

Vous devez être très attentif à ces dates. Dans la plupart des contrats, le vendeur est tenu responsable de la propriété jusqu'à la date de conclusion. Si un incendie la ravage le jour qui précède, c'est *votre* problème. Après la date de conclusion, dès que minuit est passé, c'est l'acheteur qui assume les risques relatifs à la propriété et à tous les biens meubles inclus dans la transaction. En fait, celui-ci est censé avoir sa police d'assurance quelques heures avant l'enregistrement de la propriété à son nom.

Arrangez-vous pour que vos polices d'assurance prennent fin à la date de conclusion, mais pas avant. Si possible, évitez le dernier jour du mois ou de l'année. Ce sont des journées où les banques, les créanciers, les compagnies d'assurance et la plupart des membres du personnel administratif qui traitent les nouvelles données générées par la transaction sont très occupés. Cela signifie que vous risquez davantage de subir des retards lorsque vous voudrez enregistrer la transaction de votre propriété.

Si vous avez des unités louées

Un contrat d'achat et de vente devient beaucoup plus complexe si vous avez des unités louées dans votre propriété. C'est d'ailleurs plus un casse-tête pour l'acheteur que pour le vendeur. Cependant, si vous avez des locataires au moment de la transaction, attendez-vous à quelques tracas supplémentaires. Comme les obstacles auxquels vous êtes susceptible de vous heurter dans un tel cas peuvent être très différents selon le contexte, nous ne pouvons pas les traiter ici ; aussi nous limiterons-nous à vous donner quelques conseils d'ordre général.

Si vous avez une unité de location et que vous vendez votre propriété à un acheteur qui compte continuer à la louer, discutez avec votre agent des implications juridiques et contractuelles possibles *avant* de signer le contrat d'achat et de vente. Si vous êtes sur le point de vous entendre sur le prix et que vous voulez continuer à négocier, vous pouvez y aller et accepter l'offre, mais en stipulant qu'elle est conditionnelle à la consultation de votre avocat si vous avez des préoccupations. Si l'acheteur veut mettre fin à la location, il précisera dans le contrat que le vendeur doit transmettre un avis de résiliation légal et exécutoire aux locataires, conformément à la loi provinciale sur la location résidentielle.

Quelques informations sur l'acceptation

La dernière partie du contrat est fort simple. Une fois que le contrat a été négocié à votre satisfaction et à celle de l'acheteur, tout ce qui reste à faire est de signer sur la ligne en pointillé (et inscrire les bonnes dates), et d'accepter l'offre sous réserve des modalités et conditions décrites plus haut. Vous devez vous assurer que les deux parties inscrivent bien leurs initiales à côté de toutes les modifications apportées au contrat et que tous les documents ont été signés devant témoin, s'il y a lieu.

Pour les propriétaires de condos

Le cadre juridique qui régit la vente d'une habitation en copropriété est légèrement différent de celui régissant la vente d'une maison. D'abord, pour les condos, il peut y avoir des formulaires juridiques distincts. Mais le contrat type d'achat et de vente d'unités condominiales ressemble au contrat type utilisé pour la vente d'une maison, puisqu'on y retrouve les renseignements précis sur l'offre, les conditions de vente et l'acceptation. Toutefois, dans le cas des condominiums, deux documents sont très importants : les états financiers du syndicat de copropriétaires et les règlements administratifs de la copropriété.

Au Québec, ces renseignements font partie d'un document appelé *certificat de préclusion*. Il énumère les frais qui se rattachent à une unité donnée, décrit le statut de la résidence dans son ensemble, explique les règlements et les procédures d'administration de la copropriété, les règles de conduite des résidents et du syndicat des copropriétaires, ainsi que toutes les obligations financières. Pour avoir d'autres informations sur ce document important, reportez-vous au chapitre 5.

Vous devez absolument vérifier que votre acheteur a pu examiner soigneusement le certificat en question avant d'éliminer les clauses conditionnelles de l'offre. Son avocat ou son agent peuvent aussi étudier dans son intégralité le contenu de la trousse d'information destinée à l'acheteur. Ce dernier peut également demander une copie de la police d'assurance de l'immeuble pour être sûr qu'il est correctement assuré.

Comme vendeur, vous pouvez vous attendre à ce que l'acheteur demande à voir le certificat. Vous devez donc vous assurer que votre agent ait une copie de tous les documents pertinents et que les acheteurs potentiels qui visitent en reçoivent un exemplaire. Vous devez leur fournir tous les documents, et si vous le faites rapidement, cela renforcera la relation de confiance avec eux et accélérera le processus. Le syndicat des copropriétaires est tenu de vous remettre une copie des documents, mais votre demande peut mettre un certain temps avant d'être traitée. La morale de l'histoire est que vous devez vous y prendre bien à l'avance. Rappelez-vous qu'il peut y avoir des frais à verser pour se procurer les documents s'ils viennent d'une société de gestion immobilière.

Votre acheteur voudra également connaître l'état du *fonds de réserve* du syndicat des copropriétaires. C'est le fonds qui dégage les sommes nécessaires pour effectuer des réparations structurales et toutes les rénovations ou travaux à réaliser dans le complexe. Ces renseignements figurent généralement sur le certificat ou dans les états financiers de l'immeuble. Votre agent devra avoir ces renseignements s'il présente votre unité à des acheteurs potentiels. Vous pouvez gagner des points auprès des acheteurs en étant bien informé de la situation du syndicat des copropriétaires et de la procédure à suivre si des réparations à l'immeuble doivent être faites.

Les actes et les titres

Plusieurs excellents acheteurs attendent en file indienne pour continuer à nourrir les colibris qui fréquentent votre jardin. Et ils vous ont offert un prix fantastique pour votre maison. Il est temps d'appeler les déménageurs, non ? Eh bien, avant de signer le contrat et de remettre les clés (et les mangeoires à oiseaux) à l'acheteur, vous allez devoir lui soumettre la preuve que vous êtes réellement propriétaire du bien que vous êtes en train de vendre, pour pouvoir ensuite lui transférer légalement votre propriété. Vous pensez que ce ruisseau qui clapote derrière votre maison est à vous… mais en êtes-vous vraiment certain ? Devez-vous de l'argent à quelqu'un en rapport avec votre maison ? Il va falloir attendre encore un peu et lire la partie qui suit avant de commencer à faire vos boîtes.

Le transfert de titre

La procédure qui consiste à transférer le titre de propriété au nouvel acheteur s'appelle *un acte de vente*. Lorsque vous vendez une maison ou un condo, votre notaire prépare un document juridique qui atteste que toutes les conditions de la vente ont été remplies et qui exécute le transfert de la propriété à votre acheteur. Un acte de vente peut ne pas transférer la totalité de la propriété mais seulement une partie.

UN PEU DE TECHNIQUE

Le minidictionnaire de droit du site Internet `www.avocat.qc.ca` est une excellente source de termes juridiques. Les définitions sont faciles à comprendre et il est gratuit !

Toutes les réclamations ou charges sur une propriété telles que les concessions de la Couronne ou les droits de passage peuvent également être transférées avec la propriété, et dans ce cas, l'acte de vente ou l'acte de transfert s'y applique également. Si votre notaire a traité la totalité des aspects du transfert, toute cette information devient le *titre de propriété*. Il identifie la propriété et le propriétaire et énumère les dettes ou les charges qui la grèvent.

Tous les renseignements relatifs à un transfert de titre doivent être enregistrés auprès du bureau provincial d'enregistrement des titres fonciers, de façon à mettre fin à vos obligations juridiques à l'égard de cette propriété. C'est l'acheteur (ou, plus exactement, son notaire) qui doit s'occuper de la rédaction des documents de transfert. Lorsque les documents sont transmis aux fins de l'enregistrement, l'acheteur se voit délivrer le *titre* et vous n'avez plus aucun droit de propriété.

Habituellement, c'est le notaire de l'acheteur qui effectue la recherche de titre attestant que vous êtes légalement le propriétaire de la propriété et qu'elle n'est grevée par aucune dette ou créance que vous n'auriez pas divulguée. Bon nombre de registres fonciers sont maintenant automatisés et ne conservent les documents originaux que sur microfilms. Les bureaux qui gardent encore des documents sur papier ne permettent pas que l'on retire les documents originaux. Si votre propriété est plus que centenaire, il se peut que les originaux aient été archivés. Si l'accès aux documents est restreint, votre notaire et celui de votre acheteur pourraient devoir se rencontrer au bureau provincial d'enregistrement des titres fonciers pour exécuter certaines tâches requises.

Les bureaux d'enregistrement des titres fonciers

Parmi les documents qu'il faut produire pour l'enregistrement, il y a l'*acte de transfert* ou l'*acte de vente* (qui est préparé pour modifier l'enregistrement du titre de propriété) et votre *quittance d'hypothèque* (qui donne les instructions sur les sommes à rembourser à la banque). Si votre acheteur reprend votre hypothèque, vous devez enregistrer le transfert de propriété, et votre acheteur doit inscrire la nouvelle hypothèque sur la propriété, ainsi que tout nouveau droit de passage ou servitude mineure pour les services d'utilité publique. S'il s'agit d'une propriété grevée par des dettes ou des créances, elles doivent aussi être enregistrées ou *liquidées* (si elles ne le sont pas encore). Et si un relevé cadastral actualisé est nécessaire, il pourrait être enregistré également.

Chapitre 22

Tous les trucs pour négocier

Dans ce chapitre :

- Se préparer pour la négociation
- Bien connaître vos cartes et les jouer habilement
- Ne pas vous perdre dans le processus de négociation
- En cas d'offres multiples : les clés du succès
- L'art de la contre-offre

Pour parvenir à une entente avec l'acheteur de votre propriété, il y a plusieurs éléments à prendre en ligne de compte. Évidemment, vous allez tout de suite penser au prix. Mais prêtez aussi attention à d'autres détails clés, comme la date de prise de possession, les clauses conditionnelles et leur délai de validité, les inclusions dans la vente (votre laveuse et votre sécheuse, par exemple), ainsi que le montant du dépôt de l'acheteur (nous en discutons davantage au chapitre 21). Tout est négociable, alors essayez de vous faire une idée claire de ce qui vous tient particulièrement à cœur, et soyez souple sur tout le reste.

Préparez-vous à négocier l'offre

Idéalement, tous les propriétaires devraient être présents lors de la négociation, car pour conclure le marché, il faut avoir toutes les signatures. Si vous et votre conjoint(e) (ou votre frère, votre sœur, vos parents, etc.) êtes propriétaires en titre de votre maison, vous devriez être tous les deux présents pour la négociation. Éteignez vos téléphones, rangez vos animaux et remisez vos enfants.

Mettez-vous à l'aise pour cette étape. Elle risque d'être longue. Préparez des rafraîchissements, mais évitez la bière ou le vin (gardez le champagne pour la toute dernière minute!). Croyez-le ou non, le contrat pourrait être déclaré nul et non avenu si l'acheteur signe sous l'influence de l'alcool (ou d'une drogue). Même chose s'il s'avère qu'il est fou, mineur, ou que sa signature lui a été extorquée par la force!

Ne pas quitter votre objectif des yeux : ce qui est vraiment important

Vous aimez votre maison. Vous y avez peut-être élevé vos enfants, vous l'avez décorée à votre goût, et c'est un peu le reflet de vous-même. Nous savons que vous êtes une personne merveilleuse, alors qui pourrait bien ne pas aimer votre maison ? Imaginez l'horreur lorsque vous découvrirez que le couple qui veut l'acheter a l'intention de tout arracher – le papier peint rouge velours et même la moquette orange à longs poils ! Vous risquez d'être si blessé que vous aurez envie de jeter leur offre à la poubelle. Mais si les dates conviennent, que l'offre n'est conditionnelle qu'à l'inspection et que leur dépôt initial est raisonnable, vous avez au moins intérêt à essayer de négocier.

N'oubliez pas que le but, dans toute cette histoire, c'est de vendre votre maison – à un bon prix, aussi rapidement et simplement que possible. Ce n'est pas parce que votre acheteur potentiel ne partage pas vos goûts rétro que vous ne pouvez pas conclure un marché. Il n'y a pas de stratégie universelle, mais il est avant tout important de laisser ses émotions à la porte et d'entrer dans le jeu avec une attitude aussi professionnelle que possible, en ayant déjà une idée de la direction à donner aux discussions. Malheureusement, votre acheteur ne partagera peut-être pas votre style ni votre approche. Essayez de ne pas prendre les choses personnellement. Vous êtes en affaires et vous avez un but commun : il veut votre maison et vous, vous voulez la lui vendre, si le prix est raisonnable. Si l'acheteur vous a déjà fait une proposition décente, asseyez-vous sur vos différences personnelles et négociez les termes de l'offre !

Déterminez votre stratégie à l'avance, en tenant compte de l'état du marché (de vendeur ou d'acheteur) pour savoir si vous êtes en position de force ou non. (Nous vous expliquons les différents types de marchés au chapitre 14.) Si vous négociez dans un marché de vendeur, les offres d'achat risquent d'être rares et vous devrez sans doute accepter un prix plus bas que ce à quoi vous vous attendiez. Dans un marché d'acheteur, les conditions jouent en votre faveur et vous pouvez espérer avoir une meilleure offre si les négociations se passent mal.

TRUC

Même les vendeurs (et les leaders étudiants) les plus stoïques peuvent perdre leur sang-froid à la table des négociations. Gardez la tête froide et restez calme. Vous prenez des décisions cruciales et vous devez éviter les réactions impulsives. Ceci est particulièrement important si vous vendez sans l'aide d'un agent, car vous n'aurez personne à vos côtés pour vous aider à rester objectif. N'oubliez pas que si vous vendez dans un marché d'acheteur, vous devrez probablement accepter un prix moins élevé que ce que vous espériez. Dites-vous simplement que lorsque ce sera à vous d'acheter, vous profiterez probablement des mêmes conditions.

Le processus de négociation

La première étape du processus de négociation, pour le vendeur, c'est de fixer le prix qu'il va demander pour sa maison (voir le chapitre 15 pour plus d'informations à ce sujet). Que vous utilisiez les services d'un agent immobilier ou non, le prix demandé est le point de départ de toute la négociation. Il affecte le nombre d'offres que vous allez recevoir et le temps pendant lequel votre maison restera sur le marché, et c'est le tremplin à partir duquel vous plongerez dans les eaux troubles des conditions, des termes et des clauses.

Ne négociez pas avant d'avoir reçu une offre écrite. Et *ne signez rien* avant d'avoir consulté votre agent immobilier ou votre notaire. Vous aurez besoin qu'un professionnel vous confirme que le contrat a bien valeur légale et que les termes et les conditions vous représentent correctement. C'est un point délicat. Il suffit que vous signiez au mauvais endroit pour que le contrat soit nul et non avenu.

Ne rejetez pas les premières offres. Les meilleures se présentent généralement quand une propriété vient d'être mise sur le marché… et vous ne savez jamais quand – ni si – on vous en fera une autre. Il arrive que la première soit la meilleure. N'oubliez pas que ce n'est qu'un premier pas dans le processus de négociation. Le vendeur et l'acheteur veulent la même chose : les meilleurs termes et le meilleur prix possible. Chaque partie peut faire quelques concessions et gagner certains avantages.

L'offre d'achat peut paraître beaucoup trop détaillée et spécifique, mais pour éviter les malentendus et pour que le contrat soit obligatoire, tous les détails doivent y être inscrits. Il peut paraître idiot d'inclure des petites choses comme les télécommandes pour le garage, mais c'est le genre de détails qui peuvent vous rendre fou s'ils n'ont pas été clairement spécifiés par écrit.

Lorsqu'on vous fait une offre, vous avez trois options : l'accepter, la refuser ou faire une contre-offre en proposant un prix ou des termes différents. Examinez-la en considérant tous les points suivants.

Savoir jusqu'où vous êtes prêt à descendre

Évidemment, nous sommes tous intéressés par le prix de ce que nous achetons. Mais votre maison n'est pas seulement un achat ; c'est un investissement. Et si vous l'avez bien entretenue, vous devriez pouvoir faire un profit au moment de la vente. Pour déterminer la valeur de votre propriété sur le marché actuel, il y a quelques calculs à faire. Au chapitre 15, nous vous fournissons des informations détaillées pour vous aider à estimer un prix réaliste pour votre maison. Mais une fois ce prix déterminé, vous devez aussi décider quelle est l'offre la plus basse que vous êtes prêt à accepter.

N'oubliez pas que l'offre initiale est le point de départ de l'acheteur, tout comme le prix que vous demandez est votre point de départ à vous.

Et souvenez-vous que, pour négocier, il faut prendre et il faut donner. Si vous ne montrez pas aux acheteurs que vous pouvez être flexible, ils ne prendront pas le temps ou ne feront pas l'effort d'essayer de trouver un accord. Quelqu'un peut avoir réellement envie d'acheter votre maison, mais fera peut-être une offre à 25 000 $ de moins que le prix initial. Ne la jetez pas au feu. Il se dit peut-être : « Qui ne tente rien n'a rien ». Et vous pourriez être surpris de voir que sa réponse à votre contre-offre est positive.

Comptez sur la contre-offre

Après le décès de son mari, Odile s'est rendu compte qu'elle n'avait plus besoin de la grande maison familiale dans laquelle ils vivaient depuis 20 ans. Elle l'a donc mise en vente à 500 000 $.

Environ un mois plus tard, un couple qui avait visité la propriété plusieurs fois a fait une offre inférieure de 100 000 $ au prix demandé. Furieuse et humiliée, Odile a dit à son agent qu'il était inutile de répondre. Mais celui-ci l'a convaincue de ne pas prendre ce chiffre personnellement, et de faire une contre-offre. Et bien sûr, les acheteurs ont accepté de monter de près de 75 000 $. Après encore quelques négociations, la maison s'est finalement vendue 475 000 $, un prix bien plus élevé que l'offre initiale.

Négocier les clauses conditionnelles : « Seulement si... »

Les clauses conditionnelles sont le filet de sécurité de l'acheteur. C'est une façon de se libérer du contrat si quelque chose va mal. Si un acheteur a besoin de vendre sa maison avant d'acheter la vôtre, il peut ajouter une clause « conditionnelle à la vente » à son offre d'achat. Cela signifie que celle-ci sera confirmée seulement s'il a réussi à vendre sa résidence actuelle. (Voir le chapitre 21 pour davantage de détails.) Voici les trois clauses les plus courantes dans une offre d'achat :

- **La clause conditionnelle à l'obtention d'un financement :** Ce type de clause ne laisse pas vraiment place à la négociation. Un acheteur ne peut pas la retirer au cours du processus, à moins d'avoir beaucoup d'argent et de ne pas avoir vraiment besoin d'un prêt, ou simplement d'une petite hypothèque qu'il est sûr d'obtenir. Mais n'oubliez pas : si l'acheteur n'en avait pas besoin, il n'aurait pas ajouté cette clause à son offre.

Vous pouvez toutefois essayer de négocier une période plus brève pour l'obtention du prêt. Souvent, l'acheteur qui requiert une telle clause a une hypothèque préapprouvée – et il ne manque que l'évaluation pour qu'elle lui soit accordée. Si c'est effectivement le cas, laissez cette clause à l'acheteur ; vous serez en meilleure position pour négocier sur d'autres points.

- **La clause conditionnelle à l'inspection :** Cette clause est très fréquente dans les offres d'achat. Puisqu'une inspection s'organise généralement en deux ou trois jours, elle est facile à négocier. Tout comme pour la clause précédente, vous pouvez essayer de réduire le délai avant l'obtention du rapport d'inspection. La plupart des inspecteurs peuvent en fournir un exemplaire à la fin de leur visite. (Mais sachez que la plupart des acheteurs ne voudront pas payer pour une inspection avant d'être assuré d'obtenir un prêt. Pourquoi inspecter quelque chose qu'on risque de ne pas pouvoir acheter ?)
- **La clause conditionnelle à la vente :** Là encore, la date butoir de cette clause peut être négociée. La plupart des acheteurs qui possèdent déjà une maison n'ont pas les moyens d'en entretenir deux à la fois. Vous devez être raisonnable. Même si vous avez extrêmement hâte de déménager, offrez à l'acheteur suffisamment de temps pour inscrire sa maison et la vendre. On considère généralement que quatre à six semaines suffisent, et (si vous tenez vraiment à favoriser cet acheteur en particulier) vous pouvez convenir d'allonger ce délai s'il n'arrive pas à vendre sa maison à la date prévue.

Parallèlement à la clause conditionnelle à la vente, vous pouvez ajouter une *clause de délai* (appelée aussi *clause échappatoire*) pour vous garder une porte de sortie. Si vous attendez que votre acheteur trouve un financement ou qu'il vende sa résidence, la clause de délai peut vous permettre de vous libérer au cas où on vous ferait une autre offre entre-temps.

Les clauses de délai donnent au premier acheteur un laps de temps spécifié pour enlever toutes les clauses conditionnelles du contrat et conclure la vente. Si cela lui est impossible, vous êtes libéré des obligations du contrat et vous pouvez accepter une autre offre. Voir le chapitre 21 pour d'autres informations à ce sujet.

Si vous donnez plus de temps à l'acheteur pour vendre sa maison, vous devrez probablement modifier la date d'achèvement et la date de possession inscrites sur le contrat. Quelles que soient celles que vous choisirez, elles changeront sans doute quand votre acheteur aura trouvé quelqu'un pour acheter sa maison. Et votre date de clôture dépendra sûrement de celle que votre acheteur négociera pour sa propre vente.

Si vous avez trouvé une maison que vous voulez vraiment acheter une fois que vous aurez vendu la vôtre, vous pouvez essayer d'ajouter une clause *conditionnelle à l'achat*, ce qui veut dire que la vente ne se fera que si vous réussissez à obtenir la propriété qui vous intéresse. Mais ne rêvez pas trop : cette condition risque de ne pas plaire à votre acheteur, et il y a peu de chances qu'il accepte cet ajout au contrat. Ce n'est pas une clause très courante, mais dans certaines situations, elle peut vous donner l'assurance que vous ne serez pas sans abri si la maison de vos rêves vous file sous le nez alors que vous vous apprêtez à vendre la vôtre.

Les inclusions : « De toute façon, je n'ai jamais aimé ces stores. »

On considère que tout ce qui est attaché à la propriété de façon permanente fait partie de la vente. Les placards de cuisine, les électroménagers intégrés ou les moulures – tout ce qu'on appelle, en termes juridiques, des *agencements* – sont des choses que vous laissez aux nouveaux propriétaires. Tout ce qui est portable, par contre (les *biens meubles*), vous pouvez le garder si vous voulez. Selon cette logique, les stores vous appartiennent, mais pas les rails qui les tiennent au plafond. La lampe de chevet de grand-mère Alma vous accompagne dans votre nouvelle maison, mais le magnifique lustre dans l'entrée est pour les nouveaux propriétaires.

Tous les biens meubles que vous voulez laisser sur place (les stores, le réfrigérateur, les accessoires pour nettoyer la piscine qui ne vous serviront à rien dans votre nouveau condo) doivent être listés dans le contrat. Un détail à garder en tête cependant : il vaut mieux retirer de la maison tout ce que vous *ne voulez pas* laisser derrière vous avant de la faire visiter. Si ce n'est pas possible, expliquez bien aux visiteurs quels objets ne sont pas inclus dans la vente. Inutile que des acheteurs potentiels tombent en amour avec une lampe dont vous n'avez jamais eu l'intention de vous départir, et fassent une offre conditionnelle à son inclusion. Inscrivez toutes les exclusions et toutes les inclusions dans votre contrat. Si vous incluez un aspirateur central, n'oubliez pas d'ajouter tous les accessoires qui vont avec.

Même si vous avez l'intention d'inclure des biens meubles dans la vente de votre maison, faites-le à la dernière minute. S'ils sont inscrits dans le contrat dès le départ, vous n'aurez pas la possibilité de les ajouter petit à petit par la suite, comme autant de faveurs que vous faites au vendeur en contrepartie d'un rabais plus minime. Si vous attendez *après* que le vendeur vous ait fait sa première offre (qui est presque toujours plus basse que le prix initial), l'ajout de votre laveuse et de votre sécheuse pourra peut-être l'inciter à monter son prix.

N'incluez pas d'articles en location dans la vente. De nombreuses compagnies louent leurs systèmes de sécurité ou de filtration d'eau, et si vous les laissez derrière vous, c'est l'acheteur qui recevra les factures. Et celui-ci ne sera pas ravi de devoir payer pour un système de sécurité qu'il pensait avoir acheté avec la maison. Spécifiez par écrit que l'acheteur est prêt à reprendre la location, le cas échéant.

Les acheteurs peuvent aussi mettre comme condition dans leur offre que certains articles soient *enlevés*. Il faut vous y faire : certaines personnes ne se réjouissent pas à la perspective d'être accueillis par votre lino brun et or et vos faux lambris le jour de leur déménagement. Certains acheteurs font aussi des demandes importantes. Par exemple, vous recevrez une offre inférieure de 5 000 $ à votre prix initial, à la condition que vous fassiez enlever toute votre moquette à poils longs. Une partie de la négociation sera de deviner quelles sont les priorités de l'acheteur. Est-ce simplement une excuse pour faire baisser le prix ? Vous pourrez lui concéder que vous enlèverez la moquette, mais à condition qu'il fasse une offre plus élevée. Ou vous pouvez accepter son prix à condition de laisser la moquette. Votre agent ou votre notaire ne vous recommanderont pas de faire des modifications importantes avant la date de clôture – juste au cas où la transaction ne se ferait pas, pour une raison ou une autre. Mais bon, si votre acheteur insiste pour que vous le débarrassiez de tous vos luminaires ultra-kitsch tout en acceptant votre contre-offre, vous pouvez bien lui accorder de les enlever.

On a parfois des surprises

Gérard et Marjolaine devaient partir dans le sud des États-Unis, où Marjolaine avait trouvé un nouvel emploi, et ils étaient pressés de vendre leur propriété. Ils n'avaient pas vraiment eu la chance de régler certains gros inconvénients, comme les carcasses de voiture qui leur servaient de jardinière sur le terrain en avant de la maison. Ils ont donc enlevé les mauvaises herbes, arrosé et attendu en croisant les doigts. La plupart des acheteurs potentiels faisaient demi-tour sans même descendre de leur auto, et Gérard et Marjolaine étaient sur le point d'abandonner. Mais – surprise ! – le couple suivant, loin d'être découragé par le cimetière de voitures, a demandé à ce qu'il soit inclus dans la vente ! Comme quoi on ne peut jamais prévoir ce que les gens vont bien vouloir garder.

Choisir la date de clôture

Après avoir passé quelques heures à discuter du prix, des inclusions et des exclusions, fixer les dates peut sembler n'être qu'une simple formalité. Respirez un grand coup et concentrez-vous à nouveau. Au moment de déménager, elles auront toute leur importance. Si vous pouvez négocier des échéances raisonnables dès maintenant, votre déménagement sera bien plus facile (à un moment où votre stress atteindra des niveaux jamais égalés).

Là encore, si vous arrivez à négocier une date qui vous convient, vous pouvez baisser un peu le prix en contrepartie de la flexibilité de l'acheteur.

La *date de clôture* (appelée aussi *date de conclusion*) est celle où l'argent change de mains et où les titres de propriété sont transférés à l'acheteur. La *date de possession* est celle où vous donnez les clés à l'autre partie. La *date d'ajustement* est celle où les taxes foncières, les frais de condo, les factures d'utilité publique et tout autre type de frais passent au nom de l'acheteur. Ces deux dernières dates devraient coïncider : quand on a les clés, on paye les factures.

Dans l'idéal, donnez-vous un ou deux jours pendant lesquels vous aurez à la fois les clés de votre nouvelle maison et celles de l'ancienne. Voici le scénario parfait, en prenant un lundi comme point de départ :

- **Lundi :** Date de clôture pour la maison que vous vendez.
- **Mardi :** Date de clôture pour la maison que vous achetez.
- **Mercredi :** Date de possession et d'ajustement pour la maison que vous achetez. Vous obtenez les clés vers midi (l'heure habituelle à laquelle se fait le transfert), sauf si vous avez négocié une heure moins tardive.
- **Jeudi :** Date de possession et d'ajustement pour les acheteurs de votre maison. Vous leur remettez les clés à midi.

Ce scénario vous donne la possibilité de déménager tranquillement, et même de revenir nettoyer votre maison le jeudi matin, avant de donner les clés à l'acheteur. Le problème dans tout ça, c'est que celui-ci fait son paiement le lundi mais n'obtient pas les clés avant le jeudi midi. C'est un procédé relativement courant, et après que vous vous soyez mis d'accord sur tous les termes de l'entente, l'acheteur ne devrait pas trop protester.

Une course contre la montre : la durée de validité

Lorsque vous vous rendrez compte de la quantité de changements qui peuvent être apportés à un contrat, vous trouverez peut-être que vous avez besoin d'un peu plus de temps pour parvenir à une entente. Si vous et l'acheteur êtes d'accord, l'offre restera valide jusqu'à la conclusion d'une entente. Et si elle expire avant ce moment-là, elle devra être reformulée avec une nouvelle durée de validité.

Signer sur les pointillés

L'acheteur et le vendeur doivent tous les deux signer le contrat, et parfois faire certifier leurs signatures sur toutes les pages, ou simplement parapher chacune d'elles. Votre notaire vous indiquera la façon de procéder.

Les offres multiples

Si vous avez la chance de vendre votre maison dans un marché de vendeur en ébullition, vous recevrez peut-être plusieurs offres pour votre maison. Cette abondance doit être traitée avec toutes les précautions nécessaires pour vous assurer d'obtenir l'offre que vous voulez – et de ne pas vendre votre maison à deux personnes différentes.

Gardez ces conseils à l'esprit afin que tout se passe sans trop d'accrocs :

- **Mettez tout le monde au parfum :** S'il y a plus d'un acheteur intéressé par votre maison, vous avez intérêt à ce que tout le monde sache quand les offres commencent à affluer. Dans le meilleur des cas pour le vendeur, les acheteurs commenceront à faire des surenchères et finiront par payer le prix initialement demandé, voire plus.
- **Soyez de bonne foi :** Nombreux sont les acheteurs qui ne veulent pas entrer en compétition avec d'autres. N'oubliez pas que ce qui est bon pour le vendeur ne l'est pas forcément pour l'acheteur. Si, attiré par l'appât du gain, vous retardez une offre en espérant en obtenir une autre plus compétitive, cela peut se retourner contre vous et les deux acheteurs peuvent tout simplement annuler leur offre.

Imaginez Karl et Annick qui mettent leur magnifique cottage en vente. On est sur un marché en pleine ébullition, ce qui signifie qu'il y a bien plus d'acheteurs que de vendeurs. Karl et Annick obtiendront sans doute à peu près les 499 000 $ qu'ils demandent.

Les acheteurs A, B et C visitent la maison le jour de sa mise en vente. Ils en viennent tous à la même conclusion : la propriété est magnifique, le prix est honnête, ils la veulent.

Karl, Annick et leur agent examinent les possibilités ensemble. L'acheteur A est le premier à avoir fait son offre, suivi par les acheteurs B et C. Avant d'y apporter des modifications, Karl et Annick discutent avec leur agent pour déterminer laquelle a le plus de potentiel. L'acheteur C offre 475 000 $; c'est tout ce qu'il peut se permettre. L'acheteur A et l'acheteur B offrent le prix demandé, avec des termes et conditions similaires.

Karl et Annick décident de ne considérer que les offres A et B. Celle de l'acheteur A est uniquement conditionnelle à l'inspection. Les dates sont parfaites et le dépôt de 50 000 $ fait envie. L'acheteur B offre le même prix, mais à condition d'obtenir un financement (sachant que B fait un gros effort pour y mettre le prix) et d'avoir une inspection positive, avec un dépôt de 25 000 $.

Karl et Annick ont deux possibilités : ils peuvent accepter une des offres telle quelle, ou avec quelques changements mineurs, en espérant que les conditions seront remplies et que le contrat se fera. Ou alors ils peuvent rejeter les deux offres et demander à A et B d'en faire une meilleure (en croisant les doigts). Au bout du compte, Karl et Annick décident d'accepter l'offre de l'acheteur A.

N'OUBLIEZ PAS !

Dans le meilleur des deux mondes, le vendeur veut vendre au prix demandé et l'acheteur veut acheter au prix qu'il a offert. La négociation, c'est le pont entre ces deux chiffres.

Septième partie

La partie des Dix

« Voyons, Rex ! L'annonce disait peut-être : "Idéal pour animal familier", mais je crois que ça faisait référence à la cour. »

Dans cette partie

Il y a toutes sortes de traditions folkloriques qui vont avec l'installation dans une nouvelle maison. Vous trouverez ici des listes distrayantes, ainsi que des conseils pratiques sur l'entretien de votre nouvelle propriété. Nous avons aussi compilé une série de considérations régionales, selon l'endroit où vous vous installez.

Chapitre 23

Dix considérations régionales

Dans ce chapitre :

- Se tenir au courant des développements dans une grande ville
- Penser à certaines considérations spécifiques aux propriétés rurales

Pour une province moins peuplée que la Caroline du Nord, le Québec prend beaucoup de place. Pensez aux différences entre nos régions, des vignobles de l'Estrie aux conditions glaciales de Val-d'Or ; cette diversité géographique a forcément une incidence sur l'habitat et la façon dont on est propriétaire. Gardez ces quelques considérations en tête si vous vous apprêtez à vous relocaliser.

En ville, prenez (en compte) les transports en commun

Ce n'est pas parce qu'une ville a un système de transports en commun que les gens se rendent facilement du point A au point B. Si vous cherchez à acheter une propriété en milieu urbain, allez sur Internet pour vous renseigner sur son réseau de transports. Les horaires d'autobus ou de train peuvent affecter sensiblement l'endroit où vous allez vivre. Si la maison de ville qui vous intéresse est loin des lignes d'autobus ou d'une station de métro, vous devrez vous déplacer en voiture. Est-ce vraiment ce que vous voulez ? Si vous déménagez en banlieue et que vous devez être sur votre lieu de travail à 6 heures du matin, que se passera-t-il si l'autobus devant chez vous ne passe pas avant 5h30 ?

Méfiez-vous des sites industriels

Vous avez sans doute entendu toutes sortes d'histoires d'horreur de gens atteints de maladies liées directement aux émissions nocives de l'usine voisine, ou aux polluants déversés dans une décharge de l'autre côté de la colline. Si votre nouvelle maison est proche d'une ligne à haute tension, d'une usine ou d'un site d'enfouissement, ou encore si elle est située dans une ancienne zone industrielle, commencez par faire des recherches dans les archives du journal local. Y a-t-il eu des scandales ou des controverses ? Des séries de lettres à l'éditeur au sujet de la zone industrielle ? Puis, envisagez sérieusement de faire tester le sol et l'eau de votre nouvelle maison, surtout si vous avez l'intention d'utiliser l'eau du puits. C'est là que les polluants sont le plus susceptibles de se retrouver.

Si vous êtes sensible aux bruits (ou aux odeurs), restez loin des routes principales

Si vous devez prendre votre voiture pour aller travailler, il peut être extrêmement tentant d'acheter un condo dans la nouvelle résidence qui vient de se construire près de l'autoroute. Mais avant de vous lancer, emmenez toute votre famille pour tester le niveau sonore. Mettez-vous devant l'édifice, fermez les yeux et écoutez. Pourrez-vous supporter le bruit au quotidien ? Répétez l'exercice dans toutes les pièces de la maison, les fenêtres ouvertes et fermées. La même règle s'applique pour toute propriété située sur une rue passante. La circulation incessante peut facilement troubler votre sommeil et votre repos. Si, pour vous, l'après-midi d'été idéale consiste à lire un livre dans votre cour au soleil, ou à inviter des amis pour un barbecue, le plaisir risque d'être considérablement diminué si vous devez porter des bouchons pour les oreilles. Essayez aussi de vérifier le niveau sonore à différentes heures et, si possible, le soir aussi, au moment où vous essaierez de vous endormir. Ensuite, testez les odeurs dans votre nouveau quartier. Les véhicules sur les autoroutes et les routes passantes émettent des gaz d'échappement nauséabonds qui peuvent affecter la qualité de l'air dans votre secteur. N'oubliez pas que vous pouvez trouver une occasion en or dans un quartier bruyant, mais le jour où vous voudrez vendre, cela risque d'être un problème qui fera fuir les acheteurs potentiels.

Évitez les couloirs d'urgence

Si vous déménagez en ville, vous penserez peut-être que la proximité d'un hôpital est un bonus. Au bout d'une semaine, cependant, vous trouverez que vous avez entendu plus que votre part de sirènes d'ambulances. Pareil si vous habitez proche d'une caserne de pompiers. Croyez-nous : vous vous féliciterez d'avoir vérifié sur Internet ou d'avoir fait quelques appels pour savoir si ce nouveau condo est situé sur une route régulièrement empruntée par des ambulances ou des camions de pompiers.

Les routes très bruyantes ne sont pas uniquement à proximité d'une caserne ou d'un hôpital. Si vous êtes sur la seule voie d'accès au pont qui sépare la ville en deux, vous pouvez vous attendre à entendre des sirènes régulièrement.

Soyez certain que votre rue est à niveau

Mélodie a trouvé une maison magnifique dans un quartier agréable d'une grande ville. Mais elle a remarqué quelque chose de très étrange : toutes les maisons de l'autre côté de la rue semblaient beaucoup plus basses que celles du côté de la sienne. On aurait dit qu'elles étaient partiellement enfoncées dans le sol !

Mélodie a appelé le Service de la construction de la Ville, où son observation a été confirmée. Les maisons d'un côté de la rue avaient été construites sur une carrière de gravier mal remplie, et avaient commencé à s'enfoncer il y a de cela 30 ans. Le Service de la construction connaissait les limites exactes de la carrière ; la maison de Mélodie n'était pas dessus.

Même si votre rue semble ne présenter aucun problème particulier, c'est toujours une bonne idée d'appeler le Service de la construction. On pourra vous dire ce qu'il y avait sur votre terrain avant la maison, vous donner sa date de construction, et le nom de l'entrepreneur. Même si votre propriété est à niveau, il est toujours utile d'avoir ce type d'information.

Assurez-vous que vous dépendez d'une bonne école

Si vous avez des enfants ou que vous prévoyez en avoir dans un avenir proche, renseignez-vous sur les limites de la commission scolaire dont vous dépendez. Il s'agit de la zone géographique qui détermine l'école à laquelle ira votre enfant. Si l'école qui vous intéresse ne fait pas partie de ces limites, contactez-la directement. Sous certaines conditions, il est possible d'inscrire ses enfants dans une école hors secteur. Par contre, vous ne pourrez sans doute pas profiter du service d'autobus scolaire (s'il y en a un), ce qui signifie que c'est vous qui devrez les accompagner à l'école et les ramener tous les jours.

Évitez les régions pluvieuses si vous adorez le soleil

Quiconque a vécu en Gaspésie peut vous parler des longues journées de pluie et de brouillard ; vous avez sûrement déjà entendu des gens se plaindre des étés chauds et humides de Montréal, mais la luminosité en hiver vous réconciliera peut-être avec cette ville. Il y a toujours des avantages et des inconvénients à vivre quelque part. Renseignez-vous en ligne sur les conditions météorologiques de l'endroit où vous comptez vous installer. Mais comme on est au Québec, ne vous faites pas d'illusions : vous ne pourrez pas éviter les hivers longs et rigoureux.

Attention aux inondations

C'est certain : une maison près d'une rivière, d'un lac ou d'un ruisseau fait toujours son petit effet. Mais si la fonte des neiges est rapide, le cours d'eau peut monter et vos rosiers se transformer en plantes aquatiques. Et en cas de pluies ou d'orages très forts, vous, votre conjoint et Max le hamster risquez d'être évacués. Les autorités locales (et le vendeur) vous diront si la propriété qui vous intéresse est sujette aux inondations. Renseignez-vous pour savoir si elle est dans une zone inondable, car cela risque de vous compliquer la vie avec les compagnies d'assurance. Assurez-vous aussi que les règlements municipaux ne limitent pas les constructions ou les rénovations près d'un cours d'eau qui traverse une propriété. Vous devrez également être très vigilant avec vos enfants : il y a un élément potentiellement dangereux dans leur cour arrière.

Renseignez-vous sur les services en zone rurale

Ce charmant petit chalet au bord d'un lac sur la route 122 dégouline de charme pastoral, mais il est bien possible que votre rêve de retraite se transforme en cauchemar de Robinson. Renseignez-vous auprès de la municipalité dont vous dépendez pour savoir exactement quels services sont disponibles pour votre propriété. À quelle fréquence se fait le ramassage des ordures ménagères ? Y a-t-il un camion de recyclage ? Votre route est-elle déneigée en hiver ? Devrez-vous vous faire livrer du propane, ou payer le prix fort en électricité pour vous chauffer en hiver ? Vous pourrez trouver un certain nombre d'informations en ligne. Même les municipalités rurales ont un site Internet, de nos jours ; vous n'aurez même pas à décrocher votre téléphone.

Réfléchissez bien avant d'acheter sur un fonds de terre loué

De nombreuses maisons sont construites sur des fonds de terre loués par le gouvernement provincial (les terres du domaine de l'État) ou par des communautés autochtones. En général, il s'agit de chalets et de résidences d'été. Il est toujours possible que votre bail ne soit pas renouvelé, et vous risquez de ne recevoir aucune compensation si vous construisez un édifice sur ce type de terrain. (Et même si une compensation est stipulée dans le bail, vous pourriez repartir sans rien en cas de bataille judiciaire.)

Si vous voulez acheter une propriété sur un fonds de terre loué, renseignez-vous correctement avant. Faites examiner le bail par un avocat, en lui demandant de prêter une attention particulière aux augmentations de loyer et à ce qui adviendra du terrain. À cause de toutes ces incertitudes, le prix de ces maisons est généralement moins élevé que pour les propriétés traditionnelles, mais sachez qu'elles seront aussi toujours plus difficiles à financer et à revendre. Même si ce petit chalet de bois rond au bord du lac est vraiment sublime, renseignez-vous bien et ne sortez pas votre argent avant d'avoir mûrement réfléchi.

Chapitre 24

Dix trucs pour les acheteurs de condos

Dans ce chapitre :

- Faire connaissance avec votre syndic de copropriété
- Examiner les documents et les plans
- Éviter de vous faire avoir par les propriétés commerciales

Le mot « condominium » vient de deux mots latins : *con*, qui signifie « avec » et *dominium*, qui veut dire « propriété ». Et cette étymologie explique bien ce dans quoi vous vous engagez. Un condominium vous offre les avantages d'être propriétaire de votre logement, mais conjointement avec d'autres.

Avant de signer votre offre et de partir étaler vos nouvelles connaissances en latin à un cocktail, réfléchissez bien : si vous prenez une décision sans avoir toutes les informations, vous pouvez vous retrouver avec le pire des deux mondes – un logement minuscule dans une résidence mal gérée par des propriétaires que vous ne pouvez pas supporter, par exemple.

C'est pour avoir le meilleur des deux mondes qu'on achète un condo, et nous ne voudrions pas que vous tombiez sur un os. Lisez donc les conseils suivants et faites les recherches nécessaires.

Réclamez les documents et lisez-les comme si votre (nouvelle) vie en dépendait

Lorsque votre offre aura été acceptée, vous devriez très rapidement vous retrouver en possession de divers documents, allant de la déclaration de copropriété aux règlements de l'immeuble, en passant par les états financiers, le procès verbal de la dernière assemblée et la preuve du montant du fonds de réserve. Plongez-vous dans la lecture. (Nous vous prévenons : c'est tellement ennuyeux que vous serez tenté de vous endormir dessus, mais persévérez et lisez jusqu'au bout !) Vous apprendrez peut-être que Tinka et Zélia, vos deux chattes persanes, ne sont pas les bienvenues (ou, pire, que vous ne pouvez avoir qu'un seul animal de compagnie, et qui veut faire ce genre de choix ?), ou que vous n'aurez pas le droit d'utiliser votre barbecue géant adoré.

Les états financiers du condominium sont d'une importance primordiale. Si vous les lisez, en même temps que les comptes-rendus des réunions du syndic, et que vous remarquez que la toiture doit être refaite mais qu'il n'y a rien dans le fonds de réserve pour payer les travaux, vous saurez que vous aurez un gros effort financier à faire dans un avenir proche. Une résidence bien gérée aura un plan financier qui tient compte de l'entretien et des frais de réparations à venir.

L'examen au microscope : pour un condo aussi, il faut une inspection

Un condo peut vous coûter aussi cher qu'une maison. Pour cette raison, faites appel à un inspecteur avant de signer le contrat d'achat-vente. Cette inspection est très similaire à celle de n'importe quelle autre propriété (voir le chapitre 21) : sont observés l'extérieur de l'édifice, le sous-sol, les systèmes de chauffage, d'eau et de ventilation, ainsi que les problèmes potentiels à l'intérieur de l'immeuble (les fuites, par exemple).

Si vous achetez un condo neuf, sortez votre ruban à mesurer

Les condos de cet immeuble merveilleusement proche de votre lieu de travail sont presque déjà tous vendus. Le problème ? La construction n'a même pas commencé. Pour obtenir le condo de vos rêves, vous risquez de devoir investir dans un projet qui n'est pas encore concrétisé. Si vous décidez de vous lancer dans l'aventure, assurez-vous de bien connaître les différences entre l'unité-modèle spacieuse et impeccable et celle que vous achetez sur les plans que les promoteurs vous ont fourrés entre les mains.

Ces plans vous donnent les dimensions exactes du condo, ainsi que sa localisation dans l'immeuble, le nombre de logements à l'étage, et vous indiquent si la magnifique baie vitrée de votre salon est exposée au nord ou au sud. Obtenez aussi les plans des zones de stationnement, du sous-sol, de la buanderie et de la salle de sport, ainsi que de toutes les autres parties de l'édifice dont vous serez copropriétaire.

N'oubliez pas qu'en achetant un condo qui n'est pas encore construit, vous devrez apprendre à être patient. Que se passera-t-il si votre nouveau logement n'est toujours pas prêt au bout de deux ans ? Serez-vous prêt à vous retirer ? Et si les conditions du marché ou votre situation ont changé ? Le condo qui vous semblait idéal au moment de l'achat sera peut-être devenu trop petit pour vous, votre nouveau mari et le chiot danois que vous venez d'adopter.

Examinez les plans bien en détail avant d'acheter. Il n'est pas rare d'entendre les gens vanter l'agencement de leur nouveau condo – jusqu'à ce qu'ils se rendent compte que leur 5 ½ de 900 pieds carrés est plus petit que ce à quoi ils s'attendaient. Essayez de savoir si les chambres du logement seront assez grandes pour vous. La « vaste chambre des maîtres » que vous achetez sur papier, de quoi aura-t-elle l'air à côté de l'humble boudoir de votre propriété actuelle ? Vous serez peut-être étonné de voir qu'elle est bien plus petite.

Faites connaissance avec le conseil d'administration

Prenez le temps de rencontrer le conseil d'administration de la résidence pour vous faire une idée des gens avec qui vous partagerez votre nouvelle propriété. Si le trésorier s'est enfui à Maui avec la caisse l'an dernier, mieux vaut le savoir tout de suite, non ?

Fuyez les résidences pleines de locataires

Si vous achetez une maison, vous préférerez sûrement que votre nouveau quartier soit habité par des gens aussi impliqués que vous dans l'entretien de leur propriété et dans la sécurité des environs. C'est pourquoi ce n'est pas une bonne idée de déménager dans une rue où la plupart des maisons sont habitées par des locataires. C'est pareil avec les condos.

Les nouveaux développements ont des règlements très basiques, et vous risquez de découvrir au moment où vous emménagez que la plupart des autres condos ont été achetés par des investisseurs dans le but de les louer. Vous préférerez peut-être savoir à quoi vous en tenir avant de faire votre achat.

Si vous pensez acheter un condo dans une grosse résidence, demandez au syndicat de copropriété le pourcentage de logements loués. Plus il sera élevé, plus vous devriez vous méfier. Plus il y a de locataires dans un immeuble, moins vous verrez de mains se lever quand il sera temps de voter sur les améliorations à long terme, comme de grosses réparations sur la toiture et la plomberie, ou un nouvel aménagement paysager.

Attention aux frais de condo trop beaux pour être vrais

Si vous vous intéressez à une résidence neuve, ne vous précipitez pas pour y acheter un logement, attiré que vous êtes par les frais de condo ridicules. Il est possible que les promoteurs les maintiennent artificiellement au plus bas pour attirer de nouveaux acheteurs. Lorsqu'ils auront terminé leur travail et que le syndic de copropriété prendra le relais, la triste vérité sortira au grand jour et les frais seront réajustés… à la hausse.

Pour éviter de vous faire avoir en achetant un condo avec des frais inhabituellement bas, comparez les frais d'entretien du promoteur à ceux d'une résidence de la même taille. Assurez-vous de savoir exactement à quoi vous en tenir, et tenez-en compte en faisant votre offre.

La résidence a-t-elle des locaux commerciaux ?

Alice était enchantée d'apprendre que sa résidence serait équipée d'une épicerie, d'un nettoyeur et d'une clinique dentaire au premier étage. Mais sa joie s'est transformée en colère lorsque, à la réunion de copropriétaires six mois plus tard, elle a découvert que ces commerces payaient des frais ridiculement bas et disposaient gratuitement de places de stationnement supplémentaires. Si vous pensez acheter un condo dans un immeuble neuf, demandez combien il y aura de propriétés commerciales, le cas échéant. Puis, demandez à voir les documents établissant les frais d'entretien que ces commerces auront à payer, et s'ils disposent d'avantages particuliers, comme des places de stationnement supplémentaires. Il sera bon aussi de connaître la nature de ces commerces… car vous n'avez peut-être pas très envie d'habiter au-dessus d'un bar de salsa, aussi sympathique soit-il.

Partagez aussi peu de murs que possible, surtout si vous tenez au calme

En règle générale, lorsqu'on achète un condo, plus on partage de murs avec les autres unités, plus on risque d'entendre du bruit. Et c'est pareil avec le plancher et le plafond. Vous serez plus au calme au dernier étage d'une résidence que si vous avez des voisins au-dessus et en dessous de vous. (Quiconque a déjà habité sous une adepte des vidéos de Jane Fonda peut l'attester.) C'est la raison pour laquelle les unités de coin sont souvent plus chères, surtout si elles sont au dernier étage.

Soyez propriétaire de votre espace de rangement et de votre place de stationnement

Quand on vous dit que vous aurez un grand espace de rangement et une place de stationnement, assurez-vous de savoir si vous en serez propriétaire ou si vous en aurez l'usage exclusif. Dans ce dernier cas, ils ne vous appartiendront pas, vous ne pourrez pas les vendre, et vous ne pourrez sans doute pas en transférer l'usage à quelqu'un d'autre. Si vous en êtes propriétaire, vous pourrez gagner un peu d'argent en les louant ou en les vendant, dans l'éventualité où vous décideriez de vous débarrasser de votre voiture ou de faire une grosse vente de garage.

Méfiez-vous des signes d'usure

Les condominiums construits dans de vieilles bâtisses peuvent avoir énormément de charme, surtout si vous détestez les constructions modernes. Mais assurez-vous de ne pas emménager au Moyen Âge. Soyez attentif aux signes d'usure, particulièrement dans les murs ou sur la toiture. Vérifiez si les systèmes de chauffage, de climatisation, de ventilation et de sécurité sont aux normes. Si ce n'est pas le cas, vous courez vers les ennuis (et les réparations dispendieuses).

Chapitre 25

Dix trucs pour les vendeurs de condos

Dans ce chapitre :

- Donner un bon coup de balai
- Choisir où faire sa publicité
- Faire circuler l'information
- Rassembler les documents nécessaires

Pour vendre un condo, tout comme n'importe quelle autre propriété, vous devez passer par un certain nombre de procédures, mais certaines sont propres à ce type de logement. Bien évidemment, vous voulez en obtenir le meilleur prix et attirer le maximum de visiteurs ; il est donc important que votre demeure soit aussi pimpante et attirante que possible. Voici nos dix trucs pour y parvenir.

Attendez le moment où votre résidence brille le plus

Vous ne pouvez pas faire grand-chose pour l'édifice, mais si vous savez que la façade sera ravalée le mois prochain, attendez un peu avant de mettre votre condo sur le marché. Et s'il y a des travaux bruyants ou salissants de prévus (le remplacement des tapis dans les parties communes ou la réfection des tuiles dans l'entrée), essayez là encore d'attendre que ces rénovations soient terminées. Plus une résidence a l'air attrayante, meilleur sera le prix que vous pourrez tirer de votre appartement.

Préparez votre logement pour la vente

Si une maison paraît plus petite quand elle est pleine d'objets et de bibelots, imaginez ce que ça peut être pour un petit condo. C'est toujours une bonne idée de faire un gros rangement avant de mettre son logement en vente (voir nos conseils au chapitre 20). Il n'est pas toujours facile d'organiser une vente de garage dans un condo (et votre garage est sans doute souterrain), alors jetez tout ce que vous pouvez. Souvent, ces logements ont des placards très petits. Profitez de l'occasion pour remiser tout ce dont vous n'avez pas l'utilité à ce moment-là (les bottes et les manteaux d'hiver en été, etc.). Mettez les boîtes dans votre espace de rangement au sous-sol (si vous en avez un), ou – mieux encore, car là aussi vous voulez garder un semblant d'ordre – louez un mini-entrepôt et mettez-y les meubles et les boîtes remplies de vos effets personnels que vous n'utilisez pas. Si vous avez de la famille et des amis qui ont une grande maison, le moment est venu de leur demander s'ils peuvent entreposer quelques boîtes dans leur sous-sol.

Mettez vos voisins au parfum

Si vous habitez dans une résidence très convoitée, où il y a rarement des logements à vendre, prévenez vos voisins que vous avez l'intention de mettre votre condo sur le marché. Vous pourrez peut-être conclure la vente sans passer par un agent, en faisant affaire avec un ami d'un voisin qui avait toujours voulu habiter là. (Nous discutons des ventes privées au chapitre 17.) Si vous faites équipe avec un agent immobilier et que votre résidence n'autorise pas les pancartes « À vendre », faites en sorte d'afficher une annonce avec toutes les informations pertinentes sur le babillard de l'immeuble, pour que tout le monde sache que votre logement est à vendre. Il n'est pas rare que, dans certaines résidences, les ventes se fassent grâce au bouche à oreille.

Que vous fassiez affaire avec un agent ou non, pensez à envoyer à la ronde une carte présentant tous les atouts de votre condo, en incluant sa superficie, le nombre de chambres et, bien sûr, le prix demandé. Les gens du voisinage sauront ainsi que votre logement est à vendre, et ils préviendront leurs amis !

Sachez où faire votre publicité

Ce n'est pas juste un condo que vous vendez (on vous avait bien dit que rien n'était simple) ; c'est tout un style de vie. Si vous n'avez pas d'agent pour vous aider, vous devez déterminer quel type de gens seraient heureux de vivre dans votre immeuble. Puis, il faut décider de la meilleure façon de les toucher.

Votre résidence est un paradis de seniors qui jouent au mini-golf et organisent des cocktails plusieurs fois par semaine ? Vous trouverez peut-être une association de retraités qui publie un journal où vous pourriez passer une annonce. Y a-t-il beaucoup de familles avec des enfants ? Ou des parents célibataires ? Le site Internet du centre communautaire de votre quartier a peut-être une section de petites annonces. Et si vous voulez un acheteur nanti qui aime la tranquillité, inutile d'aller coller des affichettes sur les poteaux téléphoniques près de l'université. Il faut cibler votre marché.

Préparez les documents

L'acheteur de votre unité devra avoir accès au maximum de documents possible. Ayez donc à portée de main les comptes-rendus des assemblées de copropriétaires des deux dernières années, et des copies récentes des règlements de copropriété. Si vous travaillez avec un agent, fournissez-lui ces documents. (Nous vous donnons des informations à ce sujet au chapitre 21.) Si vous ne les avez pas déjà, demandez au syndic de copropriété de vous les fournir. Il est essentiel que la documentation soit complète et à jour pour vous éviter des problèmes plus tard.

Faites des petites réparations

Dans un petit logement, même un problème mineur peut rendre fou. Le bruit d'un robinet qui fuit résonne dans tout le logement ; une ampoule qui grille et vous voilà au fond d'une grotte ; un réfrigérateur bruyant donne l'impression qu'un camion est stationné au coin de la rue, son moteur en marche. C'est le moment de régler les petits problèmes que vous aviez jusque-là ignorés.

N'oubliez pas les espaces de rangement

Votre première réaction sera peut-être de tout ranger dans votre placard, ou mieux, de tout mettre dans votre espace de rangement, si vous en avez un. Mais ce sont des aspects du condo qu'un acheteur potentiel a absolument besoin de voir ; aussi vaut-il mieux qu'ils ne soient pas pleins à craquer de vos affaires. Vous allez déménager de toute façon, alors débarrassez-vous de tous les vêtements que vous ne mettez plus, ainsi que des boîtes de jouets pour chat qui n'intéressent plus Bidule. Rangez soigneusement ce qui reste, et tant que vous y êtes, donnez un bon coup de balai.

Faites connaissance avec votre résidence

Lors de la vente de votre condo, on vous demandera de remplir un avis de divulgation. Vous devrez répondre – dans la mesure du possible – à des questions, tant sur le logement que sur l'édifice dans lequel il est situé. Si vous n'êtes pas sûr de certaines réponses, vous pourrez toujours inscrire la mention « Je ne sais pas », mais plus vous aurez d'informations sur la résidence, mieux vous pourrez remplir ce document important. L'acheteur consultera les comptes-rendus des réunions de copropriétaires, mais vous avez également intérêt à en prendre connaissance avant de remplir l'avis de divulgation, pour être certain qu'il ne vous manque pas des informations cruciales.

Donnez un préavis à vos locataires

Si vous vendez un condo dans lequel il y a des locataires, vous devez vous assurer de respecter leurs droits et de les avertir de la vente. Assurez-les que leur bail sera reconnu et honoré par le nouveau propriétaire. Vous pouvez contacter la Régie du logement du Québec (sur son site Internet au `www.rdl.gouv.qc.ca`) pour connaître vos droits et vos obligations.

Si votre locataire est peu soigneux et ne prend pas soin du logement, vous pouvez lui demander de le nettoyer autant que possible. Il a peut-être simplement besoin d'un petit coup de pouce, auquel cas vous pouvez lui offrir une baisse de loyer en échange d'un grand nettoyage et de sa coopération pour les visites. Vous ne pouvez pas aller vous-même dans son appartement et ranger ses affaires, mais il est toujours possible de lui demander de s'en occuper et de coopérer de diverses façons.

Évidemment, si votre locataire vit dans une porcherie, le problème n'est pas le même. Les propriétés occupées par un locataire se vendent souvent moins bien que celles où le propriétaire habite. Le locataire n'a pas d'intérêt financier pour son logement et peut avoir peur de se retrouver à la porte le jour de la vente du condo. Par conséquent, il n'a pas vraiment intérêt à ce que son appartement paraisse sous son meilleur jour.

Éclairez votre condo

À moins de vous appeler Dracula, vous êtes sûrement attiré par les annonces commençant par les mots « Propriété ensoleillée ». Les agents immobiliers mettent toujours en lumière (le jeu de mots est voulu) la luminosité de l'appartement. Même si votre condo n'est pas exposé au sud, vous pouvez facilement mettre l'accent sur la quantité de lumière qu'il reçoit. Il suffit de placer des éclairages à des endroits stratégiques (les coins diffusent bien la lumière) pour créer une ambiance chaleureuse. Et plus un endroit est clair, plus il paraît grand. Ouvrez vos rideaux et vos stores (sauf à l'heure où votre voisin d'en face s'entraîne aux claquettes), et utilisez des miroirs pour refléter la lumière et l'espace.

Chapitre 26

Dix façons de protéger et d'entretenir votre investissement

Dans ce chapitre :

- Inspecter le terrain autour de votre maison
- L'entretien des systèmes de chauffage et de climatisation
- Sécuriser votre maison

Quand il s'agit d'entretenir sa maison, beaucoup de gens sont adeptes de l'adage : « Tant que ça marche, on ne touche rien. » Mais il vous coûtera bien plus cher de réparer les dommages d'une inondation que de vérifier les bardeaux du toit tous les six mois. Tout comme on change l'huile d'une voiture tous les 5000 kilomètres, il faut remplacer le filtre à air d'une chaudière au moins deux fois par an. (Vous pouvez bien bichonner votre voiture, mais au bout du compte, votre maison est un investissement nettement plus gros, alors prenez-en soin!) Dites-vous qu'à cause d'une fuite dans le sous-sol, vous risquez de perdre 50000 $ sur la vente de votre maison. Mais si vous examinez régulièrement les fondations, vous pourrez éviter les dommages. Régulièrement, prenez le temps de faire le tour de l'intérieur et de l'extérieur de votre propriété, et effectuez les réparations nécessaires. Nous vous garantissons que vous profiterez bien mieux de votre demeure et que vous serez très heureux de sa valeur de revente.

Inspectez l'extérieur

Faites une inspection extérieure deux fois par an. Examinez les fondations de votre maison et voyez s'il y a des fissures, des boursouflures ou des signes de détérioration. Si vous avez un revêtement en briques, vérifiez leur état ainsi que celui du mortier. Regardez si les parements d'aluminium sont endommagés, bosselés ou cassés. Si vous avez des murs de soutènement, assurez-vous qu'ils sont bien entretenus, sans fissures ni signes d'érosion.

Nettoyez et examinez vos gouttières au moins une fois par an, à l'automne. Enlevez la végétation qui risquerait de boucher les conduits. Observez-les par temps de pluie. Comment font-elles leur travail ? Débordent-elles ? Sont-elles trouées ? Où s'écoule l'eau ? Elle devrait s'éloigner de votre maison, et non couler dans votre sous-sol.

TRUC

Ne vous forcez pas à monter sur le toit de votre maison ; un examen rapide avec une paire de jumelles peut faire l'affaire. Voyez s'il manque des bardeaux ou s'ils sont endommagés, surtout si vous avez de l'eau qui coule chez vous. Observez les solins (les pièces de métal ou de plastique qui renforcent les angles et les bords de la toiture), et regardez s'il y a des signes d'usure. Appelez un couvreur professionnel et demandez-lui de faire une inspection en cas de problème. Examinez le mortier des cheminées et les solins qui les entourent. Et vérifiez si des oiseaux n'y ont pas fait leur nid.

Observez les alentours : l'aménagement paysager, la cour et la terrasse

Inspectez le terrain qui entoure votre maison au début et à la fin de l'hiver. Les arbres sont-ils en bonne santé ? Si, contrairement aux autres, une branche n'a pas de feuilles, c'est sans doute qu'elle est morte et qu'il faut l'enlever avant qu'elle ne tombe sur le toit ou qu'elle ne blesse un passant innocent. Examinez les racines exposées près de la maison. Il peut arriver qu'elles percent les canalisations d'égouts ou qu'elles endommagent les escaliers ou les allées. Taillez les buissons autour des portes et des fenêtres pour que personne ne puisse s'y cacher. Assurez-vous que les branches ne touchent pas votre maison : c'est un chemin idéal pour les écureuils qui se faufilent alors dans votre grenier.

Si vous avez un système d'arrosage automatique, inspectez-le une fois par an, au printemps. Débarrassez-vous des débris végétaux qui attirent les insectes. Pas question de devenir un hôtel à termites ! Examinez votre piscine et votre spa, et regardez s'il y a des fuites. L'eau doit être transparente et donner envie d'y nager, pas ressembler à un bouillon de culture.

Enfin, n'oubliez pas de jeter un coup d'œil à votre garage (les fondations, le toit, les murs). En été, si vous avez une allée en asphalte, réparez les nids de poule.

Entretenez le système de chauffage et de climatisation

L'entretien est essentiel. Si le système fonctionne à son plein potentiel, vous ferez des économies substantielles et votre portefeuille vous remerciera – sans parler de la question de la salubrité. Faites faire l'inspection et l'entretien une fois par an. Le meilleur moment est au début de l'automne, juste avant d'allumer le chauffage. Si vous avez un système à air pulsé, nettoyez ou changez les filtres de la chaudière au moins deux fois par an. Faites aussi nettoyer les conduits pour que l'air puisse circuler sans déplacer des monceaux de poussière. Si vous avez un chauffage au sol, faites-le examiner régulièrement pour vous assurer qu'il n'y a pas de problèmes dans le câblage. Inscrivez votre cheminée sur votre liste de choses à nettoyer. Si vous ne le faites pas, c'est un risque sérieux d'incendie.

L'air climatisé central doit aussi être entretenu une fois par an. N'oubliez pas de le couvrir avant l'hiver, quand vous ne l'utilisez pas. Si vous avez un appareil de climatisation à la fenêtre pour vous rafraîchir en été, assurez-vous de l'entreposer en lieu sûr pendant l'hiver (pas sur le sol de votre garage, où il pourrait être endommagé par le sel de déglaçage), ou recouvrez-le de plastique scellé avec du ruban à conduits. Lorsqu'un climatiseur est installé, assurez-vous de boucher les trous entre la fenêtre et l'appareil : ils réduisent son efficacité et sa stabilité.

Restez au chaud : l'isolation

Si vous avez déjà eu des tuyaux qui gèlent en hiver, vous savez l'importance d'une bonne isolation. Si vous sentez des petits courants d'air dans la maison, vous devriez pouvoir y remédier avec de la mousse isolante. Demandez à votre quincaillier de vous conseiller des produits d'isolation pratiques. Observez les courants d'air, particulièrement autour des prises électriques et des interrupteurs, sous les calorifères, autour des fenêtres et des portes qui donnent sur l'extérieur ou sur les pièces non isolées de votre maison.

TRUC

En parlant de pièces non isolées, vous devriez sans doute y remédier. Le sous-sol et le grenier sont deux bons points de départ. Une bonne isolation vous permet de chauffer (ou de refroidir) votre maison à moindre coût. Il est maintenant possible de remplir les endroits difficiles à atteindre d'une mousse isolante qui crée la barrière supplémentaire dont vous avez besoin.

Respirez profondément : la ventilation

Pour vivre dans un environnement sain, il faut prêter une attention toute particulière à la qualité de l'air, surtout si vous ou un membre de votre famille souffrez d'allergies ou d'asthme. Assurez-vous que l'air circule bien entre l'extérieur et l'intérieur de votre maison. Ne scellez pas toutes les portes et les fenêtres, ou vous risquez d'avoir des problèmes de condensation. Certaines maisons modernes sont tellement bien isolées qu'il leur faut un échangeur d'air. Dans les maisons plus anciennes, un ventilateur au plafond aide à faire circuler l'air. Et n'oubliez pas d'ouvrir les fenêtres régulièrement !

N'OUBLIEZ PAS !

Comme pour le chauffage et la climatisation, faites faire l'entretien de votre système de ventilation une fois par an. Ne négligez pas non plus les hottes aspirantes, les ventilateurs de salle de bain et le conduit de la sécheuse. À l'extérieur, regardez autour des sorties de ventilation s'il y a des fissures, des fuites ou des signes d'usure. À l'intérieur, nettoyez ou changez les filtres de ventilation, et allumez les ventilateurs pour vous assurer qu'ils fonctionnent correctement.

Dormez sur vos deux oreilles

Voici dix choses à faire régulièrement pour vous assurer de la sécurité dans votre maison :

- Changez les batteries des détecteurs de fumée au moins deux fois par an.
- Testez tous vos détecteurs de fumée, vos alarmes à incendie et vos détecteurs de monoxyde de carbone une fois par mois.
- Ne laissez pas de produits inflammables près de la chaudière, du chauffe-eau ou des chaufferettes électriques.
- Faites attention à l'état des escaliers et des rampes. Faites des réparations si nécessaire.
- Prévoyez des issues de secours pour votre maison, et assurez-vous que vos enfants savent comment sortir si le corridor est impraticable.
- Testez les systèmes de verrouillage sur toutes les portes et les fenêtres, et changez-les si vous vous faites cambrioler ou si vous perdez une clé.
- Assurez-vous que les rallonges électriques ne sont pas dans le chemin, et qu'elles sont à l'abri des dents de vos animaux familiers.

- Inspectez tous les câblages visibles (les rallonges électriques, les fils du téléphone, du câble et des appareils électroménagers). Remplacez-les s'ils sont coupés ou endommagés.
- Testez vos fusibles tous les six mois.
- Tenez à jour la liste de numéros d'urgence affichée sur votre réfrigérateur, surtout si vous avez une aide à domicile.

Ne perdez pas de vue vos fenêtres et vos portes

Inspectez toutes les moustiquaires. Si elles sont trouées ou rouillées, réparez-les ou changez-les. Nettoyez-les soigneusement, ainsi que les fenêtres. Remplacez les vitres brisées ou fêlées. Ouvrez et fermez toutes les portes et les fenêtres. Y en a-t-il qui coincent ? Huilez les gonds s'ils grincent. Testez le verrouillage des huisseries. Examinez l'appui des fenêtres pour voir s'il y a des signes de dégâts d'eau. Si le cadre en bois est humide ou gonflé, il y a peut-être des infiltrations de pluie. Observez les signes de détérioration des boiseries, du mastic, des joints et des bourrelets d'étanchéité. Si vous remarquez des problèmes, remédiez-y immédiatement. Plus vous attendrez, plus les réparations seront chères. Testez l'éclairage extérieur pour vous assurer que vos entrées sont bien visibles la nuit.

Une somptueuse cuisine sécuritaire

La cuisine est un endroit où il y a souvent des problèmes de fuites ou d'inondations. Inspectez le pourtour de l'évier et les alentours du lave-vaisselle (si vous avez la chance d'avoir un non-humain destiné à cette tâche). Regardez s'il faut refaire les joints autour de l'évier et des robinets.

Toutes les prises électriques autour de l'évier devraient être des DDFT (disjoncteurs différentiels de fuite à la terre), ce qui vous évitera de vous faire électrocuter si jamais de l'eau entre à l'intérieur. Testez-les tous les six mois. (C'est facile, il suffit de peser sur le petit bouton !)

Nettoyez le réfrigérateur et le congélateur. Dépoussiérez les serpentins à l'arrière (vous savez de quoi on parle !). Assurez-vous que le joint d'étanchéité est en bon état. Lavez aussi votre poêle et votre four, surtout si vous les utilisez fréquemment. Vous remarquerez que les éléments produisent moins d'odeurs et de fumée et ont moins de chance de provoquer un incendie de graisse s'ils sont propres.

Vérifiez que les plaques électriques ou les brûleurs à gaz de votre poêle fonctionnent correctement pour éviter les incendies. Assurez-vous que votre extincteur est en état de marche et qu'il est à portée de main en cas d'urgence. Vous devriez avoir une hotte aspirante au-dessus du poêle pour vous débarrasser de la fumée et des odeurs pendant que vous cuisinez. Changez ou remplacez les filtres tous les deux mois.

Détendez-vous dans une salle de bain sans fuites

Vous devriez inspecter vos salles de bain tous les six mois. Comme dans la cuisine, testez les prises DDFT (voir le paragraphe précédent). Soyez à l'affût des signes de fuites autour des robinets, de la toilette et des tuyaux. Faites attention aux inondations, et méfiez-vous des taches brunes et des moisissures aux murs et au plafond, ainsi que des boiseries gonflées par l'humidité. Refaites les joints si nécessaire, surtout dans les coins de la douche et à la jointure de la baignoire et du mur. Assurez-vous que la chasse d'eau fonctionne et que l'eau s'écoule correctement. Pour les réparations de plomberie, adressez-vous à un professionnel. En essayant de régler le problème vous-même, vous risquez de l'aggraver.

Confrontez-vous à vos peurs d'enfant : visitez le sous-sol et le grenier

Vous ne passez peut-être pas grand temps au sous-sol ou au grenier, mais n'ignorez pas ces endroits. Même si vous les utilisez pour entreposer vos affaires, faites un grand nettoyage une fois par an et jetez ce dont vous n'avez pas besoin. Si vous avez laissé traîner de la peinture, du vernis et des torchons pleins d'essence, débarrassez-vous-en de façon sécuritaire, car c'est un gros risque d'incendie.

Les fuites au sous-sol et au grenier sont courantes. Inspectez soigneusement ces endroits. Ne négligez pas les recoins sombres, et cherchez des traces d'humidité au plafond, sur les murs et autour des fenêtres. Une tache brune sur un mur blanc, c'est toujours mauvais signe. Et servez-vous de votre nez : si ça sent l'humidité et le moisi, c'est qu'il y a probablement une fuite quelque part, même si vous ne voyez rien.

Observez les signes d'infestation (de termites ou d'autres nuisibles) : les poutres qui sonnent creux, les trous dans le bois, les crottes d'animaux et les marques de dents vous indiquent clairement que vous ne vivez pas seul. En été, regardez au grenier si vous n'avez pas des visiteurs importuns. Vous pourrez toujours poser des pièges à souris vous-même, mais si vous découvrez un raton laveur ou d'autres gros rongeurs, vous avez intérêt à demander les services d'un exterminateur.

Annexe

Où trouver d'autres informations ? Les références

De nombreuses questions vont vous traverser l'esprit pendant que vous serez en train d'acheter ou de vendre votre maison. Heureusement, il y a beaucoup d'informations disponibles, que ce soit au bout du fil ou de la souris d'ordinateur.

Vendre ou acheter une propriété

De nos jours, les recherches et les ventes de maisons se font beaucoup par Internet, et il y a de bonnes raisons à cela. En parcourant les annonces, on se fait une idée du prix des propriétés et on peut être averti d'une occasion fabuleuse avant même que la pancarte « À vendre » n'ait touché le gazon.

Le Service Inter-Agences (SIA)

Ce site Internet, appelé aussi Multiple Listing Service (MLS), est un excellent endroit pour commencer ses recherches. C'est le site officiel du SIA, opéré par l'Association canadienne de l'immeuble (ACI). Vous pouvez faire des recherches par région, par prix ou même par nombre de salles de bain au `www.realtor.ca`.

Les sites d'annonces

Vous trouverez sur ces sites à la fois des annonces privées et des propriétés représentées par des agents. Partez à la chasse et ne boudez pas votre plaisir.

`www.kijiji.ca`

`www.lespac.com`

`www.immoquebec.com`

Les ventes privées

Que ce soit pour acheter ou pour vendre, ces sites ont un point en commun : les propriétaires ont pris les choses en main et ont décidé de se passer d'un agent.

www.duproprio.com

www.propriodirect.com

Les hypothèques

Le monde des hypothèques n'est pas simple. Si vous avez déjà fait des recherches par vous-même, vous avez sans doute trouvé une quantité d'informations et de conseils à ne plus savoir où donner de la tête. Les acheteurs ont des décisions cruciales à prendre avant de déterminer quelle est leur meilleure option en matière de financement. Les références suivantes vous offrent des informations utiles et simples à comprendre pour vous aider à vous y retrouver dans le monde mystérieux des hypothèques.

Les calculatrices d'hypothèques en ligne

La plupart des sites Internet qui fournissent des informations sur les hypothèques, ainsi que ceux de la plupart des institutions financières, proposent un service de calculatrice d'hypothèque en ligne. Si vous avez du mal à trouver votre chemin sur un site, essayez de faire une recherche avec les mots « calculatrice », « outils » ou « hypothèque ». Vous en trouverez sur les sites suivants :

www.desjardins.com

www.banquelaurentienne.ca

www.bmo.com

www.cibc.com

www.ingdirect.ca

www.bnc.ca

www.rbcbanqueroyale.com

www.scotiabank.com

www.tdcanadatrust.com

La Société canadienne d'hypothèque et de logement (SCHL)

La SCHL est l'organisme national responsable de l'habitation et joue de multiples rôles dans l'industrie de l'immobilier. Elle assure les hypothèques à ratio élevé pour protéger les prêteurs contre les défauts de paiement, participe à des partenariats public/privé en immobilier, commande et coordonne des études et offre la plus grande base de données sur le logement au Canada.

SCHL – Centre d'affaires du Québec
1100, boul. René-Lévesque Ouest, 1er étage
Montréal (Québec) H3B 5J7
Téléphone : 514 283-2222 ou 1 888 772-0772
Courriel : chic@cmhc-schl.gc.ca
Site Internet : `www.cmhc-schl.gc.ca`

Vous trouverez toutes les informations sur les autres bureaux régionaux du Québec sur le site Internet de la SCHL.

Le Centre canadien de documentation sur l'habitation

Cette sous-division de la SCHL, basée à Ottawa, offre la plus importante source d'informations sur le logement au Canada.

Centre canadien de documentation sur l'habitation
700, chemin de Montréal, pièce C1-200
Ottawa (Ontario) K1A 0P7
Téléphone : 613 748-2367 ou 1 800 668-2642 (demander la bibliothèque)
Télécopieur : 613 748-4069
Courriel : chic@cmhc-schl.gc.ca

Le programme de revenu résidentiel CHIP

Le CHIP est la principale organisation au Canada qui offre des prêts garantis par la valeur nette de la propriété.

CHIP
45, St. Clair Avenue W., Suite 600
Toronto (Ontario) M4V 1K9
Téléphone : 416 925-4757 ou 1 866 522-2447
Télécopieur : 416 925-9938
Courriel : info@chip.ca
Site Internet : `www.chip.ca`

L'Association canadienne des conseillers hypothécaires accrédités (ACCHA)

Quand un courtier en hypothèque est membre de l'ACCHA, c'est généralement bon signe. Le site Internet de l'association est l'endroit où commencer quand on cherche des informations générales sur les hypothèques ou un courtier sérieux dans une région en particulier. Vous y trouverez aussi des calculatrices d'hypothèques en ligne, ainsi qu'un glossaire détaillé des termes hypothécaires, si les sites Internet des banques que nous citons plus haut vous ont laissé sur votre faim.

CAAMP Corporate Office
2235, Sheppard Avenue E., Suite 1401
Toronto (Ontario) M2J 5B5
Téléphone : 416 385-2333 ou 1 888 442-4625
Télécopieur : 416 385-1177 ou 1 888 579-2840
Courriel : info@caamp.org
Site Internet : `www.caamp.org`

Les rapports de solvabilité

Votre institution financière fera une enquête de crédit sur vous le jour où vous ferez une demande de prêt hypothécaire.

Equifax Canada Inc.

Equifax Canada est l'une des plus grosses agences d'enquête de crédit au Canada. Si vous êtes curieux, vous pouvez les contacter pour confirmer votre score de crédit.

Equifax Canada, Relations nationales avec les consommateurs
C.P. 190, Succursale Jean-Talon
Montréal (Québec) H1S 2Z2
Téléphone : 514 493-2314 ou 1 800 465-7166
Télécopieur : 514 355-8502
Site Internet : `www.equifax.ca`

Les inspecteurs

Les inspecteurs en bâtiment font partie intégrante de tout processus de vente immobilière. Ils offrent une opinion avertie sur la condition globale de la propriété qu'ils inspectent.

L'Association des inspecteurs en bâtiments du Québec (AIBQ)

L'Association des inspecteurs en bâtiments du Québec (AIBQ) est reconnue par les professionnels de l'industrie comme étant la référence en inspection de bâtiments au Québec.

Association des inspecteurs en bâtiments du Québec
7777, boul. Louis-H.-Lafontaine, bureau 008

Montréal (Québec) H1K 4E4
Téléphone : 514 352-2427 ou 1 877 644-2427
Télécopieur : 514 355-8248
Site Internet : `www.aibq.qc.ca`

L'Association canadienne des inspecteurs de biens immobiliers (ACIBI)

Depuis 1982, l'ACIBI régule les standards nationaux en matière d'inspection immobilière et offre un code de déontologie auquel ses membres doivent adhérer.

ACIBI
C.P. 13715
Ottawa (Ontario) K2K 1X6
Téléphone : 613 839-5344 ou 1 888 748-2244
Télécopieur : 1 866 876-9877
Courriel : info@cahpi.ca
Site Internet : `www.cahpi.ca`

Les chambres immobilières

Les associations immobilières nationales ou régionales sont un bon endroit où aller chercher des réponses à des questions sur les lois et les règlementations. Ces associations peuvent souvent référer les acheteurs et les vendeurs qui cherchent un agent vers leur chambre immobilière locale.

Association canadienne de l'immeuble
Minto Place, The Canada Building
344, Slater Street, Suite 1600
Ottawa (Ontario) K1R 7Y3
Téléphone : 613 237-7111
Télécopieur : 613 234-2567
Courriel : info@crea.ca
Site Internet : `www.crea.ca`

Ce site a un moteur de recherche qui vous donne accès à toutes les chambres immobilières du Canada.

Chambre immobilière du Québec
990, av. Holland
Québec (Québec) G1S 3T1
Téléphone : 418 688-3362
Télécopieur : 418 688-3577 ou 1 866 688-3362

Les arpenteurs-géomètres

Ordre des arpenteurs-géomètres du Québec
Iberville Quatre
2954, boul. Laurier, bureau 350
Québec (Québec) G1V 4T2
Téléphone : 418 656-0730
Télécopieur : 418 656-6352
Courriel : oagq@oagq.qc.ca
Site Internet : `www.oagq.qc.ca`

Les évaluateurs

Pour obtenir un prêt hypothécaire, vous aurez généralement besoin d'une évaluation professionnelle. Voici où commencer vos recherches :

Institut canadien des évaluateurs
200, Catherine Street, Suite 403
Ottawa (Ontario) K2P 2K9
Téléphone : 613 234-6533
Télécopieur : 613 234-7197
Courriel : info@aicanada.ca
Site Internet : www.aicanada.ca

Le site de l'ICE a une partie consacrée aux bureaux régionaux, dont l'Association du Québec. Cliquez sur l'onglet « Sites provincial » (sic) ; vous trouverez une liste des provinces sur la gauche de la page.

Les notaires

Pour toute transaction immobilière au Québec, vous aurez besoin d'un notaire. Sur le site de la Chambre des notaires du Québec (www.cdnq.com), vous trouverez une mine d'informations sur cette profession méconnue, ainsi que des liens vers d'autres sites intéressants (www.trouverunnotaire.com qui, comme son nom l'indique, vous permet de trouver un notaire selon des critères précis, et www.1800notaire.ca, une ligne info-juridique gratuite qui vous informe sur vos droits et vos obligations).

Les garanties

Les garanties sont essentielles pour protéger les acheteurs de propriétés nouvellement construites ou substantiellement rénovées.

La Garantie des maisons neuves de l'Association provinciale des constructeurs d'habitations du Québec

5930, boul. Louis-H.-Lafontaine
Montréal (Québec) H1J 1S7
Téléphone : 514 353-1120
Télécopieur : 514 353-4825
Courriel : clientele@apchq.com
Site Internet : www.apchq.com

Les entrepreneurs

Si vous achetez une maison neuve, il est important d'avoir autant d'informations que possible sur les personnes impliquées dans sa construction. Dans cette large catégorie, on trouve les entrepreneurs, les rénovateurs, les sous-traitants, les fabricants de matériaux et les institutions de prêt.

L'Association provinciale des constructeurs d'habitations du Québec (APCHQ)

Le site de l'APCHQ est le portail des entrepreneurs en construction au Québec. L'espace « Consommateur » vous redirige vers www.gomaison.com, un site très complet avec des conseils pour choisir un entrepreneur (et un répertoire), et même un « Guide des options écolos » pour ceux qui veulent faire construire ou rénover leur maison de façon durable.

APCHQ
5930, boul. Louis-H.-Lafontaine
Montréal (Québec) H1M 1S7
Téléphone : 514 353-9960 ou 1 800 468-8160
Télécopieur : 514 353-4825
Courriel : clientele@apchq.com
Site Internet : www.apchq.com

Le remboursement de la TPS/TVH pour habitations neuves

Le programme fédéral de remboursement de la TPS/TVH pour habitations neuves est suffisamment complexe pour que ça vaille la peine d'aller vous renseigner sur le site Internet de Service Canada (www.servicecanada.gc.ca). Dans le moteur de recherche, tapez « remboursement TPS/TVH habitations neuves », et vous trouverez toutes les informations nécessaires sur les critères d'éligibilité.

La construction et les matériaux

Vous cherchez un entrepreneur, ou vous construisez ou agrandissez votre résidence familiale ? Rendez-vous sur le site Internet de la Commission de la construction du Québec (www.ccq.org). Sous l'onglet « Construire ou agrandir », vous trouverez toutes les réponses à vos questions.

Trouver un architecte

Si vous avez besoin d'un architecte et que vous ne savez pas comment en trouver un, allez jeter un coup d'œil au site Internet de l'Ordre des architectes du Québec (www.oaq.com); vous y trouverez une section intitulée « Travailler avec un architecte » qui vous offre des conseils avisés en plus d'un répertoire.

L'assurance habitation

Il est important d'assurer à la fois la structure et le contenu de votre maison – y compris vous-même –, au cas où quelque chose arriverait à quelqu'un. Votre police devrait comprendre à la fois une couverture des biens et une couverture responsabilité civile. Vous trouverez sur le site Internet www.assurancesquebec.net un répertoire d'assureurs classés par catégories.

Déménager

Les déménageurs

Pour déplacer vos effets personnels du point A au point B, il est crucial d'utiliser les services de personnes sérieuses et honnêtes. Mais comment distinguer un bon déménageur du type louche embauché par votre beau-frère l'été dernier, qui refusait de porter des boîtes parce qu'elles étaient trop lourdes et faisait des pauses-cigarette tous les quarts d'heure ? L'Association canadienne des déménageurs (ACD) est un bon point de départ pour trouver une compagnie fiable.

Association canadienne des déménageurs
2200, Sherobee Rd., Suite 404
Mississauga (Ontario) L5A 3Y3
Téléphone : 905 848-6579 ou 1 866 860-0065
Télécopieur : 905 848-8499 ou 1 866 601-8499
Courriel : admin@mover.net
Site Internet : www.mover.net

Mais si vous déménagez vous-même ? Si vous avez peu d'affaires et un petit budget, ou une équipe d'amis culturistes, vous devriez pouvoir vous débrouiller sans faire appel à une compagnie de déménagement. Vous obtiendrez sur les sites suivants toutes les informations dont vous avez besoin pour trouver un camion de déménagement et les fournitures nécessaires, avec parfois quelques conseils en prime.

www.discountquebec.com

www.budget.ca

www.hertztrucks.com

www.nationalcar.ca

www.uhaul.com

Boîtes et Compagnie

Alors que vous serez en train de courir dans tous les sens pour essayer de régler les millions de petits détails de dernière minute en vue du grand jour, vous serez sûrement soulagé de savoir que vous pouvez commander – par téléphone ou sur Internet – les boîtes et le matériel d'emballage dont vous avez besoin à la plupart des compagnies de déménagement importantes, et qu'elles vous les livreront peut-être même chez vous.

Index

L

M

N

O

P

Q

R

S

T

V